教育部人文社会科学重点研究基地——
西北大学中国西部经济发展研究院建设项目　资助

西北大学"双一流"建设项目

关中平原城市群高质量发展研究

白永秀　吴振磊　岳利萍　等◎著

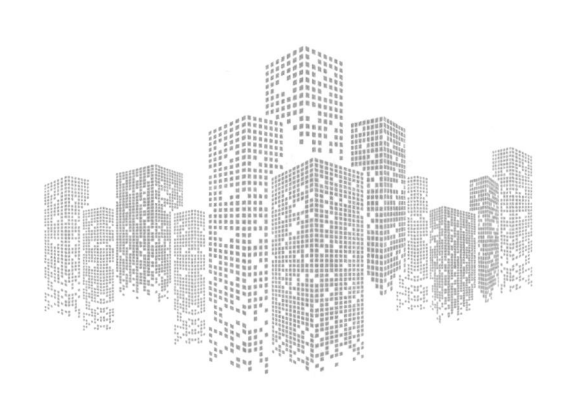

科学出版社

北京

内 容 简 介

本书遵循"梳理历史—描述状况—检视短板—分析挑战—明确目标—设计路径"的研究逻辑，综合运用马克思主义城乡发展理论、城市可持续发展理论、复杂性理论，对新发展格局下关中平原城市群高质量发展进行了深入研究。学术思想上，将现代城市群理论与中国特色城市群理论相结合，丰富了中国式现代化城市群理论研究；内容范围上，以关中平原城市群为研究对象，拓展了对西部城市群的相关研究；结构体系上，从理论和政策双重维度，提出了关中平原城市群高质量发展的重点任务和可行路径；研究方法上，采用经济学、历史学、社会学和地理学多种方法，刻画了关中平原城市群发展的历史沿革、发展状况和未来图景。

本书适合研究生、高年级本科生与城市群研究者参考阅读。

图书在版编目（CIP）数据

关中平原城市群高质量发展研究 / 白永秀等著. —北京：科学出版社，2025.2
ISBN 978-7-03-077533-7

Ⅰ. ①关… Ⅱ. ①白… Ⅲ. ①城市群－区域经济发展－研究－陕西、山西、甘肃 Ⅳ. ①F299.21

中国国家版本馆 CIP 数据核字（2024）第 013705 号

责任编辑：郝　悦 / 责任校对：姜丽策
责任印制：张　伟 / 封面设计：有道设计

科学出版社出版
北京东黄城根北街 16 号
邮政编码：100717
http://www.sciencep.com

北京建宏印刷有限公司印刷
科学出版社发行　各地新华书店经销

*

2025 年 2 月第 一 版　开本：720×1000　1/16
2025 年 2 月第一次印刷　印张：23
字数：464 000

定价：266.00 元
（如有印装质量问题，我社负责调换）

前　言

　　城市群是支撑经济增长、促进区域协调发展、参与国际竞争合作的重要载体，也是我国新型城镇化的主体形态。我国的城市建设已经从单纯的城市竞争时代进入了区域协调发展时代。要解决城市的发展不平衡不充分，就要以中大尺度增长极培育为代表的城市群发展作为我国经济社会发展的核心载体，通过城市群的涓滴效应和溢出效应逐渐缩小地域差、城乡差、收入差，实现全体人民共同富裕。

　　关中平原城市群是以西安市为核心、横跨三省、辐射中西部地区的发展枢纽，具有承东启西、连接南北的区位优势，是推动全国经济增长和市场空间由东向西、由南向北拓展的中坚力量。系统深入研究关中平原城市群发展，有利于推动构建新发展格局，深度融入共建"一带一路"，促进黄河流域生态保护和高质量发展，开创西部大开发新格局，助推全国高质量发展，丰富中国式现代化道路内涵特征。

　　本书遵循"梳理历史—描述状况—检视短板—分析挑战—明确目标—设计路径"的研究逻辑，综合运用马克思主义城乡发展理论、城市可持续发展理论、复杂性理论，从关中平原城市群的历史发展脉络、特征和状况出发，基于横向与国家级城市群的系统化对比、纵向对自身发展的经验成就总结，剖析新时代关中平原城市群高质量发展的定位、目标与思路，并从人口发展、空间布局、创新驱动发展、现代产业体系、城乡融合发展、绿色发展、共同富裕、服务保障能力、内部协同发展、对外开放发展等十个方面进行了系统研究。本书主要包括以下内容。

　　（1）中国特色现代城市群的内涵。"中国特色现代城市群"是坚持以人民为中心，以国家中心城市为核心，不同等级特征中小城市为腹地，依靠现代化新型基础设施和产业体系分工为经济社会高质量发展提供动力引擎，以都市圈为重要牵引，为中国式现代化提供主要空间载体，所构成的利益共享、成本共担的区域城市发展联合体。

　　（2）关中平原城市群的历史演进与发展状况。首先，梳理了关中平原城市群演进的历史进程。其次，以2018年关中平原城市群发展上升为国家战略为契机，站在历史与未来的交汇点，选取代表性指标刻画了关中平原城市群的发展状况。最后，与国内18个国家级城市群横向比较，多尺度考察了关中平原城市群发展的差距和可挖掘的潜力。

　　（3）关中平原城市群的顶层设计。按照发展定位→发展目标→发展原则和思路的逻辑展开论述。首先，通过对城市群定位、作用以及关中平原城市群定位依据的梳理与分析，提出关中平原城市群的定位，并将其与其他城市群定位进行比较；其次，围绕人口发展、空间布局、创新驱动发展、现代产业体系、城乡融合发展、绿色发展、共同富裕、服务保障能力、内部协同发展以及对外开放发展等十个方面展开子目标的表述与分析，并将关中平原城市群总体发展目标与其他城市群进行比较；最后，提出关中平原城市群高质量发展的总体思路。

（4）关中平原城市群实现高质量发展的重点任务。通过与不同的国家级城市群的横向对比，从人口发展、空间布局、创新驱动发展、现代产业体系、城乡融合发展、绿色发展、共同富裕、服务保障能力、内部协同发展、对外开放发展十个方面剖析了关中平原城市群高质量发展的短板、挑战和重点任务。一是人口发展方面，应从推动实现适度生育水平、推动人口与社会和谐共进、优化人口空间布局三个方面，构建有益于关中平原城市群人口发展的政策体系。二是空间布局方面，应从增强西安都市圈辐射带动能力、引导城市群内城市合理分工协作、加强各层级城市之间的网络联系、建立与完善陕甘晋生态耦合机制，不断提升关中平原城市群空间开发效率和城市群发展水平。三是创新驱动发展方面，应从激发创新主体活力、完善科技创新体系、提升企业自主创新能力、推动产学研深度融合、营造良好创新生态等方面，进一步补齐关中平原城市群科技创新发展短板，发挥科创资源优势，实现关中平原城市群创新驱动发展。四是构建现代产业体系方面，应从推动产业高端化、加强西安周边城市产业分工协作、以小城镇和乡村为依托推动三次产业融合发展、提升产能合作水平和产业竞争力、推动产业绿色低碳发展等方面推动关中平原城市群构建现代产业体系。五是城乡融合发展方面，应进一步提升农业农村现代化水平、扎实推进乡村振兴、发展县域经济、加强城市群内部政策协调、提升城乡公共服务均等化水平，推动实现关中平原城市群城乡高质量融合发展。六是绿色发展方面，应从加强统筹协调、发展绿色产业、推动能源革命、保护生态环境、倡导绿色生活等方面，推动关中平原城市群实现全面绿色转型。七是共同富裕方面，应从推动经济高质量发展、促进公共服务优质共享、优化三次分配、推动城乡融合发展、促进区域协调发展等方面，推动关中平原城市群实现共同富裕。八是服务保障能力提升方面，陕西、甘肃、山西三省应在制定协同机制、优化承载能力、提升资金筹措能力等方面达成共识，加强跨领域、跨部门综合统筹和规划部署，推动政策协同，加快传统基础设施与新型基础设施融合发展，构建起与城市群高质量发展相契合的现代化基础设施体系。九是内部协同发展方面，应尽快构建关中平原城市群内部协同发展的动力机制、协同机制和保障机制。十是对外开放发展方面，应从国内交流与国际交流两个方面，积极承接东部产业转移、推进产业结构优化升级，并与周边国家加强经济联系与经贸合作、持续打造国际交流平台，推动关中平原城市群形成高质量对外开放新格局。

本书由西北大学经济管理学院团队主创,永秀智库协助完成,是永秀智库深入推进西部大开发形成新格局研究著作。具体分工如下:第一章,吴振磊、陈一凡;第二章,王莉、谢茜;第三章,白永秀、何昊;第四章,岳利萍、刘依;第五章,鲁能(永秀智库);第六章,郭俊华、石娜;第七章,王颂吉;第八章,吴丰华、张雨;第九章,田琼(永秀智库)、杨家耕;第十章,李金芝、罗小丹;第十一章,李林(永秀智库);第十二章,白永秀、张佳;第十三章,吴振磊、刘泽元。

目　录

前言
第一章　绪论 ……………………………………………………………………… 1
 第一节　关中平原城市群高质量发展的背景与意义 …………………………… 1
 第二节　国内外城市群高质量发展的实践 ……………………………………… 3
 第三节　中国特色现代城市群的概念与目标 …………………………………… 5
 第四节　本书的框架结构 ………………………………………………………… 8
第二章　关中平原城市群的历史演进与发展状况 ……………………………… 11
 第一节　关中平原城市群的形成 ………………………………………………… 11
 第二节　关中平原城市群发展上升为国家战略 ………………………………… 17
 第三节　关中平原城市群的发展状况 …………………………………………… 21
 第四节　关中平原城市群与其他城市群的比较分析 …………………………… 32
第三章　关中平原城市群的顶层设计 …………………………………………… 47
 第一节　关中平原城市群的定位 ………………………………………………… 47
 第二节　关中平原城市群的发展目标 …………………………………………… 56
 第三节　关中平原城市群的发展原则与思路 …………………………………… 62
第四章　关中平原城市群的人口发展 …………………………………………… 66
 第一节　关中平原城市群人口发展的历史与状况 ……………………………… 66
 第二节　关中平原城市群人口发展的短板与挑战 ……………………………… 73
 第三节　关中平原城市群人口发展的目标 ……………………………………… 84
 第四节　关中平原城市群人口发展的政策 ……………………………………… 89
第五章　关中平原城市群的空间布局 …………………………………………… 95
 第一节　关中平原城市群空间布局的状况与特点 ……………………………… 95
 第二节　关中平原城市群构建新空间格局的比较研究 ………………………… 99
 第三节　关中平原城市群构建新空间格局的依据与目标 ……………………… 106
 第四节　关中平原城市群构建新空间格局的路径 ……………………………… 110
第六章　关中平原城市群的创新驱动发展 ……………………………………… 117
 第一节　关中平原城市群创新驱动发展的状况与特点 ………………………… 117

第二节　关中平原城市群创新驱动发展的比较、难点与挑战……………123
　　第三节　关中平原城市群创新驱动发展的目标……………………………132
　　第四节　关中平原城市群创新驱动发展的措施……………………………141
第七章　关中平原城市群的现代产业体系……………………………………**145**
　　第一节　关中平原城市群产业体系的形成与状况…………………………145
　　第二节　关中平原城市群产业体系的比较与短板…………………………152
　　第三节　关中平原城市群构建现代产业体系的目标………………………161
　　第四节　关中平原城市群加快构建现代产业体系的路径…………………166
第八章　关中平原城市群的城乡融合发展……………………………………**171**
　　第一节　关中平原城市群城乡融合发展的状况……………………………171
　　第二节　关中平原城市群城乡融合发展的优势、劣势与挑战……………178
　　第三节　关中平原城市群城乡融合发展的目标……………………………185
　　第四节　关中平原城市群城乡融合发展的措施……………………………186
第九章　关中平原城市群的绿色发展…………………………………………**194**
　　第一节　关中平原城市群绿色发展的状况与特点…………………………194
　　第二节　关中平原城市群绿色发展的比较、短板与挑战…………………201
　　第三节　关中平原城市群绿色发展的目标…………………………………207
　　第四节　关中平原城市群绿色发展的措施…………………………………213
第十章　关中平原城市群的共同富裕…………………………………………**218**
　　第一节　关中平原城市群共同富裕的状况与特点…………………………218
　　第二节　关中平原城市群共同富裕的比较…………………………………230
　　第三节　关中平原城市群共同富裕的目标…………………………………250
　　第四节　推进关中平原城市群共同富裕的措施……………………………257
第十一章　关中平原城市群的服务保障能力提升……………………………**261**
　　第一节　关中平原城市群基础设施建设的历史与状况……………………261
　　第二节　关中平原城市群提升基础设施服务保障能力的比较与形势……270
　　第三节　关中平原城市群提升基础设施服务保障能力的目标……………279
　　第四节　关中平原城市群基础设施服务保障能力提升的路径与措施……282
第十二章　关中平原城市群的内部协同发展…………………………………**287**
　　第一节　关中平原城市群内部协同发展的历史与状况……………………287
　　第二节　关中平原城市群内部协同发展的比较与问题……………………299
　　第三节　关中平原城市群内部协同发展的目标……………………………315

  第四节 关中平原城市群内部协同发展的机制 …………………… 320
第十三章 关中平原城市群的对外开放发展 …………………………… 326
  第一节 关中平原城市群对外开放发展的历史与状况 …………… 326
  第二节 关中平原城市群对外开放发展的问题与挑战 …………… 334
  第三节 关中平原城市群对外开放发展的目标 ……………………… 340
  第四节 关中平原城市群融入国内国际双循环发展的实现路径 ………… 346
参考文献 ……………………………………………………………………… 350

第一章 绪　　论

第一节　关中平原城市群高质量发展的背景与意义

一、关中平原城市群高质量发展的背景

城市群是支撑经济增长、促进区域协调发展、参与国际竞争合作的重要载体，每一次世界经济重心的转移都将促进新兴国家掀起大规模的工业化和城镇化，进而催生出一些具有战略支撑意义的城市群。城市群不仅是世界城市空间组织演变的一种典型形态，也是我国新型城镇化的主体形态。新中国成立以来，特别是改革开放后，我国城市群发展随着城镇化水平的不断提高经历了从雏形到逐渐成熟的快速发展过程。城市群崛起是新中国从站起来到富起来再到强起来的现实要求，也是中国式现代化的主要标志。

我国已进入全面建设社会主义现代化国家、向第二个百年奋斗目标进军的新发展阶段。党的二十大报告指出，要"深入实施区域协调发展战略、区域重大战略、主体功能区战略、新型城镇化战略""以城市群、都市圈为依托构建大中小城市协调发展格局"[1]。这一重大议题，说明我国的城市建设已经从单纯的城市竞争时代进入了区域协调发展时代。当前，我国社会的主要矛盾已经成为人民日益增长的美好生活需要和不平衡不充分的发展之间的矛盾。而要解决城市不平衡不充分的发展，就要以中大尺度增长极培育为代表的城市群发展作为我国经济社会发展的核心载体，通过城市群的涓滴效应和溢出效应逐渐缩小地域差、城乡差、收入差，实现全体人民共同富裕。高质量发展是全面建设社会主义现代化国家的首要任务，推动城市群高质量发展是中国式现代化区别于西方现代化的显著标志。在中国式现代化进程中，深入探讨城市群高质量发展之路，是立足新发展阶段、贯彻新发展理念、构建新发展格局，迈上更高质量、更有效率、更加公平、更可持续、更为安全的现代化水平的必由之路。

关中平原城市群是以西安市为核心、横跨三省、辐射中西部的地区发展枢纽，具有承东启西、连接南北的区位优势，是推动全国经济增长和市场空间由东向西、由南向北拓展的中坚力量。随着以国家中心城市西安为中心的城市群不断发展，

---

[1] 《习近平：高举中国特色社会主义伟大旗帜　为全面建设社会主义现代化国家而团结奋斗——在中国共产党第二十次全国代表大会上的报告》，https://www.gov.cn/xinwen/2022-10/25/content_5721685.htm。

关中平原城市群作为现代城市群的形态不断完善，在国家和区域发展中发挥的作用愈加重要，因而也越来越多地被纳入全局性战略和区域性战略中统筹规划。

新时代新征程，关中平原城市群发展面临新的全局性宏观战略变化。我国全面建设社会主义现代化国家新征程开局起步，以国内大循环为主体、国内国际双循环相互促进的新发展格局加快构建，黄河流域生态保护和高质量发展战略全面实施，碳达峰碳中和纳入生态文明建设整体布局，共建"一带一路"深入推进，关中平原城市群已进入发展壮大、质量提升的关键时期。在这样的历史背景下，系统深入研究关中平原城市群发展，有利于推动构建新发展格局，深度融入共建"一带一路"，促进黄河流域生态保护和高质量发展，开创西部大开发新格局，助推全国高质量发展，丰富中国式现代化道路内涵特征。

二、关中平原城市群高质量发展的意义

关中平原城市群高质量发展的理论意义体现在三方面。一是有利于丰富中国特色城市群发展理论。中国特色的城市群发展模式不同于发达国家城市群发展的既有经验，一个重要特征就在于在中国共产党的领导下通过政策手段实现"有效市场"与"有为政府"的有机结合。本书从关中平原城市群的发展状况出发，结合国家和区域的战略与政策要求，从空间格局构建、现代产业体系发展、基础设施互联互通、对内对外开放和协同发展等方面研究了城市群发展问题，有助于丰富对这一领域的理论探索。二是有利于探索在新时期的新区域发展战略下国家级城市群的协同发展的新路径，总结出具有普适性的发展中国家城市群高质量发展的一般性经验。中国式的城市群发展道路既具有特殊性又具有一般性，本书的研究用学理化的方法从特殊案例研究上升至具有普适性的城市群发展理论，可供其他发展中国家的城市群建设参考借鉴。三是有利于解答"内陆城市群如何发展"的问题。关中平原城市群位于我国西部内陆，具有总体发展水平较低、创新能力偏弱、对外开放程度较低等内陆城市群的普遍性问题。本书的研究从内陆城市群面临的现实困境入手，讨论了内陆城市群创新发展方式的问题，利于指导其他待发展城市群的发展成熟和中国特色城市群发展理论内涵的完善。

关中平原城市群高质量发展的现实意义体现在两方面。一是有助于在新时期推动关中平原城市群实现高质量发展。本书研究了在探索新时期、新环境、新背景下，关中平原城市群如何在既有的发展水平下扩大城市群规模、提升发展质量，用好战略和政策红利，从多方面、多层次回答了关中平原城市群如何实现更高质量发展的现实问题。二是有助于西部大开发战略和"一带一路"倡议的推动实施。关中平原城市群是西部地区经济发展的动力源，也是畅通向西开放向东合作的重要通道、联通"一带一路"的重要桥梁，对西部大开发战略和"一带一路"

倡议的实施具有重要作用。对关中平原城市群高质量发展问题的研究，将有利于西部大开发形成新格局，有利于"一带一路"建设的纵深推进，有利于引领和支撑西北地区开发、开放。

第二节 国内外城市群高质量发展的实践

一、国外城市群高质量发展的实践

西方城市化的进程始于第一次工业革命。在第一次工业革命之后，商品的制造方式、制造地点发生本质性变化，原有的家庭手工作坊式生产被大机器生产取代，工人必须到工厂才能完成劳动，劳动力因此向工厂所在地也就是城市集中。这一时期，英国率先开始城市化进程，具有明显的产业革命推动特征，起初，英国城市都是沿河流分布，因为水车等河流动力是城市工业生产的首要动力，但随着蒸汽机的出现，工业突破了地理限制，出现了产业集聚。1850年英国城市化水平达到50%，并逐渐形成了以伦敦作为金融中心、文化中心、政治中心，曼彻斯特、利兹作为纺织业中心，伯明翰、谢菲尔德作为重工业中心，南安普敦、利物浦作为航运中心，多佛等城市作为休闲度假中心的英伦城市群。英国城市群的形成与工业革命息息相关，工业革命后形成的产业格局奠定了英国城市群的区位格局。

美国城市群的形成特点是以市场为导向的自由化城市群发展，联邦政府在城市群发展中的作用十分有限，城市群不断向外低密度无序蔓延。第二次世界大战后，美国的工业主要集中在北部和中西部城市中，州际高速公路及公路交通的快速发展彻底改变了美国城市分布状况，郊区在土地、劳动力和税费方面的优势吸引制造业向郊区扩散，生产和消费的大规模分散化使得郊区的发展超过城市，城市群和郊区化活动在美国兴起，美国东北大西洋沿岸城市群成为第一个世界级城市群，美国东北大西洋沿岸城市群绵延600km，由波士顿、纽约、费城、巴尔的摩和华盛顿五大都市以及40多个中小城市组成，该区域是美国人口密度最高的地区，城市化水平达到90%。美国西南部太平洋沿岸城市群是美国的另一个世界级城市群，太平洋沿岸城市群起步于第二次世界大战期间军工业的发展，冷战期间通过科技革命和军民融合实现快速发展，兴旺于20世纪80年代以来亚太经济的持续高速发展。与大西洋沿岸城市群相比，太平洋沿岸城市群的显著特点是通过科技创新驱动城市群快速发展，以战略性新兴产业助推城市群产业升级。

日本城市群的发展则与美国不同，政府对工业发展和城市布局起着重要指导作用。20世纪50年代至70年代是日本在第二次世界大战后经济的高度增长期，大量农村劳动力向城市转移，城市化进入加速期，在1975年城市化率达到了75.9%，实现了人口城市化。战后日本产业是以朝鲜战争时期的军工特需起步，因此外向型产业一直都是日本经济的战略选择，这导致日本产业高度向沿海地区集中，在沿海地区形成了 7 个大都市圈，其中，最著名的是东京都市圈、名古屋都市圈和阪神都市圈，共同构成以东京为核心的太平洋沿岸城市群。随着城市人口增加，"大城市病"也随之而来，政府开始在核心城市外开展大规模新城建设，向外疏解核心城市功能，同时为解决区域发展的不平衡问题，先后 5 次制定和实施全国综合开发计划，形成完整的区域规划体系。

二、国内城市群高质量发展的实践

中国改革开放之后取得的经济成就得益于社会主义市场经济体制，"充分发挥市场在资源配置中的决定性作用，更好发挥政府作用"[①]贯穿于中国经济发展的整体脉络，中国城市群的发展也不例外。在中国特色现代城市群形成的实践逻辑中可以清楚地看出"有效市场＋有为政府"的作用。

改革开放以来，我国先后选择了深圳、厦门、上海、宁波、温州、福州、广州等城市作为最早一批对外开放的经济特区。这些沿海城市首先实现了经济跨越式发展，沿海地区的新型工业化吸引了大量农村劳动力向城市转移，沿海地区城市化进入快速推动期。随着资源要素在大城市的集中，大城市逐渐形成制造中心、服务中心、金融中心、交通中心、信息中心和科技创新中心等中心功能，制造业等劳动密集型产业开始向外围城市和内陆转移，自然而然地形成了以产业分工为基础的城市群。目前比较成熟的城市群如"长三角城市群""珠三角城市群"，发展中的城市群如"粤闽浙沿海城市群"等都是这一政策逻辑的产物，这些城市群的中心城市如上海、广州、深圳、香港等都已经成为世界级城市，主要承担总部经济和研发中心职能，发挥出了中心城市的引领作用，外围城市如苏州、常州、东莞、珠海、惠州等主要承担生产制造功能，共同促进区域高质量发展。

随着我国改革开放的进一步深化，为了解决区域发展不平衡的问题以及实现先富带动后富的战略部署，先后发布了"西部大开发""振兴东北老工业基地""中部崛起"等政策。这一时期，东部沿海地区的剩余经济发展能力和产业持续向中西部地区转移，国家也加大了对中西部地区的投资力度，承接东部沿海地区产业转移的西安、成都、重庆、郑州、武汉等区域中心城市及周边地区城市化进程开始加速，并且随着区域发展水平的整体提升，金融、创新等资源向中心城市集中，中心城市的制造业功能逐渐向周边地区疏解，形成了"关中平原城市群""成渝城市群""中原城市群""长江中游城市群"等。但这一时期形成的城市群仍旧无法摆

---

① 《中国共产党第十九届中央委员会第四次全体会议公报》，https://www.gov.cn/xinwen/2019-10/31/content_5447245.htm。

脱分工与专业化的近邻效应,周边次级城市主要以承接中心城市淘汰的落后产能为主,次级城市与中心城市的关系同样以单向的"输出-接收"关系为主。

进入新时代以来,我国人口进一步向城市流动,农民进城仍是今后一个时期的趋势,第四次全国人口普查(1990年)至第七次全国人口普查(2020年)统计数据表明,我国流动人口对城市人口增长的贡献度分别为15.38%、38.26%、53.33%和61.44%,流动人口已越来越成为推动城市人口增长的主要推手,也就是说人口由小城镇向中心城市、都市圈、城市群集聚成为新常态;从产业结构调整方向看,相比于传统专业镇和产业集群的劳动密集型产业,进入新时代的战略性新兴产业具有技术密集度高、产业分工组织复杂和产业链跨地域分布等特征,发展战略性新兴产业需要发挥中心城市的创新策源能力和城市群功能分工的优势;从服务业发展和促进内需来看,无论是生产性服务业还是消费性服务业发展,都依赖于中心城市的市场规模优势,中心城市的多样性和创新外溢效应有利于生产性服务业发展,而集聚了巨大规模人口的城市群则是内需最大潜力所在。

因此,控制大城市规模、推进以城市群为主体形态的城镇化发展成为新型城镇化的新阶段,北京已经率先提出减量发展,疏解非首都职能。在这一阶段,随着5G、高铁、大数据等新型基础设施建设的推进,信息交流和物流效率有了质的飞跃,城市间优质公共服务的外溢与交流成为可能,城市间的创新交流合作密度进一步提升,城市群发展开始向多中心、多层次的网络型城市群演进。

第三节　中国特色现代城市群的概念与目标

一、中国特色现代城市群的概念界定

"中国特色现代城市群"是"城市群"这一既有概念与中国式现代化的有机结合。城市群作为中国式现代化的主要空间载体,建设既有一般城市群特征又有中国特色、符合中国实际的现代城市群则是题中应有之义。根据国际经验,现代化离不开城镇化,而城市群是城镇化的高级阶段,因此现代城市群则是以人为核心的新型城镇化的高级阶段。因此,相对西方城市群,中国特色现代城市群更多关注"人"的需要。中国特色现代城市群建设要在空间优化、经济转型、生态保护、现代化治理、精神文化等方面齐头并进,而不仅仅是产业发展的结果。中国特色现代城市群应该具备以下特征:从发展宗旨角度来看,中国特色现代城市群坚持以人民为中心的发展思想,坚持人民城市人民建、人民城市为人民的发展理念,提高人民生活品质,让城市群成为共同富裕的实现载体;从空间优化角度来看,中国特色现代城市群从追求"规模"转向追求"质量",以中心城市作为创新、人才、金融、信息等资源汇聚中心,广大腹地则为现代产业体系提供空间资源作为创新孵化地和产业配套地,并提

供广大的消费市场和基础要素资源，在新基建的支撑下与中心城市形成国民经济的良性循环，成为现代产业体系的空间载体；从经济转型角度来看，中国特色现代城市群是经济高质量发展的动力引擎，依托高质量的公共服务和就业岗位吸纳高层次人才进入城市群工作定居，集聚创新资源，打造现代化产业体系；从社会治理角度来看，中国特色现代城市群依托 5G 网络、人工智能、数据中心、新能源充电桩、高速铁路及现代轨道交通等新基建的发展与应用实现城市群基础设施的智能化、绿色化，提升城市精细化管理水平，增强城市抵御风险能力，满足人民群众对现代化生活的需要；从生态保护角度来看，中国特色现代城市群是生态环境的空间载体，通过新技术实现低碳发展，恢复"山、水、城"的生态格局。

综上所述，"中国特色现代城市群"是坚持以人民为中心，以国家中心城市为核心，不同等级特征中小城市为腹地，依靠现代化新型基础设施和产业体系分工为经济社会高质量发展提供动力引擎，以都市圈为重要牵引为中国式现代化提供主要空间载体，所构成的利益共享、成本共担的区域城市发展联合体。

二、中国特色现代城市群的发展目标

（一）科技高水平自立自强

当前我国发展的外部环境日益复杂，世界形势动荡复杂，国际上的不稳定性、不确定性明显增加，世界正处于百年未有之大变局。我国部分关键核心技术仍然依赖国外进口，一些国家不断威胁与我国技术脱钩，战略性资源和关键核心硬件"卡脖子"问题日益凸显。现代城市群作为我国高质量发展的动力引擎，必将实现高水平的科技自立自强，而且要占领科技和产业的世界制高点，以创新作为现代城市群发展的动力源，建设以创新为基础的现代化产业体系，实现中国制造"大而强"和"全而精"。

（二）人与自然和谐共生

在人类工业化和城市化进程中，制约绿色发展的一个重要原因就是要素驱动型的粗放式发展路径，造成空气污染、交通拥堵等"城市病"。中心城市的规模经济效应能够提升投入要素的边际产出，后移边际报酬递减曲线的拐点，从而扭转粗放式发展的路径依赖现象，实现向绿色发展转型。已有的实证研究表明，中心城市一方面通过集聚整合生产要素、发挥正外部性，不仅减少本地单位地区生产总值工业污染排放强度，同时对周围地区存在外溢效应，带动整个城市群经济绿色发展（罗能生和郝腾，2018）；另一方面还能够对污染治理产生规模经济效应，推动环保、清洁生产技术的制造和使用（Anderson，2005），既降低本身能耗和污染，也带动整个行业的污染治理函数呈规模报酬递增趋势，并通过空间溢出效应降低邻近区域或低集聚区内的环境污染水平（Dong et al.，2012）。中心城市也是金融服务中心，现代城市群可以通过碳排放权交易等市场化解决工具，引导社会资本参与生态保护和生态建设，促进城市群生态资本化，利用市场化手段改善生态环境，提升生态环境水平。因此，在中心城市的规模效应和市场化调节工具的作用下，现代城市群的生态环境将进一步优化，形成"山、水、城"的现代城市群生态格局，满足人民群众对良好自然环境和生态产品的需要。

（三）四化并联

我国现代化同西方发达国家有很大不同。习近平总书记指出，"西方发达国家是一个'串联式'的发展过程，工业化、城镇化、农业现代化、信息化顺序发展，发展到目前水平用了二百多年时间。我们要后来居上，把'失去的二百年'找回来，决定了我国发展必然是一个'并联式'的过程，工业化、信息化、城镇化、农业现代化是叠加发展的"[①]。中国特色现代城市群建设过程中要以新型城镇化引领农业现代化和后发地区信息化和工业化，一方面，城镇化是新型工业化和信息化发展的重要空间载体，为新型工业化提供充分的生产要素支持和原始创新，为信息化提供优秀人才集聚和技术场景应用场所；另一方面，城镇化带动农业现代化，推动农业产业化水平的提升和农业产业结构调整。

（四）发展成果全民共享

现代城市群依托现代化产业体系建立的经济基础，城市群内聚集着较多的高质量市场主体，能够提供相对更高的工资水平和更多的就业机会，有助于提升城市群整体的收入水平和消费能力。同时，新基建和数字经济在城市群公共服务均等化上具有促进作用，通过现代化的技术手段促进中心城市的优质公共资源在城市群内不同城市之间有序流动，缩小城市间的公共服务的差异，实现现代城市群发展成果由全体人民共享。

（五）历史文脉赓续传承

城市和文化是密不可分的统一体。单霁翔（2007）认为：城市是文化的沉积，

---

① 《以新发展理念引领中国式现代化》，http://theory.people.com.cn/n1/2023/1116/c40531-40119435.html。

城市是文化的容器，城市是文化的载体，城市是文化的舞台。文化是城市的核心资源，是城市的灵魂，凝聚着城市发展的动力。人在劳动的生产实践中形成了文化，文化又反过来塑造着人的一言一行，深厚的文化积淀造就了城市多样化的空间布局特征与人文思想，形成了具有传承性的"文化基因"。过去的一个时期里，我们在城镇化过程中并不注意城市的文化性，城市建设盲目"求新、求大"，通过大拆大建来实现都市更新，在城市建设中不注意保留城市历史文化风貌。新时代以来，城市文化遗产保护愈发得到重视，2019年2月，习近平总书记在北京前门东区考察时强调："一个城市的历史遗迹、文化古迹、人文底蕴，是城市生命的一部分。文化底蕴毁掉了，城市建得再新再好，也是缺乏生命力的。"[①]城市文化是坚定文化自信的底气，是实现文化强国的重要组成部分。现代城市群的一个重要特征就是在传统文化的基础上形成具有时代和地域特色的城市文化，提高城市文化软实力，利用创新资源聚集的优势将现代城市群打造成文化输出高地，并利用创新性文化为现代城市群提供源源不断的发展动力。

（六）韧性活力增强

现代城市群内部各城市之间人员活动更加频繁、城市生命线系统紧密相连，城市灾情极易发生连锁效应与放大效应。因此，风险防控与应急管理工作也呈现出跨域性与连锁性的特点。尤其是新冠疫情暴发以来，城市群的治理水平、基础设施水平和城市功能等共同构成的城市群抗风险能力成为人民群众关注的焦点。从制度层面，通过中央政府的顶层设计完善中心城市和次级城市的分级划分，合理划分中央事权、城市群共同事权和城市事权，为构建高效的城市群治理体系做好顶层设计。推进城市群协同立法，打破城市间行政壁垒，分级分类制定治理目标，为城市群健康发展提供制度保障。从技术层面，新基建在疫情监测分析、防控救治、民生保障、复工复产等多个方面发挥了重要作用，"雪亮工程"、大数据等现代数字化治理手段也进一步为实现城市群治理现代化提供有力抓手。在制度和技术的共同保障下，现代城市群的功能和抗风险能力将进一步加强，城市韧性进一步提升，成为抵御自然灾害和突发公共卫生事件的堡垒。

第四节 本书的框架结构

本书沿着时间逻辑，从历史、状况和未来研究了关中平原城市群的发展脉络，

---

① 《习近平总书记牵挂的北京：胡同焕新生 运河展新景》，http://politics.people.com.cn/n1/2020/1123/c1001-31940675.html。

在此基础上，结合国家发展战略，从多个维度对关中平原城市群高质量发展路径进行了刻画与解析（图1-1）。首先，参照国外城市群高质量发展的实践，从理论维度阐释了中国特色现代城市群的内涵特征；其次，分析了关中平原城市群作为实体的产生、发展与状况及其作为概念和规划的提出与演进，考察关中平原城市群的发展基础；在此基础上，以顶层设计的视角提出了关中平原城市群的发展目标定位、原则思路；最后，阐释了关中平原城市群在新发展格局下贯彻新发展理念、实现高质量发展的可行路径。

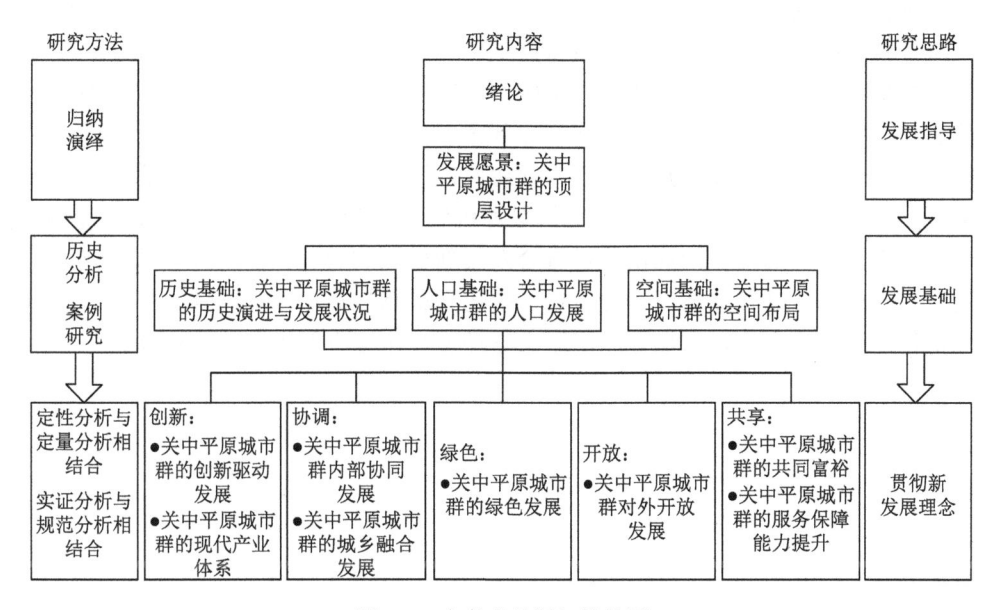

图1-1 本书章节框架结构图

在关中平原城市群高质量发展的基础层面，"历史演进与发展状况"聚焦关中平原城市群的演化，剖析了关中平原城市群的发展历程；"人口发展"聚焦当前关中平原城市群人口外流、老龄化少子化的发展趋势，提出了引导人口合理有效集聚及应对人口负增长的人口发展政策；"空间布局"聚焦当前关中平原城市群单中心带动能力薄弱、生产要素保障能力不足的短板，提出了形成"一圈两轴四区多带"的空间格局。

在贯彻新发展理念层面，"创新驱动发展"聚焦关中平原城市群科技自立自强中所呈现出的创新资源富集但创新能力不平衡、效率不高等难题，从激发创新主体活力、完善科技创新体系、提升企业自主创新能力等方面提出相应的政策建议。"现代产业体系"聚焦关中平原城市群产业空间集聚与分工协作不足这一关键难题，从推动产业高端化、加强西安周边城市产业分工协作、推动产业绿色低碳发展等方面提出相应政策建议。"城乡融合发展"聚焦关中平原城市群城乡融合面临的推动农业农村现代化建设任务艰巨、城市体量小、内部融合度低等关键难题，从进一步提升农业农村现代化水平、扎实推进乡村振兴、发展县域经济等方面提出相应的政策建议。"绿色发展"通过构建绿色发展水平评价指标体系，测度关中平原城市群的绿色发展水平，从加强统筹协调、发展绿色产业、推动能源革命等方面提出相应的政策建议。"共同富裕"聚焦关中平原城市群内中等收入群体占比较低、城乡发展差异大、各地区发展不平衡等三大难题，从推动经济高质量发展、促进公共服务优质共享、优化三次分配等方面提出相关政策建议。"服务保障能力"聚焦关中平原城市群基础设施建设中存在的传统基础设施建设与新型基础设施建设布局不协调、基础设施共建共融共享机制尚未形成等困境，从加强跨领域、跨部门综合统筹和规划部署，加快传统基础设施与新型基础设施融合发展等方面提出政策建议。"内部协同发展"聚焦于构建关中平原城市群内部协同发展的动力机制、协同机制和保障机制，提出"西安-西咸铜渭-大关中-中西部接合部"四维空间梯次推进融合发展新机制的建议。"对外开放发展"立足对内开放与对外开放相结合的目标，提出积极承接东部产业转移、推进产业结构优化升级、与周边国家加强经济联系与经贸合作等方面提出政策建议。

第二章　关中平原城市群的历史演进与发展状况

经历了数千年的孕育、发展和变迁，每一个城市群都有着自己的发展与演进内在规律和阶段性特点。本章一方面梳理了关中平原城市群演进的历史进程；另一方面以 2018 年关中平原城市群发展上升为国家战略为契机，站在历史与未来的交汇点，通过选取代表性指标，刻画了关中平原城市群的发展状况，并与其他 18 个国家级城市群横向比较，多尺度考察了发展的差距和可挖掘的潜力，为新时代新征程以中国式现代化开创区域协调发展新格局，推动关中平原城市群的高质量发展和韧性提升提供数据事实依据。

第一节　关中平原城市群的形成

一、关中城市的萌芽、产生与发展[①]

城市是社会生产力发展到一定历史阶段的产物，是人类文明进步的结晶。从历史唯物主义的观点来看，城市起源应具备以下条件：基于农业生产发展的定居生活、劳动专业化分工的出现、人类社会阶层的分化以及社会财富向特权者的集中（顾朝林，1999）等。关中地区地处黄河流域，是中华文明发祥地之一，农耕文明发达，周、秦、汉、唐均在此地留下浓墨重彩的一笔。"八百里秦川文武盛地，五千年历史古今名城"是对关中平原城市的最真实写照。"关中"是拥有悠久历史发展渊源的区域名称，一般通称的关中指秦岭以北，黄龙山、桥山以南，潼关以西，宝鸡以东的渭河流域。与此地理区位和行政区划相对应的关中地区包括西安、宝鸡、咸阳、铜川、渭南及杨凌五市一区。

（一）关中城市的萌芽

根据相关史料和考古研究，中国早期城市起源于传说时代的三皇五帝之都，即部落和部落联盟中心所在。关中地区素有"中华民族摇篮"之美称，关中城市

---

① 说明：本节内容描述关中城市的萌芽、产生与发展等历史演进过程，参考了新编市县志（http://dfz.shaanxi.gov.cn/sqzlk/xbsxz/）、陕西省地方志办公室、陕西省文史资料数据库相关信息，以及何一民主编的《中国城市通史》（四川大学出版社 2020 年 12 月出版）系列各卷等资料，经作者整理后形成文字。文中不再一一标注。

的萌芽也体现了部落和氏族沿着河流以及基于封地聚集人口的显著特点。西安灞河、沣河等两岸,曾拥有许多原始村落,是当时关中地区人口最稠密所在;咸阳西部为有邰氏封地,东南部为有扈氏管辖地,北部为畎夷等氏族部落;宝鸡市内民族聚落分布密集;铜川境内的先民则在漆水两岸构建村落,繁衍生息;渭南境内也存在大量遗迹显示有芮国、虞国等诸侯方国在此定居生活;杨凌相传最早为炎帝后裔的封地,后裔姜嫄生后稷,因教民稼穑有功,又被舜帝封于邰,曾是我国农业最为发达的地区之一。

(二)关中城市的产生

原始社会向奴隶社会的转变开启了"城郭沟池以为固"时代。从现有考古资料看,最早的城市出现在夏代,但当时城市规模不大,只能视为中国早期城市的雏形(顾朝林,1999)。夏商时期,关中地区虽然出现了国家和城市,但是规模较小,有城无市,直到商末周先祖古公亶父率族人在周原(今宝鸡市岐山县)建立了西周最早的都城岐邑,是周人作为一方诸侯时的政治中心,也是发迹的都城,这意味着在部落的基础上出现了国家萌芽(潘明娟,2009)。此后周文王在沣河西岸建立丰京,武王在沣河东岸建立镐京,伐纣灭商建立西周王朝,开创了西安长期作为中国古代政治、经济、文化中心城市的历史格局。为巩固统治,西周分封诸侯,建立城邑以守卫王都,又出现了若干个小城市。而杨凌地区处于政治、经济中心区域;咸阳、渭南属京畿之地,境内诸侯国列布;宝鸡则为王畿之地;铜川则隶属豳邑,此地主要经营农业。可见,关中城市基本确立了在君侯统治下的政治中心基本形态。

(三)关中城市的发展

1. 古代城市发展

在由奴隶社会向封建社会的过渡中,关中城市建设达到一个新的顶峰。秦统一后定都咸阳(公元前221年),形成"渭水贯都,以象天汉,横桥南渡,以法牵牛"(《三辅黄图》)的空前规模,是继丰镐之后出现的第二座全国性政权都城,也是交通中心。而西汉时期是古代关中城市发展的第三个重要阶段。公元前202年,刘邦在长安(今西安城西北郊汉城)建立西汉王朝,汉长安城规模宏大,布局整齐,建筑密集,街衢通直,交通便利,是第三个全国性大都市和都城,其总体布局还以城垣以外发达的郊区作为重要补充,先后在郊区设立11座陵邑,陵邑由中央直接管辖,是汉长安城行政和经济区的组成部分。伴随着丝绸之路的开通，西汉王朝对外贸易发达，城市规模和城市人口也得到进一步发展。西汉以后，隋朝在长安旧址上兴建了规模宏大的新都大兴城，唐王朝建立后又更名长安。唐代长安城把中央集权封建统治推向巅峰，直至公元9世纪末，唐都长安不仅是中国的政治、经济、文化中心，而且是当时世界最繁华恢宏的国际性都会，是世界上第一座人口超过100万的城市，是关中地区第四个全国统一政权的城市。唐朝灭亡后，都城跟随经济中心南移，自此结束了长安作为都城的历史。此后，关中地区的城市也失去了往日繁华，但仍具有政治、经济、军事层面的重要地位。

2. 近代城市发展

由于半殖民地半封建社会的桎梏，关中城市经济发展遭遇严重阻碍，加上军阀混战、自然灾害袭击，区域经济呈现出生产停滞、经济凋敝、市场萧条、民生维艰的状态。20世纪30年代中期，关中城市工业化有所发展。随着陇海铁路贯通，沿线出现一些新的工业城镇，西安市区东北部和火车站附近借助交通运输的便捷优势，逐步发展为工业区，公共汽车也在市区逐步盛行。1936年，西关航空港以及发电厂的修建，标志着西安正式转变为近现代意义上的工商业城市。陇海铁路沿线的渭南、咸阳和宝鸡等城市的近代工业也有了发展，铜川也开始了机器采煤，发展成为煤炭工业城市。杨凌地区随着高等院校的建立，渭惠渠和陇海铁路的建成，开始形成街市，商业活动也日趋繁荣。大荔和凤翔自古以来都是关中地区的政治经济中心以及交通要塞，陇海铁路和川陕公路的建成以及抗日战争的全面爆发，关中的政治经济中心也随之转移。东部沿海地区大量的厂商、院校以及人口等纷纷西迁，短时期内促进了关中地区繁荣发展。抗日战争结束，厂商、人口东迁回至沿海地区，关中城镇的发展也暂时陷入衰落期。

3. 现代城市发展

20世纪50年代初，关中只有西安和宝鸡两座建制市。西安率先编制了《西安市1953—1972年城市总体规划》，建设了一批机械、纺织、航空、电力设备、仪器仪表及国防工业大型骨干企业，初步形成了电工、纺织、军工和飞机制造等工业区。受国家政策扶持，西安先后被列为深化综合配套改革试点城市（1988年）、内陆开放城市（1992年）以及全国综合配套改革试点城市（1994年）等，这些决策对推动西安城市的改革开放不断深化产生了深远影响，其中以中国北方中西部地区最大的工业基地、高等教育与科研基地及国际旅游城市、商贸中心城市的崭新姿态雄踞于世。宝鸡是新兴的工业城市，20世纪50年代到70年代中期的"三线"建设，使宝鸡成为初具规模的电子、机械、国防和有色金属工业基地。今日的宝鸡市区已成为工业发达、商贸兴旺、金融集中、运输畅通的关中西部政治、经济、文化中心。铜川于1958年建市，是继西安之后陕西第二个省辖市，得益于丰厚的矿产资源，昔日地瘠民贫的山区小县，如今是陕西的煤炭建材基地、陶瓷之都、铝业重镇，具备中等的现代工业城市规模。咸阳市于1952年设为县级市，1984年改为省辖市[①]，以市区为中心，在所辖县区工商业和居民集中地建立了40个建制镇，由一个小县城发展成为以电子、纺织、机械工业为主体的新兴工业城市，其作为西安咸阳国际化大都市的核心区以及关中—天水经济区的核心板块，助力形成"一核五区十个卫星城"[②]的整体空间结构。渭南地区1948年到1949年实行区、乡、村三级，1984年改县为市，1994年设立地级渭南市[③]，目前已成为全国商品粮、优质棉、奶山羊、商品鱼生产基地，能源重化工基地之一，是我国卫星测控中心，国家授时中心所在地，是关中东部政治、经济、文化、交通中心。当前渭南既属于西安半小时经济圈，又是亚欧大陆经济圈和"关中—天水经济区"的重要组成部分，承担着陕西东大门的重要角色。1997年成立杨凌农业高新技术产业示范区，由陕西省政府直接领导，在农科事业产学研健康发展的同时，杨凌的国民经济和社会各项事业也走上了高速、高效和持续发展轨道。

综上所述，关中地区的每一座城市都经历了几千年的漫长发展，其规模和城市职能不断演变，并逐步集聚趋向于城市群的形成。

二、关中城市群的形成与发展

每一座城市都不是孤立、封闭的，均与邻近的区域城镇密切相连，是区域性城市群的重要组成部分（姚世谋，2016）。关中城市群的形成发育过程也遵循自然发展规律，各城市在相互竞合中基本上以地理区位和交通条件为依托自然形成。自夏商时期以来，由孤立、规模小、职能单一的城市，逐步发展为以中心城市为主，依托交通密切相连和经济高度流通，最终形成同城化和高度一体化的城市群体。城市群的节点、基质和网络等构成要素的演进推动了城市群的形成与发育（方创琳等，2018）。

---

① 《咸阳市志》第一册。
② "一核"指西安主城区、咸阳主城区和沣渭新区（指渭河以南，沣河以东，东接西安市三环，南邻阿房宫遗址保护区和规划中的西宝高速新线的城市发展区）。"五区"指泾渭工业园、空港产业园、阎良航空产业基地、民用航天产业基地、杨凌示范区。"十个卫星城"指户县（今鄠邑）、蓝田、高陵、三原、泾阳、兴平、武功、礼泉、乾县、周至等卫星城镇。
③ 《渭南市志》。

（一）关中城市群的形成

区位条件是关中城市群兴起的前提。关中地处中原腹地和西部交通纽带，是南北文化、人员的汇聚之地。区位优势为关中地区的发展提供了生产、文化等要素的汇集，也为后续城市群兴起奠定了基础。如果说政治经济因素是古代关中城市群兴起的核心，那么，交通网络和工业建设就是近现代关中城市群形成的纽带。1953 年，陇海铁路全线贯通后，城市之间封闭的状态被打破，关中地区资本主义工商业也得以发展，铁路沿线也出现了一些新型工业城镇。在陇海铁路和川陕公路的共同作用下，渭南、咸阳、宝鸡、铜川等城镇的近代工业也逐步发展起来，成为关中地区重要的工业基地。"一五"时期，关中地区是我国工业化建设投资的重点，一大批配套建设项目也纷纷落地，工业化推动了关中地区城镇化的快速发展。随着三线建设不断增加，陕西作为建设重点，内迁项目以西安为中心，形成了包括咸阳、宝鸡、渭南和铜川等为主的机械、动力工业基地。改革开放后，关中地区借商品经济浪潮又迎来城市大发展期，城市区域不断扩大。

有为政府自上而下的协调是关中城市群形成聚集力的关键。关中地区的城市历经了由单一、孤立、小规模的状态发展到以西安为中心的综合、规模庞大的城市群，以此带动整个陕西乃至西北地区的整体发展，与有为政府自上而下的推动密不可分。2005 年，陕西省政府工作报告提出修编"关中五市一区规划"，西安、咸阳、宝鸡、渭南、铜川及杨凌首次被纳入"关中城市群"的概念。"西咸经济一体化"的提出，作为关中城市群重要的一步棋，其目的在于做大做强西安，以辐射带动关中区域整体发展。2009 年陕西省人民政府印发《关中城市群建设规划》，提出以西安为中心，包括咸阳、宝鸡、渭南、铜川等地级市以及杨凌农业示范区打造关中城市群的区域化大战略，标志着关中城市群正式形成。以西安作为核心层，临潼、长安、三原、咸阳四大副中心为紧密层，三大外围中心渭南、铜川、杨凌为中间层，宝鸡、商洛等六大中心城市为开放层，形成了基于行政区划上的关中城市群（白永秀，2011）。

（二）关中城市群的发展

关中城市群的建设发展既离不开国家和陕西省相关政策的扶持，也离不开区域间市场的形成以及产业和交通体系一体化发展。随着以西安为中心的陇海沿线城镇带和关中中部城镇的集聚，关中城市群建设初具规模。依靠全国科技教育和高技术产业基地的聚集与生产力辐射，形成区域内产业联动建设和协调发展。而如何有效联动、融合中心城市和其他城市，城市群内部交通建设是重中之重。以西安为起始点，将关中城市群主要城市连接并向外辐射的八条高速公路建设以及城际间铁路建设取得明显成效，这大幅缩短了城市之间的距离，有助于城市群集群效应的发挥，西安周边城市也紧紧抓住机遇，迅速发展壮大自身。宝鸡计划建成关中西部综合性社会经济中心，中国西部交通枢纽以及西北地区现代工业装备基地；咸阳作为西安市的辅助中心发展，与西安有机协调，分工合作发展产业；杨凌依托高新农业技术，计划建成西安都市圈中重要的科技园区；老牌能源城市铜川为加快转型，在空间、产业、公共服务等方面加快推进西铜同城化步伐；渭南也紧紧抓住机会，与西安在交通网络、关中水乡、信息并网等12个方面合作，建设陕西东大门，推动西渭融合发展，增强对关中东部的带动作用。关中地区的高新技术产业也渐渐形成规模，形成西部地区唯一的高新技术产业开发带和星火科技产业带，有助于加快我国与亚欧国家资源共享、共同发展，深化区域间国际交流合作，对推进西部地区发展，以及新型城镇化建设也具有重要意义。

（三）大关中城市群与泛关中城市群

以西安为中心的关中城市群的发展目标是建成城市规模结构合理、城市空间结构优化、具有发达交通体系和信息资源共享的一体化区域（白永秀，2011）。但城市群内部其他城市与西安的产业关联度不高，没有做到错位互补，咸阳、宝鸡等城市经济结构都相对独立，并没有与西安形成关联产业链，产业链无法传导，城市群的向心作用和扩散作用的功能效应未能有效发挥。对此，学术界也开展了相关讨论，针对产业集群与"一线两带"建设（张卉和杨文选，2003；潘媛，2005）、科技创新促进经济发展等问题做出了分析（张炜，2003；杨稣和李扬，2005），提出了加快"一线两带"建设的路径。为深入实施西部大开发战略，引领大西北发展，关中—天水重点经济区的设立对增强区域建设和构建开放合作的新格局具有重要意义。根据经济联系以及经济辐射范围原则，随着关中—天水重点经济区和晋陕豫黄河金三角的批复，扩展了以西安为中心的关中城市群本体范围，又有了大关中城市群和泛关中城市群的设计（白永秀，2011），其为关中平原城市群的形成奠定了基础。按照广义的关中地区划分，大关中或泛关中城市群实际上是指关中文明的覆盖区域，除今天的陕西关中地区之外，还包括东部黄河三角洲地区，即今天的晋南运城、豫西三门峡地区以及甘肃兰州以东大部分地区，也涵盖了陕西关中地区以及甘肃的天水、平凉和庆阳等次核心城市。天水、平凉、庆阳的纳入使得关中城市群的承载能力增强，辐射带动能力增强，进一步显现向南、向西开放的战略支点作用，深度融入"一带一路"格局；临汾和运城的加入起到了承东启西、连接南北、加速融合中西部一体化的作用。此外，互联互通多层次基础设施网络的建设，令关中城市群的各城市之间联系更加紧密，在国家现代化建设大局和全方位开放格局中具有独特的战略地位。这一体系的发展呈现了当前关中平原城市群的基本格局。

第二节 关中平原城市群发展上升为国家战略

2006年国家"十一五"规划要求把城市群作为推进城镇化的主体形态,这是"城市群"概念第一次出现在中央文件中,但还未出现"关中平原城市群"的字样。2016年"关中平原城市群"首次被明确列入国家战略规划,2018年批复为国家级城市群,在国家发展和改革委员会(简称国家发展改革委)、住房和城乡建设部(简称住房城乡建设部)联合印发的《关中平原城市群发展规划》中,明确了其战略定位为建设向西开放的战略支点、引领西北地区发展的重要增长极、以军民融合为特色的国家创新高地、传承中华文化的世界级旅游目的地、内陆生态文明建设先行区。关中平原城市群发展上升为国家战略,从政策规划和建设实践经历了如下发展历程。

一、西咸一体化规划

推进关中平原城市群建设的政策规划最早可追溯到2002年9月,陕西省委、省政府出台了《关于加快"一线两带"建设,实现关中率先跨越发展的意见》,希望通过关中地区的科技优势,依托陇海铁路陕西段和宝潼高速公路向外辐射,实现关中地区继而全省地区跨越式发展。2004年4月,国家发展改革委和国务院西部地区开发领导小组办公室(简称西部办)提出了"构建大关中城市群"的议题,期望将与关中地区在地理、文化上相近的河南三门峡、山西运城和甘肃天水等城市纳入大关中城市群。但在当时的区域发展格局之下,东、中、西三大区域壁垒森严,因此"构建大关中城市群"的提议暂时被搁浅。但关中平原城市群的发展一直未停下脚步,"西咸一体化"的推进为关中城市群建设开了个好头,2006年陕西省"十一五"规划提出要加快西咸一体化进程,期望通过推进西安和咸阳融合,建设大西安,发挥其集聚和辐射带动能力,加强宝鸡、咸阳、汉中、铜川、榆林等城市的产业建设和分工合作,实现关中城市群的率先发展。2009年陕西省人民政府印发《西咸一体化建设规划》[①],提出要通过整合两市一区的发展空间,优化产业空间布局,建设大都市(西安)从而发挥其辐射带动能力,推动整个关中蓬勃发展。

二、关天经济区建设

自2007年西部大开发"十一五"规划提出了加快建立关中—天水重点经济区,关中城市群建设又迎来了新的政策推进。2009年,国务院批复通过了《关中—天

---

① 《陕西省人民政府关于公布规范性文件清理结果的决定》(陕政发〔2014〕12号)指出,该文件自2014年2月28日起失效。

水经济发展规划》。提出要构筑"一核、一轴、三辐射"①的空间发展框架体系。在《关中城市群建设规划》的基础上又纳入了天水所辖行政区域，通过利用科技优势、区位条件和产业基础，依托交通干线向外辐射至陕南的汉中、安康，陕北的延安、榆林，甘肃省的平凉、庆阳和陇南地区，把关中—天水经济区建设成为支撑和带动西部地区加快发展的重要增长极。由此关中城市群的建设版图进一步扩大。同时学术界也对关中—天水经济区空间流量（何栋材等，2009）、区域物流中心（高少国，2009）、旅游业（丁艳平，2010；王彬和胡滨，2010）、金融业（马常青，2010）的发展情况及困境进行分析，提出了促进关中—天水经济发展的相关对策。2011年陕西"十二五"规划也提出在中西部有条件的地区培育壮大若干城市群，全面实施《关中—天水经济区发展规划》，以交通轴线为依托，突出发展先进制造业、战略性新兴产业、现代农业和现代服务业，形成若干优势产业集群，建设有影响的区域中心城市；在加快推进西咸一体化的基础上，同时加快西安—铜川、西安—渭南一体化进程，把关中城市群建设成为在西部具有领先水平的城市群。2012年西部大开发"十二五"规划仍延续了西部大开发"十一五"规划的目标，把关中—天水经济区建设成为西部大开发战略新高地。

三、关中协同发展

2014年颁布的《国家新型城镇化规划（2014—2020年）》，对城镇化发展的战略格局进行了部署。2016年，"关中平原城市群"首次被明确列入国家战略规划。国家"十三五"规划延续了"两横三纵"的城市化战略格局，此时的关中平原城市群所辖范围与之前陕西省出台的《关中城市群建设规划》一致，是以大西安（含咸阳）为中心、宝鸡为副中心，包括渭南、铜川、商洛及杨凌区。同年，陕西"十三五"规划提出要构建"一核一群两轴三带四极"②的城镇发展格局。通过继续推

---

① "一核"：即西安（咸阳）大都市，是经济区的核心，对西部和北方内陆地区具有引领和辐射带动作用。
"一轴"：即宝鸡、铜川、渭南、商洛、杨凌、天水等次核心城市作为节点，依托陇海铁路和连霍高速公路，形成西部发达的城市群和产业集聚带。
"三辐射"：即核心城市和次核心城市依托向外放射的交通干线，加强与辐射区域的经济合作，促进生产要素合理流动和优化配置，带动经济区南北两翼发展。以包茂高速公路、西包铁路为轴线，向北辐射带动陕北延安、榆林等地区发展；以福银高速公路、宝鸡至平凉、天水至平凉等高速公路和西安至银川铁路为轴线，向西北辐射带动陇东平凉、庆阳等地区发展；以沪陕、西康、西汉等高速公路和宝成、西康、宁西铁路为依托，向南辐射带动陕南汉中、安康和甘肃陇南等地区发展。
② "一核"：指西安。
"一群"：指关中城市群。
"两轴"：以陇海铁路和连霍高速沿线为横轴，以包茂高速沿线为纵轴。
"三带"：陕北长城沿线、陕南十天高速沿线、沿黄公路沿线。
"四极"：宝鸡、榆林、汉中、渭南。

进西咸一体化建设，加强基础设施建设互联互通，利用关中科教资源优势，推动创新驱动发展，引导关中五市一区特色产业布局合理，形成产业发展新格局，打造关中平原城市群成为具有国际竞争力的新型城市群。2017年西部大开发"十三五"规划提出要继续发展壮大关中平原城市群，通过结合推进"一带一路"建设等倡议实施，完善城市群基础设施互通互联，积极承接东部先进产能，提升产业层次，加强城市间互动合作，促进相邻重点城市融合发展，发展成为西部地区经济增长重要引擎。

四、晋陕豫黄河三角洲跨省合作

2018年国家发展改革委、住房城乡建设部发布了《关中平原城市群发展规划》，这标志着关中平原城市群发展正式上升为国家战略，关中平原城市群成为国务院批复的第八个国家级城市群[1]。关中平原城市群范围进一步扩大，在五市一区的基础上还纳入了山西省运城市、临汾市和甘肃省天水市、平凉市、庆阳市。规划提出要构建富有竞争力的现代产业体系，抓住"一带一路"建设机遇积极承接产业转移，构建综合交通运输网络推动城市互联互通，加强生态保护为城市群发展添加绿色动力，强化中心城市西安的辐射带动作用，增强宝鸡、渭南、杨凌、天水等重要节点城市的综合承载能力，构建"一圈一轴三带"[2]的空间格局，把关中平原城市群建成向西开放的战略支点和引领西北地区发展的重要增长极。同年12月，《陕西省〈关中平原城市群发展规划〉实施方案》发布，在国家顶层设计的基础上提出了42条具体举措，把关中平原城市群打造为内陆改革开放新高地。除此之外，山西、甘肃两省也出台了《〈关中平原城市群发展规划〉实施方案》，提出了相关具体措施推进关中平原城市群发展，还协商建立陕晋甘三省推进关中平原城市群合作机制，共同议定跨省市间重大事项。

五、成渝、关中平原城市群协同发展

2020年中共中央、国务院印发了《关于新时代推进西部大开发形成新格局的指导意见》，并对关中平原城市群的发展提出了要"加强西北地区与西南地区合作互动，促进成渝、关中平原城市群协同发展，打造引领西部地区开放开发的核心引擎"。2020年6月，陕西省委、省政府印发了《关于建设西安国家中心城市的意见》，

---

[1] 前七个城市群分别为：长江中游城市群、哈长城市群、成渝城市群、长三角城市群、中原城市群、北部湾城市群、珠三角城市群。

[2] "一圈"：西安、咸阳主城区及西咸新区为主组成的大西安都市圈。"一轴"：沿陇海铁路和连霍高速的主轴线。"三带"：包茂发展带、京昆发展带、福银发展带。

提出了要充分发挥西安在关中平原城市群发展中的引领作用，主动对接共建"一带一路"倡议，以及黄河流域生态保护和高质量发展等国家战略，把西安打造成为"三中心两高地一枢纽"[①]。通过大力实施创新驱动发展战略，优化产业布局，改善生态环境，全面提升城市品质，推动西安高质量发展，从而带动关中平原城市建设。2021年《中华人民共和国国民经济和社会发展第十四个五年规划和2035年远景目标纲要》（简称"十四五"规划）继续推进"两横三纵"城镇化战略格局。同年陕西省"十四五"规划提出：抓住用好国家区域重大战略机遇，推动关中平原城市群高质量发展，加强与成渝城市群协同联动，打造引领西部地区开放开发的核心引擎。2022年6月国家发展改革委印发《关中平原城市群建设"十四五"实施方案》，规划中总结了关中平原城市群发展面临的突出问题，提出继续构建"一圈一轴三带"，发挥其对西北地区高质量发展的重要引领作用和我国向西开放的战略支撑作用。

经历了数年政策演变和战略推进（图2-1），关中平原城市群终于进入新时期发展上升通道，成为国家构建的"5+8+6"城市群空间组织格局中的重要区域性城市群。关中平原城市群建设也成为开创西部大开发新格局、助推全国高质量发展的重要支撑。

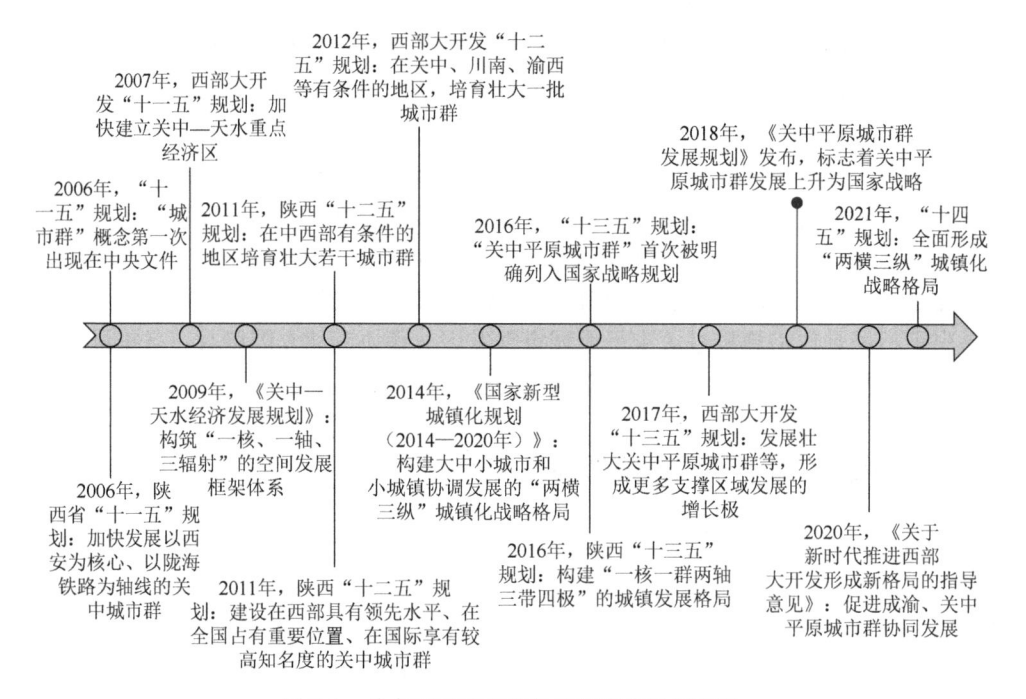

图2-1 关中平原城市群发展的政策规划历程

---

① "三中心"：西部地区重要的经济中心、对外交往中心、丝路科创中心。
"两高地"：丝路文化高地、内陆开放高地。
"一枢纽"：国家综合交通枢纽。

第三节 关中平原城市群的发展状况

关中平原城市群横跨陕西、山西和甘肃3个省,是国家"一带一路"大局、生态文明格局和新型城镇化布局的战略支点。按照《关中平原城市群发展规划》,城市群包括西安市、宝鸡市、咸阳市等11个地级城市、杨凌1个农业高新技术产业示范区,国土总面积10.71万 km²,占全国的1.12%。《关中平原城市群建设"十四五"实施方案》围绕优化城市群空间发展格局、提升交通基础设施互联互通水平、推动产业和创新协同发展、推进生态共建环境共保、共同打造内陆改革开放高地以及推进公共服务开放共享等六个方面,提出了"十四五"期间关中平原城市群建设发展的23项重点任务。本书基于城市群建设重点和基本要素,围绕人口及城镇化、经济综合实力、交通设施建设、产业与创新发展、生态环境治理、对外开放及公共服务七个方面的指标数据,分析关中平原城市群的发展状况。

一、关中平原城市群的状况分析

(一)人口及城镇化发展状况

在人口方面,2020年底城市群常住人口约4369万人,占全国的3.09%。表2-1中详细列出了关中平原城市群各个城市的规模,其中城市群包含1个特大城市西安,3个大城市宝鸡、天水和渭南,其他7个中等城市及杨凌农业高新技术产业示范区。在人口数量方面,西安同样以1295万人高出第二名运城800多万人。在城镇化进程方面,城市群内各个城市的城镇化率逐年增加。截至2020年末,西安城镇化率为79.15%,其他城市的城镇化率均不高于70%,末位庆阳的城镇化率仅为41.89%。

表2-1 2020年关中平原城市群的城市规模

城市等级	城市规模等级 (城区常住人口)/人	城市	土地面积/km²	常住人口/万人	城镇化率
特大城市	500万人及以上	西安	10 108	1 295	79.15%
大城市	100万(含)~500万人	宝鸡	18 117	332	57.04%
		天水	14 277	299	45.57%
		渭南	13 030	469	49.31%

续表

城市等级	城市规模等级（城区常住人口）/人	城市	土地面积/km²	常住人口/万人	城镇化率
中等城市	50万（含）～100万人	铜川	3 882	70	63.67%
		咸阳	10 189	396	55.43%
		商洛	19 292	204	51.97%
		运城	14 182	478	49.26%
		临汾	20 589	398	53.17%
		平凉	11 118	185	44.77%
		庆阳	27 117	218	41.89%
小城市	50万人以下	杨凌	135	25	66.67%

资料来源：各地市统计年鉴及《2020年国民经济和社会发展统计公报》以及第七次全国人口普查的数据

注：杨凌农业高新技术产业示范区以下简称杨凌（示范区）；本书关于关中平原城市群的人口数据采用第七次全国人口普查的数据进行计算，该结果为2020年11月零时的结果

（二）经济综合实力状况

在整体经济水平方面，2020年关中平原城市群的地区生产总值总量近2.27万亿元，占全国GDP（gross domestic product，国内生产总值）的2.24%。西安的地区生产总值以10 020亿元占整个城市群地区生产总值总量的44.17%，远超群内其他城市，与第二名宝鸡相差近7743亿元，拥有绝对的核心地位。在地均地区生产总值上，2020年杨凌以1.12亿元/km²位居第一，西安则以0.99亿元/km²居第二名，最后一名是庆阳，仅0.03亿元/km²。具体数据见表2-2。

表2-2　2020年关中平原城市群经济发展与经济密度

城市	地区生产总值/亿元	地区生产总值增速	人均地区生产总值/(元/人)	地均地区生产总值/(亿元/km²)	地区生产总值占城市群整体比重
西安	10 020	5.20%	79 181	0.99	44.17%
咸阳	2 205	0.10%	55 189	0.22	9.72%
宝鸡	2 277	3.30%	67 666	0.13	10.04%
渭南	1 866	0.20%	39 207	0.14	8.22%
运城	1 644	5.20%	34 383	0.12	7.25%
临汾	1 505	3.70%	37 762	0.07	6.63%
庆阳	755	4.30%	34 593	0.03	3.33%
商洛	739	−11.68%	35 381	0.04	3.26%
天水	667	5.20%	22 251	0.05	2.94%

续表

城市	地区生产总值/亿元	地区生产总值增速	人均地区生产总值/(元/人)	地均地区生产总值/(亿元/km^2)	地区生产总值占城市群整体比重
平凉	476	3.50%	25 623	0.04	2.10%
铜川	381	5.00%	53 021	0.10	1.68%
杨凌	152	−10.90%	60 684	1.12	0.67%

资料来源：各地市《国民经济和社会发展统计公报》、各省统计年鉴

在数字化时代的今天，城市的数字经济和网络表现力也在一定程度上反映其综合发展潜力。2020 年西安市的数字经济指数以 71.8 位列全国第 24，处于数字经济快速发展阶段，但城市群内其他城市均处于起步或尚未发展阶段。另外，西安 2021 年上半年以线上繁荣度得分 7182 位居全国第 4（表 2-3），稳居西北第一中心城市。西安抖音网红 POI（point of interest，兴趣点）打卡视频量超过了 2000 万遥遥领先，咸阳、宝鸡、渭南、运城、临汾等五城也有发展势头。

表 2-3　关中平原城市群新经济发展情况

城市	线上繁荣度得分	POI 打卡量/次	数字经济指数得分（排名）
西安	7 182	23 494 461	71.8（24）
咸阳	1 683	1 312 148	63.8（141）
宝鸡	1 019	1 312 148	52.7（128）
渭南	1 590	6 388 324	40.8（224）
运城	1 436	5 953 874	41.4（146）
临汾	1 006	3 919 886	41.0（192）
庆阳	261	89 8142	—
商洛	590	2 794 645	—
天水	375	1 312 148	40.7（206）
平凉	251	738 908	—
铜川	569	6 388 324	—
杨凌	—	—	—

资料来源：巨量引擎城市研究院，《中国城市数字经济指数蓝皮书（2021）》，数字经济指数为 2020 年评价值，其中庆阳、商洛、平凉、铜川和杨凌的数字经济指数缺失；"线上繁荣度""POI 打卡量"为 2021 年上半年数据，杨凌两个指标数据也缺失

除整体经济水平之外，在消费、投资、财政和金融方面的表现也反映了城市群经济发展的状况。在居民收入差距方面，整体上城镇居民人均可支配收入是农村居民人均可支配收入的 2～3 倍（图 2-2），差距最大的天水高达 3.31 倍，最小差距是商洛的 2.47 倍，差值近 16 000 元。

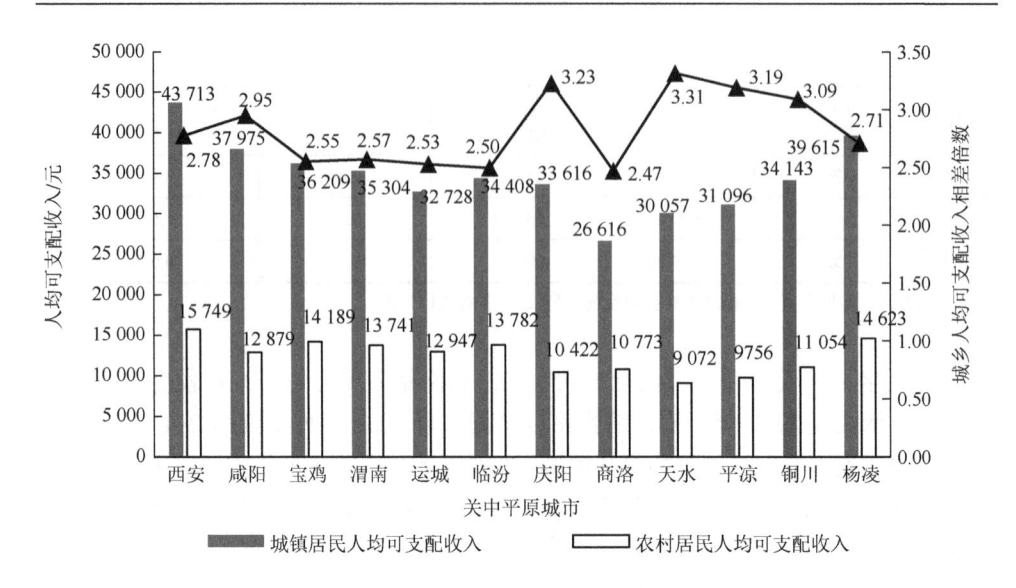

图 2-2 2020 年关中平原城市群内各城市人均可支配收入情况

资料来源：各地市《国民经济和社会发展统计公报》

在消费方面，2010 年以来城市群的消费态势，如图 2-3 所示。西安 2020 年全社会消费品零售总额达到 4989 亿元，位于第一，由于新冠疫情影响相较 2019 年有所下降，但在城市群中依然遥遥领先。除西安外，咸阳、宝鸡、运城、临汾和渭南 2020 年的消费品零售总额均超过 500 亿元。各个城市在 5 个样本年间的涨幅不大。

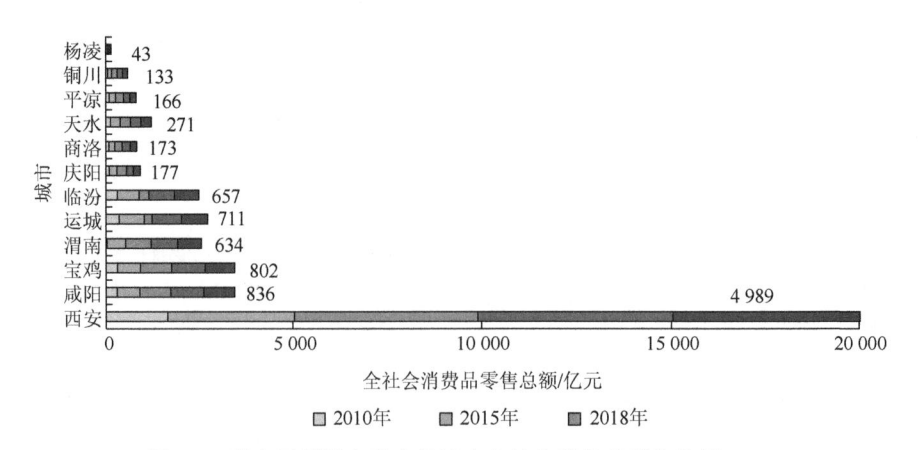

图 2-3 关中平原城市群内各城市全社会消费品零售总额

资料来源：各地市《国民经济和社会发展统计公报》
由于图中位置限制，仅标示各城市 2020 年全社会消费零售总额的数值

在固定资产投资方面（图2-4），2020年庆阳以26.68%的增速位列第一，平凉则以14.34%紧随其后，西安、天水、运城的增速也超过了10%，宝鸡、铜川、咸阳、杨凌的增速在5.20%及以下。渭南、商洛两城的增速为负值。

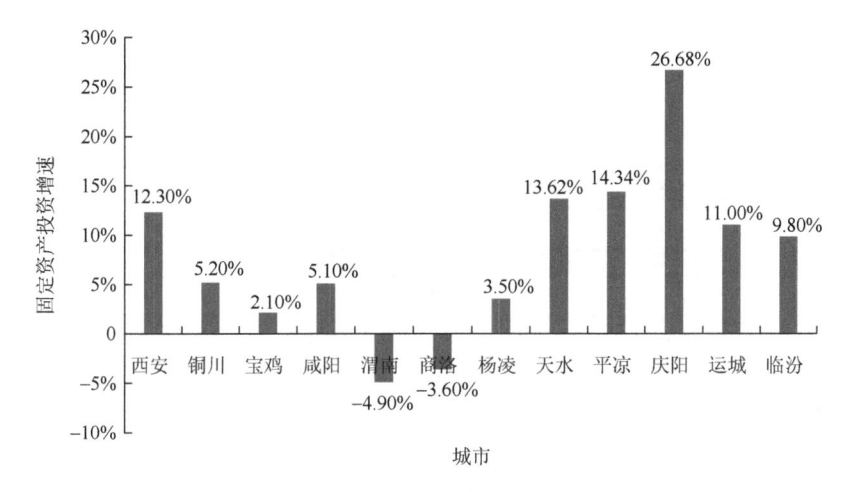

图2-4　2020年关中平原城市群内各城市固定资产投资增速

资料来源：各地市《国民经济和社会发展统计公报》

在财政运行方面（图2-5），2020年各个城市依然是一般公共预算收入小于公共预算支出，且一般公共预算支出占地区生产总值的比重与公共预算收入占地区生产总值比重之间最大相差44.69个百分点（天水），最小也相差6.22个百分点（西安）。

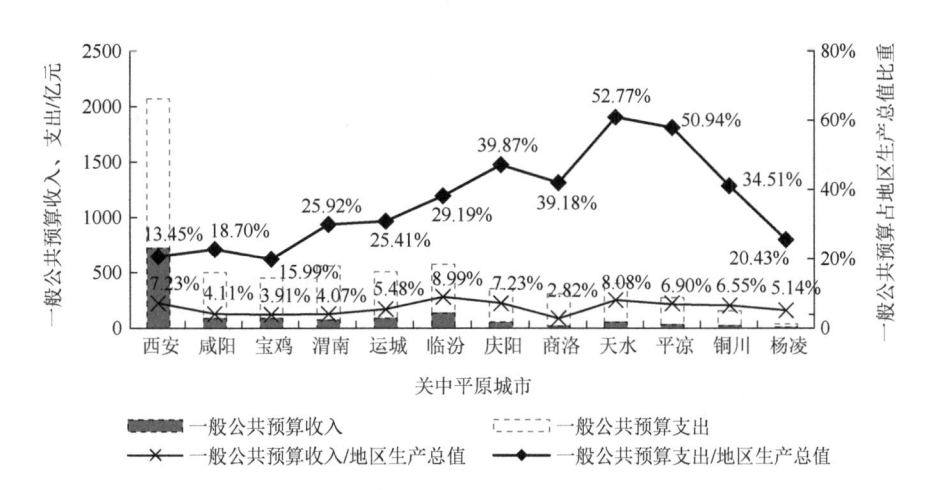

图2-5　2020年关中平原城市群内各自财政收入、财政支出情况

资料来源：各地市国民经济和社会发展统计公报

在金融领域，关中平原城市群内各城市的年末金融机构存款余额在 2010～2020 年呈增长趋势（图 2-6），西安依然独占鳌头，2020 年末金融机构存款余额突破 26 046 亿元。

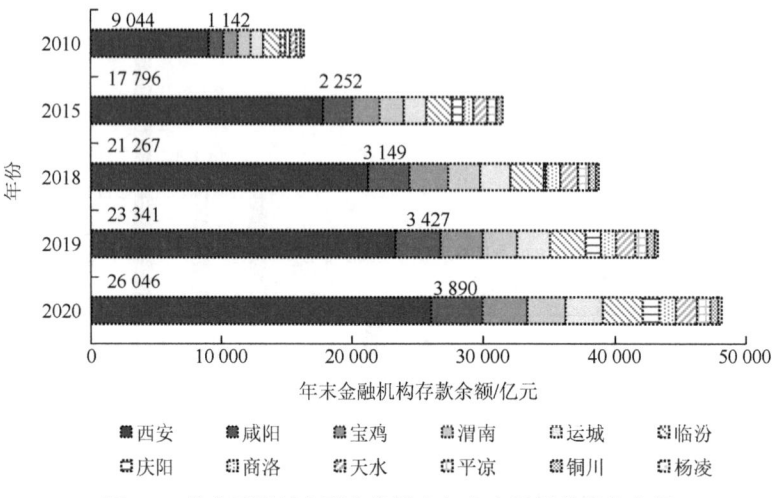

图 2-6 关中平原城市群内各城市年末金融机构存款余额

资料来源：各地市国民经济和社会发展统计公报

（三）交通设施建设状况

关中城市群位于中国腹地，平坦开阔，是西部地区面向东中部地区的重要门户，以西安为交通枢纽中心，目前形成了贯通陕西省、辐射周边省市的"米"字形辐射状干线公路网络和贯穿关中腹地的陇海线"一"字形以及以西安为中心的"V"字形结构铁路网。从发展趋势来看，公路密度基本稳定，没有太大的变化。从城市群内部差异来看，杨凌的公路密度最高，咸阳、渭南和西安公路密度位次靠前，商洛和庆阳则居于末位（表 2-4）。

表 2-4 关中平原城市群城市公路交通情况

城市	2015 年		2018 年		2019 年		2020 年	
	公路里程/km	密度	公路里程/km	密度	公路里程/km	密度	公路里程/km	密度
西安	13 328	1.32	13 483	1.33	13 386	1.32	13 755	1.36
咸阳	15 732	1.54	16 302	1.60	17 038	1.67	16 680	1.64
宝鸡	16 108	0.89	16 698	0.92	17 003	0.94	17 717	0.98
渭南	18 644	1.43	19 579	1.50	19 897	1.53	19 495	1.50

续表

城市	2015年 公路里程/km	密度	2018年 公路里程/km	密度	2019年 公路里程/km	密度	2020年 公路里程/km	密度
运城	16 070	1.13	15 802	1.11	15 959	1.13	16 096	1.13
临汾	18 245	0.89	18 934	0.92	19 167	0.93	19 326	0.94
庆阳	13 346	0.49	13 416	0.49	16 215	0.60	16 398	0.60
商洛	13 595	0.70	13 886	0.72	14 025	0.73	14 812	0.77
天水	10 470	0.73	10 951	0.77	14 006	0.98	14 140	0.99
平凉	10 339	0.93	10 352	0.93	10 619	0.96	10 969	0.99
铜川	3 901	1.00	4 180	1.08	4 143	1.07	4 086	1.05
杨凌	397	2.94	397	2.94	397	2.94	3 967	2.94

资料来源：各地市2015年、2018年、2019年和2020年《国民经济和社会发展统计公报》

（四）产业与创新发展状况

在产业结构方面，2020年西安、铜川等城市的第三产业比重都超过了50%（图2-7），服务业已经成为这些城市经济发展的重头戏，但宝鸡、咸阳、庆阳三城的第二产业占比仍然高于第三产业。

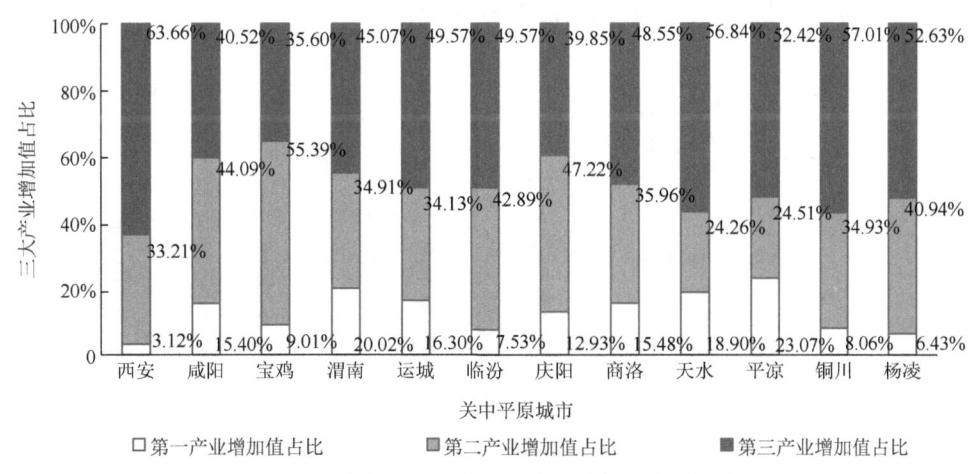

图2-7　2020年关中平原城市群内各城市三产增加值占比

资料来源：各地市《2020年国民经济和社会发展统计公报》

在科技创新方面，各城市的每万人人均专利授权排名基本稳定（图2-8），但2018年杨凌以83件居于城市群首位，此后两年西安市分别以28件和32件位列第一，除咸阳2020年为11件外，其他城市三年内均不超过10件。

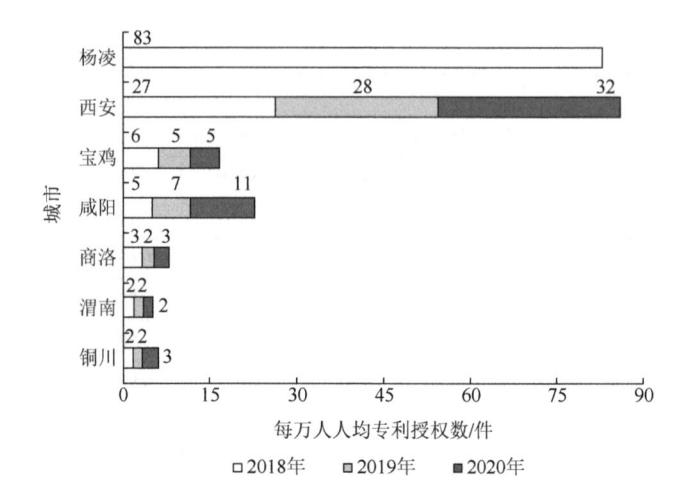

图 2-8 关中平原城市群内各城市每万人人均专利授权数

资料来源：各地市 2018 年、2019 年、2020 年《国民经济和社会发展统计公报》。甘肃和山西的专利数据缺失，该图只给出陕西 7 个样本的信息

此外，2021 年关中平原城市群内的城市创新指数及其排名见图 2-9（杨凌数据缺失），只有核心城市西安以 77.97 位列全国第 11 位，其他城市排名均处于 100 位之外，表明当前整个城市群科技创新水平依然是呈现西安遥遥领先、其他城市未表现出强有力的科技创新能力的分布状况。

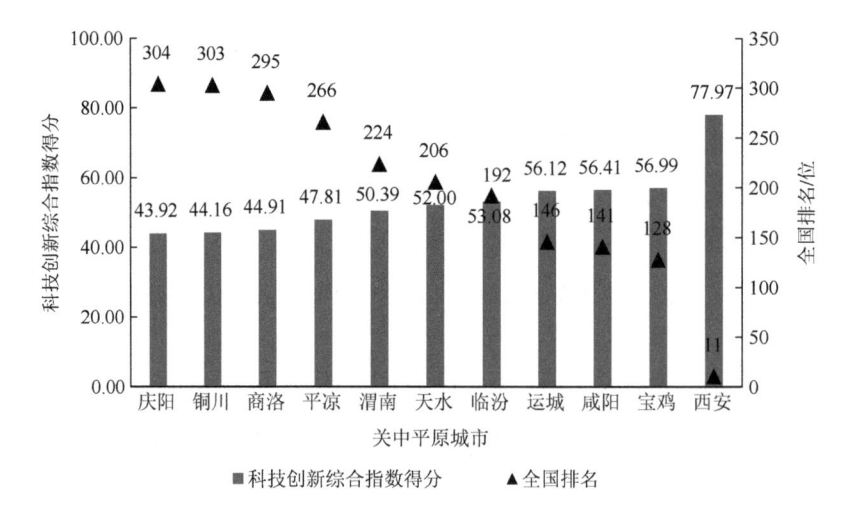

图 2-9 2020 年各城市科技创新综合指数得分及其全国排名

资料来源：《2021 年中国城市科技创新指数报告》

(五)生态环境治理状况

在空气质量方面,各个城市之间的空气质量存在较大差距(表 2-5)。平凉、庆阳和商洛的空气质量优良天数占比在 90%以上,天水仅 2018 年未达 90%,其他城市的空气质量优良天数占比均低于 80%,其中 2020 年临汾的空气质量优良天数占比仅为 61.50%。近年来,城市群整体空气质量有所好转。在绿化方面,2020 年关中平原城市群各城市建成区绿化覆盖率在 40%左右,其中庆阳绿化覆盖率最低为 34.31%,各城市建成区绿化覆盖率差异不明显,各自都有提升。

表 2-5 群内城市空气质量优良天数占比和建成区绿化覆盖率

城市	空气质量优良天数占比			建成区绿化覆盖率		
	2018 年	2019 年	2020 年	2018 年	2019 年	2020 年
西安	51.50%	61.60%	68.30%	38.75%	39.57%	41.85%
咸阳	43.00%	58.60%	64.21%	38.51%	38.70%	39.80%
宝鸡	69.30%	74.80%	77.05%	41.10%	41.00%	41.05%
渭南	48.80%	56.20%	66.10%	39.15%	39.98%	41.07%
运城	48.20%	54.20%	66.30%	37.21%	37.76%	42.95%
临汾	37.80%	47.70%	61.50%	38.68%	39.41%	41.72%
庆阳	95.80%	90.40%	95.60%	31.90%	32.04%	34.31%
商洛	90.70%	90.90%	94.81%	34.00%	36.21%	39.29%
天水	83.70%	95.10%	97.00%	38.95%	39.49%	39.60%
平凉	91.60%	93.40%	96.70%	39.44%	39.54%	39.59%
铜川	64.40%	72.90%	78.10%	39.47%	39.73%	39.91%
杨凌	66.60%	67.90%	68.00%	40.00%	40.00%	40.10%

资料来源:各地市 2018 年、2019 年、2020 年《国民经济和社会发展统计公报》

(六)对外开放状况

2020 年关中平原城市群内部开放程度呈现出明显差异,如表 2-6 所示。根据进出口规模和以进出口总额占地区生产总值比重来衡量的对外开放度指标数据信息来比较,西安均居首位。从进出口总额看,差异巨大,运城、咸阳、宝鸡进出口总额在 50 亿元至 105 亿元区间变动,天水处于 30 亿元至 45 亿元之间,其他则处于 22 亿元以下。从各城市对外开放程度看,位次基本稳定。随着"一带一路"倡议的逐步深入和陆海新通道的开通,关中平原城市群逐步甩掉"落后""闭塞"的标签,从发展末梢转变为开放前沿阵地,总体趋势上看大部分城市对外开放程度均有所提升。

表 2-6 关中平原城市群各城市对外开放情况

年份	进口/亿元 2018	2019	2020	出口/亿元 2018	2019	2020	进出口总额/亿元 2018	2019	2020	进出口总额占地区生产总值比重 2018	2019	2020
西安	1346	1512	1698	1957	1730	1776	3303	3243	3476	38.86%	34.50%	34.69%
咸阳	39	56	56	34	33	48	73	89	104	2.80%	4.04%	4.72%
宝鸡	30	40	43	34	44	36	63	84	79	2.99%	3.80%	3.47%
渭南	2	2	3	13	12	13	15	14	16	0.86%	0.77%	0.86%
运城	50	46	35	27	28	25	91	74	60	6.02%	4.74%	3.65%
临汾	1	1	1	16	14	17	17	15	18	1.16%	1.05%	1.20%
庆阳	0	2	1	2	0	0	2	2	2	0.71%	0.23%	0.26%
商洛	9	0	2	13	18	15	21	18	17	2.75%	2.15%	2.30%
天水	18	15	15	25	24	24	43	38	39	10.60%	6.05%	5.85%
平凉	0	0	1	5	5	2	4	5	3	3.16%	1.05%	0.63%
铜川	0	1	4	2	5	3	2	6	7	0.91%	1.06%	1.84%
杨凌	4	5	3	5	6	6	8	11	10	5.30%	6.47%	6.58%

资料来源：各地市 2018 年、2019 年、2020 年《国民经济和社会发展统计公报》

（七）公共服务状况

2020 年群内各城市卫生机构和卫生机构床位总量存在着较大差距，西安卫生机构数量一直居于首位（表 2-7），杨凌居于末位。从 2020 年每万人拥有卫生机构床位数来看，西安居于末位，铜川则居于首位。2015 年以来，各城市每万人拥有卫生机构床位数的位次相对稳定，但西安从 2015 年的第 1 名下降到了 2020 年的第 12 名，天水、商洛、渭南有所提升。图 2-10 列出了关中平原城市群内城市在文化事业方面的状况，就每万人公共图书馆藏书量来看，铜川达到 10 253.2 册，位于首位，天水以 350.40 册位于末位。

表 2-7 关中平原城市群城市医疗设施情况

城市	2015 年 卫生机构数/个	每万人拥有卫生机构床位数/张	2018 年 卫生机构数/个	每万人拥有卫生机构床位数/张	2019 年 卫生机构数/个	每万人拥有卫生机构床位数/张	2020 年 卫生机构数/个	每万人拥有卫生机构床位数/张
西安	5802	62.86	5928	55.70	7011	58.74	7129	57.88
咸阳	4715	57.23	4363	71.57	4329	74.29	4328	77.50

续表

城市	2015年 卫生机构数/个	2015年 每万人拥有卫生机构床位数/张	2018年 卫生机构数/个	2018年 每万人拥有卫生机构床位数/张	2019年 卫生机构数/个	2019年 每万人拥有卫生机构床位数/张	2020年 卫生机构数/个	2020年 每万人拥有卫生机构床位数/张
宝鸡	2999	61.36	2991	77.36	2890	81.01	2779	86.38
渭南	4246	41.39	4320	63.84	4251	68.90	4191	71.26
运城	1911	52.15	5438	69.38	5610	18.72	5610	69.67
临汾	1249	42.76	4904	54.97	4864	19.42	4777	61.69
庆阳	1950	40.19	2083	19.28	2058	57.32	2065	63.17
商洛	3119	49.91	2840	66.04	2782	70.36	2738	76.67
天水	3545	38.90	3822	27.91	3413	59.76	3500	68.16
平凉	2746	56.66	2614	24.18	2559	69.34	2436	79.27
铜川	946	61.68	873	87.57	871	90.21	860	96.34
杨凌	17	55.06	201	66.25	195	68.32	202	65.88

资料来源：各地市2015年、2018年、2019年、2020年《国民经济和社会发展统计公报》

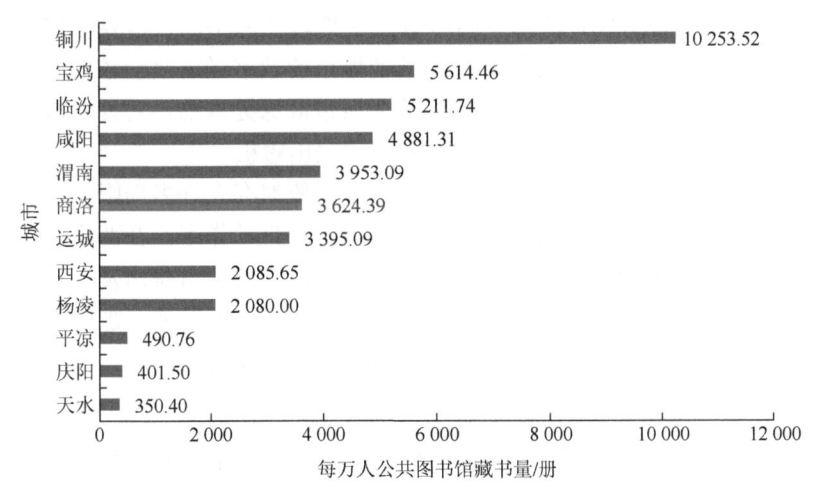

2020年关中平原城市群各城市每万人公共图书馆藏书量/册：
- 铜川 10 253.52
- 宝鸡 5 614.46
- 临汾 5 211.74
- 咸阳 4 881.31
- 渭南 3 953.09
- 商洛 3 624.39
- 运城 3 395.09
- 西安 2 085.65
- 杨凌 2 080.00
- 平凉 490.76
- 庆阳 401.50
- 天水 350.40

图2-10 2020年关中平原城市群内各城市每万人公共图书馆藏书量

资料来源：各地市《2020年国民经济和社会发展统计公报》

二、关中平原城市群内部发展特征事实

"十四五"规划实施以来，关中平原城市群发展进程逐渐加快，创新发展动能不断增强，经济综合实力稳步提升。西安国家中心城市建设有序推进，宝

鸡、运城、天水等节点城市也加快发展，增强了人口要素聚集能力。根据《关中平原城市群建设"十四五"实施方案》分析的关中平原城市群发展基础，2020年城市群城镇人口占比较2016年提高5个百分点以上，基础设施联通水平提高，高速公路网总规模超过4100km，综合立体交通运输网基本形成，"米"字形高铁网加快构建；产业基础不断夯实，绿色发展初见成效，汾渭平原大气污染治理成效明显；向西开放战略支点作用日益凸显，对外贸易总额年均增长超14%。

从各项指标来看，西安作为中心城市的绝对中心地位格外突出，关中平原城市群的发展呈现显著不平衡性。城市群内部大城市少，中心城市对周边辐射带动不足，次级城市发展相对缓慢。各个城市之间交流协作程度不够紧密。隐性行政壁垒仍然存在，城市群内部协同发展机制仍存在较大障碍。这就意味着西安作为城市群的核心，应该最大限度地发挥对周围城市的带动和辐射作用，实现优势和经验共享，以促进群内城市在未来能够齐头并进，提升整个城市群的综合实力。

关中平原城市群发展的短板依然突出，城乡差距和城市间鸿沟有待弥合。2020年城市群内城乡收入差距仍维持在2～3倍，除西安外的城镇化率均低于70%。各城市创新优势发挥不足，科技成果就地转化率不高，需要尽快完善创新机制；西安的数字经济处于发展阶段，其他城市的数字经济赋能较弱。主导产业竞争力不强，协同发展水平不高；由于整个城市群深处内陆，对外开放水平也存在较大缺口，开放程度不够，这是制约发展的突出短板。

以上这些事实特征反映出整个城市群的发展依然存在许多局限，多个短板有待补全。对于整个城市群而言，应加强核心城市的带动作用，在西安这一领头羊的带领下更加全面发展。对于城市群内的各城市，应该从自身出发去挖掘长期可持续的发展动能，补齐短板，贯彻新发展理念，发挥创新动能，加快乡村振兴建设，缩小城乡差距，推动整个关中平原城市群高质量发展。

第四节 关中平原城市群与其他城市群的比较分析

为了更好发挥关中平原城市群对西北地区高质量发展的重要引领作用和我国向西开放的战略支撑作用，重塑区域协调发展新格局，首先要客观认识关中平原城市群与18个国家级城市群的差距。本部分基于中国特色现代城市群高质量发展的内涵特征，从创新、协调、绿色、开放、共享五个维度选取具有代表性的指标，主要对比分析了2020年关中平原城市群与其他18个国家级城市群的差距，明晰关中平原城市群发展的内外部环境与短板弱项。

一、关中平原城市群与其他城市群基本状况比较

(一) 人口及城镇化比较

在人口方面，表 2-8 列出了各城市群 2020 年的基本情况。关中平原城市群相较于其他城市群，人口规模为 4369 万人，在 19 个城市群中处于中间位置，与人口最多的长三角城市群相比，差了 3 倍多。同时，根据第七次人口普查数据，西安人口总量在北方仅次于北京、天津，增速也位于中国北方省会城市第一。与第六次人口普查相比，第七次人口普查数据显示，2010 年至 2020 年的 10 年间关中平原城市群人口增速为 52.97%，人口增量 449 万人，低于广州（人口增量 598 万人）和深圳（人口增量 720 万人），高于杭州（人口增量 324 万人）、北京（人口增量 228 万人）和上海（人口增量 228 万人）。就城市群的占地规模来看，面积最大的长江中游城市群为 33 万 km²，而关中平原城市群占地面积为 16 万 km²，大约是长江中游城市群的 1/2，但相较于面积最小的仅有 5 万 km² 的哈长城市群等，关中平原城市群在土地规模上还有一定优势。

表 2-8　19 个城市群人口-土地基本情况（2020 年）

城市群	人口/万人	面积/万 km²	人口密度/(人/km²)	土地产出率/(亿元/km²)	群内主要中心城市
关中平原	4 369	16	273	0.14	西安
珠三角	6 171	6	1029	1.60	广州
长三角	18 015	21	858	0.97	上海
成渝	10 303	19	542	0.37	成都、重庆
长江中游	6 271	33	190	0.29	武汉、长沙、南昌
粤闽浙沿海	9 651	27	357	0.27	福州、厦门
山东半岛	10 485	7	1498	1.05	济南、青岛
兰西	1 568	18	87	0.04	兰州、西宁
哈长	4 345	5	869	0.42	哈尔滨、长春
辽中南	3 076	8	384	0.26	沈阳、大连
京津冀	12 512	22	569	0.41	北京
北部湾	3 567	12	297	0.18	南宁
呼包鄂榆	1 195	18	66	0.08	呼和浩特

续表

城市群	人口/万人	面积/万 km²	人口密度/(人/km²)	土地产出率/(亿元/km²)	群内主要中心城市
中原	7 271	29	251	0.15	郑州
山西中部	1 478	7	211	0.12	太原
宁夏沿黄	607	5	121	0.07	银川
黔中	2 923	5	585	0.26	贵阳
天山北坡	914	21	44	0.04	乌鲁木齐
滇中	2 196	11	200	0.14	昆明

资料来源：人口密度和土地产出率是自行计算。各城市群人口是根据第七次人口普查数据各市人口加总。城市数和土地面积大多来自各城市统计年鉴、各城市群发展规划。各城市群的 GDP 总量是根据各市国民经济和社会发展统计公报等数据来源加总得到

在城镇化方面（图 2-11），关中平原整体城镇化率为 59.09%，尚未超过 60%，在 19 个城市群中排名第 13，2020 年已有 11 个城市群的城镇化率超过 60%，这表明关中平原城市群当前的城镇化水平仍处于较为落后水平，城镇化推进的速度和质量还需提升。

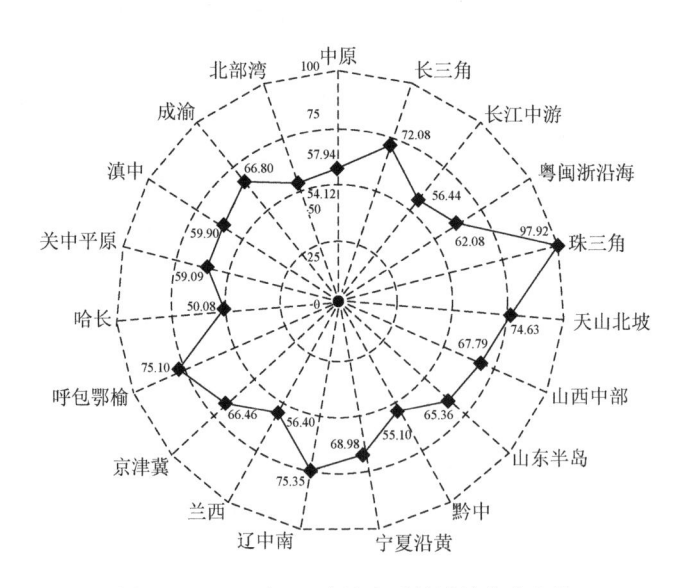

图 2-11　2020 年 19 个城市群的城镇化率比较

资料来源：各城市第七次全国人口普查的城镇常住人口、《2020 年国民经济和社会发展统计公报》的总人口等相关数据整理计算

（二）经济综合实力比较

在整体经济发展水平上（图 2-12），关中平原城市群的地区生产总值在 19 个城市群中位列第 9 位，虽然可以算是属于前半部分，但关中平原城市群作为只有一个单中心的城市群，其地区生产总值近 2.27 万亿元，相较于地区生产总值最高的长三角城市群来说，仅占其经济体量的 11%；比地区生产总值规模最小的宁夏沿黄城市群，高出约 1.91 万亿元。这表明关中平原城市群的整体经济发展水平在所有城市群中是处于中等偏下水平，与发达城市群仍有很大差距。

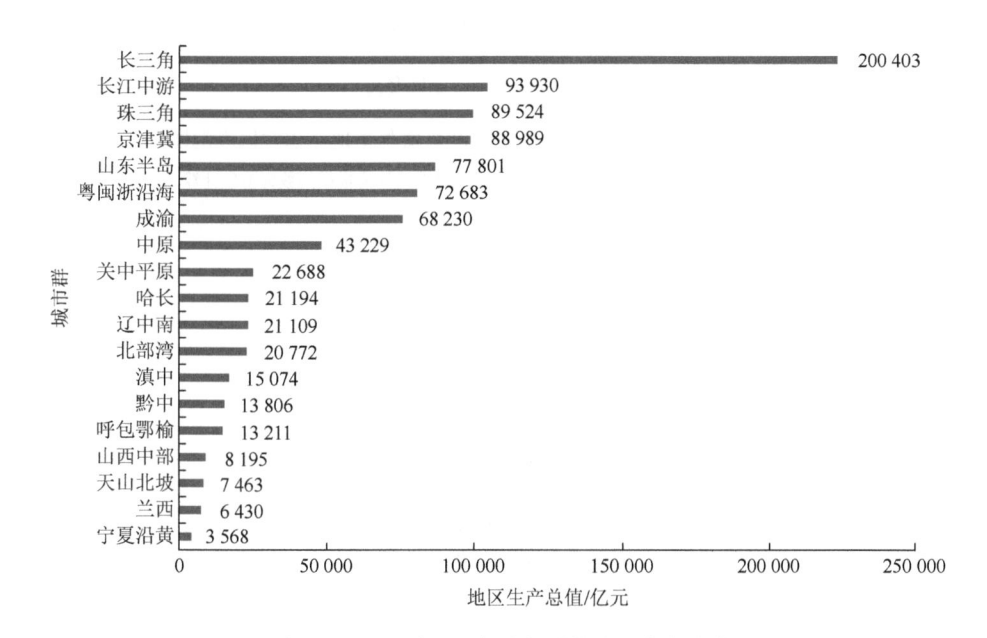

城市群	地区生产总值/亿元
长三角	200 403
长江中游	93 930
珠三角	89 524
京津冀	88 989
山东半岛	77 801
粤闽浙沿海	72 683
成渝	68 230
中原	43 229
关中平原	22 688
哈长	21 194
辽中南	21 109
北部湾	20 772
滇中	15 074
黔中	13 806
呼包鄂榆	13 211
山西中部	8 195
天山北坡	7 463
兰西	6 430
宁夏沿黄	3 568

图 2-12　2020 年 19 个城市群的地区生产总值

资料来源：各省市统计年鉴及《2020 年国民经济和社会发展统计公报》相关数据整理计算

图 2-13 给出了每个城市群的人均地区生产总值以及土地面积的对比气泡图。同样，关中平原城市群人口密度和土地效率也都处于中等偏下的水平，与发达城市群有着较大差距。

为进一步考察城市群整体均衡发展，图 2-14 列出了 19 个城市群的首位度。关中平原城市群的首位度为 4.40，在 19 个城市群中位列第 2，这表明关中平原城市群内经济结构差距较大，作为中心城市的西安，与第二大城市宝鸡之间的经济发展程度存在较大差异，反映了西安对周围城市的带动作用和辐射作用不强。

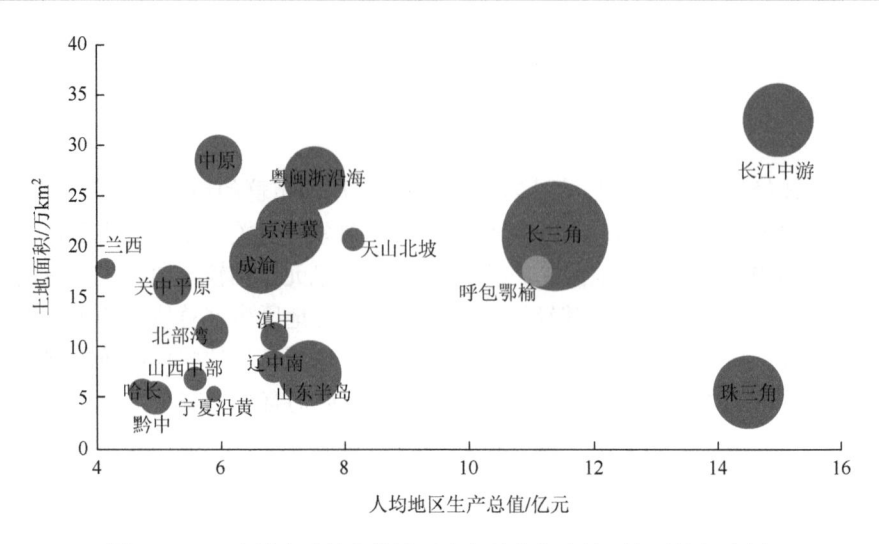

图 2-13 19 个城市群的人均地区生产总值与土地面积对比气泡图

资料来源：各城市 2020 年国民经济和社会发展统计公报相关数据整理计算

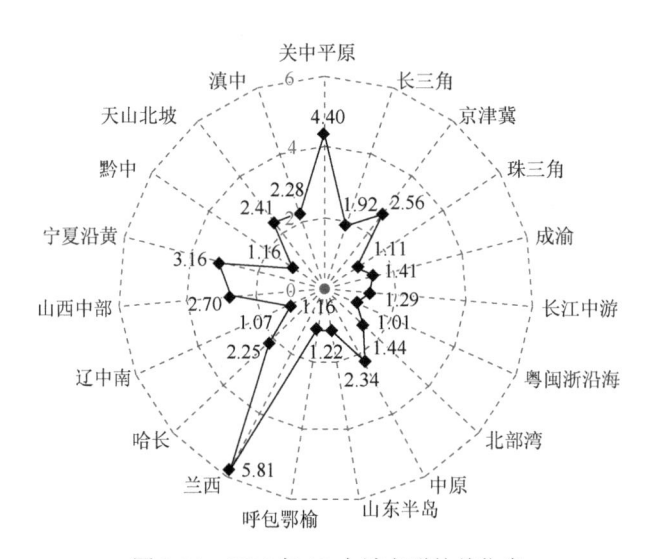

图 2-14 2020 年 19 个城市群的首位度

资料来源：各城市 2020 年国民经济和社会发展统计公报相关数据整理
计算方法：城市群内第一大城市与第二大城市地区生产总值比值

在居民人均可支配收入方面（图 2-15），关中平原城市群整体居民人均可支配为 27 591.96 元，在 19 个城市群中处于第 12 位，在所有城市群中处于中等偏下水平，这说明关中平原城市群的居民收入水平仍有提升空间。

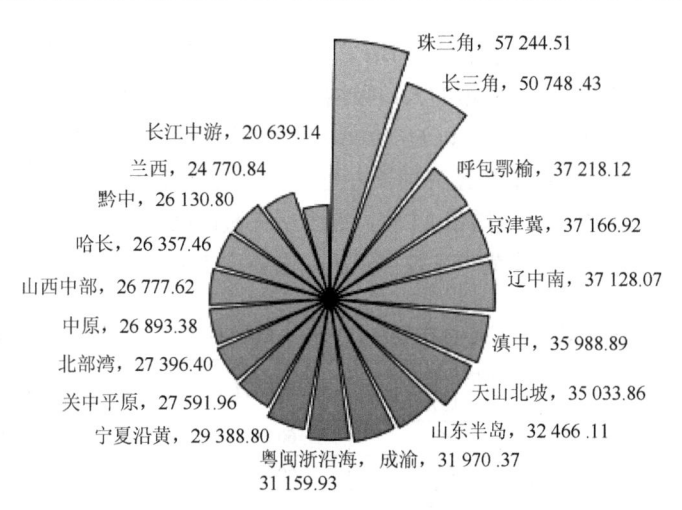

第二章 关中平原城市群的历史演进与发展状况

图2-15 19个城市群的人均可支配收入（单位：元）
资料来源：各城市《2020年国民经济和社会发展统计公报》相关数据整理计算

珠三角，57 244.51
长三角，50 748.43
长江中游，20 639.14
兰西，24 770.84
呼包鄂榆，37 218.12
黔中，26 130.80
京津冀，37 166.92
哈长，26 357.46
辽中南，37 128.07
山西中部，26 777.62
中原，26 893.38
滇中，35 988.89
北部湾，27 396.40
关中平原，27 591.96
天山北坡，35 033.86
宁夏沿黄，29 388.80
山东半岛，32 466.11
粤闽浙沿海，31 159.93
成渝，31 970.37

除城市群整体的经济发展状况之外，每个城市群的中心城市的经济发展状况也反映出了每个城市群的经济最高水平。

西安作为关中平原城市群的唯一中心城市，2020年其地区生产总值以10 020亿元位列27个城市中的第11位（图2-16），地区生产总值增量也以495亿元位列第7位，这表明关中平原城市群的核心城市经济发展水平在所有城市群中心城市中处于中等水平。虽然相较于末位城市来说有较强的经济领先优势，但与上海、北京这样的领先城市来说，差距仍十分明显。

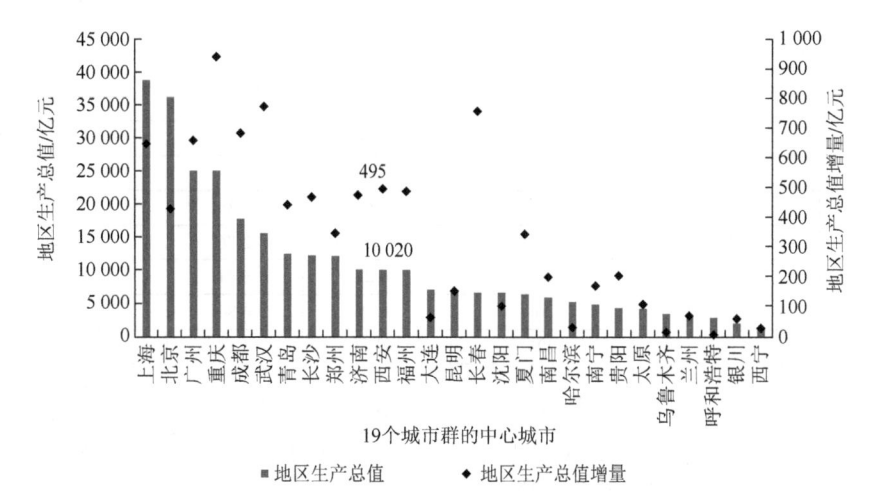

图2-16 2020年19个城市群中心城市的地区生产总值及其增量
资料来源：各城市《2020年国民经济和社会发展统计公报》相关数据整理计算

同时，在表2-9中，还列出了人口增量、夜间灯光指数以及数字经济指数的详情，它们分别表现了城市群中心城市的人口吸纳潜力、宏观经济状况以及新型数字经济发展状况。其中，西安的人口增量以60.29万人位列第8，夜间灯光指数位列第6，这两项数据表明西安在人口吸纳和经济增长方面仍有较大的潜力；数字经济指数位列27个中心城市中的第13位，全国第24位，处于所有城市群中心城市中的中等水平，在信息化和大数据时代，西安尚未在数字经济方面表现出明显的竞争优势。

表2-9　19个城市群核心城市经济、人口、数字经济发展状况（2020年）

城市	地区生产总值/亿元	地区生产总值增量/亿元	人口增量/万人	夜间灯光指数	数字经济指数（排名）
西安	10 020	495	60.29	7.74	71.8（24）
上海	38 701	647	60.22	16.49	91.6（1）
北京	36 103	428	−1.10	8.75	90.5（3）
广州	25 019	658	42.82	8.60	88.6（6）
成都	17 717	681	53.80	7.62	90.1（4）
重庆	25 003	939	21.09	3.40	79.5（9）
武汉	15 616	−770	123.57	7.09	74.3（16）
长沙	12 143	467	42.52	5.25	72.4（23）
南昌	5 746	200	11.45	4.82	69.7（28）
福州	10 020	486	8.00	4.39	73.6（18）
厦门	6 384	344	87.40	12.71	72.6（22）
南宁	4 726	169	21.42	3.09	66.0（49）
郑州	12 003	350	26.20	5.68	75.7（13）
济南	10 141	474	10.24	3.72	74.5（15）
青岛	12 401	442	18.27	3.59	73.9（17）
呼和浩特	2 801	6	31.70	2.92	69.9（27）
兰州	2 887	68	58.09	3.29	66.5（44）
西宁	1 373	24	8.09	4.37	61.8（67）
哈尔滨	5 184	31	−75.32	1.58	65.1（35）
长春	6 638	734	152.89	3.97	62.7（64）
沈阳	6 572	102	12.60	4.35	67.1（39）
大连	7 030	63	44.88	2.76	67.0（40）
太原	4 153	105	84.22	6.41	66.6（43）
银川	1 964	61	56.60	4.84	63.3（61）
贵阳	4 312	205	101.56	5.37	71.0（25）
乌鲁木齐	3 337	10	50.24	8.33	64.0（56）
昆明	6 734	151	151.01	4.13	66.7（41）

资料来源：地区生产总值增量基于2020年各市国民经济和社会发展统计公报数据计算，人口增量根据第七次全国人口普查常住人口的数据整理。2012～2020年夜间灯光指数来源于美国国家海洋和大气管理局下属的国家环境信息中心，月度栅格数据处理转换为年度数据。数字经济指数来自中国城市数字经济指数网

（三）交通设施建设比较

在中国地域经济体系中，以中心城市为节点的城市网络已经形成（顾朝林，2013）。中心城市的辐射强度在一定程度上反映其极核作用。

在区位交通方面，西安作为北方城市中的佼佼者和重要交通枢纽，有着较好的交通运输基础和地理优势。表2-10中开通的铁路线路也反映了其领先地位。

表 2-10　19个城市群中心城市的铁路线路

城市	开通铁路线路
西安	太西客运专线，郑西客运专线，西宝客运专线，成绵乐客运专线
上海	京沪高铁，沪宁城际线，沪杭客运专线
北京	京津城际铁路，京沪高铁，京广客运专线
广州	京广客运专线，珠三角城际快速轨道交通，广深港客运专线，南广高铁
成都	成都市域铁路，成绵乐客运专线，达成线
重庆	遂渝线，渝利线
武汉	京广客运专线，合武高铁，汉宜高铁，武汉都市圈城际铁路
长沙	京广客运专线
南昌	昌九城际线，向莆铁路
福州	合福高铁，杭深线，向莆铁路
厦门	向莆铁路，龙厦线
南宁	广西沿海铁路，柳南客运专线，南广高铁
郑州	郑西客运专线，京广客运专线
济南	京沪高铁，胶济客运专线
青岛	胶济客运专线，青荣客运专线
呼和浩特	京包高铁
兰州	兰新高铁
西宁	兰新高铁
哈尔滨	哈齐客运专线，哈太客运专线
长春	哈太客运专线，长吉城际线
沈阳	哈太客运专线，秦沈客运专线
大连	哈太高铁
太原	太西高铁，石太铁路
银川	—

续表

城市	开通高铁线路
贵阳	成贵高铁，贵广高铁
乌鲁木齐	兰新高铁
昆明	—

资料来源：铁路线路自中国铁路网搜集整理，开通时间截至2022年4月

在高速公路建设方面，关中平原城市群2020年建成高速公路4860km，在所有城市群中位列第11位（图2-17）。虽然位次属于中等，但从具体的通车里程来看，与第8～10位的哈长城市群、中原城市群以及珠三角城市群没有拉开太大差距。

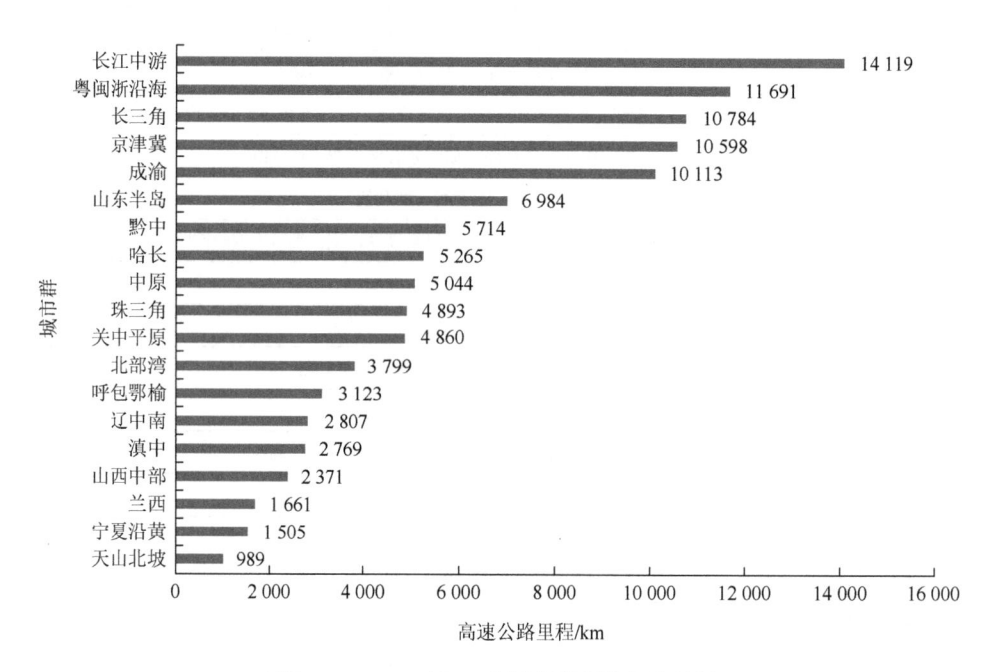

城市群	高速公路里程/km
长江中游	14 119
粤闽浙沿海	11 691
长三角	10 784
京津冀	10 598
成渝	10 113
山东半岛	6 984
黔中	5 714
哈长	5 265
中原	5 044
珠三角	4 893
关中平原	4 860
北部湾	3 799
呼包鄂榆	3 123
辽中南	2 807
滇中	2 769
山西中部	2 371
兰西	1 661
宁夏沿黄	1 505
天山北坡	989

图2-17　2020年19个城市群高速公路里程

资料来源：《中国城市统计年鉴2021》、各省2021年统计年鉴相关数据整理计算

（四）产业结构与创新发展比较

在产业结构方面（图2-18），关中平原城市群的第一产业相较发达城市群占比较大，而第三产业占比则处于中等水平，关中城市群的产业结构存在较大升级优化空间。

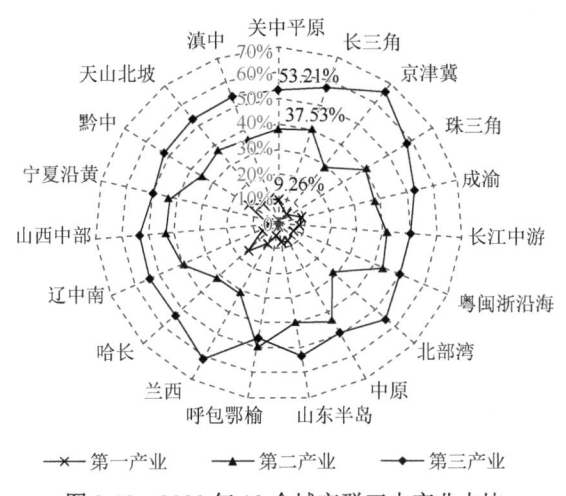

图 2-18　2020 年 19 个城市群三大产业占比

资料来源：各城市《2020 年国民经济和社会发展统计公报》相关数据整理计算

在创新水平方面，图 2-19 比较了 19 个城市群中心城市的科技创新综合指数，西安位列全国第 11 名，在中心城市中处于较为靠前的地位，这表明西安作为关中平原城市群的核心，在创新能力上具有一定的潜力和前景。

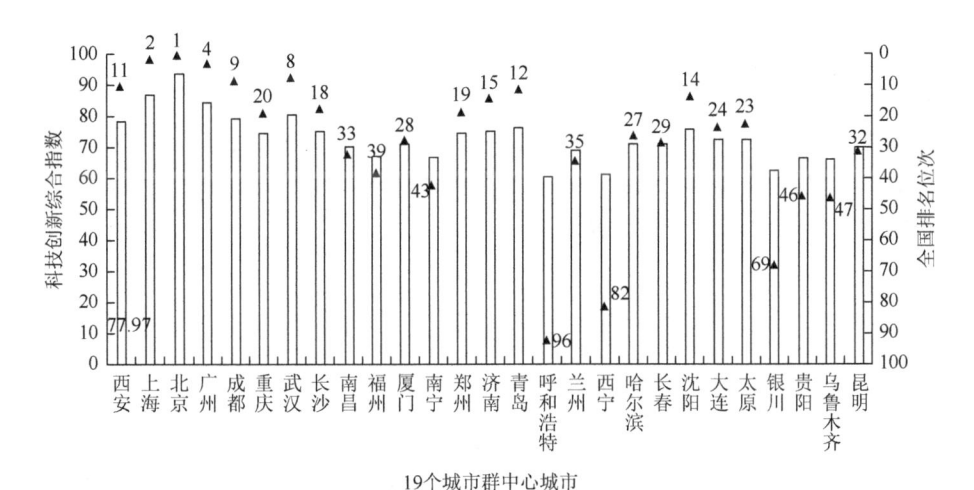

图 2-19　2020 年 19 个城市群中心城市的科技创新综合指数及其全国排名

资料来源：《2021 年中国城市科技创新指数报告》

图 2-20 比较了 2020 年 19 个城市群的高校数量和 2020 年专利授权数，发现关中平原城市群的高校数量和专利授权均处于中游位置，这也反映了整个城市群的创新综合实力较为雄厚，但创新潜力和创新成果的转化水平尚有待提高。

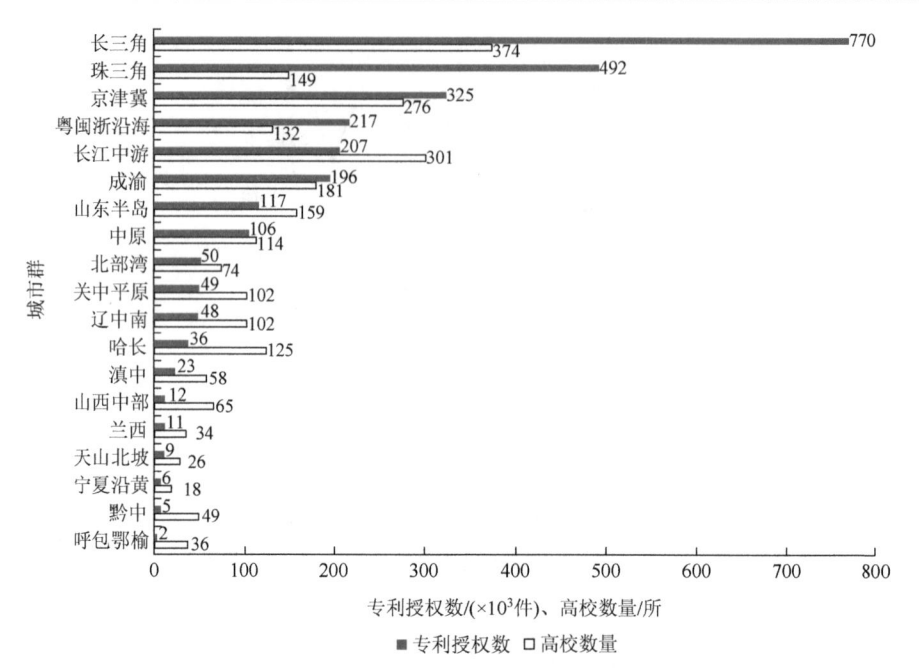

图 2-20 2020 年 19 个城市群的高校数量和专利授权数

资料来源：各城市《2020 年国民经济和社会发展统计公报》相关数据整理计算

（五）生态环境比较

图 2-21 反映了各城市群 2020 年的空气质量。关中平原城市群的空气质量优良天数占比仅为 77.81%，这说明整个城市群面临着较为严峻的空气污染状况，生态系统亟须加快治理和恢复改善。

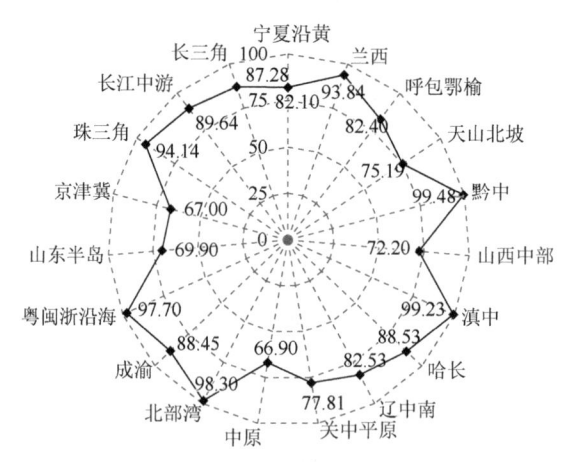

图 2-21 2020 年 19 个城市群的空气质量优良天数占比

资料来源：各城市《2020 年国民经济和社会发展统计公报》相关数据整理计算

在水资源方面，关中平原城市群的水资源总量在所有城市群中居第 15 位，仅有 154.58 亿 m³ 的水资源（图 2-22），相较于其他城市群，水资源匮乏，应提高水资源使用效率。

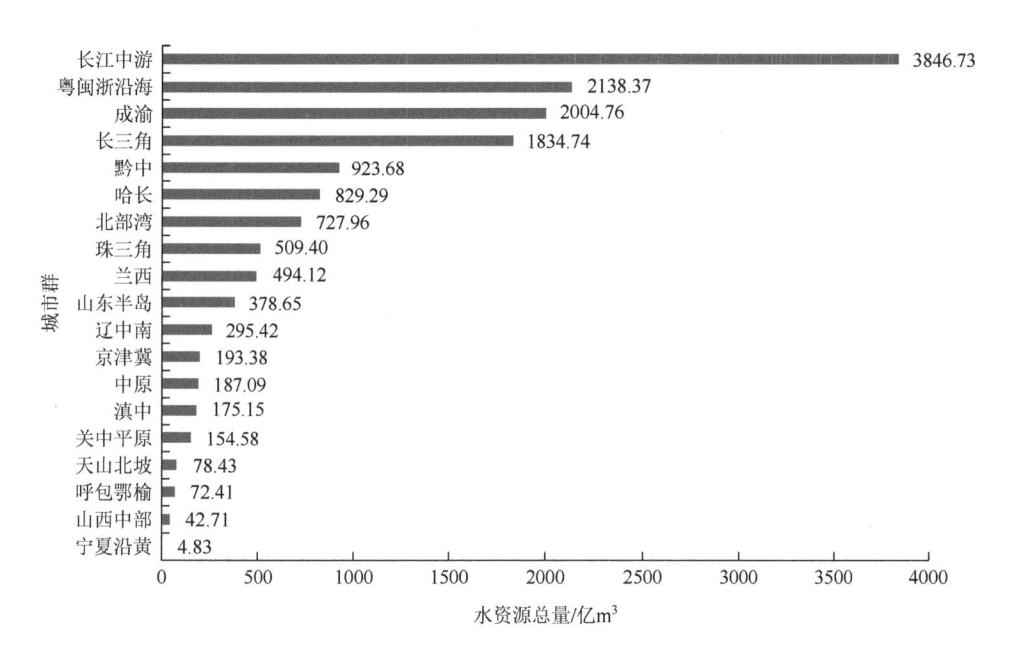

城市群	水资源总量/亿 m³
长江中游	3846.73
粤闽浙沿海	2138.37
成渝	2004.76
长三角	1834.74
黔中	923.68
哈长	829.29
北部湾	727.96
珠三角	509.40
兰西	494.12
山东半岛	378.65
辽中南	295.42
京津冀	193.38
中原	187.09
滇中	175.15
关中平原	154.58
天山北坡	78.43
呼包鄂榆	72.41
山西中部	42.71
宁夏沿黄	4.83

图 2-22 2020 年 19 个城市群的水资源总量

资料来源：《中国城市统计年鉴 2021》、各省 2021 年统计年鉴相关数据整理计算

（六）对外开放比较

在进出口方面，图 2-23 比较了各城市群之间 2020 年进出口总额。关中平原城市群的进出口总额仅为 3830 亿元，整体规模不大，与发达城市群之间有着较大差距，更高水平的开放有待加强。

在营商环境方面，西安在 19 个城市群的中心城市中位列第 6 名，营商环境指数高达 72.40，在全国所有城市中排名第 10 位（图 2-24），这表明西安作为关中平原城市群的核心城市有着较为优厚的营商综合吸引力。

（七）公共服务比较

在医疗服务方面（图 2-25），关中平原城市群每万人卫生机构床位数上处于中等水平，虽与发达城市群之间差距很大，但也基本处于平均水平之上。

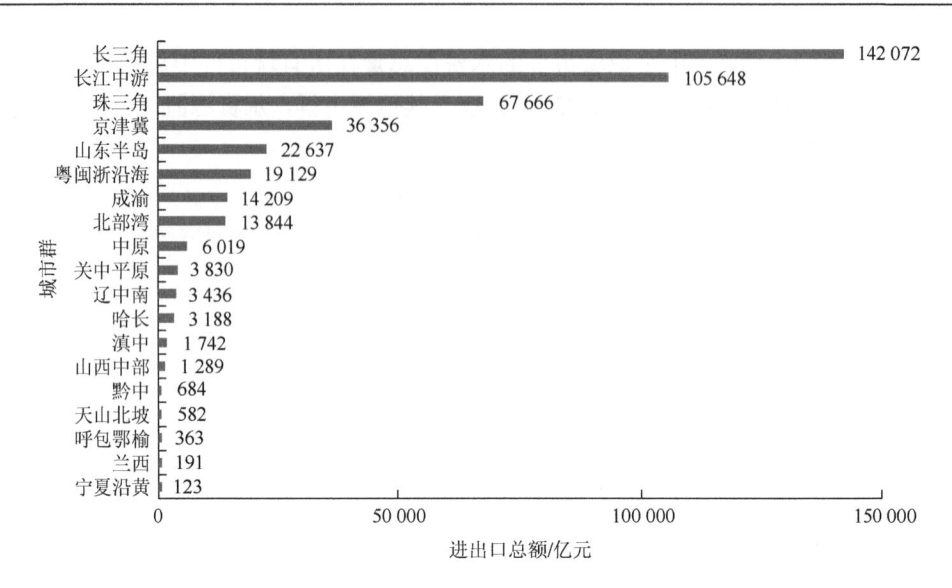

图 2-23　2020 年 19 个城市群的进出口总额

资料来源：各城市《2020 年国民经济和社会发展统计公报》相关数据整理计算

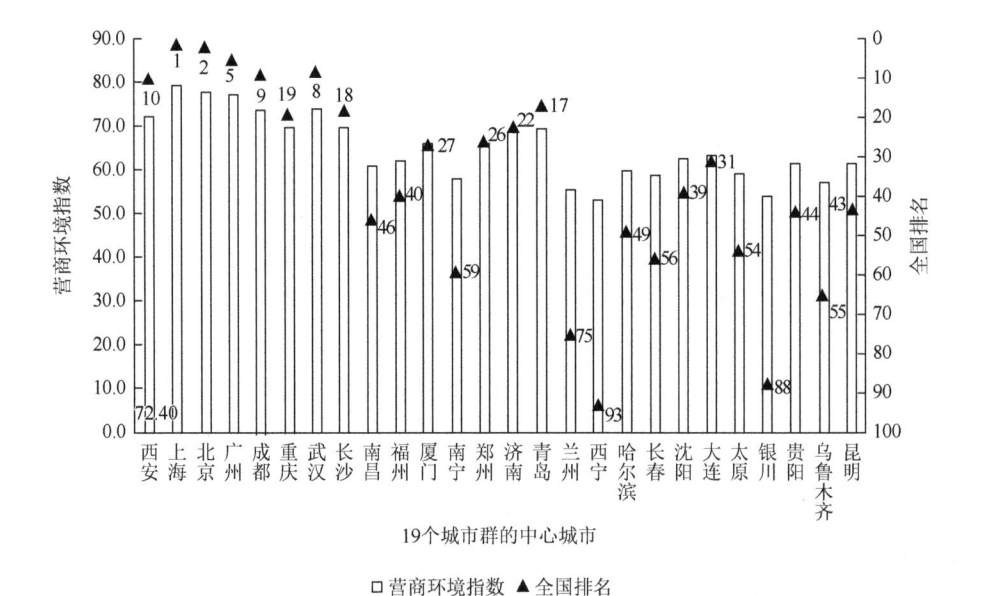

图 2-24　2020 年 19 个城市群中心城市的营商环境指数及其全国排名

资料来源：《中国营商环境指数蓝皮书（2021）》，其中呼和浩特位列 100 名之外，未绘出

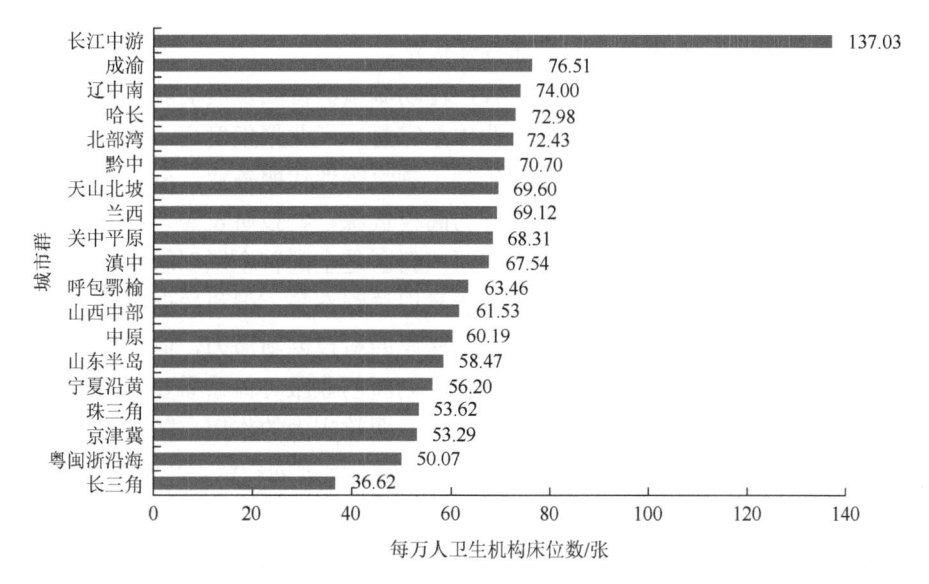

城市群	每万人卫生机构床位数/张
长江中游	137.03
成渝	76.51
辽中南	74.00
哈长	72.98
北部湾	72.43
黔中	70.70
天山北坡	69.60
兰西	69.12
关中平原	68.31
滇中	67.54
呼包鄂榆	63.46
山西中部	61.53
中原	60.19
山东半岛	58.47
宁夏沿黄	56.20
珠三角	53.62
京津冀	53.29
粤闽浙沿海	50.07
长三角	36.62

图 2-25　2020 年 19 个城市群每万人卫生机构床位数

资料来源：各城市《2020 年国民经济和社会发展统计公报》相关数据整理计算

二、关中平原城市群的比较优势与劣势

（1）整体发展基础相对厚实，提升空间较大。基于 19 个城市群的指标数据比较分析，关中平原城市群基本处于中等水平，消费潜力有所增强，但近年来投资水平有所下降，且城市群的财政和金融运行状况一般。城市群经济实力和综合能级以及一体化发展水平再上新台阶。关中平原城市群较好的基础设施与自然、人口资源、市场总量、城市间互补发展的格局，都是关中城市群发展壮大的优势所在。相较于京津冀、长三角、珠三角、成渝城市群、长江中游城市群、中原城市群等，关中平原城市群在规模体量以及发展速度方面，都有相对较大的提升空间。

（2）中心城市西安单核心发展极具引领优势，并行推动区域内各次级城市协同发展。在未来相当长一段时间里，关中平原城市群的发展重点还是在西安及西安都市圈上。西安城市能级的提升以及辐射带动作用的发挥，直接关乎关中平原城市群的发展壮大，对全国区域经济格局都有极大的影响。城市群内西安的绝对中心地位尤为凸显，但在城市群比较中依然略显失色。与群内其他城市之间的经济联系仍相对松散，需充分发挥"国家中心城市—西安都市圈"两个层次的渗透辐射作用，促进生产要素由当前单向虹吸效应向圈内城市之间的"双向"流动转化，促进区域资源要素优化配置，挖掘其他非中心地区的发展潜力，激发中小城市发展动能，充分借鉴其他城市群的发展经验，形成分工合理、功能互补、协调联动的城镇体系，进而推进空间格局持续优化。

（3）创新支撑的产业体系日趋完善，驱动城市群持续发展动能增强。关中平原城市群内部现代产业体系完备，工业体系完整、产业聚集度高，是全国重要的工业基地，在新时代还催生出文化、旅游、物流等现代服务业，进一步完善城市群的产业体系。同时，关中平原城市群的高校资源、科技研发潜力均位于全国前列，有着雄厚的创新综合实力，其中，西咸新区是全国首个以创新城市发展方式为主题的国家级新区。数字经济发展初步显现领跑态势，但科技创新水平有待进一步提高。关中平原城市群虽然有着较为深厚的科技创新潜力，但科技成果的就地转化水平并不高，创新能力严重不平衡，创新创业服务体系需要加强。因此，关中平原城市群应该发挥教育、科技、文化方面软实力的作用，降低各城市产业结构同质化程度，破除制约创新的体制机制障碍，促进创新链、产业链深度融合。

（4）绿色发展初见成效，需进一步夯实城市群高质量发展的绿色本底。关中平原城市群南依秦岭、东跨黄河，生态地位重要，生态系统相对脆弱，资源环境约束较大。城市群过往发展对生态系统的破坏和影响较大，制约了整个城市群的绿色可持续发展。虽然近年来环境污染治理有所改善，但城市群内大气环境污染情况依然严峻，水资源利用效率有待提高，秦岭等重点区域生态系统保护任重道远，治理效果并不稳定，环境容量接近极限，且建成区绿色化程度有待提升，需要继续贯彻生态文明建设克难攻坚，坚持生态优先、绿色发展。

（5）向西开放战略支点作用日益凸显，对外开放新格局基本形成。关中平原城市群是亚欧大陆桥的重要支点和向西开放的前沿位置，2018年以来对外贸易总额年均增长超14%，2020年中欧班列（西安）开行量、重载率、货运量等核心指标稳居全国前列。但受区位因素、传统文化和资源结构等方面的影响，关中平原城市群经济发展中的外贸依存度较低，深度融入"一带一路"建设以及与周边区域的融合亟待加强。新发展格局下应从文化理念、经济结构、产业布局、基础设施建设等方面综合施策，坚持开放合作、内外联动、优化营商环境，健全开放型经济体系。

综上，在"十四五"时期，关中平原城市群在以西安为中心的带动和辐射下，积极补齐发展短板，发挥承东启西、连接南北的区位优势，助推全国经济增长和市场空间由东向西、由南向北拓展。新发展格局下，在国家深入实施区域协调发展战略、区域重大战略、主体功能区战略、新型城镇化战略，优化重大生产力布局进程中，关中平原城市群应依据自身的资源禀赋，充分发挥城市群内各城市之间的协同效应，实现要素和产业一体化，在治理体系改革和经济开放发展等方面下足功夫，以科技创新为驱动力，构建起完善的现代化产业体系，进而推动西部大开发形成新格局，成为拉动区域经济高质量发展的重要引擎，实现促进区域共同富裕的目标。

第三章　关中平原城市群的顶层设计

在上一章关中平原城市群的历史演进与发展状况分析基础上，本章围绕定位、目标、原则与思路对关中平原城市群发展进行顶层设计，旨在起到总领后文各章研究的作用。本章内容按照发展定位→发展目标→发展原则和思路的逻辑展开，发展定位部分，通过对城市群定位概念、作用以及关中平原城市群定位依据的梳理与分析，提出关中平原城市群的定位，并将其与其他城市群定位进行比较；发展目标部分，在提出关中平原城市群发展的总目标基础上，围绕人口发展、空间布局、创新驱动发展、现代产业体系、城乡融合发展、绿色发展、共同富裕、服务保障能力、内部协同发展、对外开放发展等十个方面展开子目标的表述与分析，并将关中平原城市群总体发展目标与其他城市群进行比较；发展原则与思路部分，按照所提出的关中平原城市群的发展原则，结合发展定位和发展目标，提出新发展格局下关中平原城市群高质量发展的思路。

第一节　关中平原城市群的定位

一、城市群定位的概念和作用

（一）城市群定位的概念

城市群的定位是指城市群在国家空间布局中的地位、功能、特征及区际关系等，它是在工业化和城镇化进程中，随着资源配置、要素流动、生产力布局及区域分工而逐渐确立并不断完善的。为应对国际竞争、支撑全国经济增长、促进区域协调发展以及实现城市群内部协同发展，城市群必须有明确的定位。城市群的定位一般被具体分为功能定位、战略定位或职能定位等，尽管这些名称在表现方式上有所不同，但是它们仍属于城市群定位概念范畴，体现出城市群定位的多元属性。例如，我国城市群发展规划一般将城市群定位分为战略定位或发展定位，在明确总体战略定位后，围绕战略定位进一步提出具体发展定位。

（二）城市群定位的作用

城市群的定位是一个国家或地区参与国际分工和国际竞争、实施国土空间开发以及实现区域协调发展的基本遵循和重要前提,为城市群本身明确发展方向和建设重点,有利于区域经济布局和国土空间支撑体系构建。城市群定位的作用可以通过层级和功能两方面视角体现,如图3-1所示。

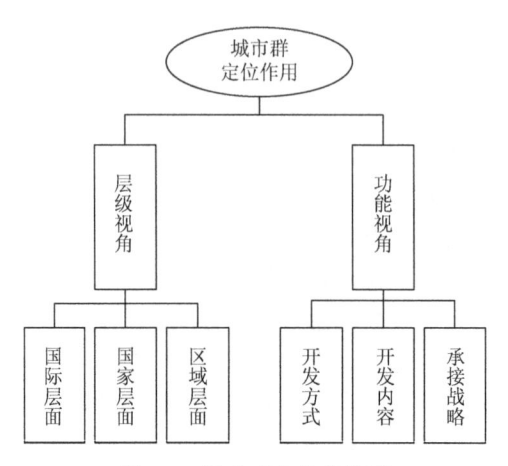

图 3-1 城市群定位的作用

(1) 层级视角。从区位视角来看,城市群定位的作用主要体现在国际、国家、区域三个层面。①国际层面。定位促使各城市群以更加准确的地位和功能参与到国际分工中,为有效应对国际竞争提供重要保障。②国家层面。城市群定位有利于统筹谋划经济布局、资源利用、人口分布及生态建设,有助于形成分工协作、疏密有致、功能完善的国土空间格局。③区域层面。定位决定了城市群未来发展目标和发展思路,为实现城市群一体化发展和城市群内部协同发展提供了必要前提条件。

(2) 功能视角。从功能视角来看,城市群定位的作用主要表现在开发方式、开发内容和承接战略三个方面。①开发方式方面。定位能够体现出城市群当前开发强度、资源环境承载能力及未来发展潜力,决定了城市群工业化、城镇化的开发强度,有利于城市群合理化发展。②开发内容方面。定位可以表明城市群提供的主体产品类型,使城市群产业发展与其提供的主体产品科学匹配,有助于城市群实现差异化发展。③承接战略方面。定位能够使城市群以更加明确的身份融入区域发展战略之中,体现城市群在区域发展战略中的重要地位和作用,助推区域发展战略进一步落地生效。

二、关中平原城市群定位的依据

国内已有相关政策规划和学术文献为关中平原城市群定位研究提供了必要的

理论基础与现实依据,同时通过剖析定位的影响因素,进一步提取关中平原城市群定位的研究依据。

(一)关中平原城市群定位的政策规划依据与学术研究依据

1. 政策规划依据

关于关中城市群的政策规划最早可以追溯到 2000 年初,但直到 2018 年关中平原城市群发展才首次被列入国家战略规划中,这一期间国家发展改革委、国务院西部办及陕西省政府多次就关中城市群发展提议并制定相关政策规划,其中最具代表性的是 2009 年由国家发展改革委印发的《关中—天水经济区发展规划》,尽管此规划未能明确提及"关中平原城市群"概念,但关中—天水经济区在历史沿革、空间范围、主体功能等方面均与如今的关中平原城市群有较强关联性和高度相似性。《关中—天水经济区发展规划》针对关中城市群当时的发展情况,提出五类战略定位,主要包括:全国内陆型经济开发开放战略高地、统筹科技资源改革示范基地、全国先进制造业重要基地、全国现代农业高技术产业基地以及彰显华夏文明的历史文化基地。该规划强调关中城市群在我国内陆型经济发展中的地位和作用,并体现其产业发展特点与优势。

2011 年,国务院印发的《全国主体功能区规划》将关中—天水经济区列为重点开发区域,并赋予其总体定位为:西部地区重要的经济中心,全国重要的先进制造业和高新技术产业基地,科技教育、商贸中心和综合交通枢纽,西北地区重要的科技创新基地,全国重要的历史文化基地。相比《关中—天水经济区发展规划》,该定位进一步突出关中城市群在科教、文化、商贸及交通等方面的区位优势和发展特点。

2018 年,国家发展改革委、住房城乡建设部联合印发的《关中平原城市群发展规划》提出关中平原城市群的总体战略定位:建设具有国际影响力的国家级城市群、内陆改革开放新高地,并进一步列出五大具体发展定位:向西开放的战略支点、引领西北地区发展的重要增长极、以军民融合为特色的国家创新高地、传承中华文化的世界级旅游目的地以及内陆生态文明建设先行区。该规划首次明确了关中平原城市群的具体定位,再次强调关中平原城市群在内陆地区特别是在西北地区的重要地位,并进一步凸显其产业发展的特点与优势,尤其突出历史文化旅游产业对推动关中平原城市群发展的重要性。

2021 年,国家"十四五"规划以城市群为重要依托,在全国"两横三纵"城镇化战略格局下,将关中平原城市群定位为需要"发展壮大"的城市群。该规划同样未能给出关中平原城市群的具体定位,不过仍从顶层设计角度指明了关中平原城市群的发展方向和建设重点。

综上所述，多个国家级规划根据关中平原城市群不同时期的发展背景和发展基础，结合其在区位、产业、生态等方面的优势与特色，分别给出了相应的战略定位、发展定位或功能定位，具体如表3-1所示。

表3-1 相关政策规划中关中平原城市群的具体定位或相关说明

规划名称	具体定位或相关说明	年份
《关中—天水经济区发展规划》	全国内陆型经济开发开放战略高地、全国先进制造业重要基地、统筹科技资源改革示范基地、全国现代农业高技术产业基地以及彰显华夏文明的历史文化基地	2009
《全国主体功能区规划》	西部地区重要的经济中心，全国重要的先进制造业和高新技术产业基地，科技教育、商贸中心和综合交通枢纽，西北地区重要的科技创新基地，全国重要的历史文化基地	2011
《关中平原城市群发展规划》	向西开放的战略支点、引领西北地区发展的重要增长极、以军民融合为特色的国家创新高地、传承中华文化的世界级旅游目的地以及内陆生态文明建设先行区	2018
《中华人民共和国国民经济和社会发展第十四个五年规划和2035年远景目标纲要》	以城市群为重要依托，在全国"两横三纵"城镇化战略格局下，将关中平原城市群定位为需"发展壮大"的城市群	2021

资料来源：作者根据公开资料整理。

2. 学术研究依据

在既有文献中，直接探讨关中平原城市群定位的学术研究相对较少，部分研究简要提及关中城市群的定位是承东启西、连接南北的战略要地（白永秀等，2009；国家发改委国地所课题组和肖金成，2009；全雨霏和吴潇，2018）。另有研究则给出了关中平原城市群相对具体的定位。郭俊华和许佳瑜（2016）指出，关中城市群的定位是我国西北经济发展的区域经济增长极和西北地区经济和人口的重要集聚地，也是亚欧大陆桥的重要支点。郑烨和杨张博（2019）提出关中平原城市群是亚欧大陆桥的重要节点，是西部地区联系东、中部地区的重要门户。李金华（2020）列出了关中平原城市群的具体定位为：西部地区面向东欧和西亚开放的重要窗口、军民融合产业在全国领先的基地、西北地区重要的经济增长极、西部地区科技创新战略高地以及内陆生态文明建设的示范区和先行区。沈丽娜等（2021）认为，关中平原城市群的定位是连接东中西部的重要通道，也是亚欧大陆桥的重要支点。

综上可见，围绕区位、资源、经济等方面的特征与优势，现有学术研究针对关中平原城市群发展得出较为相似的定位。然而这些定位相对单一，未能全面表现出关中平原城市群的地位、职能、优势等多方面内容，而且没有能够充分体现关中平原城市群的产业特点与历史文化特色。

（二）关中平原城市群定位的影响因素

影响城市群定位的因素通常涉及城市群的发展背景、基础及特点等多个维度，其中具体影响因素通常包括国际分工与竞争、国土空间开发布局、区位特点与优势、资源禀赋、区域经济发展、生态环境、人口规模与分布、产业分工、产业协同、产业转移、特色产业、宗教信仰和历史文化等。据此，根据第二章关中平原城市群状况分析，关中平原城市群定位主要受区位、战略、资源和要素、产业、历史文化等因素影响，如图 3-2 所示。

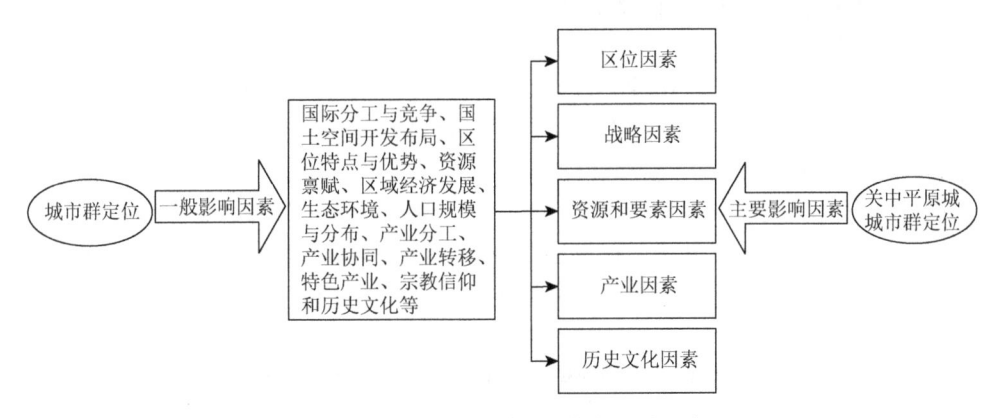

图 3-2　关中平原城市群定位的影响因素

（1）区位因素。关中平原城市群处于全国"两横三纵"城镇化战略格局的重要交汇点，不仅是西北部的中心，还是东中西部地区协调发展的枢纽，拥有承东启西、连接南北的重要地理位置。关中平原城市群也是贯穿亚欧通道的重要节点，是我国向西对外开放的核心地带，其中心城市西安是丝绸之路经济带的新起点。

（2）战略因素。关中平原城市群的发展关系到我国区域重大战略、区域协调发展战略以及主体功能区战略的深入实施。一方面，关中平原城市群的发展建设有助于推进黄河流域生态保护和高质量发展；另一方面，关中平原城市群是西部大开发、黄河流域生态保护和高质量发展等战略重要叠加实施区，其发展建设关系到统筹推进多个区域发展战略协同联动。

（3）资源和要素因素。关中平原城市群不仅拥有较强的科教、军工科技实力，而且在医疗、文化、公共服务等方面有着绝对优势。随着持续的高质量发展建设，关中平原城市群将会在更大空间范围内充分释放比较优势，进一步辐射带动周边地区发展。凭借综合成本相对较低的优势，关中平原城市群还能够主动承接产业转移和人口转移，同时也会对周边地区资本、技术等要素产生虹吸作用。

（4）产业因素。关中平原城市群具备较为完善的现代产业体系，特别是航空航天等综合性高新技术产业、重要装备制造业优势明显。如今关中平原城市群中诸如西安、铜川、杨凌、平凉及庆阳等城市服务业占比均超过 50%，尤其生产性和生活性服务业发展势头迅猛。相比西北部其他地区，关中平原城市群服务业发展优势同样明显，逐步成为西部经济发展的主力军。

（5）历史文化因素。关中平原城市群历史文化底蕴丰厚，享誉国内外，不仅有秦岭、黄河等自然山水，而且拥有大量周、秦、汉、唐历史遗存以及特色文化资源。中心城市西安被誉为十三朝古都，是我国世界级旅游重要名片。

三、关中平原城市群定位的比较

目前除粤闽浙沿海、山西中部、宁夏沿黄等少数几个城市群外，多数城市群已有官方权威发展规划（表 3-2）。为推动城市群一体化发展，国家"十四五"规划结合区域发展情况，以促进城市群发展为抓手，将现有 19 个城市群划分成"优化提升、发展壮大、培育发展"三个梯队，其中关中平原城市群被列入"发展壮大"梯队中。鉴于此，基于上述城市群分类，以现有城市群规划为主要参考，从整体和个例两方面视角进行关中平原城市群原有发展定位的对比分析。

表 3-2 我国现有城市群规划提出的具体定位

	名称	具体定位	具体规划
第一梯队：优化提升	京津冀城市群	以首都为核心的世界级城市群、区域整体协同发展改革引领区、全国创新驱动经济增长新引擎、生态修复环境改善示范区	《京津冀协同发展规划纲要》；2015 年
	长江中游城市群	中国经济新增长极、中西部新型城镇化先行区、内陆开放合作示范区、"两型"社会建设引领区	《长江中游城市群发展规划》；2015 年
	成渝城市群	全国重要的现代产业基地、西部创新驱动先导区、内陆开放型经济战略高地、统筹城乡发展示范区、美丽中国的先行区	《成渝城市群发展规划》；2016 年
	长三角城市群	最具经济活力的资源配置中心、具有全球影响力的科技创新高地、全球重要的现代服务业和先进制造业中心、亚太地区重要国际门户、全国新一轮改革开放排头兵、美丽中国建设示范区	《长三角洲城市群发展规划》；2016 年
第二梯队：发展壮大	关中平原城市群	向西开放的战略支点、引领西北地区发展的重要增长极、以军民融合为特色的国家创新高地、传承中华文化的世界级旅游目的地以及内陆生态文明建设先行区	《关中平原城市群发展规划》；2018 年
	山东半岛城市群	服务和融入新发展格局引领区、全国重要的经济增长极、黄河流域生态文明建设先行区、文化"两创"新标杆、改善民生共同富裕典范	《山东半岛城市群发展规划》；2021 年
	中原城市群	经济发展新增长极、重要的先进制造业和现代服务业基地、中西部地区创新创业先行区、内陆地区双向开放新高地、绿色生态发展示范区	《中原城市群发展规划》；2016 年
	北部湾城市群	面向东盟国际大通道的重要枢纽、"三南"开放发展新的战略支点、21 世纪海上丝绸之路与丝绸之路经济带有机衔接的重要门户、全国重要绿色产业基地、陆海统筹发展示范区	《北部湾城市群发展规划》；2017 年

续表

名称		具体定位	具体规划
第三梯队：培育发展	呼包鄂榆城市群	全国高端能源化工基地、向北向西开放战略支点、西北地区生态文明合作共建区、民族地区城乡融合发展先行区	《呼包鄂榆城市群发展规划》；2018年
	哈长城市群	东北老工业基地振兴发展重要增长极、北方开放重要门户、老工业基地体制机制创新先行区、绿色生态城市群	《哈长城市群发展规划》；2016年
	兰州—西宁城市群	维护国家生态安全的战略支撑，优化国土开发格局的重要平台，促进我国向西开放的重要支点，支撑西北地区发展的重要增长极，沟通西北西南、连接亚欧大陆的重要枢纽	《兰州—西宁城市群发展规划》；2018年
	滇中城市群	面向南亚东南亚辐射中心的核心区、通达南亚东南亚及印度洋的综合枢纽、西部地区重要经济增长极、实现现代化的强大引擎、高原生态宜居城市群	《滇中城市群发展规划》；2020年

资料来源：作者根据公开资料整理

注：19个城市群中只有12个已制定相关发展规划

（一）整体对比分析

以不同梯队现有城市群发展定位为对象，以城市群定位的概念、作用和依据为内容，从优势和劣势两方面进行关中平原城市群发展定位的具体对比分析。

1. 关中平原城市群发展定位的优势

相比其他城市群，①按照城市群定位的概念，关中平原城市群的发展定位更加注重表现城市群定位本身战略和功能两方面属性。②按照城市群定位的作用，从层级视角来看，关中平原城市群的发展定位凸显出承东启西、向西对外开放以及辐射西北部地区等重要的区位优势和战略意义，注重体现其在国家层面和区域层面的作用；从功能视角中的开发内容来看，关中平原城市群的发展定位体现出其军工科技、科教资源的综合实力以及历史文化特色；从功能视角中的承接战略来看，发展定位还凸显关中平原城市群建设对西部大开发、黄河流域生态保护和高质量发展等重大战略综合促进作用。

2. 关中平原城市群发展定位的劣势

相比第一梯队中城市群的发展定位，关中平原城市群的劣势主要表现在两个方面。①仍需要进一步高质量发展建设，关中平原城市群才能成为具有国际影响力的国家级城市群。尽管发展基础良好、潜力巨大，但受生产力布局、资源禀赋、比较优势、人口规模及地理位置等因素影响，关中平原城市群距离国际级城市群还有一定差距，其国际影响力仍然有待提升。因而，关中平原城市群发展定位要进一步体现其国内国外的影响力以及在西部地区发展中的核心地位。②关中平原城市群的发展定位还未表现出一定的示范效应和引领作用。例如，京津冀城市群的发展定位是区域整体协同发展改革引领区和生态修复环境改善示范区，长江中游城市群的发展定位是内陆开放合作示范区和"两型"社会[①]建设引领区，成渝城市群发展定位是统筹城乡发展示范区。作为多个重大区域战略叠加地区，关中平原城市群在统筹推进西部大开发形成新格局、黄河流域生态保护和高质量发展过程中具有重要地位。对此，关中平原城市群应持续发挥自身对于推动区域重大战略协调联动发展的关键作用，并争取在全国范围特别是在中西部地区形成更高水平的引领和示范效应。

（二）个例对比分析

为深入对比分析关中平原城市群的发展定位，需要科学、合理地选取其他城市群个例。本书分别选择成渝城市群、中原城市群以及兰州—西宁城市群作为对比分析的主要对象，一方面，因为这三个城市群分别来自三大不同梯队，其发展定位在一定程度上可以体现各梯队的共性与特点；另一方面，上述三个城市群处于关中平原城市群的东、南、西三个方向，其中，成渝城市群、中原城市群同关中平原城市群均位于我国"两横三纵"城镇化战略格局相邻交点处，其发展定位具有明显的战略意义和区位特征。因此，以上述选取的三个城市群为对象，以城市群定位的概念、作用和依据为内容，分别与关中平原城市群的发展定位进行对比分析。

1. 与成渝城市群发展定位的对比分析

成渝城市群具体范围包括四川省和重庆市的多个市、区（县），总面积 18.5 万 km^2，是西部大开发的重要平台和长江经济带的战略支撑，也是国家推进新型城镇化的重要示范区。成渝城市群的发展对拓展经济增长新空间，释放中西部巨大内需潜力以及持续推进西部大开发、长江经济带建设等重大战略契合互动意义重大。2016 年国务院批复通过的《成渝城市群发展规划》指出，培育发展成渝城市群，发挥其沟通西南西北、连接国内国外的独特优势，推动"一带一路"和长江经济带战略契合互动，有利于加快中西部地区发展。另外，该规划赋予其具体发展定位是全国重要的现代产业基地、西部创新驱动先导区、内陆开放型经济战略高地、统筹城乡发展示范区、美丽中国的先行区。

对比关中平原城市群的发展定位，可以发现以下几点。①在城市群定位概

---

① "两型"社会是指资源节约型和环境友好型社会。

念属性方面,成渝城市群的发展定位同样表现出战略、功能、职能等多元属性。②在城市群定位作用方面,成渝城市群在国际、国内、区域不同层级发挥的作用以及具备的影响力明显强于关中平原城市群,成渝城市群位于"优化提升"第一梯队的事实也说明了这一问题。不过从城市群定位的功能作用来看,二者不仅对于"一带一路"倡议、西部大开发等战略契合互动发展均具有推动作用,而且对于西部地区整体发展具有明显促进作用,同时二者互动发展能够显著助推西北、西南地区协调联动发展。③在城市群定位影响因素方面,成渝城市群发展定位同样主要受区域、战略、要素等因素影响,但成渝城市群发展定位受区域经济发展基础、人口规模与分布等因素影响更为显著,而关中平原城市群发展定位更受特色产业、历史文化的因素影响。

2. 与中原城市群发展定位的对比分析

中原城市群地处全国"两横三纵"城市化战略格局陆桥通道与京广通道交会区域,具有较强的发展潜力,属于需要"发展壮大"第二梯队城市群。2016年国务院批复通过的《中原城市群发展规划》指出,推动中原城市群发展,对于加快促进中部地区崛起、推进新型城镇化建设、拓展我国经济发展新空间具有重要战略意义,有利于提升内陆地区对外开放水平、优化城镇和人口空间布局以及保障农业安全和生态安全。该规划赋予其具体发展定位为经济发展新增长极、重要的先进制造业和现代服务业基地、中西部地区创新创业先行区、内陆地区双向开放新高地、绿色生态发展示范区。

与关中平原城市群发展定位相比,①在城市群定位作用方面,中原城市群发展定位同样凸显国家、区域层面的作用,中原城市群也需要发展壮大才能成为具有国际影响力的国家级城市群。同时,中原城市群发展定位表现出其在中、西部地区互动发展的重要地位。中原城市群能够与关中平原城市群形成双向协调发展局面,并联动关中平原城市群向西开发、辐射带动中西部其他地区发展。不过尽管中原城市群为共建"一带一路"提供内陆腹地战略支撑,但其发展定位未能表现出明显的承接战略作用。②在城市群定位影响因素方面,中原城市群发展定位更受产业和区位因素的影响,其发展建设对于中部地区经济社会发展、人口空间布局、创新创业以及绿色生态发展具有重大意义,逐步成为内陆腹地的新增长极。

3. 与兰州—西宁城市群发展定位的对比分析

兰州—西宁城市群(简称兰西城市群)自古以来都是国家安全的战略要地,水土资源条件较好,人口和城镇较为密集,是我国西部地区包含众多少数民族地区的重要跨省区城市群。2018年国务院批复的《兰州—西宁城市群发展规划》

给出的具体发展定位为：维护国家生态安全的战略支撑，优化国土开发格局的重要平台，促进我国向西开放的重要支点，支撑西北地区发展的重要增长极，沟通西北西南、连接亚欧大陆的重要枢纽。

通过与关中平原城市群发展定位的对比分析，可以发现以下两点。①在城市群定位作用方面，兰西城市群发展定位注重在国内、区域层面的作用，更表现出兰西城市群作为关中平原城市群向西开放协调发展的重要支点，二者发展定位相辅相成、互相补充。然而由于发展底子薄、任务重以及经济发展和生态环保矛盾较为突出，兰西城市群对于西北地区的辐射带动作用弱于关中平原城市群，特别是承接战略方面作用明显弱于关中平原城市群。②在城市群定位影响因素方面，兰西城市群发展定位更受区位和战略因素影响，兰西城市群因其相对特殊的地理位置和生态环境，对于维护我国国土安全和生态安全大局具有不可替代的独特作用。

第二节　关中平原城市群的发展目标

城市群是城市发展的高级结构组织形式，是我国优化国土空间布局、推进新型城镇化战略以及促进区域协调发展的主体形态。因此，城市群的发展应立足新发展阶段，贯彻新发展理念，构建新发展格局，实现以人为本的高质量发展建设。据此，本书围绕新发展定位，立足发展状况，以落实功能、发挥优势、应对挑战以及补足短板为目的，试图科学地设立关中平原城市群发展的总目标和子目标。

一、关中平原城市群发展的总目标与子目标

国家"十四五"规划明确提出，以城市群、都市圈为依托，促进大中小城市和小城镇协调联动、特色化发展，深入推进以人为核心的新型城镇化战略。党的二十大报告强调，"构建优势互补、高质量发展的区域经济布局和国土空间体系"[①]。高质量发展最终是以能否满足人民日益增长的美好生活需要为判断准则，而高质量发展要求区域发展目标可以各具特色且富有多样性（金碚，2018），并注重区域协调发展和一体化发展相结合（张军扩等，2019）。鉴于此，制定关中平原城市群总体发展目标，一方面应重视高质量发展建设，突出城市群是以提升人民

---

① 《习近平：高举中国特色社会主义伟大旗帜　为全面建设社会主义现代化国家而团结奋斗——在中国共产党第二十次全国代表大会上的报告》，https://www.gov.cn/xinwen/2022-10/25/content_5721685.htm。

生活水平和居住品质为根本目的；另一方面还要充分体现城市群内部协同发展和对外协调发展，并实现二者的有机结合。关中平原城市群总目标应结合人口发展、空间布局、产业体系等方面的状况、短板以及所面临的挑战，进一步提升自身地位和国内国际竞争力，力争成为具有国际影响力的国家级城市群。因此，基于发展历史与发展状况，当前关中平原城市群发展的总目标可以设定为：建设兼顾高质量发展和高水平生活品质、对内一体化协同发展和对外开放协调发展、具有国际影响力的国家级城市群。

关中平原城市群发展总目标中包括人口发展、空间布局、创新驱动发展、城乡融合发展、内部协同发展以及对外开放发展等多个方面的子目标（图3-3）。具体而言，一是人口发展方面，应从推动实现适度生育水平、推动人口与社会和谐共进、优化人口空间布局三个方面，构建有益于关中平原城市群人口发展的政策体系。二是空间布局方面，应从增强西安都市圈辐射带动能力、引导城市群内城市合理分工协作、加强各层级城市之间的网络联系、建立与完善陕甘晋生态耦合机制，不断提升关中平原城市群空间开发效率和城市群发展水平。三是创新驱动发展方面，应从激发创新主体活力、完善科技创新体系、提升企业自主创新能力、推动产学研深度融合、营造良好创新生态等方面，进一步补齐关中平原城市群科技创新发展短板，发挥科创资源优势，实现关中平原城市群创新驱动发展。四是构建现代产业体系方面，应从推动产业高端化、加强西安周边城市产业分工协作、以小城镇和乡村为依托推动三次产业融合发展、提升产能合作水平和产业竞争力、推动产业绿色低碳发展等方面推动关中平原城市群构建现代产业体系。五是城乡融合发展方面，应进一步提升农业农村现代化水平、扎实推进乡村振兴、发展县域经济、加强城市群内部政策协调、提升城乡公共服务均等化水平，推动实现关中平原城市群城乡高质量融合发展。六是绿色发展方面，应从加强统筹协调、发展绿色产业、推动能源革命、保护生态环境、倡导绿色生活等方面，推动关中平原城市群实现全面绿色转型。七是共同富裕方面，应从推动经济高质量发展、促进公共服务优质共享、优化三次分配、推动城乡融合发展、促进区域协调发展等方面，推动关中平原城市群实现共同富裕。八是服务保障能力提升方面，陕西、甘肃、山西三省应在制定协同机制、优化承载能力、提升资金筹措能力等方面达成共识，加强跨领域、跨部门综合统筹和规划部署，推动政策协同，加快传统基础设施与新型基础设施融合发展，构建起与城市群高质量发展相契合的现代化基础设施体系。九是内部协同发展方面，应尽快构建关中平原城市群内部协同发展的动力机制、协同机制和保障机制。十是对外开放发展方面，应从国内交流与国际交流两个方面，积极承接东部产业转移、推进产业结构优化升级，并与周边国家加强经济联系与经贸合作、持续打造国际交流平台，推动关中平原城市群形成高质量对外开放新格局。

```
                    ┌──────┐
                    │ 总目标 │
                    └──────┘
         建设兼顾高质量发展和高水平
         生活品质、对内一体化协同发
         展和对外开放协调发展、具有
         国际影响力的国家级城市群
                    ┌──────┐
                    │ 子目标 │
                    └──────┘
```

人口发展　空间布局　创新驱动发展　现代产业体系　城乡融合发展　绿色发展　共同富裕　服务保障能力　内部协同发展　对外开放发展

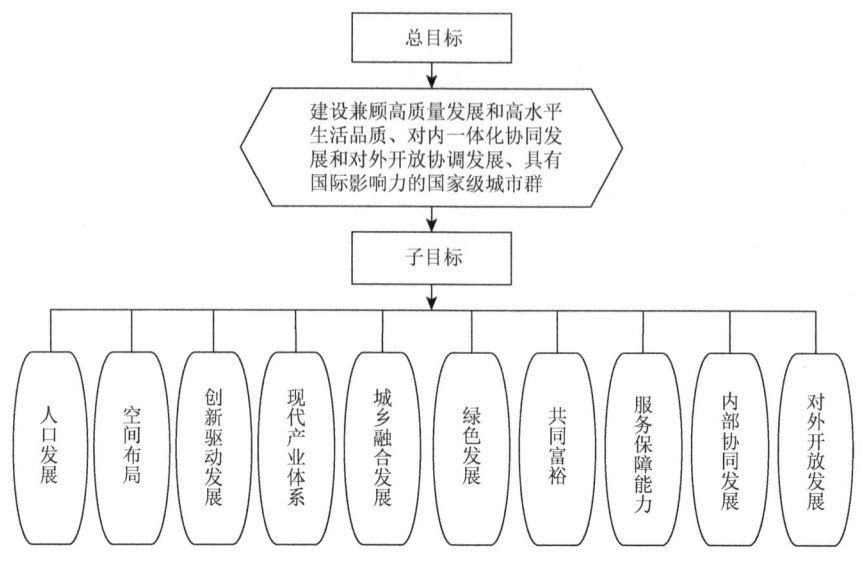

图 3-3　关中平原城市群发展目标图

二、关中平原城市群发展目标的关系

中国特色社会主义事业坚持经济建设、政治建设、文化建设、社会建设和生态建设"五位一体"的总体布局。党的十九大报告提出，"必须坚定不移贯彻创新、协调、绿色、开放、共享的发展理念"[①]。党的二十大报告进一步明确，"深入实施区域协调发展战略、区域重大战略、主体功能区战略、新型城镇化战略，优化重大生产力布局，构建优势互补、高质量发展的区域经济布局和国土空间体系"[②]。据此，城市群发展建设应遵循新发展理念，需要涉及产业、人口、环境、创新、共享、协调等多个层面，城市群发展目标必须兼顾多个维度内容。

近年来，尽管关中平原城市群在经济、人口、交通、产业结构、环境治理等方面取得一定成绩，但其发展依然存在局限与不足，多个方面短板有待补齐。关中平原城市群的发展态势和发展状况呈现出一定的不平衡性，特别是城市群内部发展水平存在明显差异，除核心城市西安外，大城市数量少、中小城市发展偏弱，各个城市之间交流协作程度不够紧密。基于发展状况、短板以及所面

---

① 《习近平：决胜全面建成小康社会　夺取新时代中国特色社会主义伟大胜利——在中国共产党第十九次全国代表大会上的报告》, https://www.gov.cn/zhuanti/2017-10/27/content_5234876.htm。

② 《习近平：高举中国特色社会主义伟大旗帜　为全面建设社会主义现代化国家而团结奋斗——在中国共产党第二十次全国代表大会上的报告》, https://www.gov.cn/xinwen/2022-10/25/content_5721685.htm。

临的挑战，关中平原城市群发展总目标应涵盖人口发展、空间布局、创新驱动发展、现代产业体系、共同富裕等多个方面的子目标，总目标与子目标的关系如图3-4所示。具体而言，一是从全面建成小康社会到坚定共同富裕道路，我国始终秉承以人民为中心的发展思想，坚持以人民为核心的新型城镇化建设，将人民对美好生活的向往作为发展目标。党的二十大报告指出，"坚持人民城市人民建、人民城市为人民，提高城市规划、建设、治理水平，加快转变超大特大城市发展方式，实施城市更新行动，加强城市基础设施建设，打造宜居、韧性、智慧城市"[1]。制定关中平原城市群发展总目标要以建设高水平生活品质城市群为主要目的，实质性提升关中平原地区人民居住生活品质，而建设高水平生活品质城市群就要注重人口集聚、人口规模、空间布局、基础设施建设以及共享发展等方面问题。鉴于当前关中平原城市群存在人口内部各要素非均衡、人口与水资源环境承载力不相适应、中心城市辐射带动力相对不强、内部等级规模差距较大、跨市域行政区划调整相对较慢、基础设施建设集中度过高以及基础设施与服务共建共融共享的机制未完善等多方面发展短板，需要从人口发展、空间布局、基础设施、共同富裕四个方面进行具体子目标的制定。二是当前我国社会主要矛盾仍然未改变，要坚持以推动高质量发展为主题。为有效应对当前社会主要矛盾以及区域之间发展不平衡、区域内部发展不充分的状况，力争打造高水平生活品质城市群的同时，还应将高质量发展作为关中平原城市群发展总目标之一，因此，需要统筹推进关中平原城市群高质量发展与高水平生活品质建设。要想高质量发展建设城市群，就必须重视创新驱动、现代化产业、绿色可持续等方面的发展。现阶段，关中平原城市群还存在地区间创新能力发展不均衡、产学研深度融合机制有待完善、科技创新引领辐射能力不强、科技创新与产业对接不畅以及空间集聚与产业分工协作不足等方面的发展短板，对此应在城乡融合、创新驱动发展、现代产业体系、绿色发展四个方面设立具体子目标。三是推动城市群一体化发展、完善城镇化空间布局、促进区域协调发展，就是要以城市群发展建设应对我国区域之间以及区域内部发展不平衡不充分问题。党的二十大报告强调，"优化区域开放布局，巩固东部沿海地区开放先导地位，提高中西部和东北地区开放水平"[1]。位于西部腹地的关中平原城市群应以国际国内全方位开放协调发展来改善区域不平衡和缩小区域差异，同时内部也需要进一步推进一体化协同发展来消除非必要壁垒和地区差距。因而，本书从内部协同发展与对外开放发展两个方面建立子目标。

---

[1] 《习近平：高举中国特色社会主义伟大旗帜 为全面建设社会主义现代化国家而团结奋斗——在中国共产党第二十次全国代表大会上的报告》，https://www.gov.cn/xinwen/2022-10/25/content_5721685.htm。

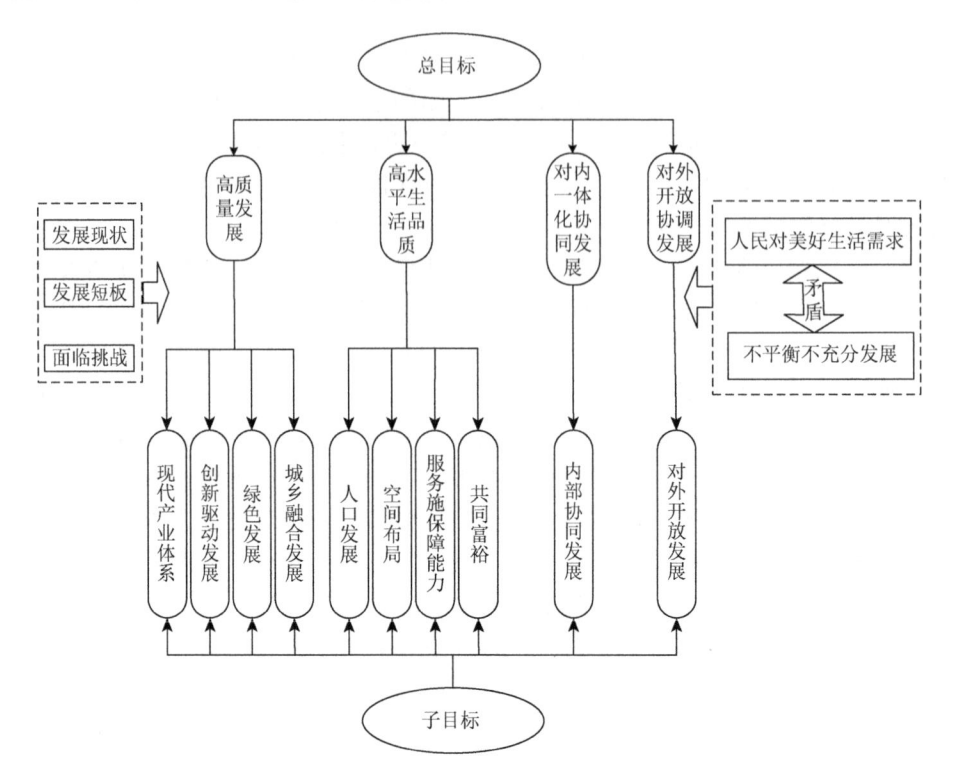

图 3-4 关中平原城市群发展总目标与子目标的关系

三、关中平原城市群发展目标的比较

现阶段,我国大多数城市群的发展规划已明确提出到 2025 年甚至更远期的发展目标（表 3-3）。为客观科学对比分析关中平原城市群的发展目标,本书仍以现有城市群规划作为主要参考,基于优势与劣势两方面视角,将关中平原城市群发展目标与其他城市群进行比较。

表 3-3 我国现有城市群规划提出的发展目标

名称		发展目标	具体规划
第一梯队：优化提升	京津冀城市群	到 2030 年,首都核心功能更加优化,京津冀区域一体化格局基本形成,区域经济结构更加合理,生态环境质量总体良好,公共服务水平趋于均衡,成为具有较强国际竞争力和影响力的重要区域,在引领和支撑全国经济社会发展中发挥更大作用	《京津冀协同发展规划纲要》；2015 年
	长江中游城市群	到 2030 年,稳步走上科学发展道路,现代市场体系和城乡发展一体化体制机制更加完善,开放开发水平进一步提升,城乡、区域发展格局更加优化,经济社会持续健康发展,城乡生活和谐宜人,发展成为我国经济增长与转型升级的重要引擎和具有一定国际竞争力的现代化城市群	《长江中游城市群发展规划》；2015 年

续表

	名称	发展目标	具体规划
第一梯队：优化提升	成渝城市群	到2030年，重庆、成都等国家中心城市的辐射带动作用明显增强，城市群一体化发展全面实现，同城化水平显著提升，创新型现代产业支撑体系更加健全，人口经济集聚度进一步提升，国际竞争力进一步增强，实现由国家级城市群向世界级城市群的历史性跨越	《成渝城市群发展规划》；2016年
	长三角城市群	到2030年，长三角城市群配置全球资源的枢纽作用更加凸显，服务全国、辐射亚太的门户地位更加巩固，在全球价值链和产业分工体系中的位置大幅跃升，国际竞争力和影响力显著增强，全面建成全球一流品质的世界级城市群	《长江三角洲城市群发展规划》；2016年
第二梯队：发展壮大	关中平原城市群	到2035年，城市群质量得到实质性提升，建成经济充满活力、生活品质优良、生态环境优美、彰显中华文化、具有国际影响力的国家级城市群。西安国家中心城市和功能完备的城镇体系全面建成、创新型产业体系和基础设施支撑体系日趋健全、对内对外开放新格局有效构建、一体化发展体制机制不断完善	《关中平原城市群发展规划》；2018年
	山东半岛城市群	到2035年，山东半岛城市群实现较高水平的社会主义现代化，经济实力、发展活力、综合竞争力显著增强，战略地位和龙头作用全面彰显，济南、青岛进入现代化国际大都市行列，新型城镇化发展模式更加成熟定型，共同富裕取得更为明显的实质性进展，跻身世界级城市群行列	《山东半岛城市群发展规划》；2021年
	中原城市群	到2025年，现代基础设施网络全面形成，城市群一体化发展全面实现，综合经济实力和在全国发展大局中的地位快速上升，人口与经济集聚度进一步提高，带动全国发展的新增长极地位更加巩固，参与全球经济合作与竞争的能力大幅跃升	《中原城市群发展规划》；2017年
	北部湾城市群	到2030年，城市群建设达到国际一流品质，面向东盟开放合作的战略高地全面建成，城镇体系更加完善，城镇人口总量和经济密度显著提升，绿色产业竞争力明显提高，实现向国家级城市群的战略性跃升	《北部湾城市群发展规划》；2017年
第三梯队：培育发展	呼包鄂榆城市群	到2035年，城市群协同发展达到较高水平，整体竞争力和影响力显著增强。产业分工协作更加合理，迈向中高端水平；基础设施网络全面建成，能源、通信、水利设施保障能力明显提升，互联互通的交通运输网络基本建成；基本公共服务均等化基本实现，社会文明程度达到新的高度；生态环境质量总体改善，共建共保取得明显成效；对外对内开放水平全面提升，向北向西开放战略支点基本形成；以城市群为主体的大中小城市和小城镇协调发展的城镇格局基本形成，常住人口城镇化率稳步提升，协同发展体制机制基本建立，基本实现社会主义现代化	《呼包鄂榆城市群发展规划》；2018年
	哈长城市群	到2030年，城市群城镇体系更加完善，改革创新持续深化，对外开放水平进一步提升，形成充分发挥市场配置资源决定性作用、充满内在活力的体制机制，建成在东北亚区域具有核心竞争力和重要影响力的城市群	《哈长城市群发展规划》；2016年
	兰西城市群	到2035年，兰西城市群协同发展格局基本形成，各领域发展取得长足进步，发展质量明显提升，在全国区域协调发展战略格局中的地位更加巩固。生态环境根本好转，人口集聚能力和经济发展活力明显提升，强中心、多节点的城镇格局基本形成，对内对外开放水平显著提升，区域协调发展机制建立健全	《兰州—西宁城市群发展规划》；2018年
	滇中城市群	到2035年，基本实现社会主义现代化，成为面向南亚东南亚辐射中心的强大引擎，形成面向南亚东南亚与国内腹地两个扇面，内外承接的枢纽功能与辐射影响力更加凸显，门户枢纽地位完全确立，与南亚东南亚的合作全面深化，建成现代产业特色鲜明、景观生态环境优美、人民安居乐业的现代化门户城市群	《滇中城市群发展规划》；2020年

资料来源：作者根据公开资料整理

（1）关中平原城市群发展目标的优势。相比其他城市群，①关中平原城市群发展目标更加注重自身质量的持续提升。当前，关中平原城市群仍需进一步进行高质量发展建设，弥补发展短板、应对新的挑战，持续扩大自身在全国乃至全球的影响力。②关中平原城市群的发展目标更期望自身在区位、文化、产业以及宜居性等方面的特点得到进一步体现。其中，在区位方面，发展目标凸显关中平原城市群联动南北、承接东西、对内对外开放以及统筹实施区域重大战略的重要区位特点，特别是对于西北部地区发展和向西对外开放发展的关键作用；在文化方面，所提发展目标旨在让关中平原城市群深厚悠久的历史文化得到进一步表达与传承，尤其借助旅游业的不断发展进一步扩大自身国际影响力；在产业方面，发展目标突出关中平原城市群军工、科教资源的优势，以推进相关产业高质量发展、构建完善的现代化产业体系为重要目标；在宜居性方面，发展目标表现出关中平原地区安逸、稳定的自然条件，并通过严格的生态环境保护打造更加宜居的城市群。

（2）关中平原城市群发展目标的劣势。相比第一梯队城市群，关中平原城市群的巨大发展潜力仍未得到充分发挥，仍需要在更大发展格局下进一步呈现出自身国内国际影响力。现阶段，关中平原城市群仍存在人口聚集程度不高，内部发展不平衡、差异大，军工、科教资源利用率不足，科技成果转化水平不高，创新优势发挥不足，营商环境有待优化，以及历史文化特色有待持续挖掘利用等一系列现实问题和发展短板，应从人口、产业、创新驱动、空间布局、对外开放等方面进行具体发展目标的设定。

第三节　关中平原城市群的发展原则与思路

本书根据发展定位，围绕发展目标，结合发展状况、发展短板以及存在的根本性问题，试图制定关中平原城市群的发展原则和发展思路。

一、关中平原城市群的发展原则

本书以习近平新时代中国特色社会主义思想为指导，深入贯彻党的十八大、十九大、二十大及其历次全会精神，遵照我国国土开发和城镇化建设的基本原则，结合关中平原城市群的发展状况和短板，试图提出以下发展原则。

（1）以人为本。秉承人民至上的发展理念，坚持以人民为中心的发展思想。持续贯彻以人为本的原则促进区域协调发展，推进以人为核心的新型城镇化，进一步实现人民城市人民建、人民城市为人民，不断满足人民对美好生活的向往，以高质量发展建设完善宜居宜业功能，让更多居民享受更高品质的现代化生活。

（2）多维一体化。建立健全城市群一体化协调发展机制，统筹推进基础设施协调布局、产业分工协作、公共服务共享以及生态共建环境共治，注重城市群内部产业体系构建、空间优化布局、基础设施建设、生态保护等方面一体化推进。以共同促进整体协调发展与内部成员协同发展作为出发点，一方面，以关中平原城市群高质量发展建设促进我国城市群一体化发展；另一方面，在产业布局、城乡规划、基础设施建设、社会管理、公共服务、创业就业、生态保护、政策保障等方面坚持一体化原则，创新关中平原城市群内部协同发展机制，实现人才、技术、资本等要素顺畅流动，促进内部成员在多个维度上实现一体化发展。

（3）创新驱动。坚持面向世界科技前沿、经济稳中有进、国家重大需求以及人民美好生活，加快实现高水平科技自立自强，增强自主创新能力，完善科技创新体系。不断强化关中平原城市群创新驱动，持续提升科技投入效能，优化配置创新资源，深化科技体制改革，进一步强化企业科技创新主体地位、加强企业主导的产学研深度融合、提高科技成果转化和产业化水平，不断建立完善重要人才中心和创新高地、促进人才区域合理布局和协调发展、深化人才发展体制机制改革。

（4）深度开放。实现高水平深度开放，优化区域开发布局，立足比较优势，扩大开放，强化区域间开放联动，构建陆海内外联动、东西双向互济的开放格局。创新关中平原城市群内外协调发展机制，破除不必要的体制机制障碍，促进军民科技资源共享和生产要素自由流动，充分融入国家区域重大战略中，进一步实现内外联动发展。

（5）集约开发。加快转变城市发展方式，引导经济相对集中布局、人口相对集聚分布的空间高效利用，科学合理地确定城市规模和空间结构，统筹安排城市建设、产业发展、公共服务、基础设施，提升生态涵养品质。在严格的生态环境保护基础上，根据关中平原地区资源环境承载能力和地理条件，把控开发强度和开发时序，梯次推进关中平原城市群融合发展，科学、适度地扩大城市群原有范围，使其辐射面更广、辐射带动作用更强。

（6）绿色发展。牢固树立和践行绿水青山就是金山银山的理念，加快发展方式绿色转型，推动经济社会发展绿色化。坚持贯彻绿色发展理念，构建高效、协调、可持续的区域发展新格局，高质量建设更高品质的美好家园。尊重关中平原地区自然环境格局，注重秦岭生态保护与修复，进一步维护关中平原地区相对脆弱的生态环境，以绿色发展方式和发展理念科学应对资源环境对关中平原城市群发展的约束。

二、关中平原城市群的发展思路

本书遵循关中平原城市群发展的基本原则，根据发展定位和发展目标，试图提出关中平原城市群总体发展思路：以产业高质量发展为载体，以西安为中心由内向外、多维空间梯次一体化协同发展为路径，以对内一体化协同发展、对外开放协调发展机制为重点，形成"多圈、多维度、多产业带"的发展新格局。

以产业高质量发展为载体。当前关中平原城市群内部存在主导产业竞争力不强、优势产业发展难、产业布局乱、产业关联度不高、产业链短以及产业趋同等问题。为进一步加快关中平原城市群发展建设，应以产业高质量发展为载体，引导城市群内部合理产业合理分工协作，实现有效产业融合，力争构建现代产业体系。具体而言，一是打造关中平原地区产业经济发展新格局，形成更高质量、更有效率、更可持续的产业空间发展新模式。应制定关中平原城市群产业发展一体化规划，结合各地区比较优势，深入实施产业功能区战略，引导内部城市优化功能定位，实现产业差异化发展。通过产业生态园、功能区建设，打造产业链、产业集群、产业功能区一体化发展的"链—群—区"产业发展大生态。二是城市群内部产业融合能够实现生产要素有效融合，从而推动经济、社会、文化的全面融合。应以产业园区为主要平台，实现关中平原城市群有效的产业融合，各地区要合理分工改造提升或新建产业园区，避免同质化竞争，明确各园区不同定位，打造不同类型品牌，引培不同龙头企业，布局不同特色产业，打造不同产业链，形成不同产业集群。三是构建关中平原城市群现代产业体系。应推动产业迈向高端化和低碳绿色发展、提升产业集聚辐射能力，发展西安周边城市先进制造业、加强产业分工协作，依托城市群推动小城镇和乡村三次产业融合发展，使产能合作水平和产业竞争力共同提高。

以西安为中心由内向外、多维空间梯次一体化协同为路径。以"西安—西安都市圈—大关中—泛关中"多维空间梯次推进关中平原城市群一体化协同发展。具体而言，一是以中心城市西安为一体化协同发展动力源，除产业带动，还要发挥西安在科技、文化、医疗、教育等方面的优势，将这些优势梯次渗透到西安都市圈、大关中地区及中西部接合部，促进中心城市西安和周边区域、东西南北不同空间在工业、旅游业、生产性服务业等领域深度融合，从而带动关中平原内部与中西部接合部地区一体化协同发展。二是以西安都市圈为一体化协同发展基础。从一体化协同空间看，为推进关中平原城市群一体化协同发展，应采取"西安+"的思路，即"西安+咸阳""西安+铜川""西安+渭南"等，实现西安与西安都市圈其他城市一体化协同发展。这是关中平原城市群一体化协同发展的基础，只有夯实这一基础才能稳步推进关中平原城市群一体化协同发展；从空间一体化协同的本质看，市场经济体制下城市群空间一体化协同发展本质是以产业融合为主要载体的自然资源融合、资本融合、技术融合、人才融合以及市场融合，对此应推进西安都市圈各种资源整合、市场整合及产业一体化发展。三是以大关中为一体化协同发展主体。这里所指的大关中大于传统行政区划的陕西关中，小于国家发展改革委确定的"关中平原城市群"概念。它是以陇海线和连霍高速为轴形成的东连晋西南豫西北、西连陇东的东西大走廊，既是关中平原城市群一体化协同的主体，也是推进中西部一体化发展的基础。四是以泛关中一体化协同发展为外部动力。城市群一体化协同发展既离不开内部核心城市的渗透辐射力，也需要周边中西部地区的推动力。关中平原城市群一体化协同发展不仅要借助外力，而且会向外围渗透辐射、带动外围共同发展。因此，关中平原城市群发展的顶层设计还要考虑与周边地区的一体化协同发展，这既是关中平原城市群一体化协同发展的结果，也是推进西部和中部一体化发展的需要。

以对内一体化协同发展、对外开放协调发展机制为重点。围绕专项规划、基础设施建设、基金、监督考核、利益共享等五个方面，建立关中平原城市群创新发展机制。具体而言，一是统一制定相关专项规划。专项规划以产业高质量发展为重点，以相关人大常委会已经审议通过的上位规划为遵循。二是统一进行基础设施建设。基础设施要统一规划、统一投资、统一建设、统一管理，甚至统一运营。三是调节基金统一使用。不同阶段，除市场化投融资外，一方面由相关市（区县）政府和省政府出资设立调节基金，统一使用；另一方面，按比例由相关省（市）政府和国家发展改革委出资设立调节基金，根据需要统一使用。四是建立监督考核机制。不同阶段由相应部门建立考核制度、程序、内容及其指标，对相关政府及其负责人全程考核融合发展绩效，每年进行绩效奖惩。五是建立发展利益共享机制。在不同阶段，制定不同利益共享办法，在实践中不断修改完善，形成关中平原城市群发展建设的重要推动力

以"多圈、多维度、多产业带"为发展新格局。"多圈"主要包括由西安、咸阳主城区及西咸新区组成的大西安城市圈和以西安、咸阳、铜川、渭南形成的半小时经济圈等，其中"西咸铜渭"半小时经济圈作为大西安都市圈的补充，进一步完善其功能定位，科学弥补其辐射范围劣势，从而与大西安都市圈形成相辅相成、相互促进的势态。"多维度"主要指以"西安—西安都市圈—大关中—泛关中"多维空间梯次推进关中平原城市群一体化协同发展。其中，中心城市西安是一体化协同发展核心动力层，辐射带动其他地区融合发展；西安都市圈是一体化协同发展的基础层，为关中平原城市群发展建设夯实基础；"大关中"既是一体化协同发展的主体，也是推进关中平原城市群对外开放协调发展的基础；"泛关中"除关中平原城市群外，还涉及甘肃、山西等省份地区。关中平原城市群借助外部力量，促进内部协同发展与外部协调发展相结合，形成内外联动发展的新格局。"多产业带"是以产业为依托，以中小城市、县城为主要载体，打造煤化工、农副产品加工、现代立体物流、生态农业旅游观光以及高新技术产业与装备制造等多条产业带。

第四章 关中平原城市群的人口发展

党的二十大报告强调,"中国式现代化是人口规模巨大的现代化",并提出"优化人口发展战略,建立生育支持政策体系,降低生育、养育、教育成本",以及"实施积极应对人口老龄化国家战略"[①],为关中平原城市群全面做好新时代人口工作明确了重点任务和前进方向。《国家人口发展规划(2016—2030年)》指出,要以城市群为主体形态促进大中小城市和小城镇协调发展,优化提升东部地区城市群,培育发展中西部地区城市群,推动人口合理集聚,力争19个城市群集聚的常住人口占全国比重稳步提升。本章在梳理关中平原城市群人口发展历史和状况的基础上,细致对比了关中平原城市群与长三角城市群、成渝城市群两个对标城市群以及中原城市群、哈长城市群两个同级城市群在人口发展重要指标上的差异,明晰了关中平原城市群人口发展自身的短板和面临的挑战,从生育、人口健康老龄化以及人口聚集三个方面提出了新发展格局下关中平原城市群人口发展的对策建议。

第一节 关中平原城市群人口发展的历史与状况

一、关中平原城市群人口发展历史

(一)古代关中平原城镇人口发展历史

关中平原即东潼关(函谷关)、西散关(大震关)、南武关(蓝关)、北萧关(金锁关)四关之内的大片区域,其南依秦岭,北连黄土高原,又有渭水横贯其间,水利灌溉充足,气候适宜。隋唐以前关中长期作为全国的政治、文化中心,具有极为重要的战略地位,人口的变动与其所处的政治、经济、军事地位密切相关。从秦汉到清末的两千多年历史中,关中人口经历了多次快速增长,也出现了十余次剧烈下降,波动频繁,大起大落。

秦汉均定都关中,出于加强国家统治,削弱地方势力的需要,中央多次颁布政令,将民众迁入关中地区。《史记·秦始皇本纪》记载,秦曾两次(公元前221年和公元前212年)由关东(今山东地区)向关中移民,累计移民约100万人(刘

---

① 《习近平:高举中国特色社会主义伟大旗帜 为全面建设社会主义现代化国家而团结奋斗——在中国共产党第二十次全国代表大会上的报告》,https://www.gov.cn/xinwen/2022-10/25/content_5721685.htm。

志平和赵若彤，2020）。汉朝建立后基本沿袭了秦代的移民政策，从汉高祖九年（公元前198年）开始一直到成帝鸿嘉二年（公元前19年）的近180年间，相继向关中移民十余次，其对象大多来自关东（今山东地区）（贾俊侠，2012）。西汉从关东迁入关中人口累计近30万人，而至西汉末年，在关中的关东移民后裔已有约122万人，几乎占三辅[①]人口的一半（葛剑雄，1997）。东汉以后，随着全国政治中心的东移及战乱等因素的影响，关中人口急剧下降，人口长期处于低谷，原西汉时期的人口红利已经完全消失[②]。

隋唐时期关中地区人口波动巨大，既有快速增长期，也经历了急剧减少期；五代时杀伐不息，加之全国政治中心东移，关中人口锐减（薛平拴，2014）。隋唐五代时期关中地区人口的兴衰演变大致经历了五个阶段：①隋初至炀帝大业中，由于政治稳定、经济发展，关中人口迅速增长。②大业末年至唐高祖武德中，由于战乱、政治统治、饥疫等因素，关中人口剧烈下降。③武德后期至天宝十四载（公元755年），在社会安定、关中地区社会经济迅速发展以及唐朝推行的利于人口增长的户籍、婚育等政策多重因素共同作用下，关中地区人口再次转入快速增长期并持续约130年之久。④肃宗至德以后直至唐末（约公元880年），关中人口经历多年的急剧下降后趋于稳定并略有回升。⑤唐末至公元960年，战乱、赋税以及各种自然灾害频发导致关中人口锐减。

宋金时期（关中隶属金朝管辖），连年战乱导致关中人口锐减，人口发展长期处于停滞状态，金世宗初年（公元1161年）后，在流民招抚政策及更为完备的户籍制度等因素的作用下，关中人口转入快速增长期。金元交替之际连年战乱，关中人口锐减乃历史少见，"兵火之余，八州十二县，户不满万，皆惊扰无聊"[③]是其真实写照。公元1253年，忽必烈在关中大力推行"汉法"，采取了一系列恢复社会秩序的措施，社会经济的恢复和发展导致人口增加，元后期关中人口已增加到相当规模（薛平拴，2000）。

明清时期是关中历史上人口迁移极其频繁的时代（薛平拴，2001）。明代关中是主要的人口迁出区。①明初屯戍和屯田制度以及中央的强制性政治移民使关中大量人口被迁往陕南、陕北、甘肃等地；②明中后期，由于赋役严重、自然灾害频繁以及耕地减少，关中地区人口纷纷外迁流入陕南等地；③明末自然灾害严重，苛捐杂税名目繁多，关中人口外迁且一直持续到清初。清朝关中人口发展大致经历四个阶段：①清军进入关中至康熙二十年（公元1681年），受战乱、自然灾害等影响，关中人口规模大减。②康熙中期到咸丰末年（公元1861年），宝鸡、凤

---

① 三辅：西汉时期京兆尹、左冯翊、右扶风三位官员管辖的地区（辖境相当今陕西中部地区）。

② 《关于"人口红利"：为何在两汉以后，渐渐淡出了历史舞台？》，http://www.360doc6.net/wxarticlenew/916934328.html。

③ 《元史》卷159《商挺传》。

县等关中地区接纳了来自四川、湖北的移民，人口数量有所回升。③同治元年至光绪六年（公元1862～公元1880年），在连年战乱和严重自然灾害（旱荒）的双重作用下，关中人口大量外迁。④光绪六年以后，地方统治者"遂仿南山（秦岭）诸邑招集客民开垦例。于是川、楚无业之氓，垄然而至，计口授田，与土民原无歧异"[①]，移民迁入使得关中人口增长迅速。

（二）近代关中平原城镇人口发展历史

近代由于社会动荡、自然灾害频发、瘟疫肆虐，关中地区经济发展受到严重阻碍，人口数量长期保持在较低的水平。民国十七年至十九年（1928～1930年），中国北部地区遭受了罕见的旱灾，波及甘肃、陕西、绥远（现内蒙古自治区中部和南部地区）、宁夏、山西、河北等省区，其中以陕西灾情最为严重，三年旱灾对关中地区经济社会发展造成了巨大打击，灾害导致的人口死亡和逃亡使得关中地区人口数量锐减（温艳，2007）。此外，社会动荡造成男女比例失调，严重影响人口再生产。民国二十一年（1932年），霍乱在关中和陕北流行，由于缺乏卫生知识和对霍乱危害认识不足，霍乱很快席卷关中35个县和陕北11县、陕南4县，全陕因霍乱死亡达十三四万人，而其中大部分隶属于关中，导致关中人口又进一步减少。

（三）新中国成立以来关中平原城市群的人口发展

新中国成立后人口政策经历了四次转变（李建伟和周灵灵，2018；马红鸽和贺晓迎，2021）：①1949～1955年，从鼓励生育向节制生育转变；②1956～1979年：计划生育政策的提出与调整；③1980～2000年：计划生育被确立为基本国策；④2000年至今，从计划生育向鼓励生育转变（图4-1）。2013年开始，在综合研判人口发展趋势的基础上，中央政府陆续出台"单独二孩""全面二孩""三孩"等鼓励生育的政策。与全国人口政策调整相适应，关中平原城市群的人口发展也经历了规模持续扩展、人口增速放缓的过程。新中国成立后，社会安定，经济发展，人民的生活水平及医疗卫生条件不断得到改善，在中央政府鼓励生育的人口政策下，关中人口数量持续增长。1953年第一次全国人口普查数据表明，陕西常住人口为1588万人，而在1964年的第二次全国人口普查中陕西人口数量约2077万人，增长率约为30.79%；在计划生育政策提出后，1982年的第三次全国人口普查中，陕西人口已经达到2890万人，10年间增长813万人，增长率高达39.19%。由于关中平原城市群主要城市位于陕西境内，陕西常住人口的变化也从侧面反映出关中平原城市群人口规模快

---

① 光绪《富平县志稿》卷三《风土志·风俗》。

速增加的趋势①。20 世纪 90 年代，计划生育政策效应开始显现，关中平原城市群人口增长率又呈现出快速下降的趋势。2010 年第六次全国人口普查显示，关中平原城市群常住人口数量为 4273 万人，相较第五次全国人口普查 4111 万人口仅增加了 162 万人，增长率仅为 3.94%；而 2020 年的第七次全国人口普查结果显示，其常住人口增长率进一步下降为 2.25%，人口增速进一步放缓。值得注意的是，1990 年以后，关中平原人口平均预期寿命不断延长。1958 年男女平均预期寿命分别为 54.19 岁和 52.31 岁，随着生活条件逐步改善和医疗水平不断提高，2000 年男女平均预期寿命分别达到 70.06 岁和 73.01 岁的高水平，到 2020 年，关中平原城市群人均预期寿命已经突破 77 岁。

1949～1955年人口生育政策由鼓励生育向节制生育转变 → 1956～1979年计划生育政策的提出与调整 → 1980～2000年计划生育确立为基本国策 → 2001年至今由计划生育向鼓励生育转变

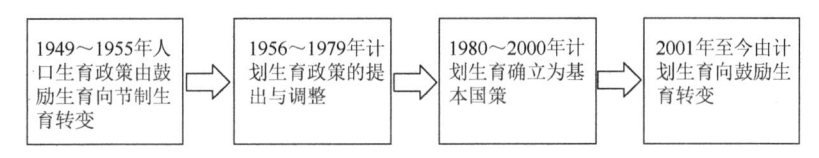

图 4-1　新中国成立以来的四次人口政策转变

二、关中平原城市群人口状况

（一）人口数量不断增加，常住人口增长放缓

人口数量即人口的绝对量和相对量，反映了人口总体的量的规定性。近些年，关中平原城市群人口总量不断增加，但增速缓慢。2020 年关中平原城市群常住人口 4369 万人（表 4-1），与 2010 年第六次全国人口普查的 4273 万人相比，10 年间增加了 96 万人，增加 2.25%，10 年间平均增长率 0.22%，比全国 2010 年到 2020 年的年平均增长率 0.52%低 0.30 个百分点，说明 2010 年至 2020 年间关中平原城市群处于人口低速增长阶段。其中，西安常住人口数（1295 万人）和年均人口增长率（4.34%）均处于第 1 位，常住人口数远超处于第 2 位的运城市（478 万人）和增长率（2.26%）处于第 2 位的杨凌（图 4-2）。

表 4-1　历次全国人口普查关中平原城市群常住人口数　　单位：万人

历次全国人口普查	西安	铜川	宝鸡	咸阳	渭南	商洛	杨凌	天水	平凉	庆阳	运城	临汾	合计
第五次	741	81	367	483	539	239	14	322	207	242	481	395	4111
第六次	847	83	372	489	529	234	20	326	207	221	513	432	4273
第七次	1295	70	332	396	469	204	25	299	185	218	478	398	4369

资料来源：国家统计局历年人口普查公报，其中，各城市常住人口数经作者四舍五入所得

---

① 由于第一至第四次人口普查数据仅公布省级数据，所以，此处以陕西省数据反映关中平原城市群人口规模变化趋势。

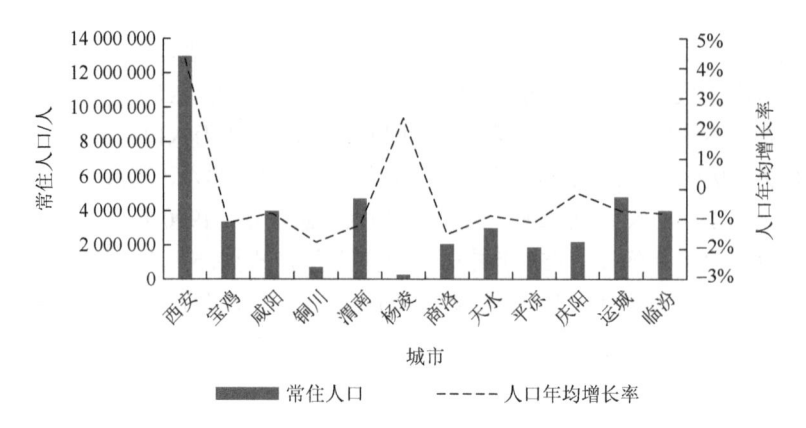

图 4-2　2020 年关中平原城市群常住人口和人口年均增长率

（二）人口质量不断提升，人口基础设施逐步完善

人口质量是人口总体的质的规定性的范畴，它反映了人口总体认识和改造世界的条件和能力。随着关中平原城市群经济发展水平的不断提升，城市群内教育、医疗、养老等人口基础设施的进一步完善，关中平原城市群人口质量不断提升。2020 年，关中平原城市群 15 岁及以上人口的平均受教育年限约为 9.88 年（图 4-3）；拥有大学（指大专及以上）文化程度的人口为 779 万人，拥有高中（含中专）文化程度的人口为 703 万人，拥有初中文化程度的人口为 1553 万人，拥有小学文化程度的人口为 901 万人（图 4-4）；常住人口中，文盲人口（15 岁及以上不识字的人）103 万人，文盲率为 2.36%。另外，医疗卫生条件的改善也促进了人均预期寿命的延长，2020 年关中平原城市群人均预期寿命达 77.06 岁（图 4-5），仅略低于全国平均水平的 77.30 岁。2020 年每千人口拥有执业（助理）医师数达 2.78 人（图 4-6），整体医疗卫生水平不断提升。

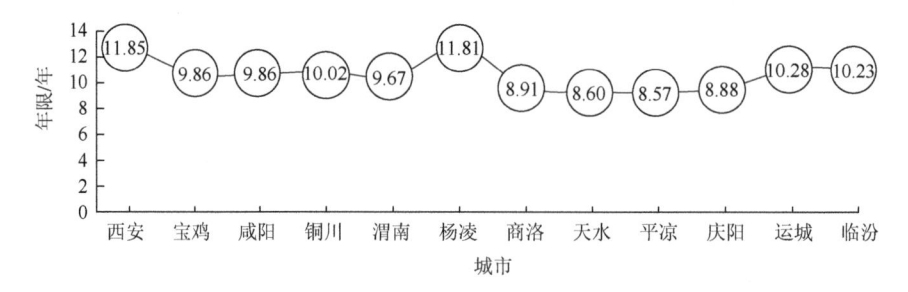

图 4-3　2020 年关中平原城市群 15 岁及以上人口平均受教育程度年限

第四章 关中平原城市群的人口发展

图 4-4 2020 年关中平原城市群受教育程度人口

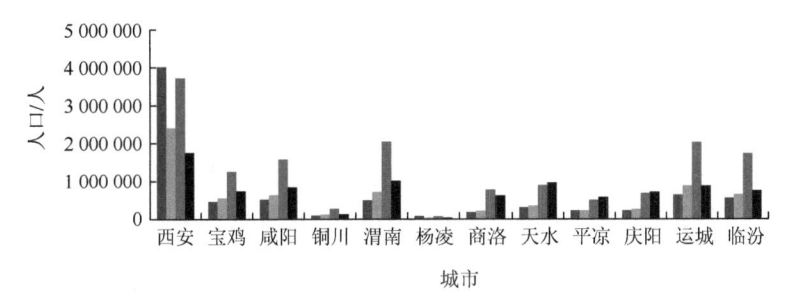

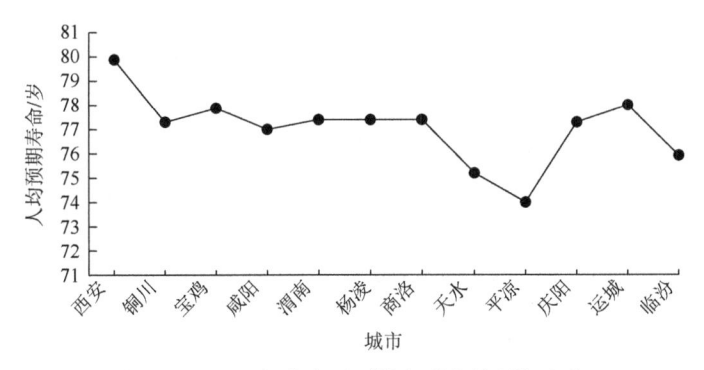

图 4-5 2020 年关中平原城市群人均预期寿命

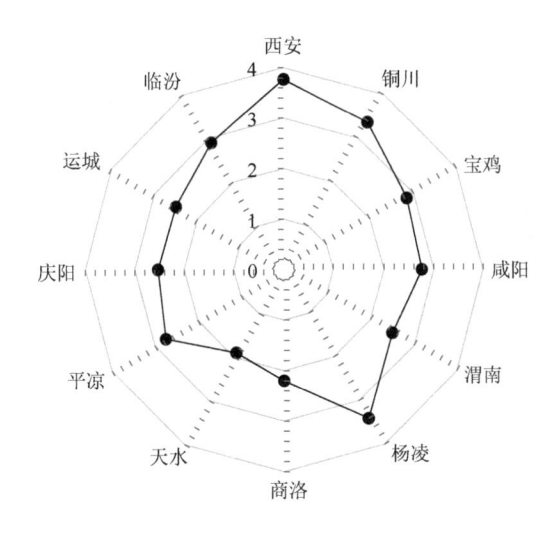

图 4-6 2020 年关中平原城市群每千人口拥有执业（助理）医师数

（三）人口性别结构趋向合理，老龄化城镇化问题突出

人口结构是从一定的规定性来判断的人口内部关系，人口结构不仅对人口再生产和人口发展有重要影响，对国民经济的发展也有重要的作用，包括人口性别结构、年龄结构、城乡结构等。当前，随着经济的发展和思想观念的转变，关中平原城市群内人口的性别结构趋向合理，但老龄化逐步加深，城镇化水平依旧偏低。2020 年，关中平原城市群常住人口中男性人口为 2216 万人，占 50.72%；女性人口为 2153 万人，占 49.28%，常住人口性别比（以女性为 100，男性对女性的比例）为 102.93，人口性别结构逐渐趋向合理（图 4-7）。常住人口中，0~14 岁人口 756 万人，占 17.30%；15~59 岁人口为 2787 万人，占 63.79%；60 岁及以上人口为 826 万人，占 18.91%，其中 65 岁及以上人口为 576 万人，占 13.18%，低于全国水平的 13.50%。总人口抚养比为 47.79%，其中少儿抚养比为 27.12%，老年抚养比为 20.67%，高于全国水平的 19.70%。城市群内部老龄化问题突出，而人均收入水平相对较低，未富先老特征凸显。居住在乡村的人口为 1786 万人，占常住人口 40.88%，居住在城镇的人口为 2583 万人，城镇人口占常住人口 59.12%。2020 年关中平原整体城镇化率为 59.09%，远低于全国常住人口城镇化率的 63.89%，城镇化水平低，且城市群内部各城市分化严重，如西安常住人口城镇化率高达 79.15%，而庆阳常住人口城镇化率仅为 41.89%。

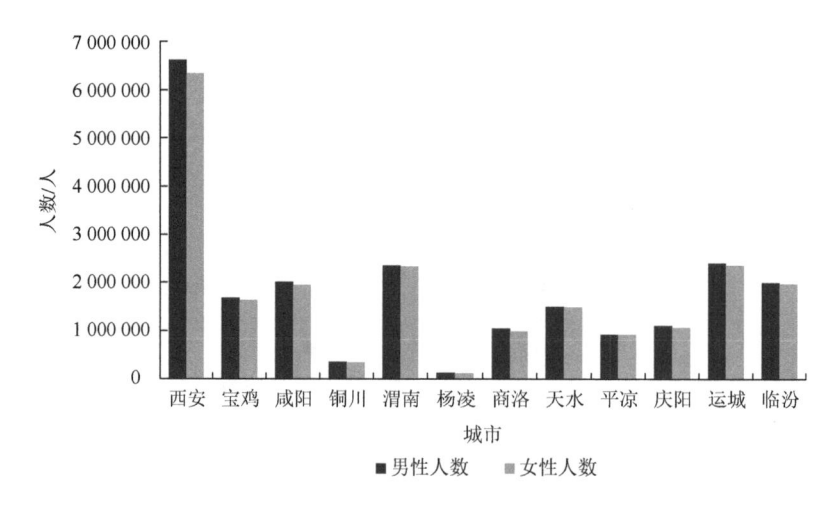

图 4-7 2020 年关中平原城市群人口性别结构

（四）跨省流动更加频繁，人户分离特征显著

人口流动是社会发展的必然结果，改革开放 40 多年来，我国流动人口规模不断增大，对我国经济发展和社会进步起到了重要作用。第七次全国人口普查数据显示，2020 年关中平原城市群人户分离人口[①]为 1909 万人，与 2010 年第六次人口普查相比，人户分离人口增加 1045 万人，增长率为 120.89%；流动人口达 1359 万人，与第六次人口普查相比，流动人口数量增加 870 万，增长率达 177.91%，关中平原城市群人口流动规模不断扩大。

第二节　关中平原城市群人口发展的短板与挑战

根据纵向对标找差距，横向对比理思路，本部分从 19 个国家级城市群中选取长三角城市群和成渝城市群作为关中平原城市群的对标城市群进行对标比较分析，选取中原城市群和哈长城市群作为同级城市群进行横向对比分析，在此基础上厘清关中平原城市群发展的短板和弱项。

一、关中平原城市群人口比较

（一）人口数量比较分析

人口数量是一个地区最重要的人口指标，人口数量的多寡以及规模的大小与一个地区劳动力数量、市场潜力直接挂钩，进而直接影响地区经济社会发展。与对标城市群相比，关中平原城市群人口呈现出以下特征。

（1）人口规模偏小。第七次全国人口普查数据显示，2020 年长三角城市群、成渝城市群、中原城市群和哈长城市群的常住人口分别为 18 015 万人、10 303 万人、17 271 万人和 4345 万人，而关中平原城市群的常住人口数不仅远小于第一梯队的长三角和成渝两个对标城市群，而且小于与其同一梯队的中原城市群，仅仅高于哈长城市群，在人口聚集水平方面"前有标兵，后有追兵"（图 4-8）。虽然人口基数的大小与城市群划定范围密切相关，但城市群自身人口增长也是体现其发展质量的十分重要指标。

---

① 人户分离人口是指居住地与户口登记地所在的乡镇街道不一致且离开户口登记地半年以上的人口。

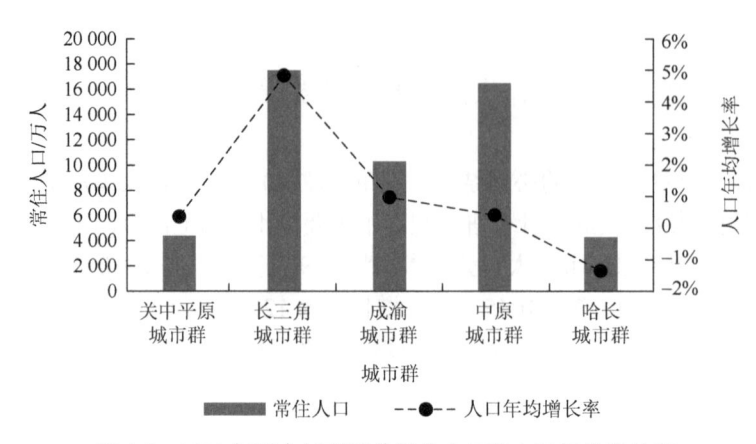

图 4-8 2020 年五大城市群的常住人口和人口年均增长率

（2）人口增速缓慢。2020 年，关中平原城市群、长三角城市群、成渝城市群、中原城市群和哈长城市群的年均人口增长率分别为 0.23%、4.82%、0.98%、0.40% 和 –1.36%，关中平原城市群位于对标城市群的第 4 位，年均人口增长率仅高于哈长城市群，远低于其他三个城市群。长三角城市群超快的人口增长率源于杭州、苏州、合肥、上海等城市的人口虹吸能力，2010 年至 2020 年期间其常住人口增长了 929 万人。产业的发展与转移是长三角城市群人口增加的核心因素。此外，城市影响力、基础设施以及人才政策也是影响人口流动的重要因素。长三角中的杭州从互联网风口到"店小二"式服务的营商环境，从 G20 再到"前亚运时代"，10 年间杭州已经构建起具有全国影响力、一定国际知名度的城市品牌，这为人口集聚提供了基础，加之杭州的各种人才补贴政策也使得其在"人才大战"中大放异彩。成渝城市群是西部城市最发达和城市最集中的区域，也是产业东转西承的重要阵地，突出的经济规模与产业的快速发展使得成渝城市群具备较强的虹吸效应，人口回流特征明显。

（二）人口质量比较分析

古典经济学对劳动力质量无差别的认识或假定已无法解释日益增长的经济劳动力，人口质量对经济发展起着越来越重要的作用。一方面，高素质的人口可以增加资本吸引能力，另一方面，提高人口质量的投资也能促进经济繁荣，因此，提升人口质量是促进经济高质量发展的重要前提。与对标城市群相比，关中平原城市群人口呈现出以下特征。

（1）人口受教育程度偏低。与对标城市群相比，关中平原城市群人口受教育程度偏低。第七次人口普查数据显示，五大城市群的"拥有大学（指大专及以上）

文化程度的人口"分别为：关中平原城市群779万人、长三角城市群4332万人、成渝城市群1469万人、中原城市群1753万人和哈长城市群702万人，关中平原城市群位于长三角、中原和成渝三大城市群之后，处于第4位（图4-9）。

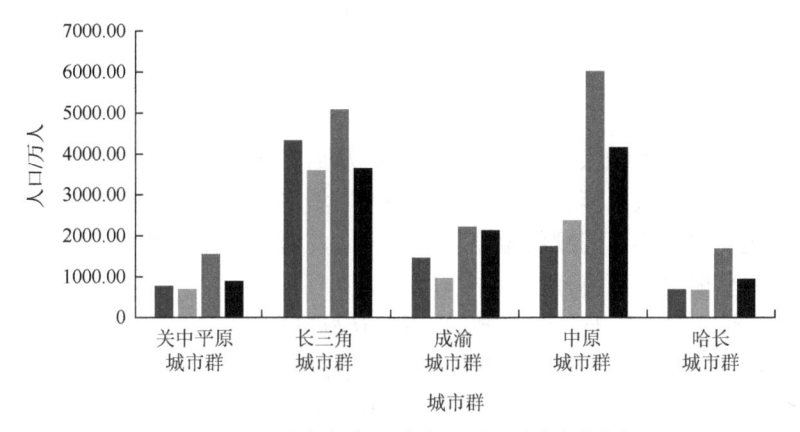

图 4-9　2020 年五大城市群人口受教育程度

（2）平均受教育年限相对较高。根据第七次全国人口普查，2020年关中平原城市群、长三角城市群、成渝城市群、中原城市群和哈长城市群"15 岁及以上人口的平均受教育年限"分别为9.88年、9.85年、8.97年、9.38年和10.00年（图4-10），就平均受教育年限来看，关中平原城市群在对标城市群中位列第2。

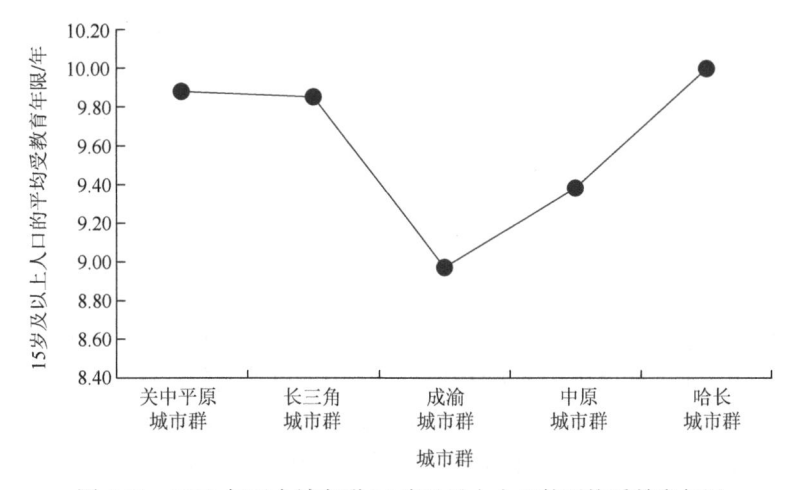

图 4-10　2020 年五大城市群 15 岁及以上人口的平均受教育年限

(3) 文盲人口绝对数少相对量大。2020 年五大城市群的文盲人口数和文盲率分别为关中平原城市群 103 万人、2.36%；长三角城市群 711 万人、3.20%；成渝城市群 225 万人、3.53%；中原城市群 573 万人、2.71%和哈长城市群 54 万人、1.37%（图 4-12）。就文盲人口数而言，关中平原城市群在五大城市群中位列第 4。

（三）人口结构比较分析

人口结构可以影响人口再生产的模式，从而影响经济社会可持续发展。改善人口结构，尤其是人口年龄结构、性别结构、城乡结构和地域结构是关中平原城市群现代化发展中不可忽视的重要环节之一。与对标城市群相比，关中平原城市群人口结构呈现出以下特征。

(1) 性别比例仍处于合理范围。世界公认标准认为，人口性别比例应介于 102 至 107 之间，在此范围内，数值越小意味着性别比例越合理（刘追等，2014）。2020 年，五大城市群常住人口性别比（以女性为 100，男性对女性的比例）分别为：关中平原城市群 102.93、长三角城市群 105.38、成渝城市群 101.72、中原城市群 101.43 和哈长城市群 100.00（图 4-14）。关中平原城市群和长三角城市群人口性别比例处于合理范围，且关中平原城市群的人口性别比例更优（图 4-11）。

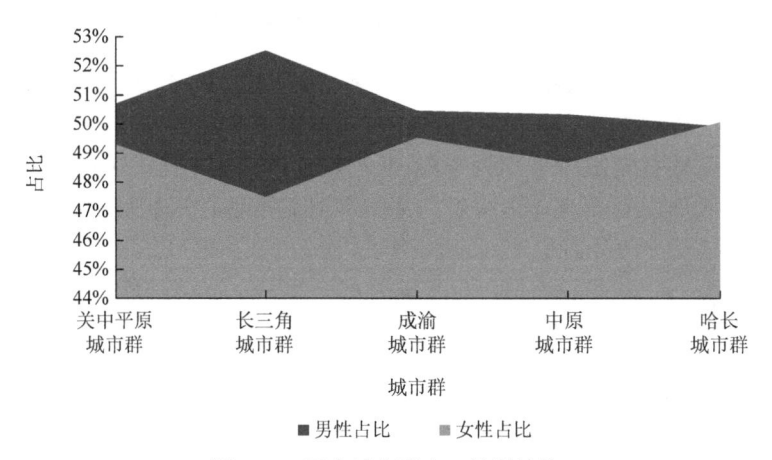

图 4-11 五大城市群人口性别结构

(2) 年龄结构相对合理，但老龄化正在逐步加深。根据国际标准，当一个国家或地区 60 岁及以上人口占总人口比重达到 10%或 65 岁及以上人口占总人口比重达到 7%即认为国家或地区进入老龄化社会；65 岁及以上人口占总人口比重达到 14%即认为国家或地区的人口进入深度老龄化社会。2020 年关中平原城市群、长三角城市群、成渝城市群、中原城市群和哈长城市群的年龄结构分别为：0~14 岁（17.30%、15.20%、15.69%、22.31%、11.18%）；15~59 岁（63.79%、64.45%、60.39%、

第四章 关中平原城市群的人口发展

58.84%、65.31%);60 岁及以上(18.91%、20.35%、24.19%、18.36%、23.51%);65 岁及以上(13.54%、15.09%、18.81%、13.68%、15.85%)(图 4-12)。五大城市群均已进入老龄化社会,其中,长三角、成渝和哈长城市群均已进入深度老龄化社会,截至 2020 年关中平原城市群距深度老龄化社会还有 0.46 个百分点。

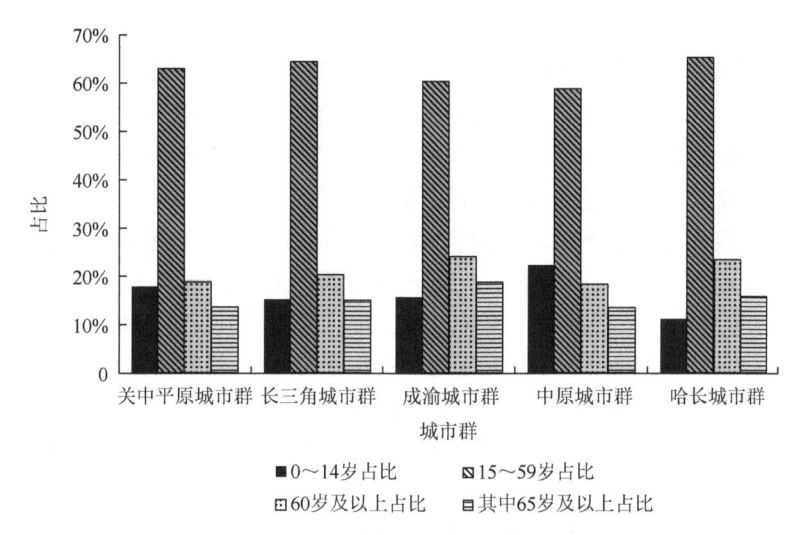

图 4-12 2020 年五大城市群年龄结构

(3)人口城乡结构有待优化。2020 年,关中平原城市群、长三角城市群、成渝城市群、中原城市群和哈长城市群常住人口中城镇人口占比为:59.12%、70.85%、53.85%、53.97%、60.48%(图 4-13),关中平原城市群常住人口城镇化

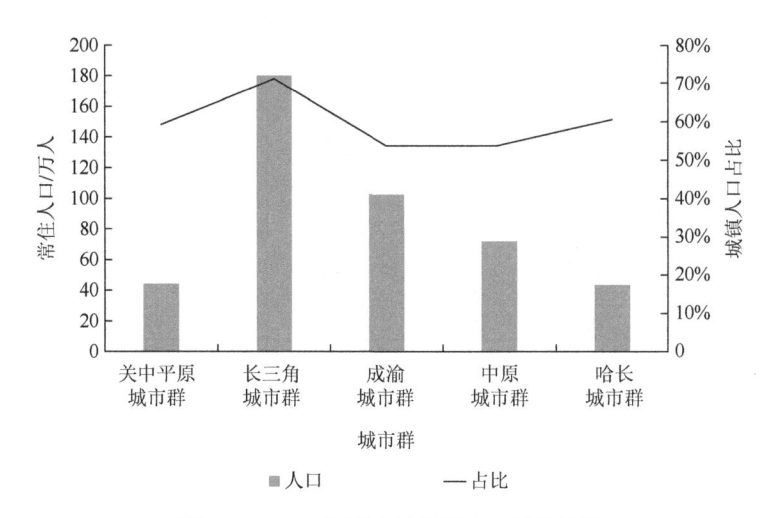

图 4-13 2020 年五大城市群人口城乡结构

率在五大城市群中排名处于中游位置，高于成渝城市群和中原城市群，但相较长三角城市群差距较大。

（四）流动人口比较分析

庞大的流动人口的产生和存在，不仅作为最活跃的生产要素推动了我国经济的高速发展，而且还引发了最为深刻的社会变革，劳动力的行业和职业构成、人口的城乡分布、社会的阶层结构、人们的生活方式和价值观念等都随之发生了巨大的变化，城市的职能定位与规模也会随之改变。

与其他四大城市群相比，关中平原城市群流动人口规模较小。①就人户分离人口来看（图4-14），2020年，五大城市群的人户分离人口数为：关中平原城市群1909万人、长三角城市群4210万人、成渝城市群3750万人、哈长城市群2321万人、中原城市群3163万人，关中平原城市关中平原城市群人户分离人口在五大城市群中排名最末位；与2010年第六次全国人口普查数据相比，五大城市群的人户分离人口增长数量和增加百分比分别为（图4-15）：关中平原城市群1045万人/120.89%、长三角城市群2239万人/126.14%、成渝城市群1670万人/150.04%、哈长城市群1493万人/217.99%、中原城市群2216万人/172.68%，关中平原城市群人户分离人口增加数量和增长百分比在五大城市群中均处于最末位。②就流动人口而言，2020年第七次人口普查数据表明，五大城市群的人户流动人口分别为：关中平原城市群1359万人、长三角城市群3250万人、成渝城市群2348万人、哈长城市群2321万人、中原城市群2425万人。

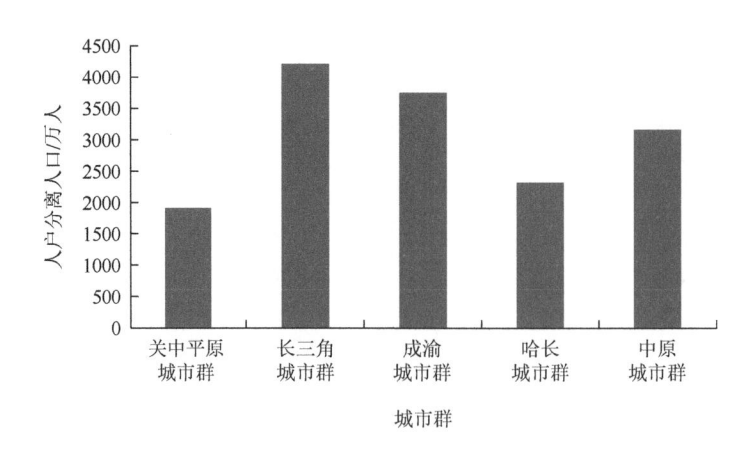

图4-14 2020年五大城市群人户分离人口

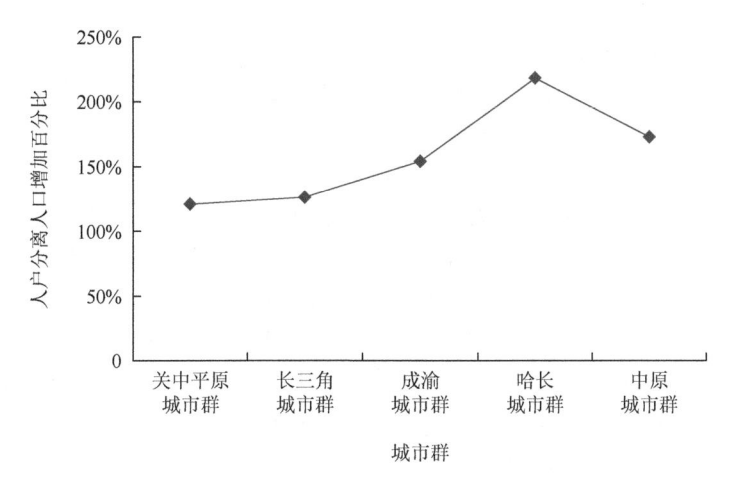

图4-15 与第六次全国人口普查相比2020年五大城市群人户分离人口增加百分比

二、关中平原城市群人口发展的短板

通过与两个对标城市群和两个同级城市群比较，结合自身发展的情况，可以看出关中平原城市群在人口发展中存在以下短板。

（一）人口内部各要素发展不均衡

关中平原城市群人口数量、质量以及结构等人口内部要素发展不均衡，这主要体现在以下两方面。一方面，人口总量势能偏低。2020年，关中平原城市群常住人口在五大城市群排名第4，分别是长三角城市群的约1/4、成渝城市群的约3/7和中原城市群的约3/5，不仅低于京津冀城市群、长三角城市群、成渝城市群等第一梯队城市群，也与同一梯队的中原城市群人口总量差距较大。另一方面，老龄化趋势明显。根据第七次全国人口普查数据，关中平原城市群60岁及以上人口占比为18.91%，其中65岁以上人口占比为13.54%，与2010年第六次全国人口普查数据相比，60岁及以上人口的比重上升5.44个百分点，65岁及以上人口的比重上升4.63个百分点，人口老龄化速度进一步加快。

（二）人口与经济发展非均衡

关中平原城市群人口与经济发展非均衡体现在两个层面：一是从全国视角来看，2020年，关中平原城市群常住人口占全国人口的比重约为3.09%，地区生产总值占GDP的比重约为2.23%，全国范围内人口占比和经济占比基本匹配。但这种基本匹配与对标的长三角城市群相比仍然是一种低水平的匹配，2020年长三角城市群常住人口占全国人口的比重约为12.76%，而地区生产总值占GDP的比重约为19.77%，人均创造的经济总量远超关中平原城市群人均创造的经济总量，因此关中平原城市群需进一步提高人口、经济聚集能力。二是具体到城市群内部，西安以29.65%的人口创造了44.17%的地区生产总值，而经济排名第2的宝鸡经济占比仅为10.04%，人口经济配比不合理，巨头城市发展迅速，其他小城市经济发展疲软，城市群内部协同发展能力较差。从人口经济占比可以看出，西安、宝鸡、咸阳、铜川、杨凌人口占比与经济占比的比值仍然小于1，说明这些城市和地区仍然需要进一步加剧人口聚集；而渭南、商洛、天水、平凉、庆阳、运城和临汾人口占比与经济占比的比值均大于1，说明此地区人口仍然需要向外扩散（表4-2）。

表4-2 关中平原城市群人口经济弹性系数比重

地区	常住人口/万人	城市人口占关中平原城市群人口比重	地区生产总值/亿元	城市经济占关中平原城市群经济比重	人口经济弹性系数
西安	1295	29.65%	10 020	44.17%	0.67
宝鸡	332	7.60%	2 277	10.04%	0.76
咸阳	396	9.07%	2 205	9.72%	0.93
铜川	70	1.60%	381	1.68%	0.95
渭南	469	10.74%	1 866	8.23%	1.30
杨凌	25	0.57%	152	0.67%	0.85
商洛	204	4.67%	739	3.26%	1.43
天水	299	6.85%	667	2.94%	2.33
平凉	185	4.24%	476	2.10%	2.02
庆阳	218	4.99%	755	3.33%	1.50
运城	478	10.94%	1 644	7.24%	1.51
临汾	398	9.11%	1 505	6.63%	1.37
关中平原城市群	4369	100%	22 687	100%	—

资料来源：城市相关统计年鉴和人口统计公报

注：人口经济弹性系数=城市人口占关中平原城市群人口比重/城市经济占关中平原城市群经济比重；本表数据经过四舍五入，存在比例合计不等于100%的情况

（三）人口与社会发展不协调

根据2020年各城市《国民经济和社会发展统计公报》，关中平原城市群人口

与社会发展不协调主要体现在以下四个方面。第一，从医疗资源来看，根据各城市统计年鉴，关中平原城市群每万人卫生机构床位数为72.82个，长三角城市群、成渝城市群、中原城市群、哈长城市群的每万人卫生机构床位数分别为36.62个、76.51个、60.19个、72.98个。关中平原城市群每万人卫生机构床位数仅低于成渝城市群和哈长城市群。第二，从高等教育在学规模来看，2020年关中平原城市群高校在校生1 109 812人，占全国的2.65%，长三角城市群、成渝城市群、中原城市群、哈长城市群的高校在校生数量分别占全国的11.23%、6.52%、2.54%、2.67%。关中平原城市群高等教育在学规模仅高于中原城市群，低于其他三个城市群。第三，从社会保障水平来看（表4-3），2020年关中平原城市群基本养老保险参保人数为2777.78万人，养老机构数量将近2500家，拥有养老床位数量为136 795张。从表4-3可知，关中平原城市群基本养老保险参保人数低于长三角城市群、成渝城市群和中原城市群，高于哈长城市群，养老机构数量和养老床位数量均低于其他四个城市群。第四，在人民生活水平方面，从表4-4可知2020年关中平原城市群城镇居民可支配收入和农村居民可支配收入均低于全国水平。从城乡收入差距来看，2020年西安市城乡收入差距为27 964元，高于全国城乡收入差距水平，其他城市城乡收入差距均低于全国城乡收入差距水平，其中商洛市城乡收入差距最低为15 843元。

表4-3 2020年五大城市群社会保障水平对比

五大城市群	基本养老保险参保人数/万人	养老机构数量/个	养老床位数量/张
关中平原城市群	2 777.78	2 457	136 795
长三角城市群	10 454.49	5 134	1 075 574
成渝城市群	6 401.8	4 083	579 066
中原城市群	5 533.17	4 964	590 272
哈长城市群	1 304.24	2 706	217 689

资料来源：城市群统计年鉴

表4-4 2020年关中平原城市群人均可支配收入比较 单位：元

地区	城镇居民可支配收入	农村居民可支配收入	城乡居民收入差距
西安	43 713	15 749	27 964
宝鸡	36 209	14 189	22 020
咸阳	37 975	12 879	25 096
铜川	34 143	11 054	23 089
渭南	35 304	13 741	21 563

续表

地区	城镇居民可支配收入	农村居民可支配收入	城乡居民收入差距
杨凌	39 615	14 623	24 992
商洛	26 616	10 773	15 843
天水	30 056	9 072	20 984
平凉	31 096	9 755	21 341
庆阳	33 616	10 422	23 194
运城	32 728	12 947	19 781
临汾	34 408	13 782	20 626
全国	43 834	17 171	26 663

资料来源：城市相关统计年鉴

（四）人口与水资源环境承载力不相适应

关中平原城市群人口与水资源环境承载力不适应主要表现在两方面。第一，人口发展与水资源短缺矛盾突出。根据全国及各城市水资源公报，2020年全国水资源总量为31 605.20亿 m^3，人均水资源量2239.80m^3，而2020年关中平原城市群水资源总量为154.58亿 m^3，不足全国水平的1%，人均水资源量仅有354.81m^3，不足全国水平的1%。2020年长三角城市群人均水资源量为1018.51m^3，成渝城市群人均水资源量为4145.49m^3，中原城市群人均水资源量为386.71m^3，哈长城市群人均水资源量为1908.61m^3，和以上四个城市群相比，关中平原城市群人均水资源量处于末位，且远低于成渝城市群和哈长城市群。第二，关中平原城市群水体质量不高。2020年各省生态环境厅公布的数据显示，渭河、汾河流域监测断面的化学需氧量浓度值较2019年同期有所上升，地下水超采问题突出。秦岭北麓的水资源、水环境、水生态均发生了局部破坏，河湖生态系统服务功能受损、水源地污染等问题未得到根本解决。

三、关中平原城市群人口发展面临的挑战

（一）人口对经济高质量发展压力持续增加

关中平原城市群人口对经济高质量的影响主要体现在以下三个方面。一是人口总量势能偏低、人口增速缓慢，导致城市群内市场收缩。人口是经济活动的基础，其规模的大小，在很大程度上决定分工的细化，也就是人口规模越大，

分工就越细化。与对标城市群相比，关中平原城市群人口规模相对较小，导致城市群市场规模整体不大，产业链不完整，经济发展内生动力不足。二是人口素质偏低导致市场不足，社会创新程度不强。劳动者的受教育程度会在很大程度上影响工作效率，高素质人才缺乏势必导致要素生产率下降、创新能力不足、社会购买力下降、社会投资规模下降，影响市场活力。三是人口外迁、人口老龄化导致税基流失。充足的劳动力人口是稳定税收的重要来源，人口外迁导致纳税人口减少，人口老龄化导致纳税人口减少的同时还进一步导致税收供养负担加大。

（二）人口对社会稳定发展压力持续增加

关中平原城市群人口发展趋势主要表现在四方面。一是人口老龄化，关中平原城市群老龄化进程加快、老龄化水平城乡差距明显、老年人需求发生结构性变化。关中平原城市群老龄人口占比和老年抚养比均高于全国平均水平，老龄化问题突出，人口老龄化会导致养老压力增大，对医疗服务体系带来冲击和挑战。二是劳动年龄人口波动下降，由于人口老龄化，劳动年龄人口下降，而享受社会保障待遇的人口占比增加，年轻一代的筹资负担上升，公共财政支出压力增大，严重情况下可能造成社会冲突和代际冲突，形成社会不稳定的因素。三是人口流动较为活跃，人口集聚将进一步加强，人口流动、人口集聚也给社会稳定发展带来一定压力。合理的人口集聚能够显著改善城市人口结构，在复杂多元的城市网络关系中有利于知识、信息和技术的传播，并且带来高端劳动力的集聚（刘晔等，2021）；与城市发展不相匹配的人口集聚会使得拥挤效应与分散效应抵消集聚效应的收益，致使城市发展衰退（Henderson，2000）。四是新生人口增加。新生人口增加，但城市基础设施不完善导致扶幼压力大。关中平原城市群托儿所数量、幼儿园数量不足，人均卫生机构床位数相对较少，扶幼压力相对较大。

（三）人口与资源环境始终处于紧平衡状态

可持续发展理论认为，人口、资源、环境和经济是区域可持续发展的四项关键要素，它们相互作用、相互制约。关中平原城市群人口与资源环境的紧平衡状态体现在三方面。第一，土地利用水平不集约，土地利用面临新压力。关中平原城市群虽然处于人口增速放缓阶段，但西北地区属于典型的生态环境脆弱区域，气候、地形及水土资源条件适宜城市建设的土地少，在可利用土地少的情况下，与其他地区相比，西北地区的城市土地利用水平却更为不集约。另外，东部地区经过较长时间的快速发展，其经济、产业达到了较高的水平，在加快形成双循环发展格局以及全国产业链发展的背景下,随着东部地区土地成本、人力成本、环境约束等成本的上升,需要将产业和技术向西北地区转移,而这也给西北地区的城市土地利用带来了新的压力。第二,关中平原城市群人口的发展建设和自然生态之间存在紧平衡。经济社会发展加速了对自然生态资源的开发利用。在林业生产基地的开发和利用方面,生产建设过程中对森林资源的消耗非常大,大量的砍伐破坏了优质茂盛的原始生态农业,不利于关中平原林业的可持续发展。林业经济结构与林业生态保护也存在一定矛盾,大部分山林处于位置较偏远的山区,当地居民打造了以林业为基础的经济发展模式,充分利用林业资源促进当地经济建设。但是,如果要对该地开展林业生态保护工作,势必会影响当地经济发展。第三,关中平原城市群绿色生活方式尚未形成。人口环境保护意识相对较弱,人口与资源环境仍然处于紧平衡状态,脱贫地区以及一些生态脆弱、资源匮乏地区人口与发展矛盾仍然比较突出。

第三节 关中平原城市群人口发展的目标

一、关中平原城市群人口发展目标确定的依据

(一)学术界目标

既有研究中,以城市群为背景探讨人口状况及发展趋势的研究(曹广忠等,2021;沈文伟,2015)多集中在京津冀、长三角、珠三角、长江中游、成渝等第一梯队的城市群中。关中平原城市群人口发展状况的研究相对较少,且这类研究多侧重于对城市群人口分布格局影响因素的探究(杨云仙,2021)以及人口流动状况、人口特征(童玉芬等,2022)的分析,仅有肖金成和洪晗(2021)就包含关中平原城市群在内的 15 个城市群未来人口变化趋势进行了预测。研究结果显示,2025 年关中平原城市群人口总量将达到 2793.42 万人,城镇化率为 68.19%,人口密度为 374 人/km²。但根据第七次全国人口普查数据,2020 年关中平原城市群常住人口数已经达到 4369 万人,远高于上述预测值。尽管预测结果有一定偏差,但依旧丰富了关中平原城市群人口发展相关研究。

(二)政府部门目标

2018 年 2 月,《关中平原城市群发展规划》对关中平原城市群的发展目标做了详细说明,明确提出要加快高端要素和现代产业集聚发展,提升人口和经济集

聚水平，打造内陆改革开放新高地，充分发挥关中平原城市群对西北地区发展的核心引领作用和我国向西开放的战略支撑作用。此后，为促进规划目标落地实施，山西和陕西先后出台《山西省贯彻落实〈关中平原城市群发展规划〉实施方案》（2018年6月）、《甘肃省关于〈关中平原城市群发展规划〉实施方案》（2018年8月）、《陕西省〈关中平原城市群发展规划〉实施方案》（2018年12月），其中《陕西省〈关中平原城市群发展规划〉实施方案》提出要"扩大人口规模、增强人口聚集能力、完善城市群区域人口健康信息平台建设"等关中平原城市群人口发展目标。2019年6月，陕西省印发《2019年推进关中平原城市群建设行动计划》，提出国家中心城市建设计划等七项具体计划，其中在资源开放行动计划中提出，依托关中平原城市群建立分级落户政策，推动西安市继续优化落户政策，在服务共享行动计划中提出加强医疗卫生合作，推动社会保障一体化，为关中平原城市群进一步聚集人口提供政策指引。

除对关中平原城市群人口发展目标的定性表述之外，关中平原城市群内部各城市《国民经济和社会发展第十四个五年规划和2035年远景目标纲要》也对各市未来人口发展情况进行了定量预期（表4-5）。

表4-5 2025年关中平原城市群人口发展目标

城市	常住人口城镇化率	人均预期寿命/岁	劳动年龄人口平均受教育年限/年	每千人口拥有执业（助理）医师数/人	基本养老保险参保人数/万人或百分比	每千人口拥有3岁以下婴幼儿托位数/个
西安	77%	81	13	4.27	877.59	4.8
宝鸡	65%	78	11.5	2.9	249.79	4.6
咸阳	60%	78	13.5	3.1	315	3.2
铜川	70%	78	11.5	4	52.3	3.5
渭南	60%	78.1	11.5	3	330	4.6
杨凌	72%	—	12	4	—	4.6
商洛	55%	—	14	2.53	139	—
运城	58%	—	12.5	3	95%	5
临汾	68%	78.1	11.62	3.8	95%	4
天水	75.6%	—	10.7	2.5	98%	2.5
平凉	—	75	10.2	3.48	99%	2.2
庆阳	—	78	10.26	3.15	98%	2.2

资料来源：关中平原城市群内部城市《国民经济和社会发展第十四个五年规划和2035年远景目标纲要》中2025年预期数据；"—"表示数据缺失

二、关中平原城市群人口发展趋势预测①

本部分采用 2003~2019 年关中平原城市群年末户籍人口数据,运用 GM(1, 1)模型对 2021~2025 年关中平原城市群的人口发展目标进行预测。GM(1, 1)模型对于结构关系和运行机制不明晰的对象、过程系统进行预测分析具有独特优势(张琦,2017),其基本思想是通过鉴别系统因素之间发展趋势的相异程度,即进行关联分析,对原始数据进行生成处理来寻找系统变动的规律,在生成有较强规律性的数据序列的基础上,建立相应的微分方程模型,预测事物未来发展趋势(邓聚龙,1987)。

(一)模型建立

(1)设定关中平原 2003~2019 年历年年末户籍人口数为原始序列:$Y^{(0)} = \{y^{(0)}(1), y^{(0)}(2), \cdots, y^{(0)}(17)\}$,并对原始序列作一次累加生成新序列:

$$Y^{(1)} = \{y^{(1)}(1), y^{(1)}(2), \cdots, y^{(1)}(17)\}, \quad Y^{(1)} = \sum_{j=1}^{k} y^{(0)}(j)(k=1,2,\cdots,17)$$

(2)对 $Y^{(1)}$ 作紧邻均值生成序列:$W^{(1)} = \{w^{(1)}(2), w^{(1)}(3), \cdots, w^{(1)}(17)\}$。其中,$w^{(1)}(k) = \frac{1}{2}\left[y^{(1)}(k) + y^{(1)}(k-1)\right](k=2,3,\cdots,17)$。

(3)建立 GM(1, 1)模型:$y^{(0)}(k) + aw^{(1)}(k) = b$。其离散解为 $\hat{y}^{(1)} = \left[y^{(0)}(1) - \frac{b}{a}\right]$ $e^{-a(k-1)} + \frac{b}{a}(k=2,3,\cdots,17)$,其中,$-a$ 为系数,b 为灰色作用量。设待估参数向量为 $\hat{\gamma} = [a, b]^T$,由最小二乘法可得,$\hat{\gamma} = (B^T B)^{-1} B^T Y$。

其中,$B = \begin{bmatrix} -W^{(1)}(1) & 1 \\ -W^{(1)}(2) & 1 \\ \vdots & \vdots \\ -W^{(1)}(17) & 1 \end{bmatrix}$,$Y = \begin{bmatrix} y^{(0)}(2) \\ y^{(0)}(3) \\ \vdots \\ y^{(0)}(17) \end{bmatrix}$

根据数据算得,$a = -0.018$,$b = 4251.84$,$\hat{y}^{(1)}(k) = 2\,359\,285 e^{0.0018(k-1)} + 2\,355\,140$。显然,$-a < 0.3$,预测精度较高,所建立的 GM(1, 1)模型可用于中长期预测。

---

① 此模型建立的时间为 2020 年 12 月。根据各城市统计年鉴:2021 年关中平原城市群年末户籍人口数为 4115 万人,比预测值低 281 万人;2022 年关中平原城市群年末户籍人口数为 4405 万人,较为接近预测值。此模型预测与实际差距不大。

（4）根据上一步得出的 $\hat{y}^{(1)}(k)(k=2,3,\cdots,17)$，分别计算出模拟还原值 $\hat{y}^{(0)} = \hat{y}^{(1)}(k) - \hat{y}^{(0)}(k-1)$。

（二）预测目标

表4-6显示了应用GM(1, 1)模型对2021～2025年关中平原城市群年末户籍人口数的预测值。图4-16是2003～2019年预测值和实际值的比较，可以看出，预测值和实际值基本吻合（2016年与总体发展趋势不同，不予考虑），即采用GM(1, 1)模型能得到相对准确的结果。上述预测结果可知，关中平原城市群的人口规模呈现逐年递增的趋势，在2025年将达到4428万人，即随着经济的发展和城市群一体化协同推进，关中平原城市群人口聚集水平将不断提升，人口将为经济发展带来更多的红利。

表4-6　2021～2025年关中平原城市群年末户籍人口数

年份	2021	2022	2023	2024	2025
年末户籍人口数/万人	4396	4404	4412	4420	4428

资料来源：作者测算所得

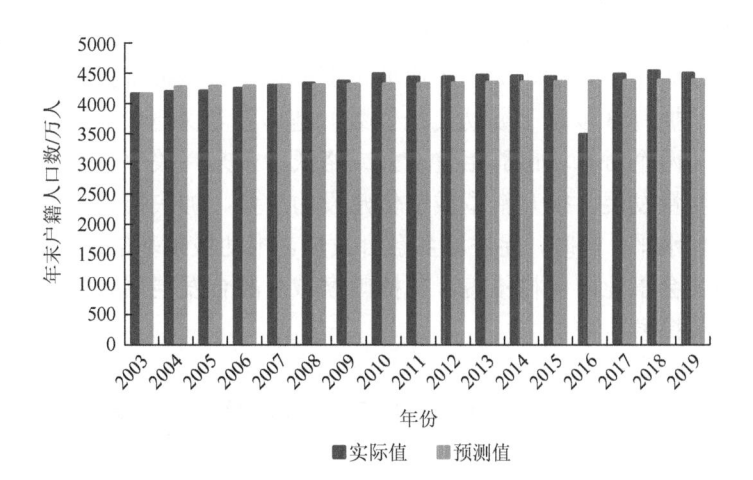

图4-16　2003～2019年关中平原城市群年末户籍人口数的实际值和预测值对比

三、关中平原城市群人口发展目标的比较

（一）与同级别城市群的人口发展目标比较

GM(1, 1)模型结果表明，2025年，与关中平原城市群同级别的中原城市群和

哈长城市群的年末户籍人口预测值分别为 20 032 万人和 4397 万人，关中平原城市群的常住人口略多于后者，但不到前者的 1/4，差距不断拉大，提升人口聚集水平仍然是未来关中平原城市群人口发展最重要的目标。就人口结构和人口素质而言，2025 年关中平原城市群人口城镇化率高于中原城市群和哈长城市群，城市群承载能力逐步增强，城乡融合迈出新步伐；人均预期寿命与中原和哈长两个城市群相差无几，且均高于全国人均预期寿命（78.30 岁）；劳动年龄人口平均受教育年限、基本养老保险参保率以及每千人口拥有 3 岁以下婴幼儿托位数高于两个同级城市群，或与其相差无几，城市群内部公共服务供给保障能力得到全面提升，人民生活得到显著改善。

（二）与对标城市群的人口发展目标比较

在"十四五"规划末期，如表 4-7 所示，GM(1, 1)模型预测的长三角城市群和成渝城市群的 2025 年末户籍人口数分别为 14 021 万人和 11 419 万人，分别是关中平原城市群 2025 年末户籍人口预测值的 3.17 倍和 2.58 倍，关中平原城市群与两个第一梯队的城市群的人口数量差距较大。就常住人口城镇化率而言（表 4-8），关中平原城市群的常住人口城镇化率高于成渝城市群，但明显低于长三角城市群，其在农业转移人口市民化、城市建设品质等方面仍有欠缺。在人口公共服务方面（表 4-8），关中平原城市群的每千人口拥有执业（助理）医师数、每千人口拥有 3 岁以下婴幼儿托位数、基本养老保险参保率以及人口预期寿命等指标与两个对标城市群相差不大或略低。未来，关中平原城市群要充分推动城市高质量发展，提升新型城镇化建设的质量、加快推进新型城市建设，提升城市治理水平；同时，促进城乡融合发展，推动城镇基础设施向乡村延伸，公共服务和社会事业向乡村覆盖，支持国家城乡融合发展试验区和农村改革试验区加快改革探索。

表 4-7　五大城市群 2021~2025 年末户籍人口预测值

年份	关中平原城市群	长三角城市群	成渝城市群	中原城市群	哈长城市群
2021	4 396	13 563	11 236	19 297	4 438
2022	4 404	13 676	11 281	19 478	4 428
2023	4 412	13 790	11 327	19 661	4 418
2024	4 420	13 905	11 373	19 846	4 408
2025	4 428	14 021	11 419	20 032	4 397

资料来源：利用 GM(1, 1)模型根据 2003~2019 年五大城市群的年末户籍人口数据的预测值

表 4-8　2025 年五大城市群人口发展目标

城市群	常住人口城镇化率	人均预期寿命/岁	劳动年龄人口平均受教育年限/年	每千人口拥有执业（助理）医师数/人	基本养老保险参保率	每千人口拥有 3 岁以下婴幼儿托位数/个
关中平原城市群	68%	78.60	12.10	3.27	95.00%	3.80
长三角城市群	74%	80.98	11.76	3.66	91.45%	3.95
成渝城市群	62%	78.97	11.72	3.33	94.84%	3.45
中原城市群	62%	78.77	11.20	3.37	96.65%	3.28
哈长城市群	61%	79.49	11.19	3.23	95.30%	3.93

资料来源：关中平原城市群内部城市《国民经济和社会发展第十四个五年规划和 2035 年远景目标纲要》中 2025 年预期数据

第四节　关中平原城市群人口发展的政策

为了实现关中平原城市群加快高端要素和现代产业集聚发展，打造内陆改革开放新高地，切实提升人口和经济集聚水平的发展目标，可以从推动实现适度生育水平、推动人口与社会和谐共进、优化人口空间布局三个方面构建有益于关中平原城市群人口发展的政策体系。

一、推动实现适度生育水平

（1）全面支持家庭发展，完善生育政策配套措施。从"二孩"政策到"全面二孩"政策再到"三孩"政策，对出生率带来了一定的冲击，在一定程度上改变了人口规模萎缩、老年人口增多、家庭规模缩小的趋势。但研究表明，现今生育政策的开放并未使人口增速达到预期效果，生育政策的配套措施不完善是人口增速缓慢的重要因素（郑回静，2018）。因此，关中平原城市群城市在鼓励"三孩"的同时，要建立更全面的家庭支持体系，在婚姻、生育、抚育、养育、教育等生命周期给予帮助，从婚育假期、生育津贴、劳动权益保障、托幼照料、儿童教育等多层次、全方位地支持家庭生育和儿童成长，减轻家庭生育、养育、教育负担。具体而言，一是缓解住房对年轻人的压力，对经济确有困难的家庭提供小面积临时住房，并以稳定的价格合理收取房租；同时对炒作房价或恶意哄抬市场价格的行为进行严厉打击，以保障大众的利益。二是减少就业中的性别歧视，提高对用人单位的补贴以及出台对育龄女性强有力的反歧视法律保护。帮助企业分担产假造成的经营成本的提高，同时给予育龄女性重返职场法律与职业技能方面的帮助。

（2）增加生育补贴，提升生育家庭生育意愿。2017 年，经济合作与发展组织中部分发达国家现金补贴家庭福利的金额占 GDP 的比重分别为：英国 2.12%，法国 1.42%，瑞典 1.24%，德国 1.08%，日本 0.65%，韩国 0.15%，可以看出，欧洲国家现金补贴家庭福利的金额占 GDP 的比重远高于日韩，这也是欧洲国家生育率普遍高于日韩的原因之一[①]。由此，生育补贴是提高家庭生育意愿的重要诱因。借鉴发达国家经验，结合自身实际情况，关中平原城市群内部城市可以根据收入水平的不同灵活采用个人所得税减免和现金补贴两种方式来鼓励生育，即对高收入家庭通过孩子人头抵税的方式减免个人所得税，对于减免税收不适用的低收入家庭，可直接发放现金补贴。此外，我国年轻一代对子女的教育问题极为重视，对每个子女在教育上的经济成本与精神压力都非常高。在实行"双减"政策以后，学生的学业压力减小，但家长对孩子成长的期待与顾虑却未曾明显下降。因此，政府在加强经济补贴的基础上，应该鼓励学校开展多种课外活动，帮助孩子提高综合能力，帮助家长分担教育压力。

（3）合理配置公共服务资源。国家"十四五"规划提出，要增强生育政策包容性，推动生育政策与经济社会政策配套衔接，减轻家庭生育、养育、教育负担，释放生育政策潜力。作为最大的发展中国家，我国难以承担大规模生育激励，且就日韩经验来看，生育激励作用有限，倘若能联动政府、市场、社会组织、家庭等诸多主体共同搭建社会育儿体系、提高公共服务质量将能显著缓解育儿压力。因此，在保证优生优育前提下，提高生育公共服务质量，将是包容性生育政策的核心要求。研究表明，公共服务质量能显著提高二孩生育意愿及转化行为（肖涵和葛伟，2022）。因此，关中平原城市群应配套相关政策，合理配置公共服务资源，引导三孩生育行为，优化人口结构。具体而言，一是创新智慧劳动就业服务方式，助力收入提升的同时提高三孩生育意愿及行为。这要求公共就业服务具有一定的数据分析能力，并对未来就业发展形势有一定的预判能力，以实现更加充分、更高收入和质量的就业，进而提高居民生育积极性。二是构建科学新型的社会保障体系，提升居民幸福感。党的二十大报告提出："健全覆盖全民、统筹城乡、公平统一、安全规范、可持续的多层次社会保障体系。"[②]既要保证政府的兜底功能、实现社会公平，也要化解社会保障需求刚性增长与政府财政收入限度之间的矛盾，调动市场与社会的积极性，满足多元化的居民社会保障需求。因此，构建中央统筹规划、多主体分层分类协同推进、基本收入全覆盖的多层次新型社会保障体系，能够在财政收入限度内最大化社会效益，提升居民幸福感，进而促进三孩生育行为。三是完善公共配套服务，降低工作异化带来的压力，缓解闲暇消费与

---

① 《中国生育成本报告 2022 版》，https://mp.weixin.qq.com/s/J2AcC1z32a4gjuQWqZiKdw。

② 《习近平：高举中国特色社会主义伟大旗帜　为全面建设社会主义现代化国家而团结奋斗——在中国共产党第二十次全国代表大会上的报告》，https://www.gov.cn/xinwen/2022-10/25/content_5721685.htm。

三孩生育间的矛盾。除了在收入一定时消费支出增加会增加生育压力，近代以来存在的工作异化也在客观上降低了生育意愿及其行为。要缓解闲暇消费与三孩生育间的矛盾，一方面，需要加快全社会产业升级，提高劳动工作效率，加强就业培训服务，提升劳动者素质，在不降低甚至提高工资收入前提下，压缩工作时长；另一方面，应加强劳动者权益保护，大幅提高加班费用，并对强制加班行为加大处罚力度，提高延长工作时长的成本。在此基础上，政府需要完善教育、医疗、住房等公共配套服务。四是健全妇幼健康计划生育服务体系，提升妇幼健康和计划生育服务能力。实施妇幼健康计划生育服务保障工程，通过增加供给、优化结构、挖掘潜力，强化孕产妇和新生儿危急重症救治能力建设，进一步降低孕产妇和婴儿死亡率。做好优生优育全程服务，为妇女儿童提供优质的孕前优生健康检查、住院分娩、母婴保健、儿童预防接种等服务，做好流动孕产妇和儿童跨地区保健服务。加强出生缺陷综合防治，开展出生缺陷发生机理和防治技术研究，推进新生儿疾病筛查、诊断和治疗工作。加强妇幼保健计划生育服务管理能力建设。

二、推动人口与社会和谐共进

（1）健全基本养老服务体系，实现健康老龄化。关中平原城市群人口老龄化速度不断加快，规模不断加大，庞大的老龄人口群体势必造成庞大的社会养老负担，因此，健全和完善基本养老保障服务体系刻不容缓。建立基本养老服务清单，明确服务标准；发挥公办养老机构兜底保障作用，在满足特困老年人集中供养需求的前提下，重点为经济困难的空巢（独居）、留守、失能、残疾、高龄老年人以及计划生育特殊家庭老年人提供服务；加快发展农村养老服务，以农村幸福院等为依托，构建互助养老服务网络；建立健全老年医疗保险制度，满足老年人的基本医疗需求，使老年人因疾病导致个人及家庭的经济危机的情况降低。

（2）优化银龄产业发展体系，助推经济转型升级。我国老龄产业市场尚未完全开发，老年消费市场需求反应相对迟缓，政府部门暂时没有推出相应的引导政策。但庞大的老龄人口也提供了一种消费需求，应抓住老龄产业的发展机遇，为庞大的老年消费人群提供个性化服务，提高老年人的生活质量和幸福指数。积极拓展老龄市场，促进银发经济发展，更深层次释放老年消费需求红利，以银龄产业的发展助推经济转型升级。

三、优化人口空间布局

（1）持续推进人口城镇化，优化人口空间布局。关中平原城市群应继续深化户籍制度改革，探索建立以经常居住地登记的户口制度。按照尊重意愿、自主选择、因地制宜、分步推进、存量优先、带动增量的原则，区分超大、特大和大中小城市以及建制镇，实施差别化落户政策，促进有能力在城镇稳定就业和生活的农业转移人口举家进城落户，妥善做好进城搬迁群众落户工作，推动其尽快融入城镇、有序实现市民化。探索实施农村籍大学生"来去自由"的落户政策，探索符合条件的返乡就业创业人员在原籍地或就业创业地落户办法。在全面取消其他城市落户限制的同时，推动西安市优化和完善落户政策，加大高端人才引进落户力度。

（2）推动人口向西安都市圈合理聚集。《西安都市圈发展规划》指出，"西安都市圈地处我国'两横三纵'城镇化战略格局中陆桥通道横轴和包昆通道纵轴的交汇处，是关中平原城市群的核心区域，是西部地区发展条件最好、经济人口承载能力最强的区域之一"。由于地理空间重叠等多重因素，西安都市圈与关中平原城市群发展具有一定的一致性。西安都市圈将着力推动关中平原城市群基础设施互联互通、创新协同高效、产业分工协作、改革开放协同推进、生态环境共建共治、公共服务共建共享、文化传承发展、城乡深度融合。从人口流动看，中西部地区都市圈的人口流动趋势表现为"单向集聚"（河南省社会科学院课题组和王建国，2021）；从各省区全域范围看，人口向都市圈集聚；从都市圈内部看，人口向都市圈中心城市范围集聚。未来一段时期，中西部地区都市圈人口将呈现为"多向流动"趋势。一方面，都市圈仍将是各省区人口集聚的核心区域。另一方面，从都市圈内部人口流动趋势看，中心城市对人口的吸引力将持续增强。但是在人口持续向中心城市集聚的同时，由于中心城区房价较高、生活轨道交通建设加快推进等因素的影响，少部分人口将由都市圈内部的中心城市向次级中心城市和小城市流动。推动人口向西安都市圈集聚，一是优化要素配置，提升城市群和都市圈的辐射带动作用。推进人力资源市场、技术市场、金融服务市场、土地市场一体化建设，统一市场准入标准，建立健全区域协调发展、城乡融合发展的体制机制。二是优化人口结构，挖掘城市群、都市圈人口集聚红利潜力。要把集聚高素质人才、创新型人才、国际人才以及技术型劳动力作为人口城镇化的重点和突破点，城市群的中小城市以及都市圈边缘地区，应按产业、经济要求全面取消或放宽落户条件。三是优化空间配置，打造城市群和都市圈高质量空间治理体系。科学布置产业链，实现价值链。实现生活空间宜居宜业。优化调整不同资源要素在大都市圈中的科学布局，促进产城融合，推动"人、城、产、交通"的一体化发展。推动生态环境协同治理。开展城市群和都市圈生态环境网格化治理，打破行政边界限制，严格保护跨行政区的重要生态空间，联合实施生态系统保护和修复工程，与区域生态廊道、绿道有机衔接。四是统筹共享，构建高质量、智能化公共服务与基础设施体系。推动高品质公共服务共建共享。形成文化、教育、体育、医疗、养老等均衡公共服务体系。构建创新融合、一体化的基础设施。构建互联互通的交通设施，形成轨道交通、高铁、高速、公路在内的互联互通交通体系。五是培育活跃的文化环境，提升城市群和都市圈文化软实力，营造开放包容的城市氛围。利用人口集聚效应带来的多元文化融汇提高城市群和都市圈文化的包容性，通过开放包容的文化氛围吸引人口集聚，提高外来人口的身份认同感与归属感，形成思想和文化的汇聚与碰撞，打造开放包容的城市形象，培育特色鲜明的创新文化。另外，因地制宜，结合城市群和都市圈自身发展环境，营建创新环境优良、创新主体汇聚、创新能力强大的自主创新文化环境，提高城市群和都市圈的创新驱动能力，增强城市发展的活力和韧性，凸显城市群和都市圈文化特色。回溯城市群和都市圈历史文化脉络，挖掘自身历史文化内涵，推动城市群和都市圈个性化和品牌化文化建设，提升文化软实力和综合竞争力。

（3）改善人口资源环境紧平衡。一是制定和完善与主体功能区相配套的人口政策。实施主体功能区战略、形成主体功能区布局是关键。要统筹考虑黄河流域和黄土高原生态脆弱性的特点，在开展资源环境承载能力评价的基础上，科学确定不同主体功能区可承载的人口数量，实行差别化人口调节政策。对人居环境不适宜人类常年生活和居住的地区，实施限制人口迁入政策，有序推进生态移民。对人居环境临界适宜的地区，基本稳定人口规模，鼓励人口向重点市镇收缩集聚。对人居环境适宜和资源环境承载力不超载的地区，重视提高人口城镇化质量，培育人口集聚的空间载体，引导产业集聚，增强人口吸纳能力。大力推行创新驱动、资源集约节约、低碳环保的绿色生产方式，积极倡导简约适度、绿色低碳、文明节约的生活方式，促进人口绿色发展。二是促进人口绿色发展。实施人口绿色发展计划，积极应对人口与资源环境的紧张矛盾，增强人口承载能力。大力推行创新驱动、资源集约节约、低碳环保的绿色生产方式，推广绿色低碳技术和产品，严格限制高耗能、高污染行业发展，节约集约利用土地、水和能源等资源，促进资源循环利用。应着力打造生态城市，发展旅游产业，注重基础设施建设，尤其是对于环保基础设施的建设。加大对太阳能、风能等清洁能源的开发利用。陕西应发挥引领新能源、环保等高科技产品向周边地区溢出和辐射的作用。积极倡导简约适度、绿色低碳、文明节约的生活方式，推广绿色建筑，鼓励绿色出行。三是优化人口结构和分布。统筹运用人口发展、产业促进、转移支付、公共服务和社会管理等政策，努力扩大就业、增加边民收入、提高公共服务水平，让各城市群众安居乐业。加强人口跨境流动管理，促进关中平原城市群繁荣发展。

（4）完善人口流动政策体系。一是深化户籍制度改革，切实保障进城落户农业转移人口与城镇居民享有同等权利和义务。全面实施居住证制度，推进居住证制度覆盖全部未落户城镇常住人口，保障居住证持有人享有国家规定的各项基本公共服务和办事便利。鼓励地方各级政府根据本地实际不断扩大对居住证持有人的公共服务范围并提高服务标准。二是以人口为基本要素，完善公共服务资源配置，使基本公共服务设施布局、供给规模与人口分布、环境交通相适应，增强基本公共服务对人口集聚和吸纳能力的支撑。三是深化财政制度改革，建立农业转移人口市民化成本分担机制。深化农村集体产权制度改革，探索建立进城落户农民土地承包权、宅基地使用权、集体收益分配权维护和自愿有偿退出机制。四是打破城乡分割制度壁垒，促进城乡要素平等交换、双向流动。加快构建城乡要素平等交换、双向流动的制度性通道，不断完善农业转移人口市民化机制。建立城乡社会保障体系，加大对流动人口的社会保障支持。五是统筹人口净流出地和人口集中流入地协调发展。立足城市化地区、农产品主产区、生态功能区的比较优势，准确认识流动人口的劳动力特征，协调好人口集中流入地和净流出地的发展关系，建立以流动人口为载体的城市群一体化发展机制，逐步完善引导劳动力流动的有效政策机制，避免人口流动过度失衡引起的区域衰退。六是准确认识人口发展规律，优化城市群发展方式。不断深化对城市治理和人口发展规律的认识，将外来流动人口视为城市可持续发展的关键变量，由单一人口规模控制向探索城市可持续发展路径转变，推动城市治理体系和治理能力现代化，合理调控城市人口规模和优化劳动力供给结构。市场条件下引导劳动力空间流动的根本在于打造新的区域经济增长中心，在次中心地区形成集聚高技能劳动力的经济增长中心，进而实现中心城市带动周边区域发展。

第五章 关中平原城市群的空间布局

上一章人口发展的分析表明，关中平原城市群的人口规模、结构、质量正在发生较为深刻的变化。这种变化将对城市群的空间结构和布局提出新的要求，形成新的挑战。城市群是区域发展空间格局的"中流砥柱"，是提升区域竞争力的"火车头"，是重塑经济地理最关键的"前沿空间"（王彩娜，2022）。本章立足承东启西、连接南北的区位优势，着眼于推动全国经济增长和市场空间由东向西、由南向北拓展，引领和支撑西部地区发展的空间战略目标，梳理了关中平原城市群空间布局的状况和特点，在与典型城市群对比中明确构建新空间格局的短板与挑战，确立了构建新空间格局的依据与目标，并从增强核心带动、优化城镇结构、加强网络联系、深化生态耦合等方面提出了构建新空间格局的具体路径，为加快构建与资源环境承载能力相适应的高质量空间格局，不断提升关中平原城市群空间开发效率和城市群发展水平提供借鉴。

第一节 关中平原城市群空间布局的状况与特点

一、关中平原城市群空间布局状况

按照主体功能区定位，关中平原城市群在空间上划分为重点开发区、农产品主产区和重点生态功能区，并进行分类管控，同时在此基础上，进一步缩小空间单位，划定生态保护红线和生态空间，细化落实国土空间管控单元。在主体功能区空间管控下，在东西狭长，南北宽窄的地域范围内，关中平原城市群初步形成了"一圈一轴三带"空间总体布局、"一主三副多节点"城镇空间布局和"两屏一带多廊多点"生态空间格局。

（一）"一圈一轴三带"空间总体布局

关中平原城市群的基本空间形态，构建于以西安为中心的交通轴线和较为密切的经济联系之上，呈现出"一圈一轴三带"空间总体布局雏形。"一圈"指大西安都市圈，是关中平原城市群发展的核心引擎；"一轴"指沿陇海铁路、连霍高速公路，串联渭南、咸阳、杨凌、宝鸡、天水的城市群发展主轴线，是城市群联系最紧密、经济力量最强、发展活力最高的地区;"三带"分别指串联铜川、西安、商洛等地区的包茂高速沿线发展带,串联商洛、西安、咸阳、庆阳等地区的福银高速沿线发展带和串联西安、渭南、运城、临汾等地区的京昆高速沿线发展带。

(二)"一主三副多节点"城镇空间布局

在交通轴线的连接下,关中平原城市群形成了以大西安都市圈为主中心,宝鸡、天水、运城为副中心,商洛、平凉、临汾等为重要节点的多级城镇体系结构。西安是关中平原城市群的主中心,2020年常住人口达到1295万人,城区人口达到900余万人,人口密度达到1281人/km²,经济密度达到0.99亿元/km²;与宝鸡副中心相比,常住人口两城市首位度达到3.9,城区人口两城市首位度达到8.49。以西安为中心,涵盖西咸新区、咸阳市、铜川市、渭南市部分区县和杨凌示范区的西安都市圈,面积约2万km²,2020年底常住人口1800多万人,地区生产总值约1.3万亿元,是关中平原城市群的核心引擎和主要发展动能。宝鸡是关中西部最大的城市,也是关中平原城市群确定的副中心城市,2020年人口达到332万人,为西安市的25.62%,其中城区人口达到106万人,进入全国大城市行列;人口密度为183人/km²,为西安市的14.29%;经济密度为0.13亿元/km²,为西安市的12.68%。天水是甘肃省第二大城市,全域被纳入关中平原城市群范围,2020年人口达到299万人,人口密度为209人/km²,经济密度为0.05亿元/km²。运城是山西南部人口最多的城市,2020年人口达到478万人,超过宝鸡市、天水市的人口量;人口密度为337人/km²,与宝鸡市人口密度基本相当;经济密度为0.12亿元/km²,略低于宝鸡市经济密度。除一主三副城市群城镇体系主框架外,铜川、商洛、临汾、平凉等重要节点城市的综合承载能力也持续增强,以西安为中心的城际交通路网也更加高效畅通,县域城镇化步伐加快,"一主三副多节点"的城镇空间布局在不断完善。

(三)"两屏一带多廊多点"生态空间格局

随着生态文明在城市群发展中的作用日益增强,构建新型城市群生态格局也显得越来越重要。关中平原城市群生态空间格局,既立足于规划范围,又在更大的空间范围内进行综合考量。在一山一河一原的生态背景下,关中平原城市群形成了"两屏一带多廊多点"的生态安全格局。"两屏"分别指北部的黄土高原生态屏障和南部的秦巴山地生态屏障;"一带"指贯穿关中平原城市群东西的渭河沿岸生态带;"多廊"指黄河、汾河、泾河、丹江、洛河等水系串联起来的绿色生态廊道;"多点"指城市群范围内的自然保护区、国家公园等生态节点。关中平原城市群范围内生态源地面积为9122km^2,占城市群面积的8.52%,主要分布于城市群南部秦岭山地区域。按照生态系统服务重要性分析,商洛、西安、宝鸡生态系统服务极重要区域占比较高,分别为79.61%、38.06%和36.92%(表5-1);依照生态敏感性分析,商洛、宝鸡、西安生态高度敏感区域占比较高,分别为55.57%、29.06%和27.65%(表5-2)(陕西省新型城镇化和人居环境研究院,2021)。

表5-1 关中平原城市群生态系统服务重要性

城市	一般重要 面积/m²	面积比	重要 面积/m²	面积比	极重要 面积/m²	面积比
天水	8 290.45	58.32%	4 764.46	33.51%	1 161.44	8.17%
宝鸡	458.21	2.54%	10 941.70	60.54%	6 673.41	36.92%
铜川	541.48	13.95%	2 684.18	69.15%	656.28	16.91%
渭南	3 292.87	25.40%	8 116.97	62.61%	1 554.22	11.99%
西安	305.56	3.03%	5 942.40	58.91%	3 839.64	38.06%
咸阳	678.52	6.58%	8 234.51	79.92%	1 390.99	13.50%
临汾	4 149.40	56.80%	3 074.86	42.09%	80.72	1.11%
平凉	4 708.14	63.65%	2 421.44	32.74%	266.95	3.61%
庆阳	909.40	93.54%	62.75	6.46%	0	0
商洛	6.18	0.06%	2 132.71	20.93%	8 049.88	79.61%
运城	3 379.46	29.67%	6 114.80	53.68%	1 896.60	16.65%

资料来源:《陕西省新型城镇化发展报告(2021)》

表5-2 关中平原城市群生态敏感性

城市	轻度敏感 面积/m²	面积比	中度敏感 面积/m²	面积比	高度敏感 面积/m²	面积比
天水	4 208.80	29.64%	9 690.37	68.24%	301.77	2.13%
宝鸡	1 824.81	10.10%	10 987.12	60.83%	5 249.36	29.06%
铜川	0	0	3 793.31	97.64%	91.87	2.36%
渭南	532.30	4.11%	10 742.47	82.85%	1 690.91	13.04%
西安	3 220.65	31.95%	4 071.68	40.39%	2 787.43	27.65%

续表

城市	轻度敏感 面积/m²	轻度敏感 面积比	中度敏感 面积/m²	中度敏感 面积比	高度敏感 面积/m²	高度敏感 面积比
咸阳	3 572.77	34.65%	6 552.89	63.56%	184.63	1.79%
临汾	1 369.15	18.74%	4 478.59	61.30%	1 458.25	19.96%
平凉	1 451.22	19.61%	5 861.73	79.23%	85.87	1.16%
庆阳	433.67	44.65%	537.73	55.35%	0	0
商洛	79.62	0.78%	4 443.39	43.64%	5 658.21	55.57%
运城	226.86	1.99%	9 281.33	81.50%	1 880.44	16.51

资料来源：《陕西省新型城镇化发展报告（2021）》

注：原则上生态系统服务功能性评价与生态敏感性评价分区总面积应相等，但由于划定红线生态保护红线时使用的为栅格数据，数据边缘易出现齿轮状误差，导致面积统计时存在误差

二、关中平原城市群空间布局特点

从空间布局状况来看，关中平原城市群具有总体布局的跨省域，城镇布局的单中心、不连续，生态空间的高敏感等突出特点。

（一）跨省域

关中平原城市群是以关中地理范围为本体、跨越3省12市（区）的区域城市群。《辞源》对"关中"的解释：一是"相当于今陕西省"；二是"集解引徐广曰：'东函谷，南武关，西散关，北萧关'"；三是"东自函关，西至陇关，二关之间谓之关中"。从以上关中概念内涵来看，地处陇西的天水市，地处陇东的平凉市、庆阳市和地处晋南的临汾市、运城市均不在关中地理范围之内，但因为以上地区在地理、文化上的相近，使它们在经济上与关中地区的联系十分密切，因此被纳入关中平原城市群范围。

（二）单中心

关中平原城市群是以西安为中心的单极成长期城市群。从辐射带动能力来看，西安具有极高的首位度和经济势能，城市群县（市、区）中经济密度和人口密度的前六位均为西安城六区，西安是关中平原城市群的唯一核心；2020年，西安市常住人口达到1295万人，是西北地区唯一的国家中心城市和超大城市，占城市群总人口的29.46%；地区生产总值达到10 020亿元，占城市群地区生产总值的44.17%。

(三) 不连续

关中平原城市群是在城镇结构体系和空间单元整合上不连续的成长型城市群。从城镇体系上来看,除西安中心城市外,次级副中心城市的辐射带动作用不足,城市群内城镇密度低,中小城镇少而弱,城镇密度为 72 个/km², 分布较为稀疏,城镇体系结构连续性差。从空间单元上看,城市群内部各组成单元之间的网络关联性不强,点群关系、分工协作不紧密,缺少系统化的城市群空间网络结构体系,空间合作的连续性不明显。从城镇化水平来看,陕西片区作为城市群的主体,常住人口城镇化率达到 65.73%, 山西、甘肃片区城镇化率仅为 51.92% 和 49.67%, 远低于全国及所在省份平均水平,城镇化发展水平的连续性差(陕西省新型城镇化和人居环境研究院,2020)。

(四) 高敏感

关中平原城市群处在北部的黄土高原生态屏障和南部的秦巴山地生态屏障之间,生态系统丰富多样,但重要性、敏感性突出。陕北黄土高原植被覆盖率依然偏低,恢复难度大;陕南秦岭地区森林面积中优良林分仅占 14.5%, 远低于国家 20.6% 的平均水平。人均水资源量不足全国平均水平的 1/3, 渭河、汾河流域部分区段水质污染严重,地下水超采问题突出。大气环境污染形势严峻,环境容量接近极限。城市群内国土空间开发适宜性重叠区域多,重要生态空间被蚕食,野生物种栖息地遭到侵占,线性工程建设等人类活动造成动植物生境破碎化,生物多样性功能面临退化威胁。

第二节 关中平原城市群构建新空间格局的比较研究

新时代优化关中平原城市群空间布局,既要立足于城市群布局状况,也要注意通过横向对比,明确短板与挑战,以便更有针对性地调整优化。本书分别选取了东、中、西部地区具有一定可比性、代表性强的长三角城市群、中原城市群、成渝城市群进行空间布局对比分析。

一、关中平原城市群空间布局的比较

(一) 与东部长三角城市群空间布局的比较

长三角城市群分布在上海市、江苏省、浙江省、安徽省范围内,在空间上主

要形成以上海为核心，南京都市圈、杭州都市圈、合肥都市圈、苏锡常都市圈、宁波都市圈同城化发展，沿海发展带、沿江发展带、沪宁合杭甬发展带、沪杭金发展带聚合发展的"一核五圈四带"的网络化空间格局（表5-3）。

表5-3 关中平原城市群与东中西部典型城市群空间对比

城市群	总体布局情况	城镇布局情况	生态格局情况
关中平原城市群	"一圈一轴三带"空间总体布局：大西安都市圈；沿陇海铁路、连霍高速的城市群发展主轴线；包茂高速沿线发展带、福银高速沿线发展带和京昆高速沿线发展带	"一主三副多节点"城镇空间布局：以大西安都市圈为主中心；宝鸡、天水、运城为副中心；商洛、平凉、临汾等为重要节点	"两屏一带多廊多点"的生态安全格局：北部的黄土高原生态屏障和南部的秦巴山地生态屏障；贯穿关中平原城市群东西的渭河沿岸生态带；黄河、汾河、泾河、丹江、洛河等水系串联起来的绿色生态廊道；城市群范围内的自然保护区、国家公园等生态节点
长三角城市群	"一核五圈四带"的网络化空间格局：上海核心带动；南京都市圈、杭州都市圈、合肥都市圈、苏锡常都市圈、宁波都市圈同城化发展；沿海发展带、沿江发展带、沪宁合杭甬发展带、沪杭金发展带聚合发展	形成以上海为核心的三大城市群引领的城镇空间布局：上海城市群、南京城市群、杭甬城市群	"一带两廊两屏"生态安全格局：滨海生态保护带；淮河—洪泽湖生态廊道、长江生态廊道；皖西大别山生态屏障、皖南-浙西-浙南生态屏障
中原城市群	"一核四轴四区"总体空间格局：郑州大都市区；沿陇海发展主轴、沿京广发展主轴、济南—郑州—重庆发展轴、太原—郑州—合肥发展轴等四条现代产业和城镇密集发展轴带；北部区域协同发展示范区、东部承接产业转移示范区、西部转型创新发展示范区、南部高效生态经济示范区等四个城镇协同发展区	"一主一副多节点"：郑州大都市区为核心；洛阳为副中心；长治、邯郸等为区域重要节点	"三屏四廊"生态安全格局：桐柏—大别山生态屏障、伏牛山生态屏障、太行山生态屏障；南水北调中线生态廊道、黄河中下游沿线生态廊道、明清黄河故道生态廊道、沿淮生态经济廊道
成渝城市群	"一轴两带、双核三区"总体布局：连接成都、重庆的城市群发展主轴；沿长江黄金水道形成的沿江城市带和从北向南连接绵阳、德阳、成都、眉山、乐山的成德绵乐城市带；重庆、成都两大城市群双核心引擎；川南城镇密集区、南遂广城镇密集区和达万城镇密集区	"两核多中心多节点"：成都、重庆双核心引领；培育万州、黔江、绵阳等区域中心城市；建设涪陵、长寿、江津等重要节点城市	"一屏多廊道"：半环绕城市群的生态屏障，构建以长江、岷江、大渡河等为主体的城市群生态廊道

对比关中平原城市群与长三角城市群空间布局可以发现，二者的相同之处在于：都是跨省域城市群，长三角城市群横跨上海市、江苏省、浙江省、安徽省1市3省，关中平原城市群跨越3省12市（区）；都有一个龙头城市引领辐射，长三角城市群中的上海市起着龙头带动作用，关中平原城市群中的西安市不仅是城市群内部的核心，也是西北发展的龙头；都沿重要交通廊道布局，长三角城市

群沿长江黄金水道、海运通道、沪昆通道等重要通道布局延伸，关中平原城市群中的陇海线、福银高速、京昆高速、包茂高速等交通通道是连接城市群空间布局的主要骨架。

二者的差异之处在于：空间等级结构上的差异性，长三角城市群形成了以上海为核心引擎，南京、杭州、合肥、苏州、宁波等区域中心城市，功能节点城市为纽带，乡村地域为支撑，紧凑型、网络化的城乡空间结构，相比较而言，关中平原城市群除西安中心城市外，二级节点城市与中心城市等级规模差距过大，中心城镇小而弱，表现出结构体系不明、空间不连续等空间特征；都市圈发展上的差异，长三角城市群除上海超大型都市圈外，城市群内还有南京都市圈、杭州都市圈、合肥都市圈、苏锡常都市圈、宁波都市圈，相比较而言，关中平原城市群只有大西安都市圈；在同城化发展上的差异，长三角城市群依托先进、快速的交通运输网络，努力推动城市圈之间的同城化发展，相比较而言，关中平原城市群城市之间的经济联系度并不高，在同城化发展上还有很长的路要走。

（二）与中部中原城市群空间布局的比较

中原城市群核心发展区包括河南省郑州市、开封市、洛阳市、平顶山市、新乡市、焦作市、许昌市、漯河市、济源市、鹤壁市、商丘市、周口市和山西省晋城市、安徽省亳州市。在空间上，中原城市群形成"一核四轴四区"总体空间格局，其中"一核"指郑州大都市区，重点推动郑州国家中心城市与开封、新乡、焦作、许昌四市深度融合，建设现代化大都市区；"四轴"指依托"米"字形综合交通网络，打造的沿陇海发展主轴、沿京广发展主轴、济南—郑州—重庆发展轴、太原—郑州—合肥发展轴等四条现代产业和城镇密集发展轴带；"四区"指北部区域协同发展示范区、东部承接产业转移示范区、西部转型创新发展示范区、南部高效生态经济示范区等四个城镇协同发展区（表5-3）。

对比关中平原城市群与中原城市群空间布局可以发现，二者的相同之处有三方面。一是都是跨三省域城市群。中原城市群以河南郑州为核心区域，同时将山西晋城、安徽亳州也纳入核心发展区，关中平原城市群也是跨越陕西、甘肃、山西三省的跨省域城市群。二是都只有一个核心都市圈。中原城市群中的郑州都市圈、关中平原城市群中的大西安都市圈都是各自城市群中的唯一核心都市圈，也是绝对的辐射带动核心。三是都是基于"米"字形交通网络的发散型城市群。中原城市群主要沿陇海、京广、郑太等交通网络形成内部联系网络，关中平原城市群主要沿陇海、包茂、京昆、福银等交通网络形成内部联系网络。有相同的辐射影响范围，运城地区既是关中平原城市群的规划范围，同时也是中原城市群辐射范围，同样三门峡地区紧靠关中平原城市群，也是关中平原城市群的辐射范围。

二者的差异之处同样有三方面。一是影响区域上的差异。中原城市群以郑州为核心向周围辐射，区域辐射范围相差不明显，关中平原城市群虽然以西安为核心向周边辐射，但明显以陇海线为主轴，东西辐射范围长，南北辐射范围短。二是轴带辐射距离上的差异。从现有的规划思路来看，中原城市群突破规划范围，依托济郑、郑渝、郑合、郑太高铁线路，打造济南—郑州—重庆发展轴和太原—郑州—合肥发展轴，将城市群发展与更大范围的区域发展联系起来，关中平原城市群主要强调城市群内部的轴线发展，更大范围联动发展的思路不明显。三是区域功能划分上的差异。中原城市群将东西南北四个区域分别划分为北部区域协同发展示范区、东部承接产业转移示范区、西部转型创新发展示范区、南部高效生态经济示范区，突出各区域的特色和差异化发展思路，关中平原城市群更加强调轴带联系，对片区发展特色重视得不够。

（三）与西部成渝城市群空间布局的比较

成渝城市群包括重庆市的渝中、万州等27个区（县）以及开县、长阳的部分地区，四川省的成都、自贡15个市，总面积18.5万 km²。成渝城市群在空间上形成了"一轴两带、双核三区"的总体布局，其中"一轴"指连接成都、重庆的城市群发展主轴，是支撑城市群发展的"脊梁"；"两带"分别指沿长江黄金水道形成的沿江城市带和从北向南连接绵阳、德阳、成都、眉山、乐山的成德绵乐城市带；"双核"指重庆、成都两大城市群双核心引擎；"三区"分别指川南城镇密集区、南遂广城镇密集区和达万城镇密集区（表5-3）。

对比关中平原城市群与成渝城市群空间布局可以发现，二者的相同之处有三方面。一是都同处西部地区。成渝城市群是西南地区唯一的国家级城市群，成都、重庆是带动西南地区发展的龙头，关中平原城市是西北地区唯一的国家级城市群，西安是带动西北地区发展的龙头。二是次级城市的发展都不足。成渝城市群除成都、重庆两市外，次级城市带动力相对不强，关中平原城市群除西安外，其他城市的带动能力有限。三是城市群内部联系更强一些。与中原城市群形成鲜明对比，成渝、关中城市群更加强调城市群内部的联系。

二者的差异之处在于：一是引领核心数量的差异。成渝城市群是双核带动型城市群，有两个大都市圈，而关中平原城市群是单核带动型城市群，只有大西安一个大都市圈。二是交通轴带联系的差异。成渝城市群中长江水道、城际快速交通线的连接作用明显，而关中平原城市群中国家级铁路、高速公路的连接作用更明显。三是城镇密度的差异。成渝城市群除了成都、重庆大都市圈的城镇外，在北、中、南部分别有三个城镇密集区，而关中平原城市群的城镇密度相对较小。

二、关中平原城市群构建新空间格局的短板

通过与东、中、西部地区典型城市群空间布局的对比，结合自身发展的情况，可以看出关中平原城市群在构建新空间格局的过程中存在的问题为：总体布局的跨市域行政区划调整相对较慢，城市群中心城市辐射带动力相对不强，城市群内部等级规模差距较大，生态格局中的生产要素保障能力不够等。

（一）跨市域行政区划调整相对较慢

城市群的发展和行政区划的调整关系密切。跨市域行政区划调整也是横亘在大西安都市圈发展的一个重大障碍，尤其是西咸一体化推进相对缓慢，是关中平原城市群与其他城市群差距逐渐拉大的一个重要原因。西咸一体化概念的提出已经有20多年的时间，但进展缓慢，咸阳更倾向于沿渭河向西发展，西安更愿意将要素资源向本行政区域内的开发区聚集，西咸融合发展的向心力不强，导致大西安都市圈建设缓慢。与此同时，西铜一体化、西渭一体化虽然提得响亮，但实际有操作性的办法不多。

（二）城市群中心城市辐射带动力相对不强

与其他城市群的中心城市相比，关中平原城市群的中心城市经济发展水平和辐射带动力相对不强。从经济规模看，西安经济体量不仅远小于京津冀、长三角、珠三角等城市群中心城市的经济体量，还小于成渝、长江中游、中原等城市群中心城市的经济体量；经济密度小于中原城市群的郑州和成渝城市群的成都经济密度，但要高于成渝城市群的重庆经济密度。从人口规模看，西安人口规模与郑州相当，低于成渝城市群的重庆和成都人口规模；人口密度小于成都和郑州，但高于重庆。从城市群内部来看，西安市虹吸效应明显，城市发展对比悬殊。"十三五"期间，西安市人口从988万人增加到1296万人，占陕西省人口比重提升了7个百分点，与此形成鲜明对比的是，西安周边的铜川、宝鸡、咸阳、渭南以及陕南三市（汉中、安康、商洛）人口占比则在逐年下降，只有榆林因为距离西安空间距离较远，且自身实力较强，人口一直呈现上升趋势（陕西省新型城镇化和人居环境研究院，2022）。总体上来看，关中平原城市群仍处于发展初期，城市群中心城市的吸附作用要大于涓滴效应，辐射带动作用相对不强（表5-4）。

表 5-4 全国主要城市群 2020 年主要数据对比表

城市群名称	面积/万 km²	人口/万人	地区生产总值/亿元	人口密度（年平均人口与区域面积之比）/(人/km²)	经济密度（地区生产总值与区域面积之比）/(亿元/km²)
京津冀	22	12 512	88 988	569	0.41
长三角	21	18 015	200 402	858	0.97
珠三角	6	6 171	89 524	1 029	1.6
成渝	19	10 303	67 476	542	0.37
长江中游	33	6 271	93 930	190	0.29
中原	29	7 271	41 105	251	0.15
关中平原	16	4 369	22 687	273	0.14
北部湾	12	3 567	20 772	297	0.18
哈长	5	4 345	21 194	869	0.42
呼包鄂榆	18	1 195	13 211	66	0.08

（三）城市群内部等级规模差距较大

关中平原城市群 12 个市一级城市，平均市域面积 1.33 万 km²，2020 年平均人口 364 万人；人口密度 273 人/km²，经济密度 0.14 亿元/km²。2020 年超大城市西安人口规模是副中心城市宝鸡的 3.9 倍，地区生产总值是宝鸡的 4.4 倍，中心城区建成区面积是宝鸡的 3.34 倍。城市群内除西安超大城市外，缺少 500 万以上人口的大城市；大西安都市圈之外的县（市、区）在经济、人口规模等方面普遍偏小，带动和辐射力偏弱；城市群内的 1119 个乡镇，除蔡家坡等极少数镇之外，大多小城镇基础设施建设落后，镇域经济普遍较弱，城镇规模较小，难以对周边乡村形成较强的辐射带动效应。

（四）生态格局中的生产要素保障能力不够

关中平原城市群的核心——关中平原，水资源总体短缺，时空分布不均，与人口和社会经济发展格局不相适应，可利用水资源开发利用率为 65.26%，超过国际 40% 的警戒线。关中平原是同时适宜城镇建设与农业生产的经济发展优势地区，以占陕西省不到 27% 的面积和 20% 的水资源承载了全省 63% 的常住人口和 65% 的地区生产总值，兼顾城镇发展和优质耕地保护双重目标的挑战和压力巨大。城市群协同创新机制不健全，科技与经济、成果与产业对接不畅，科技成果就地转化率不到30%。

三、关中平原城市群构建新空间格局的挑战

（一）国家重大战略空间着力点调整对布局优化的挑战

为深入推进西部大开发形成新格局，2019年国家提出加快建设西部陆海新通道，并将这一通道定位为推进西部大开发形成新格局的战略通道、连接"一带"和"一路"的陆海联动通道、支撑西部地区参与国际经济合作的陆海贸易通道、促进交通物流经济深度融合的综合运输通道。但从空间布局来看，西部陆海新通道的建设将对关中平原城市群构建新空间格局带来新的挑战。西部陆海新通道的三条主通道向北连接中欧国际班列西部通道，将导致甘肃、青海、新疆等省份强化南下发展战略，直接与成渝城市群和沿长江通道连接，大大弱化西安对甘肃、青海等西北地区省份的辐射影响作用，对优化天水等关中平原城市群西部区域的布局也将带来一定的挑战。

（二）周边城市群强要素吸引力增加了布局优化的难度

在周边城市群加速发展的大背景下，关中平原城市群在空间布局优化上面临不小的挑战。南向的成渝城市群近年来发展势头强劲，对天水等甘肃南部区域的吸引力不断增强，对关中平原城市群西部地区的布局优化带来挑战。东向的中原城市群对晋南运城、临汾等地区的影响不断扩大，削弱了西安中心城市对关中平原城市群东部区域的辐射影响力。

（三）跨省域城市内在空间联系不强对布局优化的挑战

关中平原城市群在空间上跨越3省，在基础设施、产业、生态等空间布局协调上的难度很大，城市群跨省域城市之间缺乏有效的协调机制。陕西、山西、甘肃三省虽然建立了联席会议制度并进行了常态化运行，在重大水利工程建设、汾渭平原大气污染联防联控、黄河流域生态保护和高质量发展等方面开展了跨省域合作，但在一些关键问题的协调推进上作用有限，隐形行政壁垒依然存在，导致城市群布局优化和城市间的合作仍然困难重重。城市群内省域城市之间的经济联系更多是人口在就业、置业、教育等方面的个人市场化行为，产业分工的协调难度大，体现在具体的经济统计分成、税收分成、招商分配等具体的操

作层面。跨省域城市空间联系不强的原因，既有跨省域市场合作机制不充分，长期存在的地方经济市场分割和产业结构同质化，使相邻区域竞争大于合作，也有地方政府对于区域合作"主配角"地位的博弈，更倾向于在区域合作中的主导地位，非主导方在跨省域合作中多持观望态度（陕西省新型城镇化和人居环境研究院，2022）。

第三节　关中平原城市群构建新空间格局的依据与目标

一个时代有一个时代的空间逻辑，一个城市群也有一个城市群的空间逻辑。在空间发展进入"生态文明的新时代"的背景下，关中平原城市群需要顺应新时代发展要求和城市群发展趋势，构建起与资源环境承载能力相适应、开发效率高的新空间格局。

一、关中平原城市群构建新空间格局的依据

（一）国家空间发展战略的新要求

国家对城市布局中长期发展的要求是关中平原城市群构建新空间格局的根本遵循。2020年4月10日，习近平总书记在中央财经委员会第七次会议上对国家中长期经济社会发展战略若干重大问题进行了深入的阐述，其中在完善城市化战略中明确指出，"要更好推进以人为核心的城镇化，使城市更健康、更安全、更宜居，成为人民群众高品质生活的空间"；"必须把生态和安全放在更加突出的位置，统筹城市布局的经济需要、生活需要、生态需要、安全需要"；"要因地制宜推进城市空间布局形态多元化"，"中西部有条件的省区，要有意识地培育多个中心城市，避免'一市独大'的弊端"（习近平，2020）。在党的二十大报告中，习近平总书记强调："健全主体功能区制度，优化国土空间发展格局。推进以人为核心的新型城镇化，加快农业转移人口市民化。以城市群、都市圈为依托构建大中小城市协调发展格局，推进以县城为重要载体的城镇化建设。"（习近平，2022）。与城市群发展相适应，国家空间发展进入生态文明的新时代，正在推动建立"多规合一"的国土空间规划体系，着力提升空间发展质量和效益。关中平原城市群新空间格局的构建要在城市群中长期发展的新要求和空间规划的新布局下进行。

（二）关中平原城市群发展的新阶段

城市群自身发展所处阶段和所处时代发展阶段是关中平原城市群构建新空间

格局的逻辑起点。城市群发展阶段有不同的划分类型，从我国城市群发展的情况来看，可以划分为雏形发育阶段、快速发育阶段、趋于成熟阶段和成熟发展阶段，不同发展阶段对应不同的发展策略（陈群元和喻定权，2009）。从关中平原城市群发展状况来看，目前处于城市群快速发育阶段，仍以集聚作用为主，扩散作用为辅，空间发展上积极推进点轴发展向点轴群、网络化发展转变。从所处时代发展来看，空间发展进入了生态文明新时代——空间 V4.0，其主要特征表现为布局的多中心、网络化，结构的群落式、圈层化，功能的复合式、社区化，品质的体验性、场景化，特色的地域性、个性化，权益的自主性、权力化（自然资源部国土空间规划局 a，2021）。关中平原城市群新空间格局的构建要基于城市群快速发展阶段和空间 V4.0 阶段的要求进行。

（三）城市群所处区域资源环境的新特点

城市群资源环境出现的新情况是关中平原城市群构建新空间格局的关键因素。陕西省空间发展战略中明确指出，要发挥西安在引领西北地区发展中的先导作用，加强与成渝经济区、兰西城市群、呼包鄂榆城市群合作，促进形成关中、陕南、陕北协调发展的新格局；坚决守住生态安全底线，统筹山水林田湖草沙系统治理，加强耕地保护，维护生态系统整体性、稳定性、安全性，提供优质生态产品满足人民日益增长需求，实现生态惠民、生态利民、生态为民；坚持城镇集聚开发和区域均衡发展，依据资源环境承载能力，优化国土空间布局和生产要素配置，引导人口、产业、要素向关中平原城市群集聚，构建疏密有致的城镇发展布局。关中平原城市群新空间格局的构建必须考虑城市群内资源环境与城市群协调发展的新情况。

二、关中平原城市群构建新空间格局的目标

按照党的二十大报告中提出的"构建优势互补、高质量发展的区域经济布局和国土空间体系"[①]和人与自然和谐共生的中国式现代化的要求，立足关中平原城市群承东启西、连接南北的区位优势，着眼于推动全国经济增长和市场空间由东向西、由南向北拓展的空间战略目标，在现有空间格局的基础上，推动形成"一圈两轴四区多带"的总体格局和多中心网络城镇体系结构，加快构建与资源环境承载能力相适应的空间格局，充分发挥城市群在中西部一体化融合点、中国经济

---

① 《习近平：高举中国特色社会主义伟大旗帜 为全面建设社会主义现代化国家而团结奋斗——在中国共产党第二十次全国代表大会上的报告》，https://www.gov.cn/xinwen/2022-10/25/content_5721685.htm。

向西向北发展的枢纽和科技发展加速器的重要作用,不断提升关中平原城市群空间开发效率和城市群发展水平。

(一)推动形成"一圈两轴四区多带"总体布局新格局

在东西狭长、南北宽窄的基本格局下,未来重点在南北方向上进行适度拓展。充分发挥大西安都市圈在带动陕北、陕南发展中的关键作用,强化与呼包鄂榆城市群的联系;随着西延高铁的建设和通车,延安将纳入大西安一小时交通圈之中,两城之间的联系将加强,可以考虑将延安市纳入城市群发展范围之中,进一步强化西安对延安发展的辐射带动作用。东西向重点要强化大西安都市圈与山西、甘肃两省城市群相关组成区域之间的联系,同时进行适度扩展,积极融入亚欧大陆海铁联运大通道之中。积极发挥以西安为中心的"米"字形高铁、高速交通走廊串联作用,增强轴带上节点城市承载能力,强化中心城市与副中心城市、节点城市、重点城镇之间的联系,推动从点轴向点轴线、网络化布局转变,推动关中平原城市群形成"一圈两轴四区多带"的总体格局(表5-5)。

表5-5 关中平原城市群新旧空间布局对比表

对比类型	总体布局	城镇布局	生态格局
空间布局状况	"一圈一轴三带"空间总体布局	"一主三副多节点"城镇空间布局	"两屏一带多廊多点"生态安全格局
新空间布局	"一圈两轴四区多带"总体布局新格局	多中心网络城镇布局新格局	"三区三线"管控下的生态空间新格局
新旧空间布局差异	1.强化南北向发展的重要性,将延安区域纳入城市群范围;2.在东西南北划定协同发展区,推动城市群一体化发展	1.强调从西安单中心带动到多中心发挥作用;2.从点轴布局向网络布局转变	强调空间规划背景下的更细、更深管控,建设绿色美丽的城镇群、都市圈、城市群

(1)一圈。指大西安都市圈,以西安为中心,积极推动西安-咸阳一体化、西安-渭南一体化、西安-铜川一体化、西安-杨凌一体化发展,建设现代化的都市圈,将西安在教育、医疗、文化、科技方面拥有的绝对优势,在更大空间范围内释放,带动城市群高质量发展。

(2)两轴。指沿陇海线形成的东西发展主轴和沿包茂高速形成的南北发展次轴,围绕发展轴带,增强沿线城市辐射带动能力,促进城市间合理分工、联动发展,打造特色鲜明、布局合理的产业带和城镇带。

(3)四区。分别指东部晋陕豫黄河金三角协同示范区、西部一体化创新发展示范区、北部延西同城化发展示范区、南部都市圈生态经济发展示范区,重在突破行政壁垒、创新发展体制机制,加快构建跨区域快速交通通道,推动经济、教育、科技、文化、生态等共享发展，打造城市群新的增长极和发展空间。

（4）多带。指串联商洛、西安、咸阳、庆阳等地区的福银高速沿线发展带和串联西安、渭南、运城、临汾等地区的京昆高速沿线发展带。

（二）推动形成多中心网络城镇布局新格局

在以城市群为主体形态的新型城镇化推进背景下，"城市群发展应因地制宜，城镇密集地区培育多中心、多层次、多节点、组团式、网络化的城市群结构，防止无序蔓延；其他地区发挥中心城市和节点城镇的作用"（自然资源部国土空间规划局 b，2021）。一是强化西安国家中心城市辐射带动作用，着力推进西安都市圈同城化发展，积极推进西咸、西渭、西铜一体化，打造多圈层大都市圈，助推区域城镇化水平提升。二是积极培育二级中心城市，推动宝鸡、天水、运城发展壮大，成为带动东西两翼的区域中心，承担起连接大城市和中小城市发展的桥梁。三是加快培育以节点城镇为核心的城镇群，重点培育东部的韩城、河津，北部的彬州、黄陵，南部的商州，西部的杨凌等为核心的区域城镇群，发挥规模经济和集聚经济在经济社会发展中的作用。四是加强各层级城镇之间的空间联系，发挥综合交通体系对区域网络化布局的引领和支撑作用，实现地级城市高铁全覆盖，通过交通干道、数字网络、智慧感知等，推动建立网络化城镇联络体系。

（三）推动形成"三区三线"管控下的生态空间新格局

在"两屏一带多廊多点"生态安全格局下，按照国土空间规划要求，进一步细化城市群生态空间、农业空间和城镇空间以及生态保护红线、永久基本农田和城镇开发边界。根据主体功能区定位和"三线一单"生态环境分区管控，实施差别化管理，确保生态保护红线生态功能不降低、面积不减少、性质不改变。重点治理关中平原地区大气污染，保护渭河沿岸水源涵养生态功能，控制水污染，减轻水体污染负荷。加快推进关中北山生态修复。严格矿山等资源开发和建设项目的生态监管。加强城市群生态空间共保，推动环境协同治理，夯实城市群绿色发展本底，建设绿色美丽的城镇群、都市圈、城市群。

三、关中平原城市群新空间格局目标的比较

"一圈两轴四区多带"的总体格局和多中心网络城镇体系结构是基于关中平原城市群空间布局的状况特点，并在学习借鉴其他城市群优化布局的经验上提出的。一是顺应了都市群正逐渐成为中国经济发展的核心引擎和主要动能的发展趋势；

二是学习借鉴了中原城市群功能布局和在更大范围布局的思路；三是学习借鉴了长三角城市群网络化布局的思路（表5-6）。

表5-6 关中平原城市群空间新格局与东中西部典型城市群对比

城市群	总体布局	城镇布局	生态格局
关中平原城市群	"一圈两轴四区多带"总体布局新格局	多中心网络城镇布局新格局	"三区三线"管控下的生态空间新格局
长三角城市群	"一核五圈四带"总体空间布局	形成以上海为核心的三大城市群引领的城镇空间布局	"一带两廊两屏"生态安全格局
中原城市群	"一核四轴四区"总体空间格局	"一主一副多节点"城镇空间布局	"三屏四廊"生态安全格局
成渝城市群	"一轴两带、双核三区"总体空间布局	"两核多中心多节点"城镇空间布局	"一屏多廊道"生态安全格局
关中平原城市群与其他城市群布局比较	1.借鉴了中原城市群的布局，在东西南北布局四个协同区，推动省域、市域相邻区域一体化发展；2.借鉴了长三角城市群网络化、成渝城市群轴带化连接布局，将南北向省域内发展方向提升为重点发展轴	1.借鉴长三角城市群、成渝城市群多核心带动布局，强化关中平原城市群多中心发展布局；2.借鉴长三角城市群网络化布局，推动各级城镇体系建立一体化网络连接机制	相比其他城市群生态格局，更加强调空间规划刚性管控和生态文明发展的要求，落实落细"三区三线"

第四节 关中平原城市群构建新空间格局的路径

为实现关中平原城市群构建新空间格局的目标，需从增强西安都市圈辐射带动能力、引导城市群内城市合理分工协作、加强各层级城市之间的网络联系、建立与完善陕甘晋生态耦合机制等方面着力推进。

一、增强西安都市圈辐射带动能力

都市圈是城市群发展的核心引擎和主要动能。关中平原城市群构建新空间格局需要将西安的优势在更大空间范围内扩展，疏解中心城市的部分功能，充分增强西安都市圈的辐射带动能力，推动西安都市圈高质量发展。

（一）拓展西安都市圈发展空间

坚持实施好"南控、北跨、西融、东拓、中优"空间发展战略，向南控好生态红线，向北跨出工业强市的一大步，向西融出西安—咸阳一体化发展的新模式，向东拓出国家中心城市发展的新空间，以碑林、莲湖、新城三区为主的中心城区重在彰显千年古都的新优势。按照自然山水基底建设生态廊道，优化城市空间格局。合理确定城市建设规模，统筹划定城镇开发边界，控制中心城区开发强度和人口密度，推动中心城区"瘦身健体"。加快推进西咸新区融入西安步伐，从行政区划并入上解决体制机制发展难题，实质性推进西咸一体化进程；推动咸阳向东融入西安，推动两市相向而行，在城乡规划、创新驱动、产业发展、基础设施、生态治理、公共服务、社会保障等领域促进协同发展，推动地铁11号线咸阳段纳入西安地铁四期规划和16条主干道路等互联互通基础设施建设，打通断头路，改造瓶颈路，加快一体化进程；以西安至富阎及渭南轨道交通建设等为牵引，加快生产力一体化布局，因地制宜推动市政、能源等基础设施对接联网，促进西安优质教育、医疗等公共服务资源向周边地区布局，加速西铜、西渭、西杨一体化进程，不断拓展西安都市圈的发展空间。

（二）提升西安都市圈产业水平

在"南控、北跨、西融、东拓、中优"城市整体空间功能布局的前提下，西安可深入实施产业功能区战略。立足城市发展战略和功能定位，按照"地域相邻、产业相近、属性相融、优势互补、资源共享、做大做强"的原则，打造若干重点工业功能区、重点服务业功能区和重点现代农业功能区。一个产业功能区就是一个宜居宜业的产业新城，以产业链构建、生产性服务业配套、生活性服务业配套、政府基础设施配套为主要建设内容，打造较为完备的产业发展生态圈；一个产业功能区专注于1~2个主导产业，围绕主导产业发展需要开展招商引资、基础配套、针对性服务等工作。通过产业生态圈、功能区建设，重塑西安产业经济发展格局，打造产业链、产业集群、产业功能区一体化发展的"链·群·区"产业发展大生态，形成更高质量、更有效率、更可持续的产业空间发展新模式（白永秀和鲁能，2021）。

（三）畅通西安都市圈对外通道

西安处于中国地理几何中心的有利位置，是联通欧亚、承东启西、连接南北的重要节点城市。在以国内大循环为主体、国内国际双循环相互促进的新发展格局下，西安的区位交通优势将进一步彰显，也为强化产业"极核"功能提供了难得的契机。西安应强化对外通道建设，主动融入西部陆海新通道，完善"枢纽+通道+网络"多层级对外物流枢纽体系建设，全面提升对支柱产业的配套支撑水平；立足"三中心两高地一枢纽"发展定位，以对外贸易、跨境电商、共建产业园区、海外仓、离岸孵化基地等多种形式，加强国际产能和装备制造合作，促进西安市与"一带一路"共建国家城市在智能制造、航空航天、汽车以及高端能源装备上的深入合作,打造产业合作新高地,推动产业不断迈向中高端,推动共建"一带一路"高质量发展。

二、引导城市群内城市合理分工协作

城市群一体化发展的关键在于城市间的联动发展。关中平原城市群构建新空间格局需要积极推进城市群内部的合理分工,打造区域协同发展平台,推动产业协作,引导城市群内城市合理分工协作,促使资源配置在更大范围内进行。

(一)优化城市职能定位

立足特色资源和产业基础,引导各城市优化城市职能定位,优化城市群人口经济布局,实现差异化发展(表 5-7)。进一步提高宝鸡综合承载能力,吸引人口要素集聚,建设关中平原城市群副中心城市。强化城市群西部的天水和东部的运城联动发展,增强城市群的内部聚合力。高质量推进富平、三原、岐山等国家重点支持县城发展,加快推进以县城为重要载体的城镇化建设,有序支持其他有条件的县城补短板强弱项,强化县城与地级市城区的基础设施连接,推动公共服务资源向县城下沉,增强人口经济承载能力。按照区位条件、资源禀赋和发展基础,因地制宜发展小城镇。

表 5-7 关中平原城市群城市定位

城市	职能定位	重点布局产业	生态安全重点
西安	关中平原城市群核心城市;国际门户枢纽城市、国家中心城市、国家历史文化名城、生态绿色示范城市	先进制造、电子信息、航空航天、食品医药、新材料等,打造国家先进装备制造业基地和战略性新兴产业基地	当好秦岭生态卫士,保护秦岭生态屏障
宝鸡	关中平原城市群副中心城市	先进制造、钛及钛合金、石油装备等,打造全国重要的高端装备制造业基地和"中国钛谷"	突出南部重要水源地、重要江河源头区、水蚀风蚀交错区水土流失预防
咸阳	西安都市圈核心区、国家历史文化名城	先进制造、食品医药、电子信息等,打造国家级产业转型升级示范区	加强水土流失治理,恢复生态
铜川	西安都市圈重要城市组团;绿色转型发展示范城市	装备制造、食品医药、新型建材等,打造全国资源枯竭型城市转型示范基地	北部重点推进水土保持和土地综合整治,南部实施水源涵养工程,推进历史遗留矿山生态修复
渭南	西安都市圈重要城市组团;晋陕豫黄河金三角区域中心城市	装备制造、有色冶金、建材、新材料等,打造中国钼化工基地、3D 打印产业培育基地、中国西部绿色建筑集成基地	加强潼关黄河国家湿地公园、黄河湿地省级自然保护区等自然保护地的建设

续表

城市	职能定位	重点布局产业	生态安全重点
商洛	现代化生态旅游城市	食品医药、新能源、新材料等，打造国家级循环经济产业示范基地	加强自然保护地建设，保护好动植物、强化水源涵养
天水	关中平原城市群重要城市；连接关中腹地与西北地区的中心城市	电子信息、电工电器、医药食品等	以渭河干流为轴线，突出山体、河川、堤岸不同空间生态功能，统筹推进山水林田湖草系统治理
运城	关中平原城市群重要城市；连接关中腹地与东中地区的中心城市	先进装备制造、精品钢、新材料等	黄河干支流生态廊道建设

（二）编制产业协同发展规划

根据区域比较优势，突破区域壁垒和利益界限，以关中产业协同发展和建成世界级的产业创新中心为总目标，推动编制关中平原城市群产业发展的中长期规划。确定重点发展的产业领域及具体的各市、各地区的主要发展任务，从空间上协同布局各地重点发展的产业园区、产业集群、产业带、高科技园区等，从总体上实现城市群产业发展的融合和对接，形成产业在产业链上梯度有序分工，不同产业集群在空间价值链上错位发展。在产业总体发展规划的基础上，编制产业协同创新路线图及行动计划。根据各地创新要素分布情况、重要创新节点的对外辐射情况、不同产业和区域创新需求情况、区域和产业之间创新协同情况，制订产业协同创新的前期行动方案和后续推进计划。谋划建立协同创新的示范体，以示范体为引领，辐射带动周边区域。绘制出重点产业及重点技术协同创新的路线图，在此基础上凝练出重点协同的创新产业链、重点攻关项目等。

（三）推进产业园区协同发展

加强创新型园区建设，在长远规划、产城统筹、产业布局、要素统筹、科技服务、体制机制、关中协调等方面加大力度集聚创新资源，着力增强核心载体功能，强力推进园区转型升级、创新发展。推动人才、技术、资金等创新资源在园区和部门之间的合理流动和高效组合，构建协同有序、优势互补、科学高效的区域创新体系，建设形式多样的创新型园区，加快形成关中一体化创新发展格局。

（四）搭建跨区域的产业协同创新平台

由城市群各城市政府组织，由省级领导和各城市市级领导牵头，由具有较强推动能力的机构共同构建，汇集企业、高校、科研机构、金融、服务中介等搭建关中平原城市群产业协同创新平台，作为科技研发与产业转化的一站式服务平台。建立协同创新服务网站，线上汇聚科技资源、科技服务、科技政策、科技成果、对接需求、技术交流等信息，具有重大项目申报与审批、信息资讯发布、创新资源与服务机构搜索、专家咨询等功能。根据若干重大产业组建相应的关中产业协同创新研究专家团队和服务团队，组织推动产业发展创新。

三、加强各层级城市之间的网络联系

城市群维系与发展的关键在于城市群内部各城市之间的紧密联系和一体化发展。关中平原城市群构建新空间格局需推动各层级城市之间的交通、基础设施、社会保障等一体化布局和发展，形成城市群内部网络化链接新格局。

（一）交通一体化

贯通城市群的交通网络是要素流动和城市群联动发展的基础，发达的路网能够大幅提升空间效率，使城市群协同发展成为可能。以高速公路、高速铁路为主骨架，以国道、省道为干线，以县道、乡道为支线，全面建成城市群内互联互通的多节点网络化路网。加快打通省际、市际"断头路"，推动城市群内城市有效串联。协同推进对外通道建设，加快推进城市群内云数据、信息港等新型基础设施建设，助力生产要素自由便捷流动。积极推进大西安都市圈内交通同城化步伐，逐步实施城乡客运公交一体化，车牌号码、收费站等基础配套一体化及管理班子一体化，最终实现交通管理体制和运行机制一体化。开通城市之间的公交线路，并实施公交一卡通全覆盖，实现公交收费一体化、电子化，开通并完善以镇（街道）为节点，辐射全域的公交线路，形成主城区连接主要居民点、工业园区、生态农业示范基地、客运车站等的快捷公交网络。

（二）基础设施一体化

基础设施一体化是推进城市群空间高质量发展的前提和基础。抢抓国家加大对西部地区、城市群等重点区域基建投资的机遇，积极谋划推进城市群基础设施建设的重大项目、重大工程、重大政策、重大改革举措，着力推进城市群基础设施一体化进程。在网络方面，以建设高速共享信息网络、智慧城市群、一体化销售网络平台，提升信息化水平为重点，加大高速宽带骨干传输网络建设力度，推进城市群区域无线网络覆盖、市县数字城市地理空间框架建设，构建一体化信息网络通道。在电力方面，以大区域的供电系统为基础，结合电源和电网状况、用电量和用电负荷结构，根据经济社会发展和人民生活对用电量的需求，制定出电力系统规划。在水利方面，以生态水利重点工程为突破口，统筹推进城市群水利事业一体化。按照因地制宜、分类分区布置的原则，加大城市群气、水、环卫、应急等市政基础设施建设力度，不断提升基础设施互联互通水平。

（三）社会保障一体化

统筹公共服务资源在城乡之间、区域之间的合理配置，促进公共服务资源共建共享，推进基本公共服务一体化。均衡教育资源配置，建立区域医疗卫生数据库和信息交换平台，同时建立和完善公共卫生联防联控和信息共享机制。推进社会保障网络互联互通，在城市群内建立统一的城乡居民基本养老制度及转移接续制度。

四、建立与完善陕甘晋生态耦合机制

"当政治的境界由于自然条件难以通过时，政治的境界也就是经济的境界。"（勒施，2013）。推动关中平原城市群形成新格局，需要相关省份突破行政界线壁垒，充分发挥关中平原城市群陕晋甘三省联席会议制度作用，加快推进跨省域重大项目、重大工程实施，持续深化务实合作，在合作机制、收益补偿、示范区建设方面积极探索，建立与完善省域合作的生态耦合机制。

（一）探索税收分享、成本分摊和生态补偿等多层次、多形式的协调机制

区分合作项目性质，探讨建立不同的区域协调机制，如税收分享机制、成本分摊机制和生态补偿机制等。分享机制对应的是营利性私人产品，由市场机制主导，如基于产业转移、企业间产业合作、建立命运共同体的利益分享机制；分摊机制对应的是半公共产品，属于半政府、半市场导向，如基于基础设施共建，地方政府应依据基础设施对本地区的外部性弹性系数横向分摊成本；补偿机制对应的是公共产品，属于政府导向，如要求生态受益城市通过财政横向转移支付补偿受损城市。

（二）探索建立关中区域要素市场及生态补偿的市场运作机制

打破各种行政壁垒，完善区域人才市场、技术市场、资本市场以及信息共享平台，促进生产要素的区域流动，营造有利于大众创业、万众创新的社会环境。

建立"产权交易奖惩制度",促进股权、产权、债权、不动产权在城市群内部流动。充分发挥陕西秦创原平台优势,加强科教资源整合,打造关中平原城市群区域创新共同体。完善企业与个人的信用制度,提高区域的信息利用率和共享率。完善生态资源有偿使用制度、碳排放权交易、排污权交易、生态服务政府购买制度等,形成一套市场化运作的生态补偿机制。强化三省城市群范围内各市"三线一单"数据平台的互联互通,逐步实现成果共享共用,强化"三线一单"在大气、水、土壤耦合生态要素管理中的应用,促进生态共建、环境共治。

(三)探索协作示范区合作模式

基于区域发展需要,依据资源禀赋、经济关联以及区位条件,在接壤地区或重点产业带、生态涵养区,率先建立一些跨行政区的协作示范区,包括科技合作示范区、产业合作示范区、生态合作示范区、综合改革示范区等,重点推进韩城-河津-万荣、彬州-旬邑-长武-泾川协同发展示范区,陕西-山西-河南旅游协作区建设。在区内实行统一规划和统一政策,允许其先行先试,加快推进医疗、教育、社保、产业等一体化,深化公共卫生、应急管理、社会治理等领域合作,通过体制机制创新和社会政策对接,探索区域合作的新模式和新路径,将协作示范区作为体制机制创新的试验田,科技、产业、生态等领域合作发展的重要平台和探索区域合作发展的新样板。探索共建"飞地"产业园区,并将传统的飞地合作模式拓展到人才、科技、制度等多个层面。

第六章　关中平原城市群的创新驱动发展

党的二十大报告强调"加快实施创新驱动发展战略。坚持面向世界科技前沿、面向经济主战场、面向国家重大需求、面向人民生命健康，加快实现高水平科技自立自强"[1]，为实施科教兴国战略，坚定走好创新驱动高质量发展之路，指明了前进方向、提供了根本遵循。关中平原城市群作为西北地区最大的城市群，加快创新驱动发展、转换发展动能，有利于推动构建新发展格局，深度融入共建"一带一路"，促进黄河流域生态保护和高质量发展，开创西部大开发新格局，助推全国高质量发展。本章在第五章明确关中平原城市群空间布局的基础上，聚焦"创新驱动""科技自立自强"，梳理总结了关中平原城市群创新发展的状况，与对标城市群的纵向对比，阐释了关中平原城市群创新驱动发展面临的机遇与挑战，明晰了关中平原城市群创新驱动发展目标和具体实施路径。

第一节　关中平原城市群创新驱动发展的状况与特点

一、关中平原城市群创新驱动发展的状况

党的十八大以来，关中平原城市群各级政府高度重视科技创新，围绕实施创新驱动发展战略，加快推进以科技创新为核心的全面创新，先后出台并实施了一系列政策举措，营造了有利于创新活动开展与有效驱动经济发展的良好基础环境，推动关中平原城市群创新驱动经济发展取得了显著成效。

（一）支持政策持续发力，创新主体不断壮大

自 2016 年 5 月《国家创新驱动发展战略纲要》发布以来，关中平原城市群各级部门围绕创新体系建设、自主创新能力提升、科技成果转化、产学研融合发展等方面先后出台了支持政策 30 余项，壮大了创新主体，激发了企业活力，具体表现为：一是研发人员数量显著增加，2020 年，关中平原城市群从事 R&D（research and development，研究与开发）活动人员数量近 17 万人（图 6-1），同比增加 7%。

---

[1]《习近平：高举中国特色社会主义伟大旗帜　为全面建设社会主义现代化国家而团结奋斗——在中国共产党第二十次全国代表大会上的报告》，http://www.news.cn/politics/cpc20/2022-10/25/c_1129079429.htm。

此外，关中平原城市群拥有各类人才 400 万余人，引进国内外创新人才 2 万余人，高层次人才吸引力增强。二是创新企业数量快速增加，2020 年，拥有国家高新技术企业 6125 家，各地区国家高新技术企业数量和科技型中小企业数量如图 6-2 所示，西安遥遥领先于其余 11 地区，拥有科技型中小企业 7928 家，比 2019 年提高了 51%。三是开展研发活动的企业占比逐步提高，2020 年，规模以上工业企业中开展研发活动的企业占比约为 16%，比 2018 年提高 7.8 个百分点，企业创新活力逐步释放。

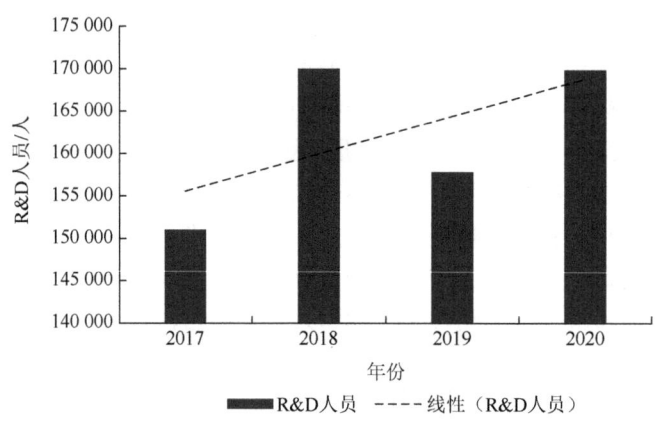

图 6-1 2017～2020 年关中平原城市群 R&D 人员

资料来源：各地政府官方网站所公开的统计资料整理所得

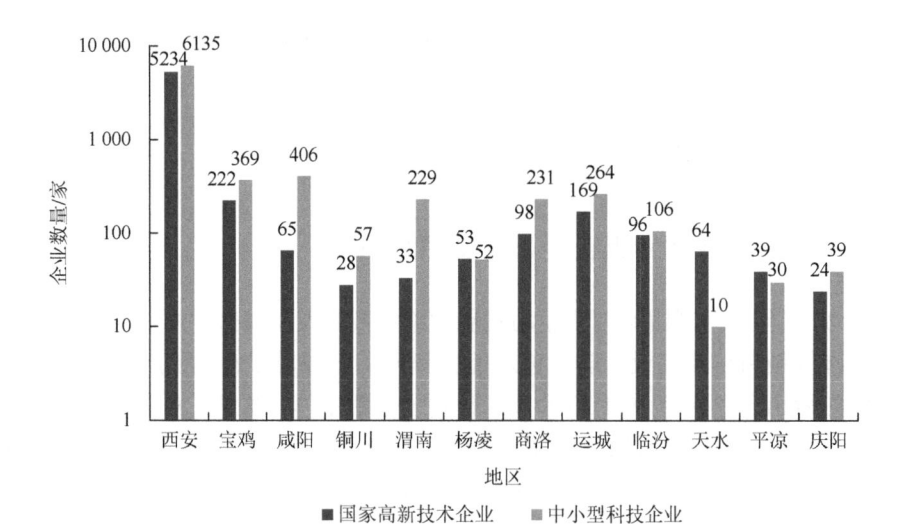

图 6-2 2020 年关中平原城市群分地区创新企业数量

由于除西安以外的其余 11 个地区数据较小，若平分间距将导致 11 个地区数据接近横轴，无法直观体现其创新企业数量，因此本书采用以 10 为基准的倍数刻度作为纵轴间距

（二）创新平台加快建设，创新体系逐步完善

关中平原城市群积极融入国家战略科技力量布局，整合城市群优势科技资源，依托各地区在相关领域创新优势，推动各类研创平台加速建设，形成以省级以上重点实验室、工程技术研究中心、科技成果转化中心为主体的科技创新平台体系。2020年，关中平原城市群拥有省级以上重点实验室203家，工程技术研究中心279家，市级以上科技企业孵化器、众创空间合计537家，市级以上研发平台641家（图6-3），各地高新区迅速发展，创新体系逐步完善为创新驱动持续发展提供了保障和载体。

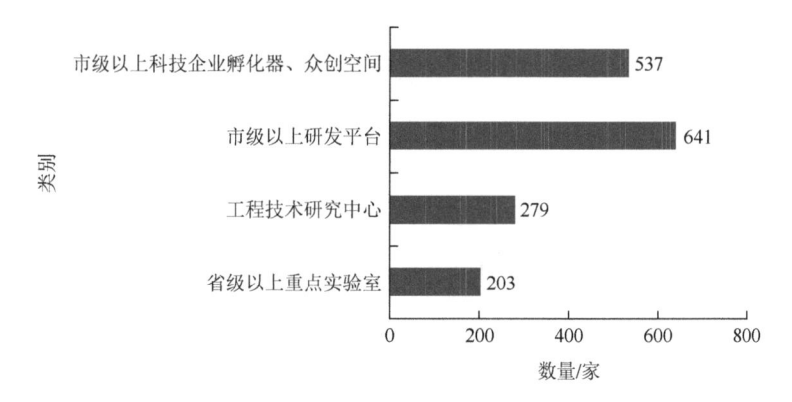

图 6-3 2020 年关中平原城市群创新体系构建情况

（三）创新投入力度加大，自主创新能力显著增强

科技的进步与发展离不开科技资金的投入。2017年以来，关中平原城市群科研经费投入强度逐年递增，2020年，关中平原城市群R&D经费投入625.85亿元（图6-4），同比增加7.18%，相比2017年的453.54亿元增长了37.99%。创新投入的不断增加推动城市群自主创新能力不断提升，2020年，关中平原城市群专利申请数量达10万件。如图6-5所示，专利授权数量呈现逐年上升趋势，从2017年的33 179件增加到2020年的60 537件，授权数量将近翻一番，发明专利授权数量逐年递增，2020年达13 326件，相比2019年增加了23.78%。从申请授权比来看，除2019年略有波动外，整体上呈现上升趋势，2020年专利授权占申请比例超过60%。2020年，关中平原城市群拥有各类科创平台和成果转化基地1100余家，建成全国首家"硬科技支行"，推进航空航天、光电芯片等关键技术攻关实现了新突破，自主创新能力显著增强。

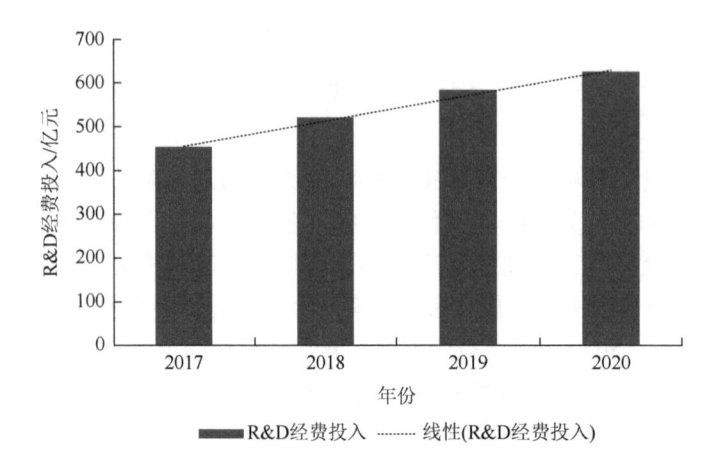

图 6-4　2017～2020 年关中平原城市群 R&D 经费投入

资料来源：各年份《中国城市统计年鉴》整理所得

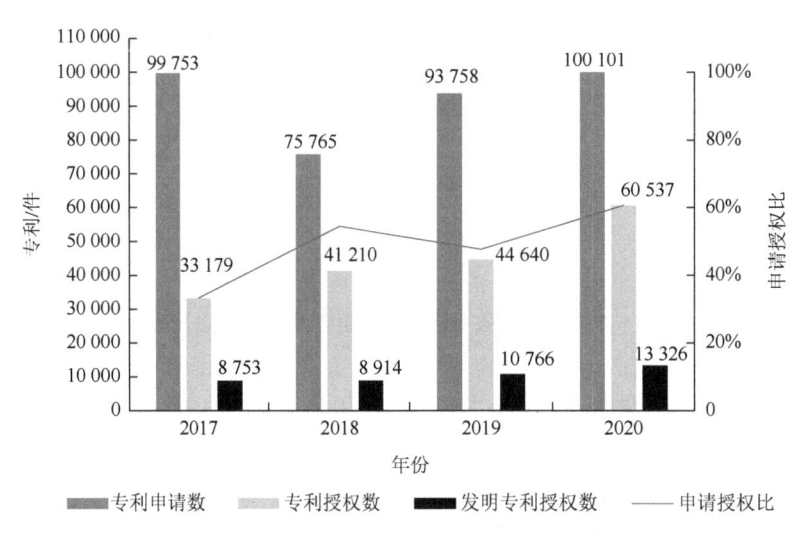

图 6-5　2017～2020 年关中平原城市群专利申请授权情况

资料来源：各年份《中国城市统计年鉴》整理所得

（四）产学研协同发展成效显著，创新生态更加开放

产学研协同发展是强化区域战略科技力量支撑、打造高水平科技创新平台的重要载体，开放包容的创新生态是建设更大范围、更深层次、更高水平的科技创新格局的重要体现。关中平原城市群围绕电子信息制造、汽车制造、航空航天、高端装备制造、新材料和生物医药等六大支柱产业，成立了产业创新联盟、秦创原创新促进中心和 10 余个地区分中心，积极推动产学研融合发展。2020 年，签

订研发服务合同金额超过 3.7 亿元，举办科技成果转化路演 19 场，促成技术合同交易额 1663 亿元，产学研融合发展迈上新台阶。同时，关中平原城市群积极推进国际科技交流合作，2020 年，拥有国家级国际科技合作基地 20 余个，省级国际科技合作基地超过 70 个，深度融入"一带一路"建设，形成改革创新案例 83 个，累计支持国内外 20 个实训基地揭牌运行，关中平原城市群积极参与国际科技治理，创新生态更加开放。

二、关中平原城市群创新驱动发展的特点

（一）科教资源富集，但创新主体发展不平衡

关中平原城市群科教资源位居全国前列，拥有普通高校近百所，各类科研机构千余家，创新资源富集。但是，创新主体在地区间发展不平衡。高校、企业和科研院所等创新主体主要集中分布在西安，城市群内其余地区创新人才和科技企业相对匮乏。西安在军工、航天等领域拥有的显著优势未能充分发挥作用，城市之间科技创新关联度较低，"普遍弱联系、个别强联系"现象明显。除了咸阳和宝鸡两市地理位置上毗邻西安，另外，西咸一体化和"次中心城市"发展规划使得西安市科创发展的辐射范围主要集中在咸阳和宝鸡两市。虽然西安、咸阳、宝鸡三市创新发展形成了较强联系，但与其余地区创新关联程度较弱，且三地空间位置较为集中，使得辐射范围重叠，限制了龙头带动能力。

（二）科技创新重点突出，但创新体系效能不高

关中平原城市群科技创新重点突出，但是，城市群协同创新机制不健全，创新体系整体效能不高。作为以军民融合为特色的国家创新高地，军工科技处于全国领先水平，基本形成了以能源化工、航空航天、新一代信息技术等关键优势领域创新为主导方向，以 3D 打印、生物医药、新材料等战略性新兴领域创新为发展方向的创新格局。但是城市群内地区间优势创新领域和产业发展重合度较高，如宝鸡、咸阳、渭南和运城四地科技创新优势领域均为装备制造业，部分科技资源在城市群内仍然处于"分散、分割、分离"状态，要素流通等活动主要集中在本地范围，城市群内各类科研机构力量未能有效整合。

（三）科技创新潜力较大，但企业自主创新能力不足

关中平原城市群高新技术企业增速迅猛，科技创新潜力较大。但是，城市群

内企业创新行为较少，企业自主创新能力不足。关中平原城市群在优化人才发展环境、加速创新要素互联互通等方面持续发力，聚焦"硬科技"创新领域不断招商引资，推动创新主体不断壮大，加速创新型企业群体形成，科技创新潜力得到释放。但是企业投入研发经费偏低，研发资金来源更多依靠政府投入，且创新载体以政府创新平台为主，企业研发动力不足。2020年，关中平原城市群有研发活动的企业占比约为16%，远远低于全国36.7%的平均水平，同时，城市群内城市大多都是传统制造业占比高，高新技术产业发展明显滞后，高新技术企业自主创新能力较低。

（四）军民融合创新发展，但产学研融合程度不深

关中平原城市群是我国国防科技创新的重要承载区，军民融合得到不断创新发展，但是，产学研合作主要基于项目进行，深度融合程度低。在军民融合发展上，近年来，关中平原城市群"军转民"和"民参军"的规模和质量都在提升，在航空航天、装备制造、电子信息等领域已形成较完整的产业集群，军民融合创新示范区建设取得显著成效。在产学研融合发展层面，目前关中平原城市群已成立关中平原城市群区域合作办公室，推动众多企业与高校建立合作联盟，在科研院所建设、专项研发中心、技术合作等层面开展产学研融合工作。但是，产学研更多处于"结合"的表面阶段，深度融合程度低。产学研合作主要通过企业挂牌、科研项目牵引、科研人员在企业兼职等方式，具有较强的阶段性，合作周期短，科研成果的产业价值尚未得到有效挖掘。关中平原城市群覆盖三省，受行政区划限制，优质教育资源和科技成果还不能在区域内无障碍流动，跨区域之间产学研协调存在一定障碍。

（五）科技应用多样化，但开放创新领域受限

全国首个硬科技小镇落地关中平原城市群，为关中平原城市群"科技+"发展提供了契机，科技应用场景越来越多样化，但是，以军工国防为主的科技创新在客观上带有一定的隐蔽性，关中平原城市群创新生态的开放性受到一定限制。在科技应用上，创新技术广泛应用在民生服务、文化展现、生产销售等生活场景，形成"科技+多层次"的创新应用格局。在创新生态开放程度上，关中平原城市群军工企业众多，但受到体制机制约束和国防科工创新准入门槛的限制，无法充分实现市场竞争，以国防军工为主导的产业性质决定了关中平原城市群创新生态的开放性受限。

第二节　关中平原城市群创新驱动发展的比较、难点与挑战

随着各地发展模式已经由"资源驱动"逐步转化为"创新驱动",科技创新能力成为决定地区核心竞争力的关键。本书分别选取了东、中、西部地区具有一定可比性、代表性强的长三角城市群、中原城市群和成渝城市群进行创新驱动发展对比分析,全面了解关中平原城市群当前创新驱动发展中存在的难点,为关中平原城市群创新驱动发展提供方向。

一、关中平原城市群创新驱动发展的比较

(一)创新主体比较分析

创新主体主要包括从事各类创新活动的企业、高校和研究所等主体,是创新驱动发展的关键力量。如图 6-6 所示,与对标城市群相比,关中平原城市群创新主体呈现出以下特征。①科研人员数量偏少。2020 年,对标城市群科研人员数量分别为:长三角城市群 93.18 万人、成渝城市群 33.40 万人、中原城市群 21.70 万人,而关中平原城市群为 16.93 万人,排在长三角城市群、成渝城市群和中原城市群之后,位列第 4。②高新技术企业数量偏少。2020 年,四大城市群高新技术企业数量分别为:长三角城市群 81 787 家、成渝城市群 14 316 家、中原城市群 8725 家、关中平原城市群 6125 家,关中平原城市群在对标城市群中排在第 4 位,其高新技术企业数量不到长三角城市群的 1/13,存在显著差距。③千亿市值企业

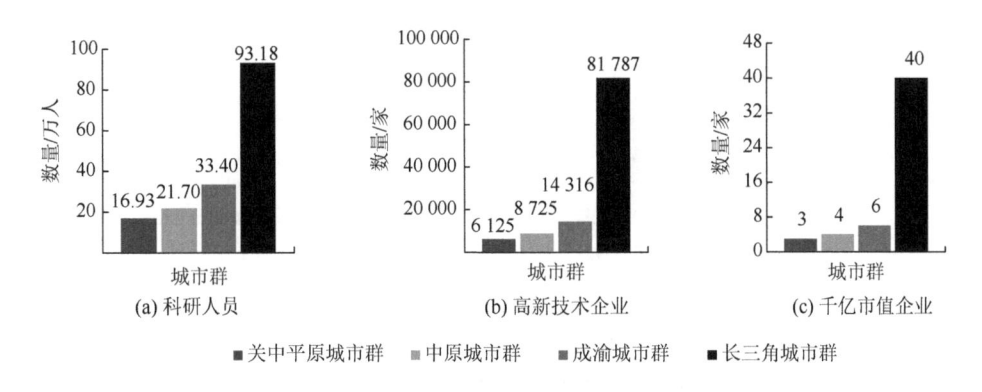

图 6-6　四大城市群创新主体数量

资料来源:《中国城市统计年鉴 2021》和各地政府官方网站所公开的统计资料整理所得

规模偏小。2020年，长三角城市群、成渝城市群和中原城市群千亿市值企业数量分别为：40家、6家、4家，关中平原城市群千亿市值企业仅有3家，排在四大城市群末位，远远落后于长三角城市群的40家。

（二）创新体系比较分析

作为创新驱动发展的重要组成部分，创新体系是推动科技进步的基础支撑，是我国实现科技自立自强的重要途径。与对标城市群相比，关中平原城市群创新体系呈现出以下特征。①高能级创新平台数量偏少。2020年，长三角城市群、成渝城市群、中原城市群和关中平原城市群各类国家级创新平台数量分别为370个、195个、180个和128个，关中平原城市群排名第4位。②双创载体数量偏少。2020年，四大城市群双创载体数量分别为：长三角城市群3134个、中原城市群695个、成渝城市群650个、关中平原城市群537个，关中平原城市群与中原城市群和成渝城市群均相差一百余个，在对标城市群中排在第4位，仅为长三角城市群的1/6（图6-7）。③创新研发投入强度较大。2020年，长三角城市群研发投入强度为2.84%，排在四大城市群第1，成渝城市群和中原城市群研发投入强度分别为2%和1.5%，关中平原城市群以2.3%的投入强度位列第2（图6-8）。

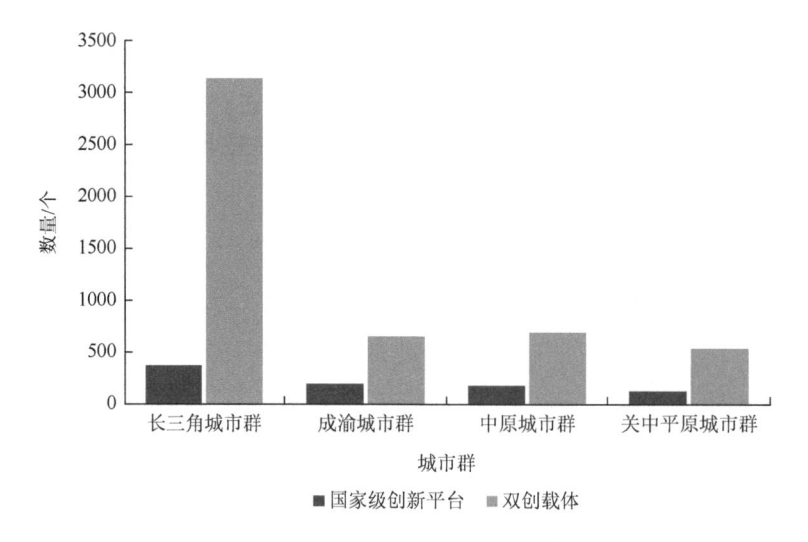

图6-7 四大城市群创新平台建设情况

资料来源：《中国城市统计年鉴2021》和各地政府官方网站所公开的统计资料整理所得

第六章 关中平原城市群的创新驱动发展

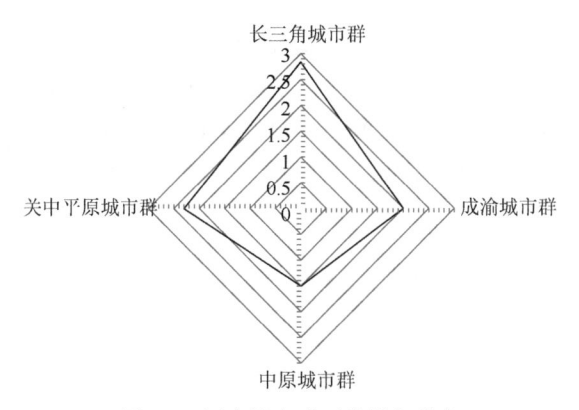

图 6-8 四大城市群研发投入强度

资料来源：《中国城市统计年鉴 2021》和各地政府官方网站所公开的统计资料整理所得

（三）自主创新能力比较分析

自主创新能力是综合国力竞争的决定性因素，是实现建设创新型国家目标的根本途径。与对标城市群相比，关中平原城市群自主创新能力呈现出以下特征。①专利授权数量较少。2020 年，四大城市群专利授权情况为：长三角城市群 112.50 万件，其中发明专利 14.10 万件；成渝城市群 15.90 万件，其中发明专利 2.20 万件；中原城市群 15.30 万件，其中发明专利 1.20 万件；关中平原城市群 6 万件，其中发明专利 1.30 万件，在专利授权数量总体上，关中平原城市群数量最少，排在第 4，在发明专利授权数量上，关中平原城市群较中原城市群多一千余件，排在第 3。②发明专利授权占比高。如图 6-9 所示，2020 年，长三角城市群、成渝城市群、中原城市

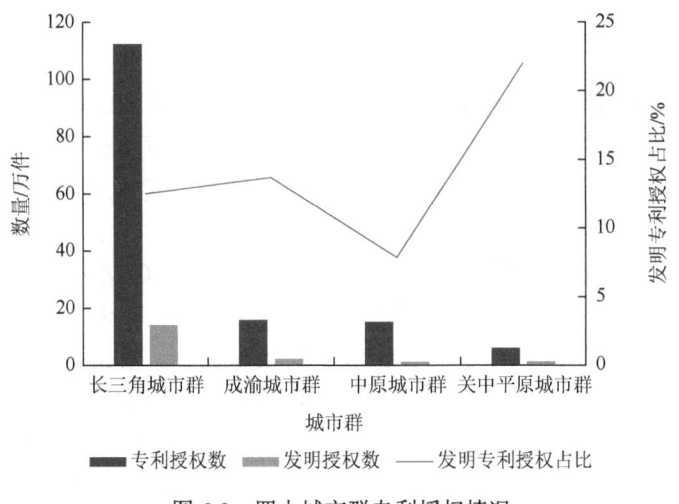

图 6-9 四大城市群专利授权情况

群和关中平原城市群发明专利授权占比分别为：12.54%、13.84%、7.84%和21.67%，关中平原城市群位列第1。③企业自主研发能力弱。2020年，四大城市群有研发机构的高技术产业企业数量为：长三角城市群约4700家，成渝城市群约650家，中原城市群约240家，关中平原城市群约130家，关中平原城市群排在第4位（图6-10）。

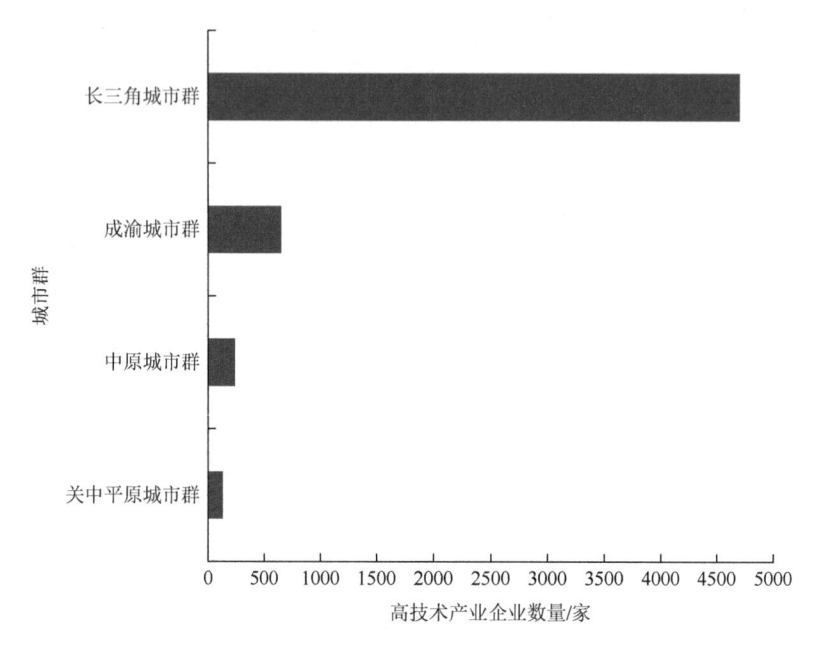

图6-10 四大城市群高技术产业企业数量

资料来源：《中国高技术产业统计年鉴2021》

（四）产学研融合比较分析

企业、高校和科研院所等产学研主体的深度融合是推动经济增长由要素驱动向创新驱动转变的关键举措，也是提高创新效率的重要途径。与对标城市群相比，关中平原城市群产学研融合呈现出以下特征。①技术合同交易额较大。如图6-11所示，2020年，长三角城市群、成渝城市群、中原城市群和关中平原城市群技术合同交易额分别为：5679.1亿元、1403.0亿元、1261.7亿元和1663.0亿元，关中平原城市群排在四大城市群的第2位，但与长三角城市群相比仍有一定距离。②开展产学研合作的企业数量较少。根据全国企业创新调查数据，2020年，四大城市群开展产学研合作的企业数分别约为：长三角城市群20 223家、成渝城市群3765家、中原城市群2695家以及关中平原城市群1336家，关中平原城市群排在第4位，数量将近第3位中原城市群的1/2（图6-12）。③产学研融合程度不深。2020年，在开展产学研合作企业中，通过在企业建立研发机构、在高等学校设立研发机构、聘用高等学校或研究机构人员到企业兼职三种形式开展产学研合作的企业占比情况为：长三角城市群分别为24.60%、9.90%、28.40%，成渝城市群分别为22.50%、7.90%、33.20%，中原城市群分别为26.50%、9.80%、31%，关中平原城市群分别为24.10%、9.20%、30.40%（图6-13）。关中平原城市群三种形式开展产学研活动的企业占比均排在第3位，产学研融合程度不深。

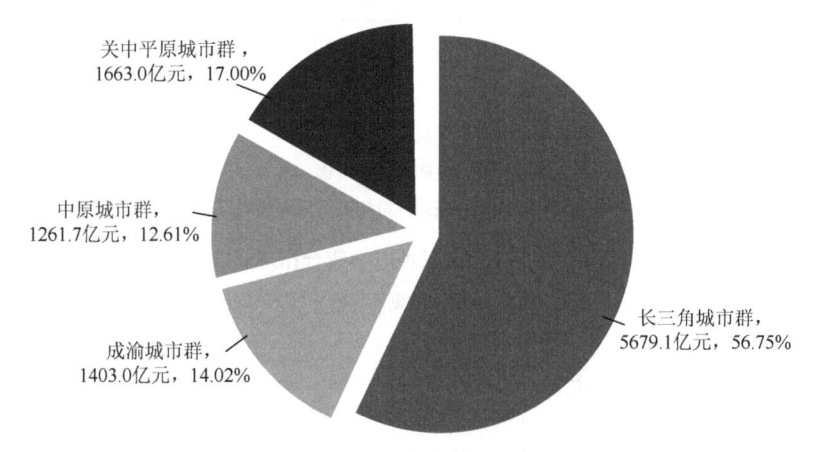

图6-11 四大城市群技术合同交易额及其占比

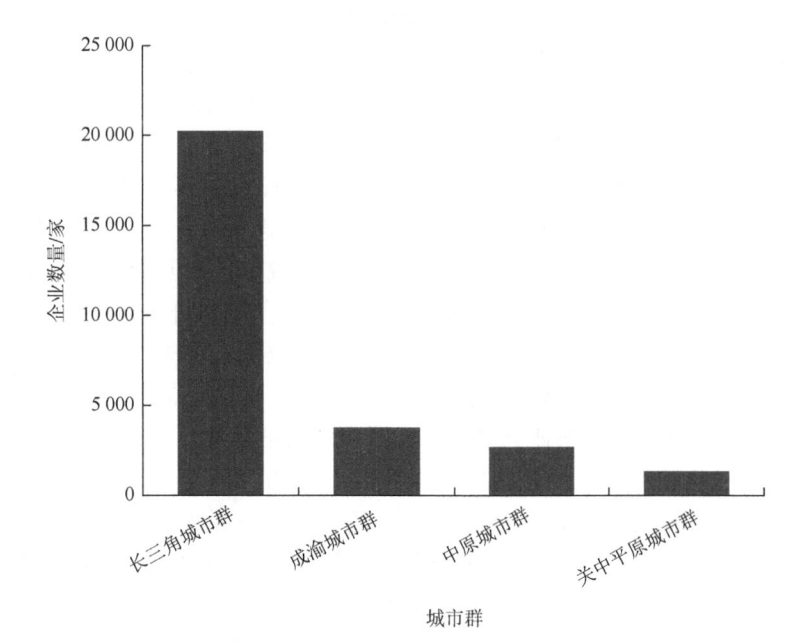

图6-12 四大城市群开展产学研合作的企业数量

资料来源：《全国企业创新调查年鉴2021》

图 6-13 四大城市群开展三种产学研合作形式的企业占比

资料来源：《全国企业创新调查年鉴 2021》

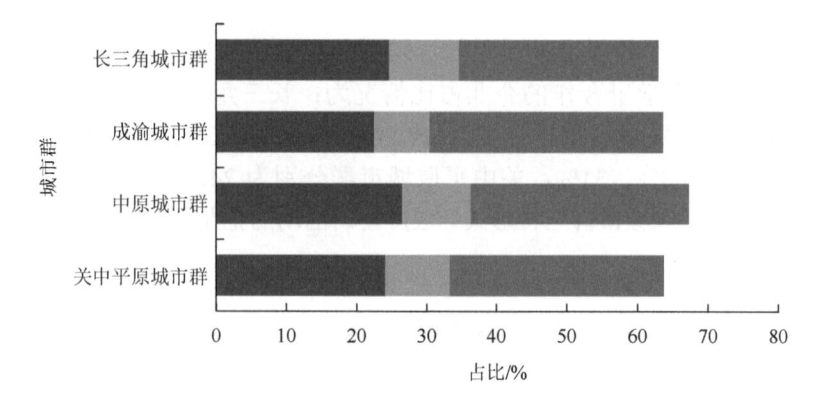

（五）创新生态比较分析

创新生态既包括企业、高校、研究院、政府以及金融部门等创新主体，也包括创新主体之间形成的相关关系以及政策制度、创新平台等构成的客观条件，能够系统地、全面地反映城市群整体的创新水平。与对标城市群相比，关中平原城市群创新生态呈现出以下特征。①科技创新发展水平较低。《中国城市科技创新发展报告 2020》显示，2020 年，长三角城市群、成渝城市群、中原城市群和关中平原城市群科技创新发展指数分别为：0.8583、0.4516、0.3354 和 0.3617，关中平原城市群略高于中原城市群，排在第 3。②科技创新竞争力一般。根据中国社会科学院城市与竞争力研究中心发布的《2020 年中国城市科技创新竞争力报告》，在科技创新竞争力指数全国排名前 30 的城市中，长三角城市群占 6 席（上海、杭州、南京、合肥、苏州、无锡），成渝城市群占 2 席（成都、重庆），中原城市群（郑州）和关中平原城市群（西安）均仅有一市入围，西安以全国排名第 10 的优势略胜郑州，关中平原城市群整体竞争力排在四大城市群第 3。

东部长三角城市群，拥有国际金融中心上海市，地理位置条件优越，区域协同合作、分工较为合理，在创新主体数量、创新体系建设、自主创新能力、产学研融合以及创新生态建设方面都大幅度领先于关中平原城市群；西部成渝城市群发展时间相对较短，核心城市成都具有优美的自然风光和深厚的历史底蕴，加之重庆作为中国直辖市之一，具有深厚的工业基础和发达的交通网络，近年来，蓬勃发展的成都天府新区，为城市不断增添科技创新动力，城市群创新水平得到较大提升，与关中平原城市群相比，成渝城市群拥有成都、重庆两市"真双核"带动，并且大部分地级市之间相距较近，创新发展联动性较高，容易形成较大的创新集群效应；中部中原城市群地处沿海开放地区与中西部地区的接合部，是我国经济由东向西梯次推进发展的中间地带，与关中平原城市群相比，中原城市群整体规模更大，人口更为密集，创新主体数量较多，但关中平原城市群在创新投入强度和创新人才培育方面更具优势，科技创新潜力较大。

二、关中平原城市群创新驱动发展的难点

通过与对标城市群创新驱动的对比，结合自身发展的情况，可以看出关中平原城市群在创新驱动发展过程中存在：创新主体总量需要不断增加、创新平台能级需要不断提高、高新技术企业自主创新能力需要极力加强、以企业为主导的产学研融合程度需要不断加深、创新生态竞争力需要不断增强等难点。

（一）创新主体总量需要不断增加

关中平原城市群的科研人员、高新技术企业以及千亿市值企业等创新主体数量均偏少，千亿市值企业龙头引领能力有限，企业创新活力不足。从企业构成来看，关中平原城市群科技型企业比重较小，2020年高新技术企业数量6000余家，不到成渝城市群的1/2，不到长三角城市群80 000余家的1/12，从科研人员来看，2020年，关中平原城市群拥有科研人员17万人，不到长三角城市群的20%。城市群创新驱动发展的核心是创新主体，包括企业、高校、科研院所、创新团队等，而关中平原城市群创新主体总量相对不足，这是制约其创新发展的一个重要难点。

（二）创新平台能级需要不断提高

关中平原城市群创新平台数量较少、能级水平较低、创新实力不够强。创新平台是连接基础研究和产业化应用的重要载体，在数量上，关中平原城市群市级以上研发平台不足700个，双创载体数量仅为长三角城市群的17%；在质量上，国家级创新平台量不足长三角城市群的1/2，高能级创新平台数量匮乏。创新平台是推动科技进步和经济发展的重要力量，随着科技的不断发展和市场竞争的加剧，关中平原城市群的创新驱动发展也对创新平台的能级提出了更高的要求。

（三）高新技术企业自主创新能力需要极力加强

关中平原城市群企业自主研发能力相对较弱。2020年拥有千亿级市值企业3家，不到长三角城市群40家的1/13，不少企业尚未形成自己的核心技术能力，龙头企业和重点企业研发机构相对缺乏，缺少科技创新的带动和辐射效应，企业高新技术产品的技术水平不高，知识产权支撑性不强，"高"与"新"的特征不明显。2020年，关中平原城市群规模以上工业企业8202家，超过高新技术企业的6125家，关中平原城市群传统制造业企业占比较高，高新技术产业发展滞后。关中平原城市群有研发机构的高技术产业企业数量为130个，接近中原城市群的1/2，是成渝城市群的1/5，长三角城市群的1/36，相比之下，关中平原城市群高新技术企业自主创新能力不强。而高新技术企业是推动技术创新和经济发展的关键力量，因此在这个基础上加强高新技术企业的自主创新能力具有一定的难度。

（四）以企业为主导的产学研融合程度需要不断加深

关中平原城市群开展产学研合作的企业数量较少且产学研融合程度不深。2020年，关中平原城市群开展产学研合作的企业数量不足长三角城市群的7%，与中原城市群相比，也仅为其1/2，以企业为主导的产学研融合体制机制尚未健全。在开展产学研的企业中，近1/3的合作是通过聘用高等学校或研究机构人员到企业兼职形式展开，合作则主要以项目为牵引，周期短，阶段性强。企业本身研发人员较少，对科研投入的积极性相对匮乏，在这个背景下加深以企业为主导的产学研融合程度成为关中平原城市群创新驱动发展的一个挑战。

（五）创新生态竞争力需要不断增强

关中平原城市群深居内陆，且以军工科技为主的创新结构，使得其在科技创新对外交流等方面的开放性受限，难以充分融入市场竞争。关中平原城市群军工国企众多，短时间内难以转变发展模式，以军工国防为主的科技创新在客观上带有一定的隐蔽性，容易受到体制机制约束和准入门槛限制，而长三角城市群科技企业则以民生领域为主，在改革创新上灵活性强，相比之下，关中平原城市群创新生态开放性不足。2020年，关中平原城市群仅有西安一市进入城市创新竞争力全国前30，虽然排名第10位，但内部地区联动性较弱，远远落后于长三角城市群的 6 市入选，整体上科技创新竞争力仍然不高。增强关中平原城市群的创新生态竞争力是一个长期的过程，需要政府、企业和社会各方面的共同努力，这也是城市群创新发展途中的一大难点。

三、关中平原城市群创新发展面临的挑战

（一）地区间发展差距大对关中平原城市群创新驱动协同发展提出的挑战

关中平原城市群内地区间发展差距大，2020 年，各地区地方 R&D 支出占比差距明显。其中，投入强度最大的西安市是投入最低的商洛市的 39 倍，除西安外，城市群内大部分城市投入强度仅为 1% 左右，平凉、商洛、庆阳三市 R&D 投入强度甚至不足 0.5%。政府对研发的投入速度与投入强度直接决定了创新人才培育和创新平台建设情况，关中平原城市群科技创新人才大多聚集在西安市，城市群内其他地区基础设施和创新配套服务体系相对较弱，对于人才的吸引力不足；创新平台有 80% 分布在西安，城市群内其他地区很难充分地利用这些创新资源从事创新研发活动，地区间较大的投入差距进一步加大了创新资源地区间分布差距和创新实力差距，围绕在西安周围的宝鸡、杨凌、铜川、渭南和商洛五市（区），获取到的创新资源和创新条件相似，创新同质化现象明显，特别是在产业创新领域多地存在重合现象；天水、庆阳、平凉、临汾和运城五市，距离创新核心西安较远，受到的带动能力较弱，创新能力稍显不足，这就对关中平原城市群各地区创新驱动协同发展提出了挑战。

（二）"高精尖专"人才不足对关中平原城市群自主创新能力提升提出的挑战

人才是第一资源。2020 年，关中平原城市群从事 R&D 活动人员数量为 16.98 万人，占全国比重为 2.24%，高新技术企业 6125 家，全国占比 2.23%，创新主体数量偏少，关中平原城市群引才用才的方式和科技创新激励机制仍有待提高。当下，新发展格局对科技创新提出了新的要求，面对信息技术、光电芯片、人工智能、航空航天等"硬科技"领域，关中平原城市群引领创新型人才供给不足，关键领域和环节"高精尖专"人才匮乏将对企业自主创新能力的提升带来挑战。

（三）产学研合作主体分工不明确对关中平原城市群产学研深度融合提出的挑战

关中平原城市群政府替代企业成为创新主体现象严重，企业政府分工不明确。

"十四五"规划指出"形成以企业为主体、市场为导向、产学研用深度融合的技术创新体系",明确了企业创新的主体地位。2020年,关中平原城市群研发投入625亿元,其中各类企业研发经费支出约300亿元,政府科研机构经费支出约265亿元,高等学校经费支出约60亿元,三者所占比重分别为48%、42.40%、9.60%,企业投入虽在不断增加,但距离全国76.6%的企业投入水平仍有一定差距。此外,关中平原城市群有研发活动的企业占比约为16%,远远低于全国36.7%的平均水平,政府投入过多将导致企业创新内生动力不足、依赖性强,产学研融合则停留在以项目为主的阶段性合作,没有形成深度融合的有效载体,政府和企业创新分工不明确,对产学研深度融合提出了挑战。

第三节 关中平原城市群创新驱动发展的目标

一、关中平原城市群创新驱动发展目标的确立依据

(一)理论依据

通过归类整理,可以将学术界创新驱动发展目标划分为以下四类:一是创新主体发展目标(陈立泰和蔡吉多,2019;王元亮,2021),研发人数、高等院校等客观条件直接决定了科技创新的能力,是城市群创新驱动经济发展的关键因素,相关研究显示关中平原城市群创新能力年均增长率接近40%,对此提出了要培育世界一流的创新型企业、集聚高端创新人才的宏观目标;二是创新体系建设目标(方玉梅和刘凤朝,2014;徐伟等,2019),包括城市群研发投入、高新区建设以及实验室、科创平台等支持条件,形成了"到2025年建设高水平科技创新平台、建成一批具有世界影响力的高科技园区和创新型科技园区"的体系建设目标;三是产学研融合发展目标(刘传辉和杨志鹏,2021;马双和曾刚,2019),表现在发明专利数量、创新模式、数字经济指数等方面,如提出"2025年每万人口高价值发明专利拥有量达到12件"的定量目标和"实现科技创新发展与数字经济的深度融合"的定性目标;四是创新生态建设目标,一方面是城市群之间和城市群内部的联系程度,要减少恶性竞争,建立利益共同体,另一方面是在政策上给予创新更大力度的支持与激励,通过加大人才吸引、创新创业、企业融资等支持力度,营造良好的创新氛围,将关中平原城市群打造为"全国知识创新、技术创新和成果转化的重要策源地以及具有全国影响力的新一代青年创新创业集聚区"(全雨霏和吴潇,2018;李金华,2020;胡健,2019)。

（二）政策依据

从国家层面目标来看，2016年5月中共中央、国务院印发《国家创新驱动发展战略纲要》，作为实施创新驱动发展战略的顶层文件，该纲要从更长远的角度提出了创新驱动发展的"三步走"规划，在创新环境、创新体系、自主创新能力等方面提出明确目标。2021年3月十三届全国人大四次会议表决通过的"十四五"规划明确指出了创新驱动发展指标，从"全社会研发经费投入增长"、"每万人口高价值发明专利拥有量"和"数字经济核心产业增加值占GDP比重"三个维度对目标做出定量预期。2022年10月党的二十大报告中强调"完善科技创新体系""坚持创新在我国现代化建设全局中的核心地位""健全新型举国体制""强化国家战略科技力量""提升国家创新体系整体效能""形成具有全球竞争力的开放创新生态"[①]，为我国积极融入全球创新网络、构建更高水平的科技创新开放合作新格局等方面明确了目标定位。

从区域创新目标来看，《关中平原城市群发展规划》中明确指出，将打造"以军民融合为特色的国家创新高地"作为关中平原城市群创新发展战略定位，并从创新型产业体系与基础设施支撑体系建设方面对城市群创新目标进行定性预期。此外，关中平原城市群各市对创新水平定位、创新驱动平台建设、技术创新领域、创新创业发展等方面做出了目标设定，各市"十四五"规划中创新驱动目标汇总见表6-1，各地因地施策，因地立标，结合自身发展优势和基础给出了规划目标。

表6-1 关中平原城市群各市"十四五"规划中创新驱动目标汇总

地区	研发经费支出占地区生产总值比重	每万人口高价值发明专利拥有量/件	规模以上工业企业战略性新兴产业总产值占工业总产值比重	国家高新技术企业数量/家	规模以上工业企业中有研发活动企业占比	数字经济核心产业增加值占地区生产总值比重	研发经费投入增长
西安	5%	12.0	50%	12 000	40%	5%	—
咸阳	1.5%	4.0	22.5%	280	20%	8%	—
宝鸡	年均8%	4.0	20%	—	25%	5%	—
渭南	全省平均水平以上	1.9	18%	150	全省平均水平以上	2%	—
铜川	2%	5.0	23%	—	20%	8%	—
商洛	累计40%	1.0	30%	—	5%	累计30%	—
运城	—	2.2	—	—	完成省下任务	—	年均增长20%

---

① 《习近平：高举中国特色社会主义伟大旗帜 为全面建设社会主义现代化国家而团结奋斗——在中国共产党第二十次全国代表大会上的报告》，http://www.news.cn/politics/cpc20/2022-10/25/c_1129079429.htm。

续表

地区	研发经费支出占地区生产总值比重	每万人口高价值发明专利拥有量/件	规模以上工业企业战略性新兴产业总产值占工业总产值比重	国家高新技术企业数量/家	规模以上工业企业中有研发活动企业占比	数字经济核心产业增加值占地区生产总值比重	研发经费投入增长
临汾	—	1.5	—	—	—	5.4%	年均增长20%
庆阳	≥1.5%	1.3	—	—	—	4.2%	
天水	1.5%	0.6	—	—	—	>10%	
平凉	0.8%	0.6	—	50	—		

二、关中平原城市群创新驱动发展目标

根据国内学者对于关中平原城市群创新发展的研究角度与研究结论，结合国家战略目标、区域规划目标和各市政府发展目标，从宏观格局到微观指标，分别给出了不同角度的发展预期，各类创新发展目标主要划分为创新主体培育、创新体系完善、自主创新能力提升、产学研深度融合以及创新生态建设五个层面，基于以上分类，结合关中平城市群创新发展状况与发展潜力，给出以下关中平原城市群创新驱动发展目标。

（一）定量目标

到2025年，关中平原城市群在创新驱动发展方面迈出更大步伐，秦创原创新驱动平台三大功能建设实现跃升，协同高效的创新驱动发展体系更加完备，创新体制机制更加完善。基本形成新型实验室体系、企业技术创新中心体系、区域性创新平台体系，开创特色区域创新发展格局。创新型城市群建设走在全国前列，形成引领大西北的自主创新示范区和国家创新高地。在电子信息、航空航天、高端装备、新能源、生物医药等重点产业领域和人工智能、大数据、云计算、机器人等新兴产业领域取得重大创新突破，自主创新能力显著提升，贡献科技自立自强"关中力量"。相关指标定量目标及估计方法见表6-2。

表6-2 关中平原城市群2025年创新驱动发展主要指标

指标	2025年	估计方法
R&D经费占GDP比重	3.20%	以2020年关中平原城市群研发投入强度2.3%为基期，依据"十四五"规划"年均增长7%以上"计算

续表

指标	2025年	估计方法
基础研究经费占R&D经费比重	8.00%	2020年关中平原城市群基础研究占比与全国水平基本一致，目标同步于"十四五"规划的8%目标
规模以上工业企业战略性新兴产业总产值占工业总产值比重	39.00%	以关中平原城市群各地区"十四五"规划目标为依据，对西安和其余地区赋予8:2的权重，计算总体比重
规模以上工业企业中有研发活动企业占比	25.00%	以2020年关中平原城市群有研发活动企业占比16%为基期，按2020年不变增长率9%计算
高新技术企业数量/家	13 000	以关中平原城市群各地区"十四五"规划目标为依据进行加总
科技型中小企业数量/家	17 000	以2020年关中平原城市群科技型中小企业数量7928为基期，按2020~2022年均增长率17%计算
数字经济核心产业增加值占GDP比重	10.00%	国家"十四五"规划首次提出数字经济核心产业增加值占GDP比重，同步于国家规划10%的目标
技术交易总额/亿元	2000	以2020年关中平原城市群技术交易总额1663亿元为基期，按2021年5%不变增速计算
每万人高价值发明专利拥有量/件	12	以2020年每万人高价值发明专利拥有量7为基期，依据2021年国内每万人口高价值发明专利拥有量增加1.2件不变增速计算
省级重点实验室等研发创新平台/家	240	以关中平原城市群2020年200家为基期，结合各地区"十四五"规划估算
创新人才引进数量/人	24 000	以2020年关中平原城市群引进各类创新人才2万人为基期，按2020年4%不变增长率计算

（二）定性目标

1. 创新主体——强化企业创新主体地位，建设高水平创新人才队伍

不断强化企业创新主体地位。利用秦创原创新驱动平台，建设完善众创空间、科技企业孵化加速器、双创示范基地等载体，实施"初创企业—科技型中小企业—高新技术企业—瞪羚企业—独角兽企业"全生命周期培育计划。

构建创新人才引育机制。推动实施高层次人才引进计划、建立关中人才"蓄水池"，提高人才计划质量和效益。构建立体化人才培育机制，探索人才白名单机制，建立健全人才分类评价体系，设立关中平原城市群人才发展基金，推进科研评价与奖励管理制度改革。加大对优秀人才引进、培育、激励力度，多途径、多方式吸引创新人才，逐步形成系统科学的创新人才体系。

优化人才创新环境。大力支持青年科技人才创新创业，建立人才研究和交流平台，积极组织参与或举办各类创新研讨活动，营造良好的创新学习环境与氛围，为创新人才提供良好的创新环境和发展平台。加快落实住房、子女入学、医疗、社保等服务政策，推进城市群人才公共服务一体化，解决人才后顾之忧。

2. 创新体系——加快构筑高能级创新平台体系，开创特色区域创新发展格局

布局重大科技创新平台。重点建设西部科技创新港、中国科学院西安科学园等科创园区，充分发挥高校、科研院所等原始创新优势，完善创新生态系统。重点开发杨凌农科城、宝鸡科技新城、铜川商业航天城、咸阳电子显示创新园、商洛高新区、运城生态环保产业园区、临汾经济开发区、天水经济技术开发区等产业创新高地，搭建丝绸之路国际产学研用合作平台，联合技术攻关、人才培养等工作。加快构建以国家实验室为引领的战略科技力量，增加国家级重点实验室、国家级"双创"示范基地、国家级工程研究中心、国家级技术创新中心等高质量创新平台数量，培育发展一批省级研发平台，提档升级一批市级创新平台，形成结构合理、运行高效的创新体系，形成国家重大科技基础设施梯次发展格局。

推动创新资源协同联动。建立关中平原城市群协同联动机制，依托秦创原创新驱动平台将创新资源辐射延伸到城市群内各地区，加强与京津冀、长三角、成渝等城市群对接，更好挖掘和释放创新潜力，开创特色区域创新发展格局。

3. 自主创新能力——围绕战略科技前沿方向，大幅提升关键领域自主创新能力

基础科学研究实现重大突破。结合西安综合性国家科学中心、国际一流科研机构、世界一流大学和一流学科，推动城市群内高校、科研院所聚焦基础前沿和关键领域重大科学问题，实施战略性科学计划和科学工程，完善共性基础技术供给体系，突破形成一批从"0"到"1"的原始创新成果。

重要领域关键核心技术水平大幅提升。聚焦城市群支柱产业、战略性新兴产业等重点领域，集聚城市群内优势科研力量，加大应用技术开发力度，在人工智能、航空航天、光电芯片、生物技术、信息技术、新材料、新能源、智能制造等"硬科技"领域，着力攻克一批"卡脖子"关键技术，大幅提升重要领域关键核心技术水平。

加强科技成果的落地转化。成立关中高校技术经理人协会，建设专业化、市场化技术转移机构，健全以价值为导向的成果转化激励机制，激发高校技术成果转化活力。大力培育高价值发明专利，加强关中平原城市群协同创新，充分释放创新活力。

4. 创新融合——加快布局数字基础设施，开创产学研深度融合新局面

产业数字化蓬勃发展。加快搭建工业物联网，统筹布局建设 5G 网络、新一

代互联网、物联网等数字基础设施，推进关中通信基础设施与社会资源融合共享，搭建"科技+"平台，融通各类创新要素，推动科技在农业、制造、教育、文旅、医疗、政务等领域的深度融合。推进"互联网+政务服务"，推进科技与产业创新双联动，实施智慧医疗、智慧教育、智慧社区、智慧交通等智慧民生示范项目，发展建成一批特色鲜明、示范性强、管理规范的科技经济融合示范基地，实现科技与经济深度融合。

推动科技金融深度融合。完善金融科技和金融体系，加大对知识产权质押融资、知识产权保险、科技创新人才保险、科技贷款等科技金融的支持力度，推进金融机构与城市群内重大科研创新平台交流合作，打造专项基金引领、多元资本参与、专业化运作的科技创新金融体系，探索具有区域特色的科创金融融合发展模式。

产学研融合机制进一步完善。参照"研发-项目-基地"融合模式，建立一批区域科技合作基地、高校创新引智基地，集聚国内外高校、科研院所创新成果，引导企业、产业落地，形成关中地区产学研全链条长效服务机制。

5. 创新生态——建立健全国际化协同创新体制机制，打造区域创新共同体

打造关中协同创新走廊。以西安为创新核心引擎，发挥西咸一体化引领示范作用，推动城市间共商共讨创新议题、互联互通创新要素、共建共筑创新机制，实现科学研究、技术创新、成果转化、产业推广等服务平台与资源的共享发展。进一步推动各地政府职能从研发管理向创新服务转变，积极开展跨区域产业合作，探索"总部+基地""研发+生产"等创新驱动发展模式，全面提升关中平原城市群创新环境。

强化全球科技精准合作。深化与"一带一路"共建国家以及相关组织的合作，发挥关中科教资源优势，加快国际科技合作创新载体体系建设，布局一批国际联合实验室、国际化研发中心和国际化创新孵化中心，鼓励城市群内重点高校、科研机构积极参与国际创新活动，形成长期、稳定、多元化的合作交流机制。

加强知识产权保护。围绕知识产权、商业秘密、商业模式等多种形态制定知识产权保护政策，科学构建关中平原城市群技术创新知识产权保障体系，特别是西安市作为技术创新的核心，要进一步加强对"硬科技"重点领域的知识产权保护工作，为打造"全球硬科技之都"提供保障，到2025年，建成区域性知识产权保护试点示范区，实现知识产权保障能力明显提升。

三、关中平原城市群创新驱动发展目标比较

关中平原城市群创新驱动发展目标的确定是以学术界相关学者研究内容以及

现有各级政府部门发布的相关政策文件为基础，结合关中平原城市群自身发展情况确立，将关中平原城市群与东、中、西部地区具有一定可比性，代表性强的长三角城市群、中原城市群和成渝城市群进行创新驱动发展目标进行比较，说明关中平原城市群未来创新驱动发展的要点与方向。

（一）创新主体目标对比

本书结合关中平原城市群发展状况和相关指标，给出了创新主体发展定量目标，如表 6-3 所示，长三角城市群瞄准"世界一流""国际影响力"等高标准来培育创新主体，为关中平原城市群培育高质量创新主体提供了方向；中原城市群聚焦中小微企业，成渝城市群发展规划中特别指出了帮助"农民工"这一群体进行创业创新的重点任务，两者为关中平原城市群创新主体的丰富与创新积极性的调动提供了参考。

表 6-3 创新主体目标对比

城市群	发展目标
关中平原城市群	高新技术企业突破 13 000 家，创新型科技企业突破 17 000 家
长三角城市群	2025 年，培育形成一批具有国际影响力的创新主体； 2035 年，集聚一批世界一流的创新主体
成渝城市群	建设中西部农民工返乡创业示范区
中原城市群	培育壮大创新主体； 支持高成长性的科技型中小微企业发展

（二）创新体系目标对比

在创新体系建设方面，本书对关中平原城市群创新体系建设除了定量给出平台建设目标外，也定性确定了创新体制机制的发展目标。对比对标城市群，见表 6-4，长三角城市群引入"一体化"建设，体现了长三角城市群对区域协同创新发展提出的更高要求，代表着城市群内各地区之间创新融合与发展步伐同步的更高层次，为关中平原城市群下一阶段形成更高水平的创新体系提供了模板。长三角城市群的 2025 年和 2035 年两阶段目标在不同程度上对"政策协同机制""创新要素流通""科技资源共享"等层面做出规定，成渝城市群发展规划也提到了"建设各类信息与创新资源的共享机制"，说明创新要素的流通共享是创新体制机制继续健全与完善的重要内容，与本书旨在通过"打造区域创新共同体，开创关中平原城市群协同创新新局面"的目标方向一致。

第六章 关中平原城市群的创新驱动发展

表 6-4 创新体系目标对比

城市群	发展目标
关中平原城市群	建设重点实验室等平台 240 家；国际化协同创新体制机制
长三角城市群	2025 年，科技创新规划、政策的协同机制初步形成； 2035 年，各类创新要素高效便捷流通
成渝城市群	聚焦重点领域和关键技术，打造创新创业发展平台； 联合建设共性关键技术创新平台，建设各类信息与创新资源的共享机制
中原城市群	形成一批具有鲜明特色的技术研究中心和示范基地

（三）自主创新能力目标对比

在自主创新能力方面，本书围绕基础研究和关键核心技术对关中平原城市群自主创新能力给出定性目标。对比对标城市群，见表 6-5，长三角城市群和成渝城市群精准定位，均对自主创新重点领域进行了强调，如"基础科学""关键共性技术"等方面，提出了实现"高水平"地自主创新，为关中平原城市群自主创新提供了方向。中原城市群依托国家自主创新示范区引领带动，力争在创新创业方面走在全国前列，进一步凸显了自主创新能力对地区创新驱动发展的重要性，为关中平原城市群实现创新驱动发展提供了着力点。关中平原城市群立足自身定位和发展状况，自主创新目标更具区域特色。

表 6-5 自主创新能力目标对比

城市群	发展目标
关中平原城市群	基础科学研究实现重大突破；重要领域关键核心技术水平大幅提升； 加强科技成果的落地转化
长三角城市群	围绕基础前沿科学、前沿引领技术、关键共性技术、现代工程技术、颠覆性技术等领域，建设长三角高水平研究机构
成渝城市群	瞄准突破共性关键技术；聚焦核能、航空航天和电子信息等领域； 发挥基础研究和原始创新的引领作用，有效支撑成渝全域高水平创新活动
中原城市群	发挥国家自主创新示范区引领带动作用，努力在创新创业方面走在全国前列； 科技创新综合水平迈上新台阶

（四）创新融合目标对比

本书对于关中平原城市群创新融合发展目标设定为两个方面：一是创新发展融合程度，二是融合的机制。与对标城市群对比来看，长三角城市群创新融合发展目标包括：一是科技创新与生产的融合，即科技成果转化情况；二是科技与生活的融合，即科技成果惠民情况，这也是关中平原城市群创新驱动发展目标的重要组成部分。如表6-6所示，关中平原城市群、成渝城市群、中原城市群都将"军民融合发展"作为创新发展的重要内容，关中平原城市群将军民融合作为区域创新发展的特色与优势，在融合平台构建与融合模式等方面更具引领性。

表6-6 创新融合目标对比

城市群	发展目标
关中平原城市群	形成关中地区产学研金全链条长效服务机制； 2025年，数字经济核心产业增加值占GDP比重达到10%以上
长三角城市群	原始创新向现实生产力转化，推动创新相关机制建设完善； 联合实施科技成果惠民工程，完善民生领域科研体系
成渝城市群	强化科研成果转化，推动军民融合发展
中原城市群	建设一批军民融合创新平台和产业园区，深化产学研协同创新机制； 建立覆盖完整创新链、全产业链的产业技术创新战略联盟

（五）创新生态目标对比

本书对关中平原城市群创新发展目标定位为形成特色区域创新发展格局；长三角城市群的创新发展目标划分为两大阶段：到2025年，形成现代化、国际化的科技创新共同体，到2035年，全面建成全球领先的科技创新共同体；在成渝城市群发展规划中，将创新发展定位为西部创新驱动先导区；中原城市群范围则更加宽泛，划定为中西部地区创新创业先行区。见表6-7，相较之下可以看出，关中平原、成渝和中原城市群创新发展水平的定位都主要立足于区域发展环境，更多局限于中部、西部发展范围下制定目标，而长三角城市群短期和长期目标定位涉及"国际""全球""世界"等更大范围下的发展格局，为关中平原城市群后续对接国际创新前沿提供了方向。

表6-7 创新生态目标对比

城市群	发展目标
关中平原城市群	打造区域创新共同体； 形成特色区域创新发展格局
长三角城市群	2025年，形成现代化、国际化的科技创新共同体； 2035年，全面建成全球领先的科技创新共同体
成渝城市群	西部创新驱动先导区
中原城市群	中西部地区创新创业先行区

第四节 关中平原城市群创新驱动发展的措施

为进一步突破关中平原城市群科技创新发展难点,发挥科创资源优势,实现关中平原城市群创新驱动发展目标,可以从激发创新主体活力、完善科技创新体系、提升企业自主创新能力、推动产学研深度融合、营造良好的创新生态等方面着力推进。

一、激发创新主体活力

针对关中平原城市群创新主体总量仍相对较少的问题,需要在人才"引进来"的同时,还能让人才"留下来",一要创新人才引育方式,二要优化人才创新环境。

创新人才引育方式。一是支持西安交通大学、西北工业大学、西北大学等省内高校与山西、甘肃高校联合建立科技研发联盟,促进优质教育资源区域共享,围绕关键核心产业链,共建重点学科、专业、实验室,构筑关中平原城市群科教资源数字服务体系,引导产业链骨干企业与高校院所开展联合攻关,培育关键核心领域创新人才。推动西安高新区等在临汾、运城、平凉等地建设"创新飞地""人才飞地",形成关中科技人才"蓄水池"。二是推进面向丝绸之路沿线国家的创新创业基地建设,搭建开放包容的国际性人才交流平台,定期或不定期组织开展留学回国人才专场招聘会,同时为国内创新人才提供出国交流学习的机会,构建形式多样的科技创新人才国际化培养模式,全方位、多层次引进国内外优秀科技人才来关中地区工作。

优化人才创新环境。需要加快构建关中平原城市群创新人才共享平台、创新创业服务平台、知识产权运营平台、创新成果交易平台等公共服务平台,完善人才资助和奖励体系,出台国内外高层次领军人才安家落户、医疗服务、子女就学等一揽子解决方案,实现人才"引得来""留得住",为关中地区创新驱动发展提供强有力的人才引育保障。

二、完善科技创新体系

针对关中平原城市群创新平台能级仍相对较低的问题,一方面要加快创新平台建设,在高质量创新平台数量上有增加,另一方面要构建协同创新机制,在利用效率上有所提高。

加快科创平台建设。一是推动关中平原城市群内各中小城市,特别是临汾、平凉、庆阳等地区与西安科技大市场建立长效合作关系，加大西安科技大市场开放共享力度，加快关中平原城市群技术市场一体化建设，促进生产要素城市之间"双向"流动。二是支持中国西部科技创新港、陕西军民融合创新研究院、西安国家自主创新示范区、西咸新区和杨凌"双创"示范基地等一批国家创新平台、试点建设，充分发挥核心科创平台引领带动作用，以秦创原创新驱动平台为牵引，建设一批技术创新中心、工程研究中心等创新平台，打造带动城市群发展的科技创新引擎。依托地区资源禀赋，推动关中地区各市县区科技资源统筹分中心建设，促进地区间各类创新平台形成分工合理、链条互补、共创发展的创新体系。

构建地区协同创新机制。一是通过建立城市联盟、战略协议等形式，畅通城市群内部协作机制。成立关中平原城市群创新发展规划有关工作部门，形成有效的协调与决策机构。二是深化财政科技经费分配使用机制改革，激发创新活力，探索筹建以专项基金引领、多元资本参与、市场化运作的关中平原城市群协同创新基金，重点支持关中地区跨城市科技资源统筹分中心建设、科创项目研讨、创新活动配套服务设施建设等，通过丝绸之路国际知识产权港有限责任公司、西安科技大市场的带动作用，开展产学研合作、科技成果转化等交流活动，进一步破除城市群内各省市间创新要素流动壁垒，促进创新资源的协调发展。同时，加大多元化科技投入，在知识产权法治上加强保障，形成支持全面创新的基础制度。

三、提升企业自主创新能力

针对关中平原城市群高新技术企业自主创新能力仍相对较弱的问题：一是要依托核心创新平台，集聚创新资源围绕核心领域进一步加强关键技术攻关；二是要抓住"一带一路"机遇，培育新的国际化创新企业。

加强关键核心技术攻关。一是强化企业科技创新主体地位，发挥科技型骨干企业引领支撑作用，以西安高新技术开发区为依托，完善关中平原城市群各地区联动工作机制，推动城市群各地区建立市县两级"硬科技创业、瞪羚企业、独角兽企业"培育计划，建设关中硬科技产业常态化交流协作平台，打造硬科技创新示范区。二是整合关中地区高校、科研院所、科技企业等创新资源，围绕光电芯片、航空航天、人工智能、高端装备制造、能源化工、新一代信息技术等产业，集聚科技资源，加强技术攻关，在重点产业创新和关键技术创新上形成突破，提升城市群整体技术创新能力。

培育科创型创新企业。需要抓住建设"一带一路"契机，依托科创核心西安，强化关中平原城市群与国内外跨国公司、科创平台、研发机构的合作交流，充分运用各种科技网络、新媒体等现代技术手段，通过对龙头企业引导、对重点发展企业扶持，对小微企业帮助的"引、扶、帮"企业培育模式，逐步形成点面结合、定位明确的动态梯次企业培育格局。加快实施一批具有战略性、全局性、前瞻性的国家重大科技项目，着力提升城市群内科创企业的研发创新能力、技术机构的成果转化能力以及源头企业的生成能力，培育出一批高质量的科创型创新企业群体。

四、推动产学研深度融合

针对关中平原城市群以企业为主导的产学研融合程度仍相对较浅的问题：一是不断创新合作方式，从"表层"向"深层"转化；二是实施关中平原城市群科技创新合作计划，建立常态化、长期化科技创新合作。

创新合作方式。一是通过共建企业技术中心和科技创新基地以及大型科研仪器设备共享服务平台等方式，搭建产学研一体化协同运作系统，打通科技创新与产业应用之间的壁垒。二是在科技成果转化上，鼓励创新型领军企业联合行业上下游组建创新联盟，支持城市群内高校、研究院所、企业共建联合实验室，共担科技项目、共享科技成果，营造有利于科技型中小微企业成长的良好环境，推动创新链、产业链、资金链、人才链深度融合。

实施关中平原城市群科技创新合作计划。发挥关中平原城市群陕晋甘三省联席会议制度作用，挖掘西安科创资源优势，强化协同联动工作机制，建设共用科技创新平台、创业孵化平台、科技金融平台，打造关中平原地区一体化技术交易市场。强化举措加快西咸一体化进程，提升对关中地区带动的能力，促进关中平原城市群各市区建立常态化科技创新合作推进机制，保障城市创新合作的持续稳定开展。

五、营造良好的创新生态

针对关中平原城市群创新生态竞争力仍相对不强的问题：一是建立国际化开放合作战略，立足军工国防创新背景，积极探索开放创新模式；二是加大金融支持力度，为关中平原城市群形成开放创新生态提供保障；三是营造先进的科技创新营商环境，增强关中平原城市群科技创新竞争力。

建立国际化开放合作战略。统筹国家、产学研主体、政府等需求，对标国内外先进标准，逐步扩大技术创新领域管理、标准等开放范围，降低军工科技的通用设备设施、辅业资产等准入标准，扩大民用物品生产范围，立足军工科技背景，提出符合关中平原城市群的科技开放合作战略。特别是发挥领军企业作用，通过共建研究院、科技园、共享平台等方式，搭建多元化国际科技合作渠道，推动关中平原城市群快速融入全球创新网络。

加大金融支持力度。一是政府成立科技担保公司，通过财政预算专项资金鼓励并推动关中地区银行、证券、保险等金融机构银行更多地向企业放贷，增强企业发展后劲。围绕秦创原创新驱动平台、西安"一带一路"综合试验区等重点建设对象，借助金融科技平台，开发出适合各类企业科技创新特点的金融产品和金融工具，发挥资本市场在支持服务创新中的重要作用。二是通过建立关中地区企业金融风险管控体系，形成中小企业信贷评级信息库，提高资本投资效益，创新科技担保公司的风险分担机制，加大创投机构投资奖励和风险补偿，鼓励设立科技金融专营机构，进而为关中地区科创企业提供更多融资平台。三是成立科技创新发展基金，重点支持关键核心领域创新、影响带动力大、做出突出创新贡献的特色企业，激励企业从事研发创新。

营造先进的科技创新营商环境。面向"硬科技"发展方向，为高新技术企业提供个性化创新服务，围绕产业链上下游企业发展需求，完善以需求为导向的科技成果转移转化体系，从基础创新、技术创新产业化应用、知识产权保护等方面为企业按需定制解决方案。建立从"创业苗圃"到"孵化器"再到"加速器"的一站式服务体系，不断增强关中平原城市群科技创新竞争力。

第七章　关中平原城市群的现代产业体系

党的二十大提出"建设现代化产业体系""以城市群、都市圈为依托构建大中小城市协调发展格局"①。以都市圈为依托建设现代产业体系是中国实现经济高质量发展的重要任务。现代产业体系是以实体经济为核心，在科技创新、现代金融、人力资源等要素的协同作用下，实现经济高质量发展的新兴产业体系（付保宗等，2019；杜宇玮，2019）。随着城市化进程的持续推进，城市群已成为承载发展要素的主要空间形式。城市群具有产业集聚和产业集群的特征（周伟等，2017），新产业的产生和主导产业的演替、产业结构的转换决定了城市群的自我增长和自我发展能力（张冀新，2009）。关中平原城市群是丝绸之路经济带的重要支点和中国西北地区的经济增长极，产业结构的优化、产业布局的合理化、产业国际竞争力的提升深刻影响着关中平原城市群的整体发展水平。本章在梳理关中平原城市群产业体系的形成与状况基础上，比较关中平原城市群产业体系存在的短板，论证关中平原城市群构建现代产业体系的目标和路径。

第一节　关中平原城市群产业体系的形成与状况

一、关中平原城市群产业体系的形成

农业、装备制造业、国防军工产业、高新技术产业、现代服务业等是关中平原城市群的代表性产业，本部分对这些产业的形成与发展历程进行梳理。

（一）农业

有着"八百里秦川"之称的关中平原自古以来就适合发展农业，在秦汉时期已经是全国农业的发达地区（肖爱玲和朱士光，2004）。新中国成立之后，水利设施和农业生产技术得以改进，关中平原的农业生产力得到进一步提高。改革开放以来，家庭联产承包责任制的实施调动了农民的生产积极性，为获得更大的经济

---

① 《习近平：高举中国特色社会主义伟大旗帜　为全面建设社会主义现代化国家而团结奋斗——在中国共产党第二十次全国代表大会上的报告》，https://www.gov.cn/xinwen/2022-10/25/content_5721685.htm。

利益，农民从单一的粮食种植转向果园、蔬菜、苗圃等（刘引鸽，2005），经济作物在农业结构中的比例大幅上升。20 世纪末，陕西实施了千万亩果园建设计划，大面积种植猕猴桃、苹果等经济作物，逐渐形成了以渭北为主的苹果产业区和肉牛产业区、以大城市郊区为主的蔬菜产业区等（张桂茹，1997）。1997 年，国务院批准成立杨凌农业高新技术产业示范区，该示范区按照"农科教结合、产学研结合"模式，将科技优势转化为农业产业优势。在杨凌农业高新技术产业示范区的带动下，陕西不断培育和推广优良农作物新品种，关中地区逐渐成为苹果、猕猴桃等果品的优生区，畜牧业也得到长足发展，成功打造了苹果、猕猴桃、肉牛、小杂粮等地理标志品牌[①]。

位于甘肃省东南部的天水市，东与陕西省宝鸡市相接壤，素有"陇上小江南之称"，农业发展条件优越。2002 年天水农业高新技术示范区挂牌成立，逐渐形成了现代化、生态型、综合性的农业示范区，园区内建有林果基地、设施蔬菜基地等，是中国北方果品蔬菜的最佳生产基地之一，中药材产业也得到蓬勃发展。

（二）装备制造业

装备制造业是为国民经济各部门提供技术装备的基础性、战略性产业（朱森第，2001），它包括金属制品业，通用设备制造业，专用设备制造业，交通运输设备制造业，电气机械及器材制造业，通信设备、计算机及其他电子设备制造业以及仪器仪表和文化、办公用机械制造业等七大类（唐晓华和李绍东，2010）。关中平原城市群的一些大中城市是老工业基地，装备制造业是其主导产业，因此关中平原城市群是全国重要的装备制造业基地。在新中国成立后的"一五""二五"计划和"三线"建设时期，陕西是国家重点投资建设的重工业基地（段禄峰，2017），这为关中地区的装备制造业发展奠定了坚实基础。改革开放之后尤其是西部大开发战略的实施，为关中地区的装备制造业发展带来了新的契机。关中地区在有色金属、交通运输、航空航天等工业领域形成了一定的优势，建成了一批在全国具有一定影响的工业基地（王亚玲和邓玲，2009）。国家"三线"建设时期，一批企业相继搬迁天水，使天水发展成为全国老工业基地和装备制造业基地之一。目前，天水工业以装备制造业为主体，形成了机械制造、电工电器、电子信息、数控机床等优势产业集群。

经过多年的发展，关中平原城市群的装备制造业初具规模，形成了多个装备制造业集群，包括以中国航发西安航空发动机有限公司为龙头企业的航空产业，

---

① 《陕西省出台〈关中平原城市群发展规划〉实施方案　杨凌发展迎来新机遇》，http://www.shaanxi.gov.cn/xw/ldx/ds/201812/t20181216_2085499.html。

以中冶陕压重工设备有限公司、西安冶金机械有限公司为代表的冶金设备制造业基地,以宝鸡石油机械公司、宝鸡石油钢管公司为代表的石油装备制造基地,以星火机床、风动机械等为代表的机械制造业集群,以长城开关厂、飞鸿电器为代表的电工电器产业集群等(刘海蓉,2011)。总体而言,关中平原城市群具备发展先进装备制造业产业的优势。

(三)国防军工产业

"三线"建设时期,国家把陕西、甘肃等省份作为重要战略后方,投入大量资源建设军事工业,一批国防科研院所也内迁至西安等城市,关中平原地区逐渐发展成为国家重要的军工产业基地。

改革开放以来,陕西省积极响应中央"军民融合,平战结合,军品优先,以民养军"的方针,探索并发展多元集群化军民结合产业(陕西省工业和信息化厅,2011)。陕西的国防军工产业主要布局在西安(刘敏,2009),例如,中国航空工业第一集团公司第一飞机总设计院、西安飞机工业(集团)有限责任公司、西安船舶设备工业公司、陕西省红旗化工厂等大型骨干军工企业均位于西安。此外,西安也是火炮、炮弹的研发中心和生产基地。"三线"建设时期,国家在甘肃天水等地建成了一大批军工企业,目前天水拥有中航天水飞机工业有限责任公司等军工企业。

(四)高新技术产业

关中平原城市群的西安等城市拥有发达的高新技术产业。1991年,西安高新技术产业开发区成为国家级高新技术产业开发区,此后又带动发展了渭南、咸阳、杨凌、宝鸡等国家级高新技术产业开发区以及国家级的西安经济技术开发区,推动关中平原城市群的高新技术产业不断发展壮大。2002年,全国第2个国家级高新技术产业开发带——关中高新技术产业开发带成立,进一步推动了关中平原地区的高新技术产业发展。西安作为关中平原地区的核心城市,拥有为数众多的高等院校、科研院所和高新技术企业,其科技实力在西部地区居于领先地位(程丽辉等,2020)。依托科技研发优势,西安培育并形成了光电子信息、智能制造、生物医药、新材料新能源等高新技术产业集群,涌现出了一大批具备较强竞争力的高新技术企业,带动了关中平原城市群的经济发展。

(五)现代服务业

现代服务业具有高人力资本含量、高技术含量、高附加值以及产业集聚发展等特征（任英华和邱碧槐，2010）。改革开放以来，随着关中平原地区的工业化快速推进，现代服务业也得到长足发展。关中平原城市群的现代服务业呈现以西安为中心向外辐射的网络空间结构，西安是关中平原城市群现代服务业集聚发展的核心（车磊等，2017）。西安作为十三朝古都，拥有大量珍贵的历史文化遗产，具备发展现代旅游业的优势。此外，西安的金融服务、现代物流、服务外包、软件和信息服务、创意设计、商务会展、检验检测等生产性服务业发展迅速，生活性服务业向高品质和多样化升级，带动了关中平原城市群的现代服务业协同发展。

二、关中平原城市群产业体系的发展状况

本部分从产值与利润、结构与布局、创新与效率、产业开放等方面，对关中平原城市群的产业体系发展状况进行分析。

（一）产值与利润

2020年，关中平原城市群创造地区生产总值近2.27万亿元（表7-1）。从三次产业发展数据来看：一是关中平原城市群的三次产业增速较快，但城市群的地区生产总值占全国GDP比重仅为2.24%，城市群的经济规模仍有较大提升空间。二是2020年关中平原城市群的规模以上服务业企业利润总额为228.07亿元，远低于工业企业，这表明关中平原城市群的服务业盈利能力相对偏低，现代服务业仍有较大发展空间。三是关中平原城市群的各个城市之间发展水平差距大，西安占关中平原城市群地区生产总值的44.16%，宝鸡占10.04%，咸阳占9.72%，其他城市占比较低，这表明城市群内的各个城市之间经济总量差异大，发展不平衡。

表7-1　2020年关中平原城市群及各市（区）的产业增加值与利润情况

市（区）	地区生产总值/亿元	第一产业增加值/亿元	第二产业增加值/亿元	第三产业增加值/亿元	各市（区）规模以上工业企业利润总额/亿元	各市（区）规模以上服务业利润总额/亿元	规模以上工业企业单位数/个	粮食总产量/万吨
西安	10 020	312.75	3 328.27	6 379.37	432.34	205.86	1 634	144.58
宝鸡	2 277	205.14	1 261.18	810.63	153.26	3.94	844	142.2
咸阳	2 205	339.51	972	893.31	147.27	8.24	725	170.95
铜川	381	30.76	133.34	217.65	18.35	-0.06	196	31.57
渭南	1 866	373.69	651.54	841.04	80.88	2.84	580	247.9
杨凌	152	9.75	62.11	79.85	18.63	0.25	112	0.93
商洛	739	114.49	265.94	359.02	54.56	—	291	51.47

续表

市（区）	地区生产总值/亿元	第一产业增加值/亿元	第二产业增加值/亿元	第三产业增加值/亿元	各市（区）规模以上工业企业利润总额/亿元	各市（区）规模以上服务业利润总额/亿元	规模以上工业企业单位数/个	粮食总产量/万吨
运城	1 644	267.9	561	814.7	87.6	—	534	282
临汾	1 505	113.4	645.6	746.2	135.9	—	500	212.68
天水	667	126.02	161.82	379.06	18.38	4.2	169	127.85
平凉	476	109.85	116.7	249.61	22.37	1.5	84	110.01
庆阳	755	97.62	356.36	300.75	44.7	1.3	99	147.46
总计	22 687	2 100.88	8 515.86	12 071.19	1 214.24	228.07	5 768	1 669.6

资料来源：《陕西统计年鉴》《山西统计年鉴》《甘肃统计年鉴》，各市统计局、统计年鉴、统计公报

（二）结构与布局

2020年关中平原城市群的三次产业增加值所占百分比分别为9.26%、37.53%、53.21%（表7-2），第一产业增加值占比已经在10%以下，第三产业增加值所占比重超过了第一产业和第二产业之和。关中平原城市群内部的各个城市之间的产业结构差异较为显著。

表7-2 2020年关中平原城市群的产业结构及布局情况

地区	产业增加值结构			产业从业人员结构		
	第一产业	第二产业	第三产业	第一产业	第二产业	第三产业
西安	3.12%	33.21%	63.66%	15.05%	23.46%	61.50%
宝鸡	9.01%	55.39%	35.60%	—	—	—
咸阳	15.40%	44.09%	40.52%	—	—	—
铜川	8.06%	34.93%	57.01%	—	—	—
渭南	20.02%	34.91%	45.07%	—	—	—
杨凌	6.43%	40.94%	52.63%	—	—	—
商洛	15.48%	35.96%	48.55%	—	—	—
运城	16.30%	34.13%	49.57%	32.64%	19.83%	47.52%
临汾	7.53%	42.89%	49.57%	28.57%	21.67%	49.75%
天水	18.90%	24.26%	56.84%	—	—	—
平凉	23.07%	24.51%	52.42%	—	—	—
庆阳	12.93%	47.22%	39.85%	—	—	—
关中平原城市群	9.26%	37.53%	53.21%	—	—	—

资料来源：《陕西统计年鉴》《山西统计年鉴》《甘肃统计年鉴》，各市统计局网站、统计年鉴、统计公报
注：本表数据经过四舍五入，存在比例合计不等于100%的情况

就第一产业而言，咸阳、渭南、商洛、运城、天水、平凉、庆阳的第一产业增加值比重均在 10%以上，这些城市的产业结构转型和农业现代化仍有较大提升空间。

就第二产业而言，宝鸡、咸阳、庆阳、临汾、杨凌的第二产业增加值比重均超过 40%，其中宝鸡、咸阳、庆阳的第二产业增加值占比高于第三产业，工业在这些城市居于特别重要的位置。从工业行业来看，宝鸡以制造业为主，尤其是医药制造业 2020 年增长 18.2%；运城以装备制造业为主，2020 年装备制造业增长 11.8%；咸阳以采矿业、建材工业为主；庆阳以采矿业为主；铜川以采矿业、制造业为主，其中有色金属冶炼及压延加工业 2020 年增长 32.2%[①]。从关中平原城市群的整体工业布局来看，工业各行业在城市之间布局较为分散，多个城市存在较为显著的产业同质化现象，城市之间的产业分工协作水平有待提升。

就第三产业而言，西安、铜川、杨凌、天水、平凉的第三产业增加值占比均超过了第一产业、第二产业增加值占比之和，这表明服务业在这些城市的产业结构中居于重要位置。西安作为关中平原城市群的首位城市，其第三产业增加值占比为 63.66%，第三产业从业人员占比为 61.50%。西安的第三产业增加值占整个关中平原城市群的 52.85%，这表明西安的服务业在关中平原城市群举足轻重。

（三）创新与效率

创新是产业发展的关键驱动力。2019 年，关中平原城市群的 R&D 内部经费支出约 514.1 亿元，有约 16.62 万人从事科研综合技术服务业，为城市群的产业创新发展提供了技术和人才保障（表 7-3）。此外，2020 年关中平原城市群申请了约 8.85 万件专利，获得授权的专利数约 5.93 万件。无论是 R&D 内部经费支出，还是科研综合技术服务业从业人员数、专利申请数、授权专利数，西安在整个关中平原城市群都处于显著领先位置，城市群内其他城市的产业创新能力有待提升。近年来，西安市依托经济技术开发区和高新技术产业开发区科教资源富集的优势，在高新技术产业以及现代服务业发展方面取得了显著成绩。但与此同时，包括西安在内的关中平原城市群的产业创新发展存在以下问题：各类科研机构力量未能有效整合，军民科技资源共享程度不够，创新创业服务体系不完善以及科技成果与产业发展对接不畅等。总体而言，西安的创新潜力和创新成果产业转化有待深入发掘。

---

① 数据来源于各市《2020 年国民经济和社会发展统计公报》。

表 7-3 关中平原城市群的产业创新情况

地区	2019年R&D内部经费支出/万元	2019年科研综合技术服务业从业人员数/人	2020年专利申请数/件	2020年授权专利数/件
西安	4 261 408	120 877	68 353	45 407
宝鸡	238 469	4 084	2 912	1 818
咸阳	122 590	6 766	5 417	4 385
铜川	14 759	2 314	371	199
渭南	207 648	9 113	1 499	731
杨凌	—	—	—	519
商洛	—	3 229	883	454
运城	202 803	3 105	3 676	2 555
临汾	—	4 169	1 741	830
天水	76 667	6 840	1 563	956
平凉	8 584	3 047	663	392
庆阳	7 783	2 655	1 462	1 025
关中平原城市群	5 140 711	166 199	88 540	59 271

资料来源：《中国城市统计年鉴》《陕西统计年鉴》《山西统计年鉴》《甘肃统计年鉴》，各市统计局网站、统计年鉴、统计公报。

（四）产业开放

开放是提升产业竞争力的内在要求。从进出口贸易额来看（表 7-4），2020 年西安的进出口贸易额约占整个关中平原城市群的 90.8%，西安之外的其他城市进出口贸易额很低。从具体数据来看，除西安之外，关中平原城市群仅有咸阳、宝鸡、运城等三个城市的进出口贸易总额超过 50 亿元。从经济外向度来看，西安 2020 年的经济外向度为 34.69%，杨凌、天水的经济外向度略高于 5%，其他城市均在 5% 以下，渭南、平凉、庆阳更是低于 1%。从实际利用外资来看，西安 2020 年实际利用外资 767 702 万美元，宝鸡、咸阳超过 1 亿美元，其他城市实际利用外资规模均在 1 亿美元之下。总体而言，除了西安之外，关中平原城市群的产业开放度偏低，提升产业开放水平任重道远。

表 7-4 2020 年关中平原城市群的产业对外开放情况

地区	进出口贸易总值/亿元	经济外向度（城市进出口贸易总额与城市地区生产总值之比）	实际利用外资/万美元
西安	3 476.03	34.69%	767 702
宝鸡	79.43	3.49%	12 916

续表

地区	进出口贸易总值/亿元	经济外向度（城市进出口贸易总额与城市地区生产总值之比）	实际利用外资/万美元
咸阳	104.01	4.72%	11 051
铜川	6.87	1.80%	4 423
渭南	16.21	0.87%	8 514
杨凌	9.47	6.24%	3 910
商洛	16.47	2.23%	5 268
运城	59.49	3.62%	3 391
临汾	18.15	1.21%	1 077
天水	39.30	5.89%	12
平凉	2.76	0.58%	568
庆阳	1.59	0.21%	—
关中平原城市群	3 829.78	16.88%	818 832

资料来源：《陕西统计年鉴》《山西统计年鉴》《甘肃统计年鉴》，各市统计局网站、统计年鉴、统计公报

第二节 关中平原城市群产业体系的比较与短板

本部分利用三次产业增加值、规模以上工业企业数等 14 个指标（表 7-5），把关中平原城市群同中原城市群、长江中游城市群、成渝城市群[①]进行比较，从城市群和中心城市[②]两个层面分析关中平原城市群产业体系存在的短板，论证关中平原城市群构建现代产业体系面临的挑战。

---

① 根据《中原城市群发展规划》，中原城市群包括河南省的郑州、开封、洛阳、南阳、安阳、商丘、新乡、平顶山、许昌、焦作、周口、信阳、驻马店、鹤壁、濮阳、漯河、三门峡、济源，山西省的长治、晋城、运城，河北省的邢台、邯郸，山东省的聊城、菏泽，安徽省的淮北、蚌埠、宿州、阜阳、亳州等 5 省 30 座地级市。

根据《长江中游城市群发展规划》，长江中游城市群规划范围包括：湖北省武汉市、黄石市、鄂州市、黄冈市、孝感市、咸宁市、仙桃市、潜江市、天门市、襄阳市、宜昌市、荆州市、荆门市，湖南省长沙市、株洲市、湘潭市、岳阳市、益阳市、常德市、衡阳市、娄底市，江西省南昌市、九江市、景德镇市、鹰潭市、新余市、宜春市、萍乡市、上饶市及抚州市、吉安市的部分县（区），面积约 31.7 万 km²。

根据《成渝城市群发展规划》，成渝城市群具体范围包括重庆市的渝中、万州、黔江、涪陵、大渡口、江北、沙坪坝、九龙坡、南岸、北碚、綦江、大足、渝北、巴南、长寿、江津、合川、永川、南川、潼南、铜梁、荣昌、璧山、梁平、丰都、垫江、忠县等 27 个区（县）以及开州、云阳的部分地区；四川省的成都、自贡、泸州、德阳、绵阳（除北川县、平武县）、遂宁、内江、乐山、南充、眉山、宜宾、广安、达州（除万源市）、雅安（除天全县、宝兴县）、资阳等 15 个市，总面积 18.5 万 km²。

② 根据《关中平原城市群发展规划》《中原城市群发展规划》《长江中游城市群发展规划》《成渝城市群发展规划》，我们选取西安市为关中平原城市群中心城市，郑州市为中原城市群中心城市，武汉市、长沙市、南昌市为长江中游城市群中心城市，重庆市和成都市为成渝城市群中心城市。

表 7-5 关中平原城市群产业体系比较指标

维度	指标
产业规模	三次产业增加值（亿元）
	规模以上工业企业数（个）
产业结构	三次产业从业人员比重
	三次产业增加值结构
产业竞争力	各市 R&D 内部经费支出（万元）
	科研综合技术服务业从业人员数（人）
	各市主要年份知识产权（专利）申请数（项）
	各市主要年份知识产权（专利）授权数（项）
	农业机械总动力（万 kW）
	各市规模以上工业企业利润总额（亿元）
	规模以上服务业利润总额（亿元）
产业开放水平	经济外向度（地区进出口贸易总额/地区生产总值）
	进出口贸易总额（亿元）
	城市实际使用外商直接投资额（万美元）

一、关中平原城市群产业体系的比较

本部分从产业规模、产业结构、产业竞争力和产业开放水平等四个维度，对关中平原城市群的产业体系进行比较分析。

（一）产业规模比较

从城市群层面分析（表 7-6），在三次产业增加值方面，2020 年中原城市群的三次产业增加值为 81 902.54 亿元，长江中游城市群为 92 540.38 亿元，成渝城市群为 68 230.22 亿元，而关中平原城市群仅为 22 687.93 亿元，位于四个城市群的末位。

表 7-6 2020 年各城市群的产业规模比较

城市群	三次产业增加值/亿元	规模以上工业企业数/个
关中平原城市群	22 687.93	5 768
中原城市群	81 902.54	32 202

续表

城市群	三次产业增加值/亿元	规模以上工业企业数/个
长江中游城市群	92 540.38	37 966
成渝城市群	68 230.22	20 484

资料来源：《陕西统计年鉴》《山西统计年鉴》《甘肃发展年鉴》《河南统计年鉴》《河北统计年鉴》《山东统计年鉴》《安徽统计年鉴》《湖北统计年鉴》《湖南统计年鉴》《江西统计年鉴》《重庆统计年鉴》《四川统计年鉴》，相关省市的《国民经济和社会发展统计公报》

在规模以上工业企业数方面，2020年中原城市群的规模以上工业企业数为32 202个，长江中游城市群为37 966个，成渝城市群为20 484个，而关中平原城市群仅为5768个，同样位于四个城市群的末位。由此可见，相比于其他三个城市群，关中平原城市群的产业规模较小。

从中心城市层面分析（表7-7），2020年西安市的三次产业增加值为10 020.39亿元，郑州、武汉、长沙、南昌、重庆和成都的三次产业增加值分别为12 003.00亿元、15 616.06亿元、12 142.52亿元、5 745.52亿元、25 002.79亿元和17 716.67亿元。各中心城市的三次产业增加值按照从高到低的排序依次为重庆＞成都＞武汉＞长沙＞郑州＞西安＞南昌，相比其他三个城市群的中心城市，西安市的经济规模相对较小。

在城市群中心城市规模以上工业企业数方面，2020年西安、郑州、武汉、长沙、南昌、重庆和成都的企业数分别为1634个、2295个、2958个、2912个、1553个、6938个和3691个，从高到低的排序依次为重庆＞成都＞武汉＞长沙＞郑州＞西安＞南昌，相比于其他中心城市，西安市的规模以上工业企业数量较少。

表7-7 2020年各城市群中心城市的产业规模比较

城市群	中心城市	三次产业增加值/亿元	规模以上工业企业数/个
关中平原城市群	西安	10 020.39	1 634
中原城市群	郑州	12 003.00	2 295
长江中游城市群	武汉	15 616.06	2 958
	长沙	12 142.52	2 912
	南昌	5 745.52	1 553
成渝城市群	重庆	25 002.79	6 938
	成都	17 716.67	3 691

资料来源：《陕西统计年鉴》《山西统计年鉴》《甘肃统计年鉴》《河南统计年鉴》《河北统计年鉴》《山东统计年鉴》《安徽统计年鉴》《湖北统计年鉴》《湖南统计年鉴》《江西统计年鉴》《重庆统计年鉴》《四川统计年鉴》，相关省市的《国民经济和社会发展统计公报》

（二）产业结构比较

从城市群层面分析（表 7-8），在三次产业增加值结构方面，2020 年关中平原城市群的三次产业增加值结构为 9∶38∶53，中原城市群为 10∶41∶48，长江中游城市群为 9∶41∶50，成渝城市群为 9∶38∶53。各城市群增加值占比最高的均为第三产业，其次是第二产业，最后是第一产业，三次产业增加值结构较为相似。

表 7-8　2020 年各城市群的产业结构比较

城市群	三次产业从业人员比重	三次产业增加值结构
关中平原城市群	—	9∶38∶53
中原城市群	—	10∶41∶48
长江中游城市群	—	9∶41∶50
成渝城市群	28∶25∶48	9∶38∶53

资料来源：《陕西统计年鉴》《山西统计年鉴》《甘肃统计年鉴》《河南统计年鉴》《河北统计年鉴》《山东统计年鉴》《安徽统计年鉴》《湖北统计年鉴》《湖南统计年鉴》《江西统计年鉴》《重庆统计年鉴》《四川统计年鉴》，相关省市的《国民经济和社会发展统计公报》

注：由于舍入修约，数据存在误差

从中心城市层面分析（表 7-9），2020 年西安市三次产业从业人员比重为 15∶23∶61，郑州市为 10∶28∶62，武汉市为 9∶35∶56，南昌市为 16∶34∶50，重庆市为 23∶25∶52，成都市为 14∶28∶58。各中心城市的三次产业从业人员比重均为第三产业最高，第一产业最低。其中，西安市的第三产业从业人员比重相对较高。

表 7-9　2020 年各城市群的中心城市产业结构比较

城市群	中心城市	三次产业从业人员比重	三次产业增加值结构
关中平原城市群	西安	15∶23∶61	3∶33∶64
中原城市群	郑州	10∶28∶62	1∶40∶59
长江中游城市群	武汉	9∶35∶56	3∶36∶62
长江中游城市群	长沙	—	3∶39∶57
长江中游城市群	南昌	16∶34∶50	4∶47∶49
成渝城市群	重庆	23∶25∶52	7∶40∶53
成渝城市群	成都	14∶28∶58	4∶31∶66

资料来源：《陕西统计年鉴》《山西统计年鉴》《甘肃统计年鉴》《河南统计年鉴》《河北统计年鉴》《山东统计年鉴》《安徽统计年鉴》《湖北统计年鉴》《湖南统计年鉴》《江西统计年鉴》《重庆统计年鉴》《四川统计年鉴》，相关省市的《国民经济和社会发展统计公报》

注：由于舍入修约，数据存在误差

从三次产业增加值结构来看，2020 年西安市三次产业增加值结构为 3∶33∶64，郑州市为 1∶40∶59，武汉市为 3∶36∶62，长沙市为 3∶39∶57，南昌市为 4∶47∶49，重庆市为 7∶40∶53，成都市为 4∶31∶66。各中心城市的三次产业增加值结构均为第三产业最高，第一产业最低。各中心城市的三次产业增加值结构较为相似，且第一产业增加值比重大都低于 5%。其中，西安市的第三产业增加值比重为 64%，在中心城市中排名第 2 位。

（三）产业竞争力比较

从城市群层面分析（表 7-10），在农业机械总动力方面，2020 年关中平原城市群的农业机械总动力为 2505.00 万 kW，与中原城市群的 18 223.10 万 kW 和成渝城市群的 5149.39 万 kW 相比，均处于较低水平。在规模以上工业企业利润总额方面，2020 年中原城市群的规模以上工业企业利润总额为 4492.89 亿元，长江中游城市群为 6365.93 亿元，成渝城市群为 4477.14 亿元，关中平原城市群仅为 1214.24 亿元。

表 7-10 2020 年各城市群的产业竞争力比较

城市群	R&D 内部经费支出/万元	科研综合技术服务业从业人员数/人	主要年份知识产权（专利）申请数/项	主要年份知识产权（专利）授权数/项	农业机械总动力/万 kW	规模以上工业企业利润总额/亿元
关中平原城市群	—	—	—	59 271	2 505.00	1 214.24
中原城市群	—	—	—	—	18 223.10	4 492.89
长江中游城市群	—	—	—	—	—	6 365.93
成渝城市群	13 091 292	302 969	240 196	155 408	5 149.39	4 477.14

资料来源：《陕西统计年鉴》《山西统计年鉴》《甘肃统计年鉴》《河南统计年鉴》《河北统计年鉴》《山东统计年鉴》《安徽统计年鉴》《湖北统计年鉴》《湖南统计年鉴》《江西统计年鉴》《重庆统计年鉴》《四川统计年鉴》，相关省市的《国民经济和社会发展统计公报》和《中国城市统计年鉴》

从中心城市层面分析（表 7-11），2020 年西安市 R&D 内部经费支出为 4 261 408 万元，位列 6 个中心城市（武汉市数据缺失）中的第 3 位；同年科研综合技术服务业从业人员数为 120 877 人，位列 7 个中心城市中的第 2 位。2020 年，西安市主要年份知识产权（专利）申请数为 68 353 项，位列 6 个中心城市（长沙市数据缺失）中的第 5 位；主要年份知识产权（专利）授权数为 45 407 项，位列 7 个中心城市中的第 5 位。西安农业机械总动力为 247.84 万 kW，位列 7 个中心城市中的第 5 位。西安规模以上工业企业利润总额为 432.34 亿元，位列 7 个中心城市中的第 7 位。西安规模以上服务业利润总额为 205.86 亿元，位列 6 个中心城市（成都市数据缺失）中的第 4 位。由此可见，相较于其他中西部地区城市而言，除 R&D 内部经费支出与科研综合技术服务业从业人员数外，西安市的其他产业竞争力指标均处于较低水平。

表 7-11 2020 年各城市群的中心城市产业竞争力比较

城市群	中心城市	R&D 内部经费支出/万元	科研综合技术服务业从业人员数/人	主要年份知识产权（专利）申请数/项	主要年份知识产权（专利）授权数/项	农业机械总动力/万 kW	规模以上工业企业利润总额/亿元	规模以上服务业利润总额/亿元
关中平原城市群	西安	4 261 408	120 877	68 353	45 407	247.84	432.34	205.86
中原城市群	郑州	2 367 000	76 515	75 604	50 224	435.53	530.64	234.13
长江中游城市群	武汉	—	98 798	93 950	58 810	241.00	656.56	236.40
	长沙	3 161 830	63 594	—	33 012	242.52	882.12	173.29
	南昌	1 012 400	32 762	21 684	13 057	268.48	444.94	85.97
成渝城市群	重庆	4 695 714	75 870	83 826	55 377	1 497.99	1 506.53	374.80
	成都	4 525 439	193 771	99 110	65 453	414.91	950.74	—

资料来源：《陕西统计年鉴》《山西统计年鉴》《甘肃统计年鉴》《河南统计年鉴》《河北统计年鉴》《山东统计年鉴》《安徽统计年鉴》《湖北统计年鉴》《湖南统计年鉴》《江西统计年鉴》《重庆统计年鉴》《四川统计年鉴》，相关省市的《国民经济和社会发展统计公报》和《中国城市统计年鉴》

（四）产业开放水平比较

从城市群层面分析（表 7-12），在经济外向度方面，2020 年关中平原城市群的进出口贸易总额占地区生产总值的 16.88%，低于成渝城市群的 21.30%，但高于长江中游城市群的 12.64%。

表 7-12 2020 年各城市群的产业开放水平比较

城市群	经济外向度	进出口贸易总额/亿元	城市实际使用外商直接投资额/万美元
关中平原城市群	16.88%	3 829.78	—
中原城市群	—	—	2 695 860.40
长江中游城市群	12.64%	11 699.56	—
成渝城市群	21.30%	14 534.83	—

资料来源：《陕西统计年鉴》《山西统计年鉴》《甘肃统计年鉴》《河南统计年鉴》《河北统计年鉴》《山东统计年鉴》《安徽统计年鉴》《湖北统计年鉴》《湖南统计年鉴》《江西统计年鉴》《重庆统计年鉴》《四川统计年鉴》，相关省市的《国民经济和社会发展统计公报》

从进出口贸易总额来看，2020 年长江中游城市群的进出口贸易总额为

11 699.56 亿元，成渝城市群为 14 534.83 亿元，而关中平原城市群仅为 3 829.78 亿元，远远落后于长江中游城市群和成渝城市群。

从中心城市层面分析（表 7-13），在经济外向度方面，2020 年西安、郑州、武汉、长沙、南昌、重庆和成都的进出口贸易总额占地区生产总值的比重分别为 34.69%、49.09%、17.32%、19.34%、20.04%、25.98%和 40.38%。各中心城市的经济外向度按照从高到低的排序，依次为郑州＞成都＞西安＞重庆＞南昌＞长沙＞武汉，西安市的经济外向度在这 7 个中心城市中处于中上水平。

表 7-13　2020 年各城市群中心城市的产业开放水平比较

城市群	中心城市	经济外向度	进出口贸易总额/亿元	城市实际使用外商直接投资额/万美元
关中平原城市群	西安	34.69%	3 476.03	767 702.00
中原城市群	郑州	49.09%	5 892.10	465 851.00
长江中游城市群	武汉	17.32%	2 704.30	833 073.00
	长沙	19.34%	2 348.23	728 165.00
	南昌	20.04%	1 151.47	406 008.00
成渝城市群	重庆	25.98%	6 495.70	1 027 200.00
	成都	40.38%	7 154.21	731 000.09

资料来源：《陕西统计年鉴》《山西统计年鉴》《甘肃统计年鉴》《河南统计年鉴》《河北统计年鉴》《山东统计年鉴》《安徽统计年鉴》《湖北统计年鉴》《湖南统计年鉴》《江西统计年鉴》《重庆统计年鉴》《四川统计年鉴》，相关省市的《国民经济和社会发展统计公报》

从进出口贸易总额来看，2020 年西安、郑州、武汉、长沙、南昌、重庆和成都的进出口贸易总额分别为 3476.03 亿元、5892.10 亿元、2704.30 亿元、2348.23 亿元、1151.47 亿元、6495.70 亿元和 7154.21 亿元。各中心城市的进出口贸易总额按照从高到低排序，依次为成都＞重庆＞郑州＞西安＞武汉＞长沙＞南昌，西安市的进出口贸易总额在这 7 个中心城市中处于中等水平。

从城市实际使用外商直接投资额来看，2020 年西安、郑州、武汉、长沙、南昌、重庆和成都的实际使用外商直接投资额分别为 767 702.00 万美元、465 851.00 万美元、833 073.00 万美元、728 165.00 万美元、406 008.00 万美元、1 027 200.00 万美元和 731 000.09 万美元。各中心城市实际使用外商直接投资额按照从高到低排序，依次为重庆＞武汉＞西安＞成都＞长沙＞郑州＞南昌，西安市的实际使用外商直接投资额在这 7 个中心城市中处于中上水平。

二、关中平原城市群产业体系的短板

关中平原城市群的产业体系较为完备，拥有装备制造业、军工产业、现代服务业等产业集群，但关中平原城市群的产业体系存在以下短板。

第一，科技创新与产业发展对接不畅。在关中平原城市群的产业体系之中，传统制造业和资源型产业占据较大比重，先进制造业、高新技术产业和现代服务业所占比重较小（秦华和任保平，2021）。与周边城市群的中心城市相比，西安市的 R&D 内部经费支出与科研综合技术服务业从业人员数均处于较高水平，但其主要年份知识产权（专利）申请数及授权数、规模以上工业企业利润总额、规模以上服务业利润总额却同其他中心城市存在一定差距。关中平原城市群尤其是西安市拥有一大批高等院校和科研机构，中央和关中城市群的地方政府对科技创新投入了大量资源，但关中平原城市群科技创新成果的产业转化率不高，对当地现代产业发展的带动力不足。总体而言，关中平原城市群的科技资源同产业发展之间缺乏有效对接。

第二，产业空间集聚与分工协作不足。西安作为关中平原城市群的中心城市，集聚了该区域的大量现代要素，城市首位度很高，但西安同城市群内部的其他城市之间尚未形成紧密的产业分工协作关系。除西安之外，关中平原城市群的各城市之间资金流、信息流、技术流和人才流等传导效应较弱，产业空间集聚水平不高，副中心城市的经济规模相对较小。长期以来，关中平原城市群的多个城市均以机械、电子、纺织等为支柱产业，呈现"小而全""大而全"的产业发展方向，不仅各个城市之间缺乏有效的产业分工，而且同中心城市西安之间也未形成产业梯度层次（全雨霏和吴潇，2018）。相关研究认为，除西安外，关中平原城市群其他城市之间的产业相似系数高达 95%以上，城市间竞争大于合作的现象较为突出（陈迪宇等，2021）。

第三，开放型经济发展水平不高。关中平原城市群居于内陆，长期以来外向型经济发展不足，尚未形成完善的开放型经济体系（秦华和任保平，2021）。就城市群层面而言，关中平原城市群的进出口贸易总额远低于周边的长江中游城市群和成渝城市群；就中心城市层面而言，西安市的进出口贸易总额低于周边的成都、重庆和郑州，经济外向度仍有较大的提升空间。此外，关中平原城市群的外向型经济主要集中在西安，城市群内部的其他城市进出口贸易额、利用外资额和经济外向度都很低，这说明关中平原城市群今后应加大力度构建开放型经济体系。

第四，资源环境约束性强。关中平原城市群区域内拥有较为丰富的矿产资源，资源开采与使用力度较大，这对生态环境造成了很大破坏（唐晓灵等，2021）。受气候和地理条件影响，关中平原城市群的水资源有限，随着工业化与城市化的快速推进，水资源不足和水污染问题愈益突出。当前，关中平原城市群的主要河流均存在水质污染问题，地下水超采问题较为突出，大气环境污染情况严峻，重污染天气频发（白玉娟等，2021）。这种高投入、高消耗、高污染的粗放型生产方式虽然在短时间内促进了城市群的经济发展，但加剧了产业发展的资源环境约束。

三、关中平原城市群构建现代产业体系面临的挑战

通过上述分析可以发现，关中平原城市群构建现代产业体系面临着来自区域内外的两方面挑战。

一方面，从关中平原城市群自身来看，其构建现代产业体系面临以下挑战。首先，城市之间发展差距较大，经济联系较弱。关中平原城市群存在极化发展的问题，西安存在明显的虹吸效应（达成等，2022），区域内的现代要素和产业主要聚集在西安，区域副中心发育严重不足，地级城市在产业规模、产业竞争力及产业开放水平等方面同西安存在巨大差距。关中平原城市群的这种空间发展格局，导致城市之间难以形成紧密的空间分工关系，削弱了中心城市对周边区域的辐射带动作用，使得周边城市不能充分利用中心城市带来的发展机遇。其次，交通体系尚不完善，城市之间经济联系较弱。受经济发展水平限制，关中平原城市群的交通体系较为滞后，生产要素无法在城市群内部实现快速流动（达成等，2022），区域内城市经济联系较弱，城市群经济网络尚未形成（叶珊珊等，2022）。关中平原城市群的城市主要分布在陇海线和咸铜线，陇海线上有西安、咸阳、宝鸡、渭南、杨凌、兴平和华阴等7个城市和20个重点县，咸铜线上有咸阳和铜川以及一些重点县。受经济发展水平制约，关中平原城市群的很多县同西安等中心城市尚未通过高速铁路联通，这导致城市群内部的要素资源不能实现快速流动和优化配置，产业难以实现有效集聚与分工，从而阻碍了城市群产业的一体化发展（全雨霏和吴潇，2018）。最后，生产方式较为粗放，生态环境遭到破坏。由于长期以来关中平原城市群的发展方式较为粗放，导致产业发展与资源环境之间的矛盾日益尖锐。在城市群产业发展过程中，对矿产能源的大规模开发利用、重化工产业发展模式以及城市间产业联系薄弱所造成的"孤岛效应"，加之一些城市承接了来自东部地区的中低端产业（杨永春等，2020），这都进一步加重了区域生态环境问题。以上问题的存在，导致关中平原城市群在构建现代产业体系的进程中，面临内部动力不足的问题（李林山等，2021）。

另一方面，从周边城市群产业竞争来看，关中平原城市群构建现代产业体系面临以下挑战。首先，产业规模相对较小。关中平原城市群的现代产业发展尚处于推进阶段，无论是三次产业增加值，还是规模以上工业企业数，关中平原城市群都同周边的成渝城市群、长江中游城市群、中原城市群存在较大差距。其次，创新能力有待提升。在产业结构中，关中平原城市群的传统制造业所占比重较大，先进制造业和现代服务业所占比重较低，科技创新同产业发展之间缺乏紧密互动关系，这导致关中平原城市群的产业创新驱动能力较弱，同东部发达地区的城市

群相比存在明显差距（方创琳，2020）。最后，产业开放水平不高。受产业发展水平和地理区位等因素的限制，关中平原城市群的产业开放水平较低，除了西安，其他城市的进出口贸易额极为有限。此外，关中平原城市群同周边其他城市群之间尚未建立紧密的产业联系，因此，无论是国际贸易还是国内贸易，关中平原城市群的对外经济联系和产业竞争力都有待提升（范剑勇和叶菁文，2021）。

第三节 关中平原城市群构建现代产业体系的目标

本节在文献和政策梳理的基础上，提出关中平原城市群构建现代产业体系的目标，并同周边城市群的产业发展目标进行比较研究。

一、确立目标的依据

（一）文献梳理

关中平原城市群地处中国内陆中心，是西部地区面向中东部地区开展经济合作的重要门户（王成港等，2019），也是国家向西开放的战略支点、引领西北地区发展的重要增长极、以军民融合为特色的国家创新高地、传承中华文化的世界级旅游目的地、内陆生态文明建设先行区（方创琳，2020）。关中平原城市群拥有密集的科研院所和高新技术人才，是黄河流域工业发展水平提升最快的区域，也是西北地区最大的物流集散地。相关研究认为，关中平原城市群在今后发展中应充分利用自身优势，提高各支柱产业的规模和专业化程度，保持快速增长势头，将工业发展质量提高到一个新的层级，并通过技术扩散带动周边更多地区进入有效生产区（巨虹等，2020）。在此过程中，促进产业和创新协作，引导形成科学分工、错位互补的产业一体化发展格局，构建协同创新共同体（陈迪宇等，2021）。

（二）政策梳理

围绕关中平原地区的经济社会发展，中央出台了一系列政策文件。2009年6月，国家发展改革委出台了《关中—天水经济区发展规划》；2018年2月，国家发展改革委、住房城乡建设部联合印发了《关中平原城市群发展规划》；2022年2月，国家发展改革委批复同意《西安都市圈发展规划》，陕西省政府于2022年3月印发《西安都市圈发展规划》。在上述政策文件之中，均涉及关中平原地区构建现代产业体系问题，我们对此进行梳理。

《关中平原城市群发展规划》提出，要发挥科教人才、国防军工和特色产业优势，实施创新驱动发展战略，推进军民融合深度发展，推动传统优势产业转型升级，大力发展战略性新兴产业和现代服务业，构建富有竞争力的现代产业体系，为关中平原城市群追赶超越夯实产业基础。具体而言，一是推动创新链产业链双向互动。强化优势产业关键领域创新，延长产业链条；依托优势创新链，培育新兴产业链；完善区域性创新网络，优化创新生态环境。二是加快国防科技工业军民融合深度发展。深化"军转民""民参军"，发展五大产业；搭建军民深度融合新平台，创新军民融合发展路径。三是承接国际国内产业转移。积极承接产业转移，强化承接产业转移管理服务。四是依托重要平台推进产业升级。以杨凌示范区为载体推进农业供给侧结构性改革，以创建全域旅游示范区为引领推进服务业提质增效，以创新园区发展为切入打造产业协作平台。《关中平原城市群发展规划》提出，到 2035 年关中平原城市群创新型产业体系和基础设施支撑体系日趋健全；以军民融合为特色的创新型产业体系基本建成，科技成果转化能力显著增强，研发经费投入强度稳定在 3% 以上，军民融合产业总收入超过 1.5 万亿元，建成国家创新高地。

《西安都市圈发展规划》指出[①]，要统筹都市圈生产力布局，强化分工协作与功能互补，共建多层次产业创新平台，共享都市圈区域品牌，加快形成以先进制造业为基础、高端服务业为重点、现代都市农业为特色的都市圈现代产业体系，协同构建高能级产业生态圈。一是共同推动制造业高质量。发展培育壮大先进制造业集群，共建多层次产业创新平台，提升制造业发展质量和效益。二是合力发展现代服务业。积极迎接数字时代，顺应消费个性化多元化趋势，加快都市圈服务业服务内容、业态和商业模式创新，构建优质高效、布局合理、竞争力强的都市现代服务业新体系。推动生产性服务业向专业化和价值链高端延伸，推动生活性服务业向高品质和多样化升级。三是积极发展现代都市农业。打造现代高效特色农业示范区，巩固提升受污染耕地安全利用水平，探索建立从田间到餐桌的净菜供应体系，发展优势特色花卉产业，加快农产品冷链物流体系建设，加快智慧农业发展。四是引导产业合理布局。结合有关规划编制，优化都市圈建设用地结构和布局，保障重大产业化项目建设。

《关中-天水经济区发展规划》指出[②]，要以市场为导向，发挥产业优势，促进结构调整，延长产业链条，加强配套分工，推动产业升级，形成产业集群，构筑若干特色优势产业基地。一是航空航天产业。依托西安阎良国家航空高技术产业

---

① 根据《西安都市圈发展规划》，西安都市圈规划范围主要包括西安市全域（含西咸新区），咸阳市秦都区、渭城区、兴平市、三原县、泾阳县、礼泉县、乾县、武功县，铜川市耀州区，渭南市临渭区、华州区、富平县，杨凌示范区，面积 2.06 万 km²，2020 年底常住人口 1802 万人，地区生产总值约 1.3 万亿元。

② 根据《关中-天水经济区发展规划》，关中-天水经济区包括陕西省西安、铜川、宝鸡、咸阳、渭南、杨凌、商洛（部分区县）和甘肃省天水所辖行政区域，面积 7.98 万 km²。

基地，重点发展大型运输机、涡桨支线飞机、通用飞机等主干产业，航空发动机及配套产业、机载系统等分支产业，航空关键部件、专用设备、维修业务等配套产业。二是装备制造产业。以西安、咸阳、宝鸡、天水为集中布局区域，加强重点产业集群建设，强化区域整体实力和竞争能力，全面提升重大装备制造水平。三是资源加工产业。以宝鸡、渭南、铜川、商洛、天水等地为重点，加快重要矿产资源开发及深加工。四是文化产业。发挥该地区历史源远流长、文化积淀深厚的优势，积极发掘历史文化遗产，传承和创新秦风唐韵、佛道宗教等历史文化。五是旅游产业。以西安为中心，加快旅游资源整合，大力发展历史人文旅游、自然生态旅游、红色旅游和休闲度假旅游。六是现代服务业。大力发展现代物流业，进一步加大物流基础设施建设力度，加快西安国际港务区、咸阳空港产业园、宝鸡陈仓、商洛、天水秦州、麦积等重点物流园区项目建设。同时发展壮大金融、会展业。

基于文献和政策梳理，我们认为关中平原城市群具备加快构建现代产业体系的基本条件。关中平原城市群的产业体系较为完备，地理区位和综合交通优势明显，科教资源、军工科技和自主创新能力位居全国前列，并且拥有丰富而独特的历史文化遗产及人文自然资源（韩丽颖等，2021）。在综合研判的基础上，我们提出关中平原城市群构建现代产业体系的目标：推动科技创新与产业发展协同并进，通过深度融入共建"一带一路"、强化国内外产业合作来提升产业竞争力，在空间上加强西安同周边中小城市、小城镇和乡村之间的产业分工协作，实现产业错位布局、功能互补和特色专业化发展，构建创新引领、分工协作、布局合理的现代产业体系，实现城市群三次产业协同发展升级，为西安建设国家中心城市和加快关中平原城市群建设夯实产业基础。

二、目标比较

在明确关中平原城市群构建现代产业体系的目标之后，我们把关中平原城市群的现代产业体系发展目标同周边的中原城市群、长江中游城市群、成渝城市群进行比较研究。

（一）与中原城市群构建现代产业体系目标的比较

《中原城市群发展规划》提出（表7-14），要突出新兴产业和新业态培育、传统产业转型升级、产业深度融合创新，有序承接产业转移，引导产业集群发展，构建优势互补、协作紧密、联动发展的现代产业体系。一是打造优势产业集群。壮大先进制造业集群、培育战略性新兴产业集群、加快发展现代服务业以及发展壮大现代农业集群。二是高水平承接产业转移。推进有条件的地区有力有序承接符合环保标准和市场需求的国内外先进产业转移，支持有条件的地区创建国家级承接产业转移示范区。三是完善产业协同机制。加强统筹协调和政策引导，共建产业合作平台。

表 7-14 关中平原城市群与中原城市群构建现代产业体系目标的比较

城市群	发展功能定位	战略性新兴产业发展重点	承接产业转移	加快国防科技工业军民融合深度发展
关中平原城市群	向西开放的战略支点，引领西北地区发展的重要增长极，以军民融合为特色的国家创新高地，传承中华文化的世界级旅游目的地，内陆生态文明建设先行区	3D 打印、生物医药、新材料、集成电路	①积极承接产业转移；②强化承接产业转移管理服务	①深化"军转民""民参军"；②发展五大产业，搭建军民深度融合新平台；③创新军民融合发展路径。军民融合重点产业：航空、航天、兵器、船舶、军工电子
中原城市群	经济发展新增长极，重要的先进制造业和现代服务业基地，中西部地区创新创业先行区，内陆地区双向开放新高地，绿色生态发展示范区	生物医药、先进材料、电子信息产业集群、机器人、新能源汽车、基因检测	推进有条件的地区有力有序承接符合环保标准和市场需求的国内外先进产业转移，创新承接产业转移方式，支持有条件的地区创建国家级承接产业转移示范区	无

资料来源：《关中平原城市群发展规划》《中原城市群发展规划》

《中原城市群发展规划》提出的产业发展目标如下：2025 年，带动全国发展的新增长极地位更加巩固，参与全球经济合作与竞争的能力大幅跃升。

（二）与长江中游城市群构建现代产业体系目标的比较

《长江中游城市群发展规划》提出（表 7-15），要依托产业基础，发挥比较优势，强化分工协作，联合开展科技创新，加快产业转型升级，淘汰落后过剩产能，共同承接产业转移，不断提升产业和产品竞争力，打造一批有较强竞争力的优势产业基地，构建具有区域特色的现代产业体系。一是联手打造优势产业集群。发展装备制造业、汽车及交通运输设备制造业、冶金工业、石油化工产业、家电产业以及战略性新兴产业。二是建设现代服务业集聚区。推进服务业创新发展，鼓励金融协同发展，大力发展现代物流业，联合构建无障碍旅游区，大力发展文化产业。三是发展壮大现代农业基地。增强保障国家粮食安全能力，发展高产高效现代农业和生态农业，提升农业产业化经营水平，加大强农惠农富农力度。四是推进跨区域产业转移与承接。鼓励承接沿海地区产业转移，推进产业双向转移，积极实施"回归工程"。五是建立产业协同发展机制。加强产业政策对接，完善统一市场机制，协同开展产业技术创新。

表 7-15 关中平原城市群与长江中游城市群构建现代产业体系目标的比较

城市群	发展功能定位	战略性新兴产业发展重点	承接产业转移	加快国防科技工业军民融合深度发展
关中平原城市群	向西开放的战略支点,引领西北地区发展的重要增长极,以军民融合为特色的国家创新高地,传承中华文化的世界级旅游目的地,内陆生态文明建设先行区	3D打印、生物医药、新材料、集成电路	①积极承接产业转移。抓住"一带一路"建设、东部地区加工贸易转移等机遇,深度融入全球全国产业分工体系。②强化承接产业转移管理服务。建立以"一站式服务"为核心的政府公共服务平台。严禁承接高耗能、高污染和低水平重复建设项目	①深化"军转民""民参军";②发展五大产业,搭建军民深度融合新平台;③创新军民融合发展路径。军民融合重点产业:航空、航天、兵器、船舶、军工电子
长江中游城市群	中国经济新增长极,中西部新型城镇化先行区,内陆开放合作示范区,"两型"社会建设引领区	新一代信息技术、高端装备制造、新材料、生物、节能环保、新能源、新能源汽车	①鼓励承接沿海地区产业转移。②推进产业双向转移。鼓励武汉、长沙、南昌大力发展高新技术产业和现代服务业,引导资源加工型、劳动密集型产业向周边地区转移。支持周边地区企业到武汉、长沙、南昌设立行政总部、研发中心、营销中心、物流中心。③积极实施"回归工程"	无

资料来源:《关中平原城市群发展规划》《长江中游城市群发展规划》

《长江中游城市群发展规划》提出的产业发展目标如下:2030年,发展成为我国经济增长与转型升级的重要引擎和具有一定国际竞争力的现代化城市群。

(三)与成渝城市群构建现代产业体系目标的比较

《成渝城市群发展规划》提出(表7-16),要发挥市场决定性作用,立足各地比较优势,促进产业分工协作,引导产业集群发展,积极发展新经济,建设共享平台,壮大现代产业体系,夯实城市群产业基础。一是培育优势产业集群。壮大装备制造产业集群,培育战略性新兴产业集群,提升能矿资源加工产业集群,发展现代服务业集群,扶持农林产品加工产业集群,发展文化产业集群以及共同打造国际旅游目的地。二是有序承接产业转移。构建承接产业转移平台,创新承接产业转移方式,强化承接产业转移管理。三是整合发展产业园区。整合优化园区资源,推进园区合作共建,支持重点园区发展,建设军民融合公共服务平台。四是提高创新创业能力。打造创新创业发展平台,完善创新创业服务体系,共享创新创业资源,引导农民工返乡创业。

表 7-16　关中平原城市群与成渝城市群构建现代产业体系目标的比较

城市群	发展功能定位	战略性新兴产业发展重点	承接产业转移	加快国防科技工业军民融合深度发展
关中平原城市群	向西开放的战略支点，引领西北地区发展的重要增长极，以军民融合为特色的国家创新高地，传承中华文化的世界级旅游目的地，内陆生态文明建设先行区	3D打印、生物医药、新材料、集成电路	①积极承接产业转移。抓住"一带一路"建设、东部地区加工贸易转移等机遇，深度融入全球全国产业分工体系。②强化承接产业转移管理服务。建立以"一站式服务"为核心的政府公共服务平台。严禁承接高耗能、高污染和低水平重复建设项目	①深化"军转民""民参军"；②发展五大产业，搭建军民深度融合新平台；③创新军民融合发展路径。军民融合之重点产业：航空、航天、兵器、船舶、军工电子
成渝城市群	引领西部开发开放的国家级城市群，构建"一轴两带、双核三区"的空间格局，优化城市规模结构，促进川渝毗邻地区合作发展	节能环保、新一代信息技术、生物产业、新能源、新能源汽车、高端装备制造、新材料产业	①构建承接产业转移平台。支持交通区位条件好的工业园区承接产业转移，建设沿海加工贸易转移的重点承接地。②创新承接产业转移方式。建立产业转移跨区域合作机制，鼓励以连锁经营、委托管理、投资合作等多种形式与东部沿海地区合作共建产业园区。③强化承接产业转移管理。强化产业转移项目环境影响评价和节能评估审查，严格禁止承接高耗能、高污染项目	以促进信息互通、资源共享、成果转化为重点，加快构建军民融合服务平台体系。建设军民融合决策咨询平台、科技金融服务平台、信息服务与对接平台、信息资源共享交换平台、技术转移转化平台。推动建设一批军民融合创新孵化中心、众创空间

资料来源：《关中平原城市群发展规划》《成渝城市群发展规划》

《成渝城市群发展规划》提出的产业发展目标如下：2030年，创新型现代产业支撑体系更加健全。加快推进新型工业化进程，培育壮大新动能，加快发展新经济，实施"互联网＋"行动计划，创新承接产业转移，发展壮大先进制造业和现代服务业，打造全国重要的先进制造业和战略性新兴产业基地，建设世界级文化旅游目的地、全国重要的商贸物流中心、长江上游地区金融中心等现代服务业高地，建成产业链完善、规模效应明显、核心竞争力突出、支撑作用强大的现代产业基地。

第四节　关中平原城市群加快构建现代产业体系的路径

本节在前文梳理关中平原城市群产业发展状况，论证关中平原城市群构建现代产业体系目标的基础上，提出关中平原城市群加快构建现代产业体系的路径。

一、西安推动产业迈向高端化，提升产业集聚辐射能力

西安作为关中平原城市群的首位城市和西北地区唯一的特大城市，经过多年

发展，西安对于关中平原乃至西北地区的辐射带动作用不断增强。但同周边及东部地区的中心城市相比，西安的产业发展水平相对较低，城市功能也不够完善。西安科教资源富集，高新技术产业是西安的优势产业，但存在科技创新与产业发展对接不畅的显著问题，因此，优越的科教资源未能对西安的产业发展升级起到应有作用。为此，西安应当充分挖掘创新潜力，实现科技创新与产业发展的协同并进，推动产业迈向高端化，进而形成创新引领、高新技术产业和现代服务业主导的产业结构，辐射带动关中平原城市群的中小城市和城镇实现产业协同发展升级（张思锋和徐清梅，2002）。

一是强化优势产业关键领域创新，延长产业链条。科技是第一生产力，"卡脖子"难题往往在很大程度上制约产业的创新发展。面对技术难关，西安要充分利用富集的科教资源，同时依托中国西部创新港、国家工程研究中心等平台实施重大产业创新工程，着力突破产业链缺失环节、薄弱环节、延伸环节等的技术瓶颈，为西安战略性新兴产业的发展奠定坚实基础。

二是依托优势创新链，培育新兴产业链。科技成果转化是将科技优势转化为经济优势的关键步骤。西安应当以创新为动力，积极培育城市发展新动能（李玲燕和陶进，2021），不仅要围绕产业链布局创新链，更要围绕创新链培育产业链，加快高精尖科技、新技术成果就地转化。今后，西安应加快培育3D打印、生物医药、新材料、集成电路、人工智能等产业集群，打造战略性新兴产业高地。

三是完善区域性创新网络，优化创新生态环境。科技源于创新，离不开金融市场，并且良好的营商环境是企业高质量发展的助推剂。为此，西安需要持续、广泛、深度推进"产学研金"合作[①]，实现创新链与产业链的高效对接。此外，西安可以通过"双创"示范基地建设，积极培育发展科技金融中介服务体系，支持发展知识产权评估、技术转移、专利代理、信用评级等科技金融中介服务组织，构建有利于大众创业、万众创新的政策环境、制度环境和服务体系，助推先进科技成果转化落地。

二、西安周边城市发展先进制造业，加强产业分工协作

关中平原城市群拥有较为雄厚的制造业基础，随着首位城市西安的产业结构逐渐向高新技术产业、现代服务业为主导的方向转变，西安原有的机械、纺织、电子信息等制造业将逐步向城市群内的其他城市转移。当前，关中平原城市群的

---

① 《周至县成功举办"产学研金"协同创新活动》，https://www.zhouzhi.gov.cn/xwzx/zwyw/627b0bd4f8fd1c0bdc9697b2.html。

中小城市产业发展水平参差不齐，城市之间的产业分工和产业联系不够紧密。为此，关中平原城市群的中小城市应准确定位产业职能，同西安加强产业分工协作，促进城市群内部的要素优化配置和产业协同发展升级。

一是准确定位城市产业职能，实现城市之间优势互补。区域产业的协调发展需要各个城市产业的错位发展，以避免区域内部出现恶性竞争（高文娜，2021）。关中平原城市群制造业优势明显，但城市群内部城市之间的工业职能分工并不明显，同质化竞争现象普遍。为解决这一问题，关中平原城市群的中小城市在承接西安及东部地区制造业转移的过程中，应根据自身已有的产业基础和资源禀赋明确城市产业职能定位，充分发挥比较优势做大做强具备竞争力的产业，并同城市群内部的中心城市及其他城市加强产业分工协作，加快实现关中平原城市群产业协同发展升级。

二是加强城市群基础设施互联互通，促进要素优化配置。交通基础设施建设对区域发展具有引导、支撑和保障作用（金凤君等，2008）。关中平原城市群的交通等基础设施尽管较为完善，但仍有较大的提升空间，尤其是县城同西安、咸阳、宝鸡等城市之间应加快实现高铁联通，推动关中平原城市群形成多节点网络化基础设施互联互通发展格局。关中平原城市群的基础设施互联互通，有助于资本、劳动力等要素自由快速流动，强化城市之间的经济联系（李玲燕和陶进，2021），实现资源要素在城市群内部共享共用、优化配置。

三是打破行政壁垒，加强跨省城市之间的产业合作。关中平原城市群跨越陕西、山西、甘肃等三个省份，如何打破省际行政壁垒、加强跨省城市之间的产业合作是一个重大现实问题。为此，可以推动建立跨省或跨市产业园区，构建一体化的区域市场体系，完善利益共享机制等，促进关中平原城市群内部不同省份城市之间的分工与合作，从而实现关中平原城市群产业协同发展。

三、小城镇和乡村依托城市推动三次产业融合发展

农业是关中平原城市群的传统优势产业，小城镇和乡村是关中平原城市群的重要空间形态，但关中平原城市群的农业农村现代化仍有很长的路要走。当前，关中平原仍有大量劳动力滞留在农村，这既阻碍了农业现代化，也不利于农村现代化。今后，关中平原城市群应充分依托农业科技发达和城市人口众多的有利条件，加快发展都市农业和现代农业，同时积极发展农产品加工业和乡村旅游业，促进乡村三次产业融合发展，推动实现乡村产业兴旺。

一是以杨凌示范区、天水示范区为载体推进农业现代化。充分发挥两个示范区的辐射带动作用，加强农业科技推广应用，不断提高农业生产效率。充分发挥临近西安等特大城市的有利条件，发展都市现代农业，增加绿色优质农产品供给，

为城乡居民供给优质的蔬菜、粮食、水果、肉类等农产品。与此同时,培育壮大农业龙头企业,建设粮食、果蔬、畜产品、中药材等特色农产品加工基地,构建特色农产品加工产业集群,提高农业附加值。

二是加快发展特色小(城)镇,促进乡村振兴。城市群发展不仅要做强中心城市、重要节点城市,而且要发展好城市周边的小城镇,逐步缩小城市之间和城乡之间的差距,推动城乡产业融合发展(居尔艾提·吾布力等,2022)。西安及其他城市周边的小城镇,可以根据要素禀赋和比较优势,聚焦特色产业,完善服务功能,优化生态环境,创建一批文化旅游、广播影视、商贸物流、电子信息、先进制造、科技教育等美丽特色小(城)镇。与此同时,要积极推动关中平原城市群的乡村发展,促进乡村产业融合发展和转型升级,推动关中平原城市群的乡村实现产业振兴。

四、全面融入"一带一路",提升产能合作水平和产业竞争力

"一带一路"建设使关中平原城市群由对外开放洼地转变为改革开放前沿,为关中平原城市群提升对外经济合作水平和产业竞争力提供了难得的历史机遇。

一是提高基础设施互联互通水平,建设国际交通物流中心。互联互通的基础设施是生产要素跨区域优化配置的基础,对于提升开放水平、加强产能合作具有重要意义。关中平原城市群应依托自身承东启西、联南贯北的区位优势,在陆路、空中、信息、管道等各领域打造立体化现代丝绸之路,逐步建成辐射周边、联通世界的基础设施网络。以设施互联互通为基础,关中平原城市群应系统发展现代综合交通物流产业,提升物流业增加值占地区生产总值的比重。

二是高水平建设自由贸易试验区,推进贸易投资便利化。贸易投资便利化是经济全球化和区域经济一体化的必然要求(郭飞等,2006),自由贸易试验区在贸易和投资方面实行比世界贸易组织有关规定更加优惠的政策安排,可以有效提升贸易投资便利化水平。关中平原城市群应以高水平建设自由贸易试验区为契机,一方面,深化投资领域改革,以准入前国民待遇加负面清单为主要形式,消除国外先进企业在本地区的投资壁垒;另一方面,深化贸易领域改革,实现通关一体化和便利化,推动贸易规模扩大和结构转型升级。以贸易投资便利化为基础,关中平原城市群可以全面改善营商环境,深化共建"一带一路"国家同关中平原城市群的产能合作,加快构建内陆型改革开放新高地。

三是全面融入"一带一路"建设,打造国际产能合作中心。"一带一路"主体区域具备良好的合作基础、层级互补的产业体系和广阔的市场空间,这为加强国际产能合作创造了条件(白永秀和王颂吉,2015)。关中平原城市群应抓住"一带一路"建设机遇,加快"引进来"和"走出去"步伐,打造国际产能合作中心,逐步提升关中平原城市群优势产业在全球价值链中的位置。一方面,关中平原

市群要积极承接东部沿海地区乃至世界范围内的现代产业转移，大力引进处于全球价值链高端的国内外龙头企业，提高本地区企业的自主创新能力，做大经济规模，为本地区企业"走出去"奠定基础；另一方面，关中平原城市群要积极推动具备竞争优势的企业面向共建"一带一路"国家出口商品、投资设厂、输出优势产能，统筹用好国内外资源和市场，提升关中平原城市群的企业国际化水平和产业竞争力。

五、推动产业绿色低碳发展

资源环境约束是关中平原城市群构建现代产业体系的前置条件，为实现关中平原城市群可持续发展，必须提升城市能源生态效率，推动产业向低碳绿色转型。

一是推进能源技术进步，缩小城市间生态效率差距。关中平原城市群各城市之间的能源生态效率存在较大差距，主要表现为西安的能源生态效率远高于城市群内的其他城市。能源技术进步是提高城市生态效率的重要途径，因此，为实现关中平原城市群产业的绿色低碳发展，最根本的做法是推进能源技术进步，缩小城市间的生态效率差距。今后，关中平原城市群应鼓励企业采用绿色低碳生产技术，从根本上降低能源消耗强度，提高能源生态效率。关中平原城市群应探索建立生态环境污染联防联治、区域内部生态补偿等新型环保机制，优化绿色发展环境。应积极发挥西安的辐射带动作用，帮扶城市群内其他城市向绿色低碳转型，缩小各城市之间的能源生态效率差距，有效提高区域整体的能源生态效率（唐晓灵和康铭敏，2021）。

二是促进产业结构调整，实现产业向绿色低碳转型。产业结构调整是促进关中平原城市群绿色低碳发展的重要举措。推动农业集约化、规模化经营，减量使用化肥、农药，推广节水灌溉技术；促进制造业转型升级，推广应用低耗能技术，推动制造业产业结构由"重型化"向"轻型化"转型，发展创新驱动、环境友好、附加值高的先进制造业；大力发展现代服务业，降低产业发展对能源的依赖和消耗。随着关中平原城市群的产业结构向绿色低碳转型，将有助于缓解关中平原城市群面临的资源环境约束。

第八章　关中平原城市群的城乡融合发展

本章在上一章对关中平原城市群现代产业体系研究的基础上，站在新型城乡关系的角度研究了关中平原城市群的城乡融合发展。首先，从城市群内部和城市群之间的比较入手，多角度考察关中平原城市群城乡融合发展的状况。其次，具体分析了关中平原城市群城乡融合发展的优势、劣势与挑战。在此基础上，从空间和内容两个维度提出关中平原城市群城乡融合发展的目标。最后，从城乡融合发展的驱动力、抓手、空间重点、难点、保障五个方面提出关中平原城市群城乡融合发展的举措。

第一节　关中平原城市群城乡融合发展的状况

对关中平原城市群状况的分析将从关中平原城市群内部与中原和成渝两大城市群的比较中展开，重点以城镇化率、三次产业结构、城乡收入比和消费比等指标刻画关中平原城市群城乡融合发展的状况。

一、关中平原城市群城乡融合发展状况——自内部考察

城镇化率可以总体反映一个地区的城市化发展阶段和农村劳动力转移水平。从总体趋势来看，关中平原城市群 12 个市（区）的城镇化率都在逐渐上升。2020 年，西安市的城镇化率达到了 79.15%，高于全国 63.89%的城镇化水平。铜川、宝鸡、临汾、咸阳、杨凌的城镇化水平较高，达到了 50%以上。相比之下，运城、渭南、商洛、天水、平凉、庆阳的城镇化水平较低。可以看出，关中平原城市群城镇化水平并不均衡，且总体城镇化水平较低（图 8-1）。

为了刻画关中平原城市群城乡产业发展的状态，进一步对各市产业结构、第三产业占比变化趋势和三次产业就业人员比重进行分析。2020 年关中平原城市群中西安、临汾、铜川、商洛、运城、天水、渭南、平凉、杨凌这 9 个市（区）呈现出"三二一"的产业结构状态，宝鸡、庆阳、咸阳三市仍为"二三一"的产业结构状态（图 8-2）。2015 年至 2020 年，12 个市（区）第三产业占比总体上呈现出递增的趋势，其中，西安第三产业占比显著领先于城市群内其他城市，达到 60%以上且保持稳定；铜川近年来第三产业发展迅猛，从 2013 年的 26.45%增长到 2020 年的 57.01%，成为铜川经济增长的主要动力（图 8-3）。

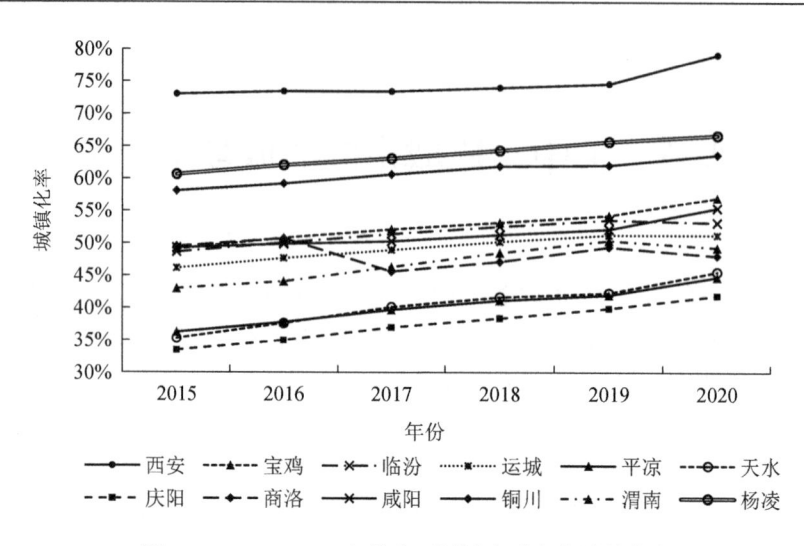

图 8-1　2015～2020 年关中平原城市群各市城镇化率

资料来源：根据国家统计局、中国经济与社会发展统计数据库及各省市统计年鉴数据进行整理并计算

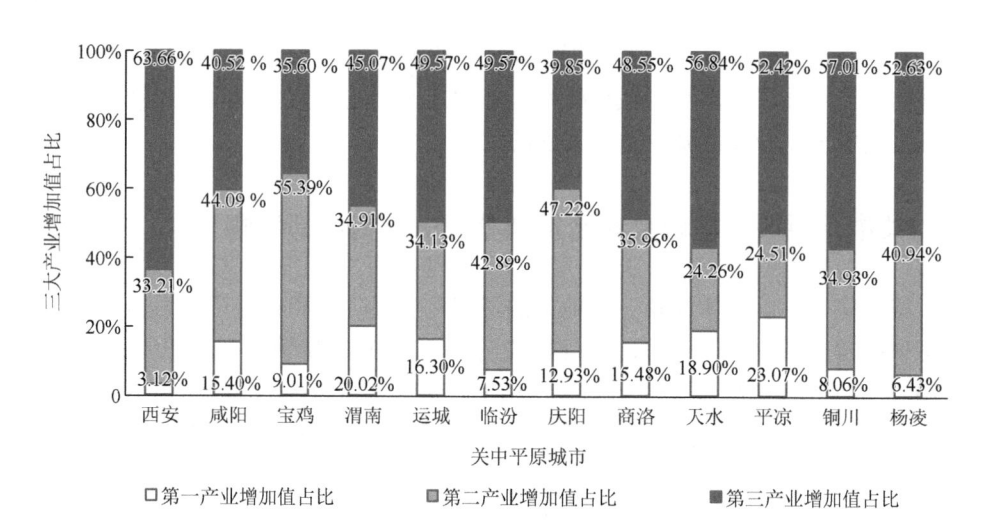

图 8-2　2020 年关中平原城市群产业结构

资料来源：根据《中国城市统计年鉴》及各省市统计年鉴数据进行整理并计算

本图数据经过四舍五入，存在比例合计不等于 100% 的情况

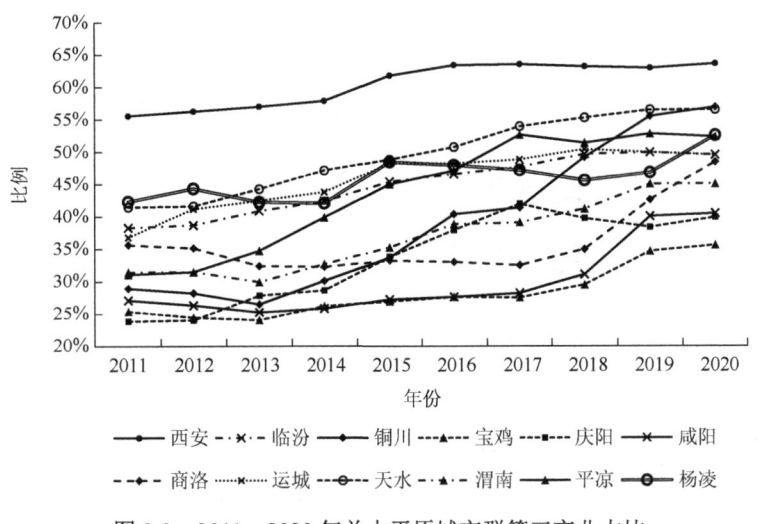

图 8-3　2011～2020 年关中平原城市群第三产业占比

资料来源：根据《中国城市统计年鉴》及各省市统计年鉴数据进行整理并计算

缩小城乡收入差距是城乡融合发展的核心任务，是实现全体人民共同富裕的要求。如图 8-4 所示，关中平原城市群 12 市（区）城乡人均可支配收入比总体上呈现出逐渐缩小的趋势。具体来看，天水、庆阳、平凉、铜川城乡收入差距较大，2018～2020 年的城乡人均可支配收入比一直在 3 倍以上，2020 年商洛城乡人均可支配收入比最小，但仍高达 2.47 倍。2017 年西安和杨凌城乡人均可支配收入比出现大幅度增加，而后又逐年下降。如图 8-5 所示，虽然关中平原城市群城乡居民收入相对差距正在逐渐减小，但也要看到城乡居民收入的绝对差距还在

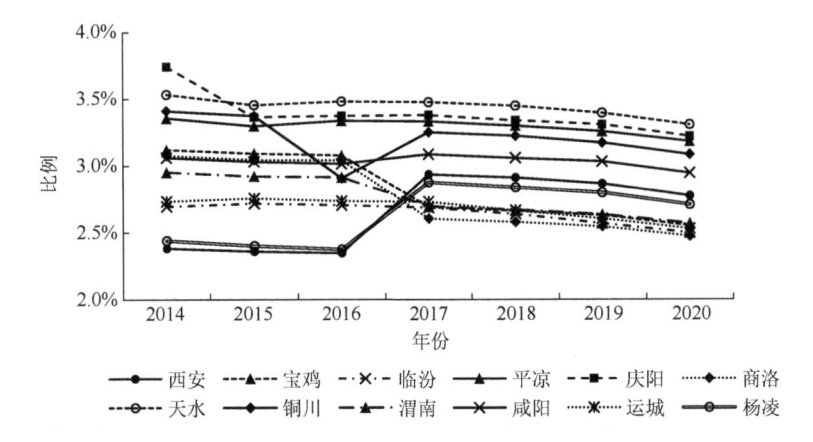

图 8-4　2014～2020 年关中平原城市群城乡人均可支配收入比

资料来源：对中国经济与社会发展统计数据库及各省市统计年鉴数据进行整理并计算得出

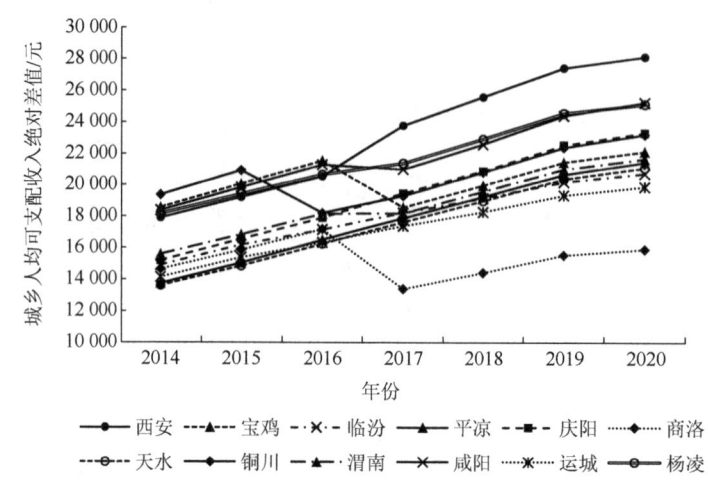

图 8-5 2014～2020 年关中平原城市群城乡人均可支配收入绝对差值

资料来源：对中国经济与社会发展统计数据库及各省市统计年鉴数据进行整理并计算得出

扩大。2020 年西安城乡人均可支配收入绝对差距最大。如图 8-6 所示，西安城镇人均可支配收入由 2015 年的 33 188 元增加到 2020 年的 43 713 元，增长了 10 525 元，涨幅为 31.71%，而农村人均可支配收入仅从 2015 年的 14 072 元增加到 2020 年的 15 749 元，仅增加了 1677 元。增长 11.92%，城乡人均可支配收入绝对值差距由 2015 年的 19 116 元增加到 2020 年的 27 964 元。总体来说，关中平原城市群各市城乡收入差距依然明显，促进农民持续增收难度仍然很大。

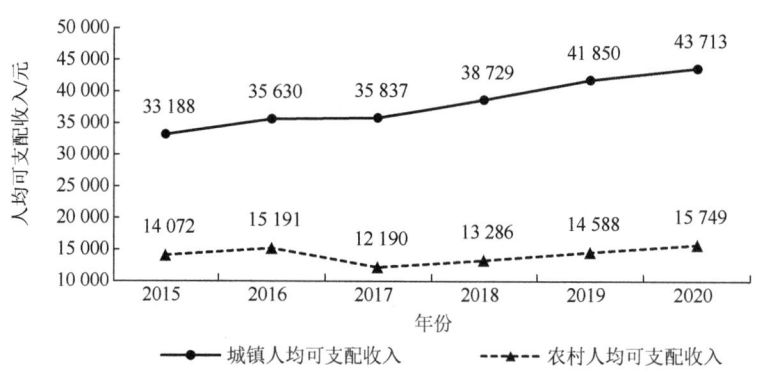

图 8-6 2015～2020 年西安城乡人均可支配收入

资料来源：《中国城市统计年鉴》

此外，关中平原城市群城乡人均消费支出比值在波动中减小。特别地，2016 年至 2020 年，运城是关中平原城市群城乡人均消费支出比最低的城市；庆阳城乡人均消费支出比在 2011 年至 2015 年大幅度减小，而后又缓慢增大，2020 年城乡人均消费支出比达到 2.28%，成为当年关中平原城市群城乡人均消费支出比最高的城市；2011 年至 2020 年，平凉城乡人均消费支出比均波动相对较小（图 8-7）。

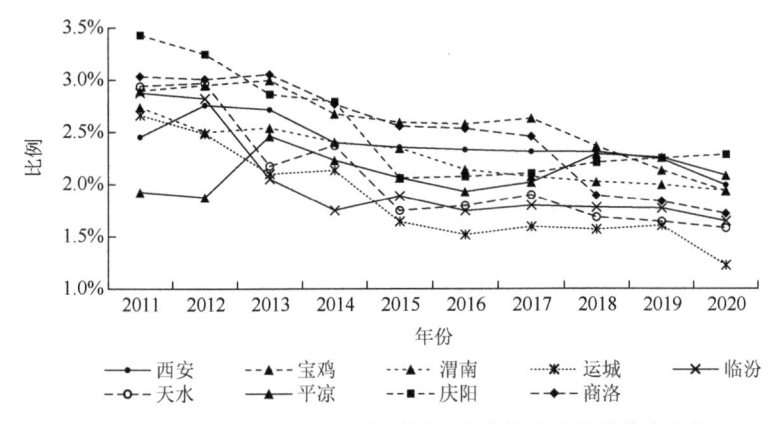

图 8-7 2011~2020 年关中平原城市群城乡人均消费支出比
资料来源：各省市统计年鉴。其中咸阳、铜川和杨凌的数据缺失严重，未纳入分析

二、关中平原城市群城乡融合发展状况——自三个城市群的比较

为进一步探讨关中平原城市群城乡融合发展状态，本部分选择成渝城市群、中原城市群作为对标城市群与关中平原城市群城乡融合发展情况进行比较。这三大城市群在地理位置和城镇化战略布局上具有相似性和可比性。一是三大城市群均位于我国中西部地区，经济社会发展整体水平具有可比性。其中成渝城市群与关中平原城市群均位于我国西部地区，都是西部地区面向东中部地区的重要门户，是西部地区的重要经济引擎；中原城市群是中部地区城市群中与关中平原城市群距离最近的城市群，且两大城市群均包含山西省运城市。二是三大城市群在我国城镇化战略布局上均处于重要的交会地带。关中平原城市群与中原城市群均位于黄河流域生态保护和高质量发展的规划范围内，是构建黄河流域"一轴两区五极"发展动力格局的重要力量，且分别位于"两横三纵"城镇化战略格局中欧亚陆桥通道这一横轴与包昆通道、京哈京广两纵轴的交界处。关中平原城市群与成渝城市群分别位于"两横三纵"格局中包昆通道这一纵轴与陆桥通道、沿长江通道两横轴的交界处。三是三大城市群都是我国重要的粮食产区，第一产业重要性相对突出。关中平原城市群地处"八百里秦川"，自古农业就发达。中原城市群主体区域河南省的粮食播种面积居全国第二位，小麦播种面积居全国第一位，2016~2020 年粮食年均总产量均超过 1300 亿斤（1 斤 = 0.5kg），是中国第二大粮食主产区。成渝城市群地处四川盆地，是中国最大的水稻、油菜籽产区。尤其是成都平原耕地集中连片、土壤肥沃、河渠纵横密布，是我国重要的商品粮生产区。因此，

选取中原城市群和成渝城市群作为对标城市群,具有科学性和比较价值。

关中平原城市群城镇化率提升较慢,西安的高城镇化率已经被逐渐追赶。如图 8-8 所示,三大城市群平均城镇化率均呈现稳步上升的趋势。2014~2016 年关中平原城市群的城镇化率高于其他两大城市群,随后城镇化率增长速度下降。进一步考察三大城市群中 4 个核心城市的城镇化率。4 个核心城市城镇化率均持续上升,且领先于全国水平。西安自 2011 年就有相对较高的城镇化水平,后期城镇化率增长速度相对缓慢。2019 年 4 月国家发展改革委印发的《2019 年新型城镇化建设重点任务》要求放宽大城市落户条件[①],因此,2020 年这 4 个核心城市的城镇化率均明显上升,吸引到了更多农业转移人口落户。但是,面临全国城市分化发展,周边大城市"抢人大战"的挑战,西安曾经城镇化率领先的优势也逐渐失去(图 8-9)。

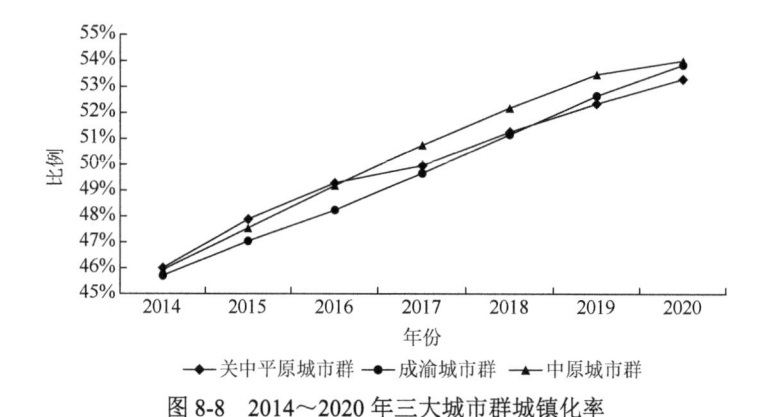

图 8-8　2014~2020 年三大城市群城镇化率

资料来源:对国家统计局、中国经济与社会发展统计数据库及各省市统计年鉴数据进行整理并计算得出

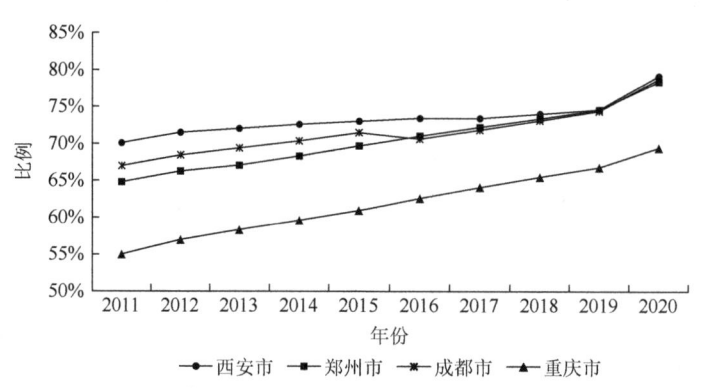

图 8-9　2011~2020 年三大城市群中核心城市的城镇化率

资料来源:中国经济与社会发展统计数据库、各省市统计年鉴

---

① 《2019 年新型城镇化建设重点任务》具体规定:"城区常住人口 100 万—300 万的Ⅱ型大城市要全面取消落户限制;城区常住人口 300 万—500 万的Ⅰ型大城市要全面放开放宽落户条件,并全面取消重点群体落户限制。"

关中平原城市群三次产业结构还存在优化空间。2011 年至 2020 年，随着经济结构战略性调整和转型升级加快推进，三大城市群的产业结构逐渐完成了由"二三一"向"三二一"高级产业结构的转变，第三产业比重逐渐超过第二产业，成为推动各大城市群经济发展的主导产业。如表 8-1 所示，关中平原城市群、成渝城市群、中原城市群分别于 2015 年、2016 年、2018 年实现了产业重点由第二产业向第三产业的转移，实现了"三二一"产业格局。①2020 年受新冠疫情的影响，三大城市群第一产业增加值比重均有所增加，但这不会改变"三二一"产业格局持续优化升级的总体态势。具体来看，关中平原城市群的产业结构与成渝城市群相近，其第一产业和第二产业的占比均小于中原城市群，第三产业占比高于中原城市群，但其第一产业占比仍高于全国水平，第三产业占比仍低于全国水平。以此判断，关中平原城市群尚存产业结构继续优化的空间。

表 8-1 2011~2020 年三大城市群三次产业比重

年份	关中平原城市群			成渝城市群			中原城市群		
	一产比重	二产比重	三产比重	一产比重	二产比重	三产比重	一产比重	二产比重	三产比重
2011	11.03%	47.48%	41.49%	10.98%	48.04%	40.23%	13.67%	55.74%	30.64%
2012	10.85%	46.91%	42.24%	10.59%	50.21%	39.20%	13.38%	54.73%	31.89%
2013	10.33%	46.57%	43.10%	10.12%	49.35%	40.54%	13.12%	53.56%	33.53%
2014	10.13%	45.58%	44.29%	9.71%	48.49%	41.83%	12.59%	51.48%	35.96%
2015	10.01%	41.58%	48.41%	9.69%	45.16%	44.52%	12.15%	48.26%	39.61%
2016	9.91%	39.98%	50.11%	9.39%	44.82%	46.15%	11.12%	46.93%	41.05%
2017	9.21%	39.42%	51.38%	8.77%	40.90%	50.34%	10.08%	47.36%	42.56%
2018	8.33%	39.80%	51.86%	8.41%	39.43%	52.16%	9.47%	44.71%	46.24%
2019	8.49%	38.84%	52.67%	8.44%	40.28%	53.24%	9.36%	42.57%	48.07%
2020	9.28%	37.51%	53.21%	9.30%	37.57%	53.13%	10.34%	40.92%	48.74%

资料来源：根据《中国城市统计年鉴》数据进行整理并计算得出

关中平原城市群的城乡人均可支配收入比和人均消费支出比均高于其他两大城市群。三大城市群的城乡人均可支配收入绝对值差距均呈现增加的趋势，其中，关中平原城市群的城乡人均可支配收入绝对值差距是最大的，2020 年达到了 19 265.97 元。但三大城市群城乡人均可支配收入的比值呈现出缓慢下降的趋势，关中平原城市群的城乡人均可支配收入比由 2014 年的 2.71 倍下降到 2020 年的 2.55 倍，中原城市群的城乡人均可支配收入比由 2014 年的 2.33 倍下降到 2020 年的 2.08 倍，成渝城市群的城乡人均可支配收入比由 2014 年的 2.27 倍下降到

---

① 产业重点的转移即实现了由"二三一"产业结构向"三二一"产业结构的转变。

2020 年的 2.12 倍（表 8-2）。关中平原城市群的城乡人均可支配收入比远高于其他两大城市群，中原城市群的城乡人均可支配收入比略高于成渝城市群。由此看出，关中平原城市群相比其他两大城市群，面临的缩小城乡差距、促进农民增收的挑战更大。

表 8-2 三大城市群城乡人均收入水平和比值

年份	关中平原城市群 城镇人均可支配收入/元	关中平原城市群 农村人均可支配收入/元	比值	中原城市群 城镇人均可支配收入/元	中原城市群 农村人均可支配收入/元	比值	成渝城市群 城镇人均可支配收入/元	成渝城市群 农村人均可支配收入/元	比值
2014	22 450.44	8 284.64	2.71	23 974.40	10 307.51	2.33	24 277.77	10 675.41	2.27
2015	24 461.74	9 146.82	2.67	24 675.61	10 924.36	2.26	26 287.86	12 209.72	2.15
2016	25 979.01	9 877.16	2.63	26 359.20	11 796.59	2.23	28 467.41	13 354.29	2.13
2017	25 981.22	9 618.76	2.70	28 596.64	12 850.72	2.23	30 929.59	13 991.81	2.21
2018	28 004.06	10 497.25	2.67	30 905.55	14 013.67	2.21	33 524.44	15 283.87	2.19
2019	30 256.67	11 517.77	2.63	33 337.06	15 389.21	2.17	36 572.37	16 839.77	2.17
2020	31 681.55	12 415.58	2.55	34 293.64	16 463.00	2.08	38 766.51	18 319.07	2.12

资料来源：对中国经济与社会发展统计数据库及各省市统计年鉴数据进行整理并计算得出

第二节 关中平原城市群城乡融合发展的优势、劣势与挑战

一、关中平原城市群城乡融合发展的优势

第一，关中平原城市群现代产业体系相对完善，产业结构正在迈向中高端。如上节所分析的，关中平原城市群于 2015 年实现了由第二次产业占优势比重向第三次产业占优势比重的转变，且第三产业占优势比重呈现出不断扩大的趋势。面向未来，《关中平原城市群发展规划》指出，要以杨凌示范区为载体推进农业供给侧结构性改革，加快国防科技工业军民融合深度发展，以创建全域旅游示范区为引领推进服务业提质增效。近年来，西安市长安区聚起休闲观光业、鄠邑区形成生态农业、周至县建成果蔬产业、蓝田县构建畜禽养殖业（陕西省新型城镇化和人居环境研究院，2021），都市农业聚集成群，休闲农业、智慧农业等"农业+服务业"新模式得以产生。同时推动农业物联网、装备制造等产业融合，推动了农业现代化发展，形成城乡一体化经营模式。杨凌示范区作为农业高新技术产业示范区发挥科技创新驱动力，发展集农业人才培养、专业人才培育、农业科技研发与成果转化于一体的农业科研中心，推动农业从劳动密集型产业向技术和知识密集型产业转型。

第二，关中平原城市群乡村文化厚重、文化资源富集，为实现城乡文化共同繁荣奠定了基础。关中平原城市群中的各城市历史悠久，拥有大量珍贵的历史文化遗产和丰富的人文自然资源。城市群内各城市历史文化同源、民俗相近、交流合作密切、区域认同感强，为关中平原城市群各城市城乡文化融合发展提供了基础。城市群各地区在城乡建设中加大对秦腔、西安鼓乐、蒲州梆子、凤翔木版年画和泥塑等诸多国家级非物质文化遗产的保护力度，既守住传统文化根脉，使非遗"活态"传承，又将传统民间文化与现代新型文化融合，实现了创新性传承与发展。《中国城市历史文化遗产保护利用指数评估报告》指出，在全国城市历史文化遗产保护利用综合指数排名中西安位列全国第7。西安作为关中平原城市群的核心城市，是一座历史悠久、文化底蕴深厚的城市。西安发挥西北龙头城市带动作用，致力于打造传承中华文化的世界级旅游地，已经形成了以明城墙-大雁塔为核心的隋唐-明清名胜古迹线、西周丰京-镐京沣河历史遗迹线、以汉长安城为中心的秦汉城市建筑基线等文化旅游片区（闫珅和马昭，2022）。2021年抖音最受欢迎十大城市中，西安排名第9位[①]。以咸阳市礼泉县烟霞镇袁家村等为代表的众多集民俗体验、休闲养生、餐饮娱乐、农业观光等功能于一体、现代艺术与古代建筑相结合的休闲文化景区，既保留了中国传统村落的文化底蕴，又不断吸纳城市主流文化，打造出城乡文旅融合的典范。《2021抖音数据报告》显示，袁家村入选2021年抖音打卡最多的五大传统村落。当然，关中平原城市群城乡文化融合也面临文化产业人才匮乏、文化产业发展不充分、政府主导市场化程度低等问题。

第三，关中平原城市群着力推进生态共治共享，城乡生态一体化取得积极进展。关中平原城市群12市（区）因城乡生态环境的关联性构成城乡生态治理共同体，促进生态资源城乡双向流动和优化配置，实现了城乡生态共治共享。3省协力推进黄河流域生态保护和综合治理，强化汾渭平原大气污染协同治理，开展跨区域联合环境执法。一方面，关中平原城市群3省落实中共中央、国务院印发的《黄河流域生态保护和高质量发展规划纲要》，加强农村标准化供水设施建设，做好"厕所革命"与农村生活污水治理的衔接，建立健全农村垃圾收运处置体系，强化农业面源污染综合治理等。2020年关中平原城市群12市（区）平均污水处理厂集中处理率和平均生活垃圾无害化处理率分别达到96.80%和99.59%的水平，与2015年的87.55%和89.29%的平均水平相比，城市群统筹推进城乡生活污染治理取得重大进展[②]。另一方面，汾渭平原受到地形、产业结构、

---

① 资料来源：《2021抖音数据报告》。
② 资料来源：根据2016年和2021年《中国城市统计年鉴》数据进行整理并计算得出。此外，由于数据缺失，2015年年平均污水处理厂集中处理率未将杨凌示范区纳入分析。

能源结构等多重因素的影响，是大气污染的重点区域。关中平原城市群联防联控，加强农村冬季散煤清洁化治理和城市工业企业分类分级管控，同时充分发挥农村的自然资源丰富、植被覆盖率高、空气质量较好等生态环境优势和城市的资金、技术、人才、公共服务等优势，协同治理汾渭平原大气污染。生态环境部提供的数据显示，2020 年秋冬季，汾渭平原 $PM_{2.5}$ 浓度比 2016 年同期下降 35.1%，重污染天数下降 65%，汾渭平原大气污染治理成效明显。[①]

第四，关中平原城市群农村交通提质改善，综合立体交通运输网基本形成。关中平原城市群不断探索农村交通网络与地方经济深度融合的发展模式，大力挖掘"交通+"潜能。2020 年，商洛市柞水县通过"交通+电商+特色农业""交通+文化+文化旅游""交通+就业+公益岗位"等新模式，实现了人流、物流、资金流、信息流在城乡间双向流动、高效运转，为乡村振兴注入新动力。运城市立足于自身区位优势、山川禀赋高标准打造"五条绿色走廊"[②]，并以黄河一号旅游公路串联起沿线生态、农业、文化、乡村旅游等资源，推动乡村振兴。河津市、彬州市、富平县等在内的多个"四好农村路"全国示范县充分发挥典范引领作用，提升农民交通出行水平和农产品运输效率，实现城乡公交客运一体化和城乡货运物流服务一体化。2020 年关中平原城市群 12 市（区）的公路总里程数达 16.4 万 km，以西安为中心的"米"字形交通运输网正加快完善。西安国际性综合交通枢纽、国际铁路枢纽、国际航空枢纽、全球性国际邮政快递枢纽的建设和宝鸡全国性综合交通枢纽的建设将进一步推动城乡交通一体化，促进城乡融合发展。

二、关中平原城市群城乡融合发展的劣势

第一，农业农村现代化程度不高。农业农村现代化是实施乡村振兴战略的根本目标，也是城乡融合发展的必由之路。农业机械化是农业现代化水平的重要标志，关中平原城市群单位耕地面积农机动力投入在 0.44kW/亩左右[③]（1 亩 ≈ 666.7m^2），低于全国单位耕地面积农业机械总动力 0.55kW/亩的水平，且其人均耕地面积为 1.28 亩/人，仍低于全国 1.36 亩/人的水平，因此农业机械化、产业化、规模化程度不高。而良好的农业生产环境是实现农业可持续发展的前提和基础，土壤作为重要的农业自然环境要素，是农业生产的基本生产资料。关中地区农膜及塑料大棚的长期使用导致土壤中塑料残片和微塑料残留量不断增加，不仅对土

---

① 资料来源：《2021—2022 年秋冬季大气污染综合治理攻坚方案》。
② 即沿黄美丽乡村示范带、沿汾生态文旅融合示范带、沿涑水河田园风光示范带、绿水青山中条新生态文旅经济示范带、峨嵋岭绿色产业示范带。
③ 原始数据来源于各地市第三次全国国土调查主要数据公报和各省市的统计年鉴，最终结果由作者整理得出。

壤性质及其质量产生影响，还会造成农作物产量下降等不良后果，严重阻碍了农业现代化生产和农业可持续发展。

农村基础设施现代化水平不高和农村数字经济发展滞后形成的双重压力是关中平原城市群农村现代化发展所面临的重要挑战。一方面，关中平原城市群农田水利、农村饮水、乡村物流、农村电网等基础设施建设现代化程度尚不高，5G、物联网等"新型基础设施"发展不完备，与城市基础设施建设存在较大差距。另一方面，数字技术以其强渗透性、广覆盖性等优势，为赋能农村产业融合发展和助推农村现代化创造了难得的机遇。国务院印发的《促进大数据发展行动纲要》指出要建设由城市延伸到农村的统一社会救助、社会福利、社会保障大数据平台，加强与相关部门的数据对接和信息共享。近年来，关中平原城市群数字经济发展存在两大问题：一是城市数据开放共享程度低，难以带动农村现代化发展。截至 2021 年 10 月，关中平原城市群 12 市（区）均没有上线城市级数据开放平台。[1]城市数据平台的缺乏导致城乡间数据要素的关联性减弱，难以发挥城市数字经济对农村的辐射带动作用，形成了城乡数字鸿沟。二是数字化人才在中心城市的聚集效应显著，农村人才匮乏，没有足够的数字人才投入到乡村数字经济的建设中去。同时文化水平较低的农民以及农村留守人员、老年人等特殊人群对信息技术等新鲜事物接受程度较低，部分人仍无法适应数字化生活，难以共享数字经济的福利。

第二，城乡发展低位分散。关中平原城市群城乡发展低位分散，主要表现为三个方面。一是城乡经济发展水平不高，产业结构层次偏低。2020 年关中平原城市群人均地区生产总值为 54 494 元，远低于全国 72 000 元的水平，消费拉动经济增长的潜力尚未完全挖掘，城乡整体经济发展水平不高。2020 年关中平原城市群的产业结构为 9∶38∶53，整体上产业层次偏低，传统产业比重仍高于全国平均水平，产业结构有待进一步优化升级。二是城乡发展差距较大。中平原城市群城乡发展差距大突出为城乡收入悬殊。2020 年关中平原城市群城镇与农村居民人均可支配收入差值为 19 265.97 元，城乡人均可支配收入比高达 2.55，且高于同期全国城乡居民人均可支配收入比值。三是人力资本流失严重，乡村发展活力不足。关中平原城市群城乡公共服务体系差距大，农民外出进城务工成为常态，"羊群效应"明显，造成农村人才过度流失，一些地方甚至出现空壳村，创新型、技能型、现代化农业人才队伍的不足阻碍了农业高质量发展进程，进一步拉大城乡发展差距，制约了城乡融合发展。

第三，县域经济弱小。县域是连接城市和乡村的功能综合体，是城乡融合发展的关键点。关中平原城市群地处欠发达的西北地区，县域经济发展受制于自然

---

[1] 《中国地方政府数据开放报告——城市（2021 年度）》，http://ifopendata.fudan.edu.cn/report.

条件恶劣、经济基础薄弱、资源禀赋不足,且除核心城市西安外,其他城市对周边乡村的辐射带动作用相对较弱,因此出现"城强、县弱、村空"的极化空间发展格局,制约了城乡融合发展。中郡研究所在《2021县域经济与县域发展监测评价报告》中公布的全国县域经济基本竞争力百强县、县域经济与县域综合发展前100名县市中,关中平原城市群的所辖县无一县上榜。近些年来关中平原城市群县域经济总量呈现不断上升趋势,由2015年的6233.22亿元增加到2020年的7580.62亿元,但县域生产总值占整个城市群的比重呈下降趋势,由2015年的42.0%下降到36.8%。二是县域经济产业结构层次不高。关中平原城市群县域产业结构由2019年的17.2∶41.7∶41.1转变为2020年的19.1∶39.0∶41.9,首次实现了第三产业对第二产业的超越,县域经济发展取得了进步。但其第一产业占比依然高于全国水平,城市群内的多数县农业现代化程度低、工业化进程缓慢、第三产业发展迟缓,整体产业结构层次不高,促进就业和带动农民增收的能力较弱,以市带乡能力不足。

第四,公共服务资源非均衡配置。关中平原城市群城乡公共服务资源的非均衡配置主要表现在义务教育和基本医疗方面。关中平原城市群城乡义务教育阶段的教学设施、师资力量等方面呈现出较大差距,导致农村地区的学生涌入城市,出现"农村空、城市挤"的教育空间格局,导致城市教育压力过大。在基本医疗方面,一是农村医疗卫生资源匮乏。《全国医疗卫生服务体系规划纲要(2015—2020年)》明确规定到2020年,每千常住人口医疗卫生机构床位数控制在6张,而关中平原城市群每千农村人口乡镇卫生院床位数仅为1.75张。[①]可以看出,关中平原城市群农村地区床位数远达不到国家规划要求的水平。二是城乡医疗机构人力资源配置严重不均。关中平原城市群乡村医生和卫生员数量严重不足,其在全地区卫生技术人员数中的占比不足1/10。此外,2019年版《中华人民共和国基本医疗卫生与健康促进法》,对加强基层和艰苦边远地区医疗卫生队伍建设和加强乡村医疗卫生队伍建设做出要求。但近年来关中平原城市群基层公共卫生人员仍存在学历层次偏低、医疗技能不强等问题,难以满足农村人口更高的就医诉求。

三、关中平原城市群城乡融合发展面临的挑战

第一,经济体量小、单核城市难以有效驱动城乡融合。从区域层面看,西安是关中平原城市群的核心龙头城市,在教育、医疗、科技等多方面拥有绝对优势,首位度突出。2020年关中平原城市群共实现地区生产总值2.27万亿元,西安作为

---

① 资料来源:各省市统计年鉴。其中咸阳市、铜川市和商洛市数据缺失,未纳入分析。

单核心城市高居榜首,其经济总量占关中平原城市群经济总量的44.17%,城市群内经济总量第二大城市宝鸡市的地区生产总值为2277亿元,不足西安市经济总量的1/4。产生这一现象的原因是近些年随着西安都市圈的快速发展建设,资源要素不断向西安集中,造成"灯影效应",客观上限制了周边城市影响力的提升(叶珊珊等,2022)。但是西安"一城独大"的发展模式尚不能形成强劲的驱动力,既无法充分辐射带动周边乡村地区,又加剧了关中平原城市群内部发展的不平衡。西安实施的"北跨、南控、西融、东拓、中优"空间战略目前并未完全架构形成,能否引领驱动关中平原城市群城乡融合发展,还需要观察。从国家层面看,西安市分别于1994年和2018年入围副省级城市阵营和国家中心城市,但其经济发展水平、科技创新力度、交通通达能力等仍与其他领先城市有较大差距。单看经济总量,2021年西安市地区生产总值总量是10 688亿元,在15个副省级城市中排名第9,在9大国家中心城市中排名倒数第1,其经济实力与其战略地位尚不匹配,更难以带动关中平原城市群城乡融合。

第二,城市群内部融合水平较低,阻碍了城乡融合发展。关中平原城市群中心城市辐射带动能力不足、整体经济实力相对较弱以及省际、城际之间的协调沟通机制不健全等原因,导致其内部融合程度相对较低,阻碍了城乡融合发展。关中平原城市群内部融合水平较低主要体现在两方面:一是西安都市圈内部的融合水平低。自2002年签署《西安—咸阳经济发展一体化协议书》至今,西安-咸阳在产业分工协作、公共服务共享共建、基础设施互联互通等层面的一体化步伐仍较为缓慢。二是西安都市圈与其周边地区的融合水平较低。《中国七大城市群融合发展报告》用区域内部货运量在其全部货运量中的占比来说明城市群内的经济融合互动水平。数据显示,关中平原城市群内部货运量在其总货运量中的占比由2019年第一季度的39%上升到2021年第一季度的45%,可以看出城市群的内部融合度是持续快速提升的[①]。但是其中与工业相关的货运量较低,这归因于关中平原城市群的工业主要集中在西安市、咸阳市和宝鸡市,而其他周边城市的工业基础薄弱,内部联系度较低。2022年3月国家发展改革委批复同意了西北地区首个都市圈规划——《西安都市圈发展规划》,为关中平原城市群城乡融合发展带来了机遇:一方面通过都市圈的建设,推进都市圈内部城乡融合发展;另一方面通过都市圈的渗透辐射作用,带动周边区域城乡融合发展,助力实现乡村振兴(白永秀和鲁能,2022)。

第三,协同治理水平较低、缺少制度供给约束了城乡融合发展。陕西、山西、

[①] 资料来源:《中国七大城市群融合发展报告》,其中内部货运量是指关中平原城市群除杨凌以外11个地市之间货运量与各地市内部货运量之和,而总货运量既包含内部货运量,还包含11地市与城市群之外其他地区之间发生经济联系所产生的货运量。

甘肃 3 省人民政府作为推动关中平原城市群城乡融合发展的责任主体，在推进城乡义务教育公办学校标准化建设、加强农村公共文化产品和服务供给和促进城市群生态屏障一体化等多个方面建立了合作机制，但是 3 省跨区域协同治理水平并不高，没有形成统一协调的务实合作和保障机构，阻碍了关中平原城市群内各地区城乡差异化联动发展，约束了城乡融合发展（表 8-3）。主要表现为两方面。一是行政壁垒和地方利益导致协同治理水平较低。3 省经济总量均较小，仍以地区生产总值作为地方发展重要考量，注重省际横向竞争，未能发挥各城市比较优势，导致生产要素流动性不足，不利于协同治理的推进。而要实现关中平原城市群城乡融合发展这一目标，必须考虑整个区域的具体实际，从促进城市群整体城乡融合出发，由行政区域内部的单一治理转向 3 省 12 市（区）跨区域协同治理。二是尚未形成 3 省统一协调的保障机构。2020 年和 2021 年陕西省发展改革委印发的《推动关中平原城市群和新型城镇化发展重点工作任务》均涉及促进城乡融合发展，但其责任单位只集中于陕西省各级政府工作部门，没有形成 3 省责任共担和利益共享机制，不利于城乡融合发展。

表 8-3 三大城市群发展规划中关于协同治理制度的表述

制度	关中平原城市群	中原城市群	成渝城市群
户籍制度	无	加快实施户籍制度和居住证制度改革，消除城乡区域间户籍壁垒，促进人力资源合理流动和有效配置	加快户籍制度改革，促进城市群内劳动力自由流动
土地制度	完善城乡建设用地增减挂钩政策，条件成熟时适度扩大挂钩规模和范围。支持西安市高陵区深化农村土地三项制度改革试点	加快转变农业发展方式，引导农村土地经营权有序流转，发展多种形式适度规模经营	完善城乡建设用地增减挂钩制度。支持将农村土地三项制度改革试点经验率先在成渝城市群复制推广
教育制度	促进基本公共教育均衡发展，加强教师队伍特别是乡村教师队伍建设，推进城乡义务教育公办学校标准化建设	鼓励中小学校利用数字教育资源，探索"互联网+教育"新模式，扩大优质教育覆盖面，保障农业转移人口随迁子女平等就学	加快成都统筹城乡教育综合改革试验区、重庆现代职业教育体系国家制度建设试验区建设
医疗卫生体制	发挥西安医疗资源密集优势，推动医联体建设，共享优质医疗资源。鼓励医疗机构通过远程诊疗、派驻专家、交流进修等方式加大交流合作。探索建立标准统一、接口统一的医疗信息化平台。深化医疗卫生体制改革，建立健全分级诊疗制度	加强跨区域协同合作，着力推进基本医疗卫生制度建设，努力在分级诊疗制度、现代医院管理制度、全民医保制度、药品供应保障制度、综合监管制度等基本医疗卫生制度改革方面走在全国前列。加强基层医疗卫生人才队伍建设	统筹规划建设区域性医疗中心，鼓励发展一批品牌医联体或跨区办医
就业制度	完善居住证制度，加强统一的就业服务平台建设，推行各类专业标准的城市间统一认证认可，促进城市群内劳动力自由迁徙和流动	拓展区域内人力资源交流合作，完善公共就业服务体系、人才服务体系，推动公共就业信息服务平台建设，实现区域人力资源信息共享和资质互认	降低返乡创业门槛，强化金融、财税等政策支持，加强基层就业服务平台和实训基地建设，调动农民工返乡创业积极性

资料来源：根据《关中平原城市群发展规划》《中原城市群发展规划》《成渝城市群发展规划》整理

第三节　关中平原城市群城乡融合发展的目标

结合对关中平原城市群城乡关系状况的多维度考察，对关中平原城市群城乡融合优劣势与挑战的分析，依据党的二十大报告，2020年、2021年、2022年中央一号文件以及《中华人民共和国国民经济和社会发展第十四个五年规划和2035年远景目标纲要》《乡村振兴战略规划（2018—2022年）》《关于建立健全城乡融合发展体制机制和政策体系的意见》《关中平原城市群发展规划》中相关内容，我们试图从两个维度提出关中平原城市群城乡融合发展的目标。

一、空间目标：实现城市、乡村两个空间范围的高质量融合发展

关中平原城市群城乡融合发展涉及城市与乡村两大空间。城乡空间高质量融合发展的第一层次目标是城乡两个空间共同发展，而且农村的发展速度要相对快于城市，否则城乡差距不可能缩小、收敛的态势不可能出现。第二层次目标是城乡空间联系加强，3省12市（区）高水平构建互联互通综合交通网络、地下综合管廊、智能信息网络；在城乡基础设施互联互通的基础上，农村基础设施快速发展，覆盖面进一步扩大、质量水平明显提高；县城的基础设施水平、产业发展承载能力和公共服务供给能力明显提高。第三层次的目标是城乡，特别是农村空间治理水平不断提高，空间资源的综合规划、开发、保护水平明显提升。

二、内容目标：实现多维度的城乡融合发展

按照前文对城乡融合的理解，关中平原城市群城乡融合发展要实现城乡高质量经济融合发展、城乡高质量社会融合发展、城乡高质量政治融合发展、城乡高质量文化融合发展、城乡高质量生态环境融合发展五方面的融合发展。

具体来说，城乡高质量经济融合发展要实现关中平原城市群城乡居民生活水平差距缩小到合理范围，扎实迈向共同富裕；3省12市（区）产业分工趋于优化，城乡一、二、三产业融合发展取得实质性进展，各地做出亮点特色；工农互促、城乡互补态势形成，农业农村现代化基本实现，乡村产业振兴基本实现；围绕大西安，实现城乡要素双向自由流动，建成城乡商贸和劳动力一体化市场。具体数量指标在"十四五"末赶上或未超过成渝城市群和中原城市群。

关中平原城市群城乡高质量社会融合发展要实现城乡二元社会结构转化为城乡社会协同发展，实现城乡公共服务均等化配置，相对落后地区农村公共服务水平明显提高；城乡教育质量明显提高，至少50%的人口实现12年义务教育；城乡

社会管理水平明显提高，农村地区基层治理水平明显提高。公共服务均等化的具体数量指标在"十四五"末赶上或超过成渝城市群和中原城市群。

关中平原城市群城乡高质量政治融合发展要实现城乡二元政治结构转化为城乡政治协同发展，乡村组织振兴基本实现；城乡户籍制度一体化加快实现，改革有亮点；城乡居民参与政治和发表诉求的渠道畅通、多样；农村居民的各项权利得到充分保障。

关中平原城市群城乡高质量文化融合发展要实现城乡二元文化结构转化为城乡文化协同发展，关中平原农村传统优秀文化充分继承和弘扬，自然经济文化中的落后部分转化升级为现代市场经济文化，乡村文化振兴基本实现；初步实现城乡居民理念观念一体化、行为方式一致化、生活方式相互融合等目标。

关中平原城市群城乡高质量生态环境融合发展要实现城乡二元生态环境转化为城乡生态环境协同发展，城乡环境保护水平和污染治理水平明显提升，城乡环境治理实现标准化、协调化和一致化；农村人居环境明显改善，垃圾处理、污水治理能力和水平明显提升，乡村生态振兴基本实现；关中平原城市群城市、乡村绿色发展形成全国可借鉴、推广的模式。相关具体数量指标在"十四五"末赶上或超过成渝城市群和中原城市群。

第四节　关中平原城市群城乡融合发展的措施

一、提升农业农村现代化水平

实现农业农村现代化是促进城乡高质量融合发展的主要驱动力。实现关中平原城市群农业现代化，一是要"逐步把永久基本农田全部建成高标准农田，深入实施种业振兴行动，强化农业科技和装备支撑，健全种粮农民收益保障机制和主产区利益补偿机制"[①]。二是要针对关中平原城市群农业生产环境脆弱的短板，在农业现代化进程中强化环境成本观念，按照农业供给侧结构性改革的要求，淘汰或整治过度施化肥、打农药、单纯追求产量增长的非可持续发展的农业生产方式。运城市万荣县探索"果—畜—肥""果—菌—肥"等绿色循环种养模式，建设有机肥代替化肥试验示范基地，"2020年全县测土配方施肥技术覆盖率达95%以上，绿色防控覆盖率达45%以上，农膜回收率达90.7%"[②]。在促进全国农业生产方式绿色转型、增强农业可持续发展能力方面起到了典型示范带动作用。三是要发

[①] 《乡村振兴责任制实施办法》，https://www.gov.cn/zhengce/2022-12/14/content_5731828.htm。

[②] 《完善农业绿色发展支撑体系　推进农业生产方式绿色转型》，http://www.moa.gov.cn/xw/bmdt/202203/t20220307_6390770.htm。

挥陕西省农业协同创新与推广联盟、山西农业科技传播协同创新联盟、甘肃省农业科技创新联盟作用，以创新引领农业现代化发展，"坚持农业科技自立自强，完善农业科技领域基础研究稳定支持机制，深化体制改革，布局建设一批创新基地平台"[①]。同时大力促进农业牧业、农业林业、农业渔业结合发展与绿色生态、休闲旅游、文化教育、体育娱乐、健康养老等产业深度融合，形成一批农村新产业新业态。四是要"把农业现代化示范区作为推进农业现代化的重要抓手"[①]。要充分发挥关中平原城市群区域内渭南市大荔县、杨凌示范区、运城市临猗县等农业现代化示范区的示范引领作用。五是要提高农业供给质量、积极培育优质农业名牌产品和优质企业，发挥陕西省周至聚仙猕猴桃、西安冠羚羊奶粉、韩城四系商品鸭等中国农产品百强标志性品牌、甘肃省"甘"味农产品品牌和山西省"有机旱作·晋品"省域农业品牌在推动农业产业的组织化、规范化、商品化方面的重大作用。"推动品种培优、品质提升、品牌打造和标准化生产"[①]。

破除关中平原城市群农村基础设施现代化水平不高和农村数字经济发展滞后对农村现代化形成的双重阻碍，一方面，要按照实施乡村建设行动统一部署，加大政府统筹和投入，改善乡村道路、水利、电力、通信等生产生活条件和村容村貌，做好分类推进、适度推进农村"新基建"，构建宜居乡村。同时加快农村数字信息基础设施建设，建立覆盖城乡的信息化网络体系，提高农村电脑普及率、中老年人智能手机使用率和光纤宽带覆盖率，引导农民使用现代化信息技术，实现城乡之间信息互联互通。另一方面，需进一步拓宽城乡数据要素流通渠道，完善城乡要素双向流动的体制机制，加大城市数据资源的开放度。要实施数字乡村建设发展工程[①]，根据当地不同资源禀赋、地理环境和产业发展情况，充分利用平台经济的资源优势，探索差异化的数字经济发展模式。同时要大力开发农村数字型人才资源，培育新型数字技能型职业农民，"深入实施新生代农民工职业技能提升计划"[①]。鼓励农民工参加政府补贴性职业技能培训和职业技能等级评价，并将享受职业技能提升行动补贴农民工的培训信息纳入职业技能提升信息管理系统，实行精确化管理。

二、扎实推进乡村振兴

"全面建设社会主义现代化国家，最艰巨最繁重的任务仍然在农村。"[②]在已全面打赢脱贫攻坚战的背景下，要实现关中平原城市群城乡融合发展，必须抓住乡

[①] 《中共中央 国务院关于全面推进乡村振兴加快农业农村现代化的意见》，https://www.gov.cn/gongbao/content/2021/content_5591401.htm。

[②] 《习近平：高举中国特色社会主义伟大旗帜 为全面建设社会主义现代化国家而团结奋斗——在中国共产党第二十次全国代表大会上的报告》，https://www.gov.cn/gongbao/content/2022/content_5722378.htm。

村振兴这个牛鼻子，扎实推动乡村产业、人才、生态、文化、组织振兴。

第一，推进产业振兴。一是促进优势产业聚集发展。开展国家、省、市、县级现代农业产业园"四级联创"，构建国家、省、市、县四级农业产业龙头企业梯队。优先支持有条件的县区创建科技园，农村一、二、三产业融合发展示范园，促进产村、产镇联动发展和深度融合。分类打造产业核心区、辐射区和加工物流集散区。实现土地适度规模化、规范有序化流转，发展和创新经营形式。鼓励电商企业、农产品批发市场、大型超市采取"企业+家庭农场+农户""企业+合作社+农户""企业+农户"等多种利益联结机制和模式。二是提升农产品加工水平。推动由卖原字号向卖制成品转变。支持龙头企业和农民专业合作社改善储藏、保鲜、烘干、分级、包装等设施装备条件，促进商品化处理。三是推进农村电商发展。既强化县级公共服务中心统筹能力，也大力度吸引各大电商企业、平台类企业在县设立运营中心，为本地中小型电商企业、家庭农场、家庭林场、专业合作社等主体提供各类与市场行为相关的服务，提升农村电商应用水平。四是加强农产品仓储冷链物流建设。强化县、乡、村三级物流网络建设，统筹建设农产品产地、集散地、销地批发市场，健全农产品物流骨干网络和生鲜冷链物流体系。五是大力发展农村集体经济。支持农村集体经济组织开发未利用地，盘活低效闲置集体建设用地和宅基地。积极引导工商资本参与集体经济发展，支持集体经济组织与农业企业、农民专业合作社等经营实体联合与合作，集体经济组织之间合股联营。鼓励各类人才创办领办家庭农场、农民合作社。指导各地建立农民合作社带头人人才库，鼓励有条件的地方支持农民合作社聘请农业经理人。开展村民委员会事务和集体经济事务分离试点。六是促进文旅休闲业提质。打造一批全国乡村旅游重点村镇。推出和打造一批乡村旅游、生态旅游精品线路、自然体验基地。完善农村公路与景区景点连接，鼓励配套建设自行车道、自驾车房车营地、慢火车等体验设施。统筹文物古迹、传统村落、传统建筑、民俗遗产等保护与创造性开发。吸引市场主体，建设一批沉浸式体验项目。

第二，推进人才振兴。一是向重点村持续选派驻村第一书记和工作队。对党组织涣散的村庄，按照常态化、长效化整顿建设要求，继续全覆盖选派第一书记。对其他类型村，根据实际需要做出选派安排。二是强化乡村各类人才队伍建设。健全适合乡村特点的人才培养机制，加快培养培训乡村振兴所需的农业经营管理、专业技术、文化传承等几类重点人才，建立并动态完善陕西乡村振兴人才资源库，打造一支"永不走"的乡村实用人才队伍。依托东西部协作，通过干部选派、顶岗锻炼、交流培训等方式，加大乡村振兴急需的基层管理和技术人才培养、引进力度。三是健全引导各类人才服务乡村振兴的政策体系。深化科技特派员制度，继续推进高校毕业生"三支一扶"计划、大学生志愿服务西部计划、重点高校招收农村学生专项计划的实施。在乡村振兴重点帮扶县探索农业科技推广人员"县管乡用、下沉到村"机制。鼓励和支持各级党政干部、专家学者、技能人才、退役军人按规定到乡村挂职、兼职和离岗创新创业、投资兴业、包村包项目、担任志愿者，参与乡村建设与基层治理。

第三，推进生态振兴。一是依据并把握村庄演变趋势，科学编制村庄建设规划，合理确定村庄布局。重点在村庄现有格局肌理风貌基础上，逐步改善人居环境，加强与城市现代化生活对接，提高生活品质和审美趣味。二是扎实推进农村厕所革命。立足陕南、陕北、关中不同的基础条件，分区分类、分期分批新（改）建农村无害化卫生厕所，基本普及卫生厕所。坚持改厕与保障供水和污水处理同步推进。三是全面建立村庄保洁制度，持续推进户分类、村收集、镇转运、县（片区、镇、村）处理垃圾处置体系和县域、乡镇为主的资源回收利用体系。加强生活污水源头减量和尾水回收利用，推动城镇污水管网向周边村庄延伸覆盖。四是健全农村人居环境整治长效机制。鼓励建立专业化、市场化建设和运行管护机制，在有条件的地区推广城乡环卫一体化第三方治理体系。探索完善财政补贴和农户付费合理分担机制。五是加大乡村生态保护与修复力度。强化乡村自然生态空间保护，实施流域环境综合治理，积极开展乡村河湖湿地生态系统保护和修复，推进水土流失综合治理，加强生态清洁小流域建设。探索与现代农业相适应的田园生态系统保护与修复模式。

第四，推进文化振兴。一是丰富乡村文化生活。加快完善村级文化驿站、文化广场等新型公共文化空间，推动基层综合性文化服务中心拓展功能，补齐公共文化服务设施短板。充实农村公共文化空间，提高群众精神生活质量，构建文明村庄。探索公共文化服务模式，为农村老年人、留守儿童、残疾人等特殊群体提供有针对性的文化服务。充分利用融媒体、自媒体手段，支持乡村视频达人、正能量网红创作作品。二是持续推进农村地区移风易俗。建立健全村规民约，发挥红白理事会、道德评议会、村民理事会、禁毒禁赌协会、老年人协会等村民自治组织作用，坚决整治高价彩礼、铺张浪费、低俗婚闹、随意攀比等不正之风，积极推动农村地区殡葬改革，引导树立文明、健康、绿色新风尚。

第五，推进组织振兴。一是强化镇村党组织领导。完善村党组织在村级各类组织和各项工作领导机制，积极推行村党组织书记通过法定程序担任村民委员会主任和村级集体经济组织、合作经济组织负责人，村"两委"班子成员应当交叉任职。坚持村级重要事项、重大问题由村党组织研究讨论后按程序决定，全面落实"四议两公开"。二是增强村民自治组织能力。加强村民委员会规范化建设，健全村党组织领导的村民自治机制，完善村民（代表）会议、村民小组会议制度，加强民主管理和协商。探索村级会计委托代理制，全面开展村干部任期和离任经济责任审计。鼓励开展村民说事、民情恳谈、百姓议事、妇女议事等各类协商活动。充分发挥村级公益事业建设"一事一议"筹资筹劳制度作用，安排必要的财政奖补资金支持，引导农民群众积极参与村级公益事业建设。三是推进乡村法治建设。加强乡镇司法所建设，因地制宜推进法治文化阵地建设，进一步加强村法律顾问工作。加强普法宣传，增强农村居民的法律意识和法律观念。健全农村社会治安防控体系，全面推行"一村一辅警"机制。加强对社区特殊人群的服务管理。全面实施村级事务阳光工程，全面落实党务、村务、财务"三公开"制度。

三、重点加强县城建设、发展县域经济

在省—市—县—乡镇四级地方城镇体系下，做强做大县域经济、加快县域产业结构转型是实现关中平原城市群城乡融合发展的空间重点。具体来说，促进县域经济发展，补齐关中平原城市群县域经济弱小和产业层次不高的双重短板，以带动城乡高质量融合发展，应注意以下几方面问题。

第一，推动县域基础设施建设，加强城乡空间联系。县域将潜在的地理区位优势转化为现实的交通区位优势，进而促进县域把实际经济运作空间扩展到行政区域之外，转化为县域经济优势（李庆珍，2017）。因此要构建以县城为中心、高效便捷、广泛覆盖的交通网络，同时提高乡村公路等级，提高实际通勤和货运能力。此外，要加大财政资金向县域倾斜力度，"以需求为导向逐步推进第五代移动通信网络和千兆光网向乡村延伸"[1]，加快推进县域新型基础设施建设。

第二，加速特色产业在县城布局，提高县域经济的经济辐射带动能力。要集聚分散的农村资金和产业资源，引导产业、项目向县城集中，"立足县域布局特色农产品产地初加工和精深加工，建设现代农业产业园、农业产业强镇、优势特色产业集群"[2]。根据关中平原城市群县域经济发展的多样性，突出特色、错位发展，探寻不同县域经济发展的成功之路，针对农业型、资源开发型、工贸型等不同产业基础，打造地方性特色资源产业体系。同时促进县域产业结构优化升级，顺应产业发展的基本规律和市场规律，引导农村第二、第三产业向县城集中，继续推进产城融合、产城一体。

第三，优化县城人居质量，吸引人才在县城聚集。在2020年12月召开的中

---

[1]《中共中央办公厅 国务院办公厅》印发〈关于推进以县城为重要载体的城镇化建设的意见〉》，https://www.gov.cn/zhengce/2022-05/06/content_5688895.htm。

[2]《中共中央 国务院关于全面推进乡村振兴加快农业农村现代化的意见》，https://www.gov.cn/gongbao/content/2021/content_5591401.htm。

央农村工作会议上，习近平总书记强调，"要把县域作为城乡融合发展的重要切入点，赋予县级更多资源整合使用的自主权，强化县城综合服务能力"[①]。要想发展县域经济，留住人才是关键。优化县城人居环境、提高县城社保和公共服务水平，正是要实现"县城留人"的目标。而要实现这一目标，关键在于为人才引进和人才回流打好基础，即要"完善市政设施体系，夯实县城运行基础支撑"；"加强历史文化和生态保护，提升县城人居环境质量"；"强化公共服务供给，增进县城民生福祉"[②]；完善人才引进的各类优惠政策，满足优秀人才的发展需求。

四、加强城市群内部政策协调、推进制度供给和创新

关中平原城市群3省内部协同治理水平不高、涉农制度创新明显不足、相关制度变革仍显缓慢，制度供给和创新的步伐落后于经济快速发展、经济制度快速转型的步伐，导致城乡之间生产要素无法自由流动、资源配置效率难以提高，更难以实现习近平主席所提出的"让创新源泉充分涌流"[③]，制度创新成为关中平原城市群城乡差异化联动发展的关键性难点。

一方面，在户籍制度层面，逐渐改变城市户籍制度刚性。推进农业转移人口在教育、医疗、住房等方面与户籍人口享有平等的基本公共服务权利，让关中平原城市群内的所有社会群体共同成为经济发展成果的分享者。其一，功能改革在先，结构改革在后。也就是在不改变户籍制度的基本框架结构的情况下，先改进制度的功能，削弱户口身份的区隔功能以及户口的价值功能，更多体现户口的信息功能。同时，在户口迁移方面，积极探索城市群内户口通迁制度，完善"互联网+公安政务服务"，着力提高户籍办理的便捷度。积极推行"实际工作+实际居住"落户的户口迁移政策。[④]其二，加强替代性制度建设，逐渐弱化直至彻底改革原有户籍管理体制。通过构建新的、更合理的户籍管理体系来替代原有的户籍制度，才能为彻底地改革户籍制度创造条件。其三，观念改变与技术性改革协同进行。户籍制度以及由户籍制度所带来的一系列社会制度安排、群体划分和利益分配格局，成为户籍制度改革过程中的障碍和壁垒。因此，完善制度的同时，必须推进在观念和意识上的城乡居民公平、平等理念的形成。

---

① 《习近平出席中央农村工作会议并发表重要讲话》，https://www.gov.cn/xinwen/2020-12/29/content_5574955.htm。
② 《中共中央办公厅 国务院办公厅印发〈关于推进以县城为重要载体的城镇化建设的意见〉》，https://www.gov.cn/zhengce/2022-05/06/content_5688895.htm。
③ 《开放合作 命运与共——在第二届中国国际进口博览会开幕式上的主旨演讲》，https://www.gov.cn/gongbao/content/2019/content_5453381.htm。
④ 《关于印发〈2022年推动新型城镇化高质量发展工作要点〉的通知》，https://sndrc.shaanxi.gov.cn/pub/sxfgwyh/zjww/jgcs/ghc/202304/t20230419_22720.html。

另一方面，在政绩考核制度层面，打破行政壁垒和地方利益驱使，共享经济发展成果。对于关中平原城市群城乡发展，最直接的就是因为各地政府过分重视本地经济增长而带来城市群内 12 市（区）之间的城市与城市、城市与乡村以及城市内部和乡村内部在经济、社会、文化、政治等诸多层面上的分割和断裂。同时为促进关中平原城市群城乡高质量融合发展，需要构建一套新的更多体现城市群内城乡整体高质量经济、社会、政治、文化、生态环境融合发展的政绩考核指标体系，增加各市合作协同治理的考核指标，删除存在行政壁垒的考核指标，加大关于协同促进城乡融合发展指标的权重，并严格考核流程，做到真实、客观、科学地反映促进城市群整体城乡融合发展的工作和业绩。

五、提升城乡公共服务均等化水平

欲实现以人民为中心、主动的城乡融合发展，就必须解决农村居民、农业转移人口的后顾之忧，实现公共服务均等化。针对关中平原城市群城乡公共服务资源的非均衡配置，具体要做好以下几方面工作，加速实现城乡公共服务均等化。

第一，制定明确的公共服务均等化战略。按照习近平在党的二十大提出的"健全覆盖全民、统筹城乡、公平统一、安全规范、可持续的多层次社会保障体系"[①]的总要求，根据关中平原城市群经济发展整体不高、城乡资源非均衡配置的状况，进行新时代城乡公共服务均等化的顶层设计，制定均等化发展战略，明确陕甘晋 3 省和区域内 12 市（区）、县域各级政府公共服务均等化的责权分工。实施乡村建设行动，"要继续把公共基础设施建设的重点放在农村，短板要加快补上。要在推进城乡基本公共服务均等化上持续发力，注重加强普惠性、兜底性、基础性民生建设"[②]。重点提高农村公共服务的供给水平和质量。

第二，有效转变政府职能，建设公共服务型政府。政府要积极转变职能，突出提供公共服务的功能，具体来说，一是要促进政府由"经济管制型"转变为"公共服务型"，并建立一套针对地方政府的基本公共服务均等化的考核制度。二是要注意创新公共服务供给模式：以城乡居民美好生活的需求为导向，创新供给模式，采用政府购买、管理合同外包、特许经营、优惠政策等方式，鼓励、支持和引导社会力量参与基本公共服务供给，形成政府主导、市场引导和社会充分参与的城乡基本公共服务供给体系。

---

① 《习近平：高举中国特色社会主义伟大旗帜 为全面建设社会主义现代化国家而团结奋斗——在中国共产党第二十次全国代表大会上的报告》，https://www.gov.cn/xinwen/2022-10/25/content_5721685.htm。

② 《习近平：坚持把解决好"三农"问题作为全党工作重中之重 举全党全社会之力推动乡村振兴》，https://www.gov.cn/xinwen/2022-03/31/content_5682705.htm?token=5ed46bc2-27cd-4cd3-bbbf-1647f759f341。

第三，建立向农村倾斜的公共服务体系。持续改善乡村义务教育办学条件和医疗卫生基础条件，加大对发展滞后农村教育、医疗保障等转移支付支持力度；加快建立健全发展滞后农村"三留守"关爱服务体系。"加快义务教育优质均衡发展和城乡一体化，优化区域教育资源配置，强化学前教育、特殊教育普惠发展，坚持高中阶段学校多样化发展，完善覆盖全学段学生资助体系"[①]。同时建立向农村倾斜的社会保障体系，至少应包括四方面内容。在养老保险方面，"完善基本养老保险全国统筹制度，发展多层次、多支柱养老保险体系"[①]。在医疗保险方面，"扩大社会保险覆盖面，健全基本养老、基本医疗保险筹资和待遇调整机制，推动基本医疗保险、失业保险、工伤保险省级统筹。促进多层次医疗保障有序衔接，完善大病保险和医疗救助制度，落实异地就医结算，建立长期护理保险制度，积极发展商业医疗保险"[①]。探索建立城市群内部医疗数字化平台，加强基层医疗保障服务平台建设，逐渐实现城乡之间、各地区之间的医疗费用异地的"一窗受理、一站办结"。在社会救助方面，"健全分层分类的社会救助体系"[①]。西安市碑林区通过"社会救助服务+"行动，实现服务主体由"单一"向"多元"转变、服务理念由"输血式救助"向"造血式扶持"转变、服务模式由"单向给予"向"双向选择"转变、服务手段由"大水漫灌"向"精准滴灌"转变。通过阶梯式救助实现全面救助无死角，为低收入群体织起一张更大、更密、更有温度的救助网。在关爱农村弱势群体方面，"坚持男女平等基本国策，保障妇女儿童合法权益。完善残疾人社会保障制度和关爱服务体系，促进残疾人事业全面发展"[①]。咸阳市武县设立"爱心协管员"制度，精准对接农村弱势群体，对协管对象的生活情况、健康状况等实施精细化服务，进一步增强了农村弱势群体的获得感和幸福感。

[①]《习近平：高举中国特色社会主义伟大旗帜 为全面建设社会主义现代化国家而团结奋斗——在中国共产党第二十次全国代表大会上的报告》，https://www.gov.cn/xinwen/2022-10/25/content_5721685.htm。

第九章　关中平原城市群的绿色发展

上一章着重论述了关中平原城市群城乡融合发展，在分析了城乡融合发展的历史和状况的基础上，考察了关中平原城市群城乡融合发展的优势、劣势和挑战，最终提出关中平原城市群城乡融合发展的目标和路径。本章首先明晰绿色发展的科学内涵，通过构建绿色发展水平评价指标体系并测度了关中平原城市群的绿色发展水平；其次，刻画关中平原城市群实现绿色发展的基础；在此基础上，提出了关中平原城市群实现绿色发展的分阶段目标；最后，从加强统筹协调、发展绿色产业、推动能源革命、保护生态环境、倡导绿色生活等五个方面提出关中平原城市群实现绿色发展的举措。

第一节　关中平原城市群绿色发展的状况与特点

一、关中平原城市群的绿色发展状况

关中平原城市群南依秦岭、东跨黄河，在筑牢国家生态安全屏障，推进黄河流域水资源高效利用和秦岭国家公园创建方面具有重要的战略地位。党的十八大以来，关中平原城市群聚焦绿色生态、绿色生产、绿色生活等方面，为实现城市群的绿色发展做出了诸多努力。

2012~2020 年关中平原城市群主要城市 $PM_{2.5}$ 浓度总体上呈现出下降的趋势，除杨凌外其余城市在 2020 年达到最低值，而杨凌则在 2018 年达到最低值，为 $42\mu g/m^3$。关中平原城市群主要城市的 $PM_{2.5}$ 浓度在时间维度上呈现出明显的阶段性特点，总体上可将其划分为三个阶段。第一个阶段为 2012~2014 年，这一阶段关中平原城市群各城市的 $PM_{2.5}$ 浓度差异较小，且基本保持着相似的变化趋势。第二个阶段是 2015~2017 年，关中平原城市群各城市的 $PM_{2.5}$ 浓度呈现出发散的变化趋势，与全国平均水平的差距开始增加，其中咸阳市 $PM_{2.5}$ 浓度在 2016 年达到 $80.31\mu g/m^3$，在时间和空间上都达到了关中平原城市群的最高值。第三个阶段是 2018~2020 年，这一阶段关中平原城市群的 $PM_{2.5}$ 浓度呈现出收敛的变化趋势，各城市开始收敛于全国平均水平，并出现下降趋势，如图 9-1 所示。

第九章 关中平原城市群的绿色发展

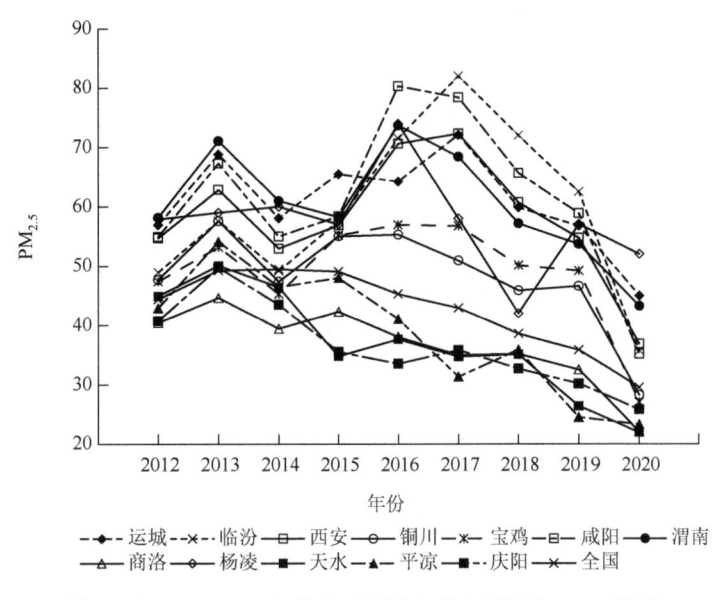

图 9-1 2012~2020 年关中平原城市群主要城市 $PM_{2.5}$ 浓度

关中平原城市群在绿色生活方面，不断加强绿地建设，提供更多的公园、社区绿地和城市绿化空间，丰富居民的休闲娱乐选择。如图 9-2 所示，以人均公园绿地面积为例，关中平原城市群各城市总体上呈现出上升的变化趋势。其中，咸阳的人均公园绿地面积明显领先于关中平原城市群的其他城市，天水 2012~

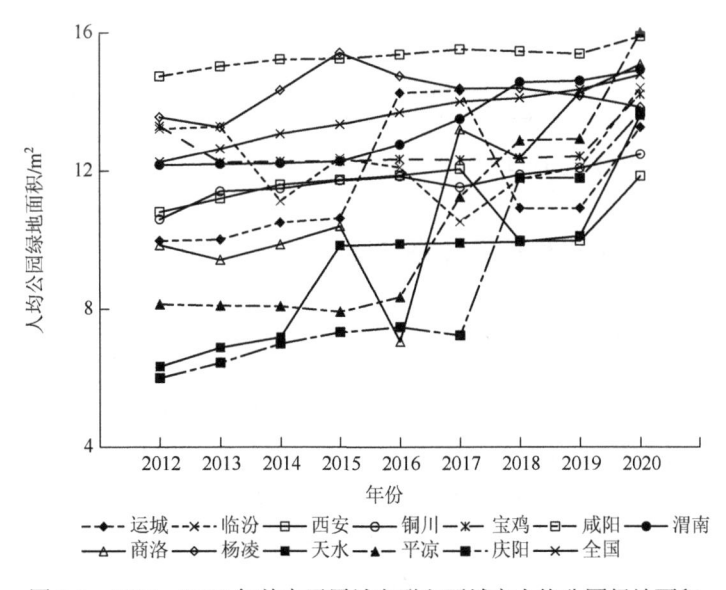

图 9-2 2012~2020 年关中平原城市群主要城市人均公园绿地面积

2020 年的人均公园绿地面积实现了大幅度的上升，运城市在 2016~2017 年有短暂的增长而后在 2018 年回落至 2015 年的水平附近，随后在 2019~2020 年又有所增长，其他城市增长较为平稳，但大多城市均低于全国平均水平。

关中平原城市群在加强恶臭污染防治方面，致力于推动城市建成区基本消除生活污水直排口，城市生活污水集中收集率达到 70%以上，县城污水处理率达到 95%以上。如图 9-3 所示，从 2012~2020 年关中平原城市群主要城市污水处理厂集中处理率来看，总体上呈现出上升的态势，其中，庆阳市的污水处理厂集中处理率较高，9 年时间里大都高于全国平均水平。

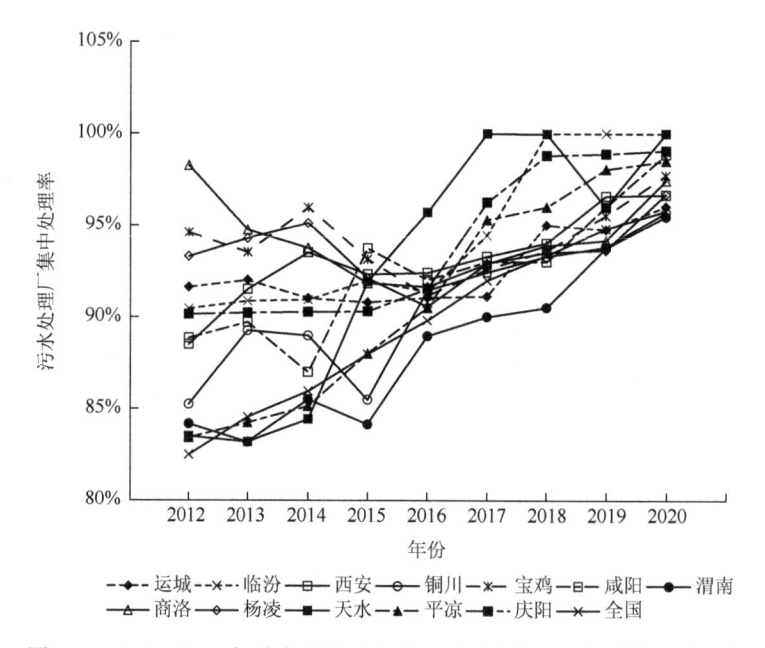

图 9-3　2012~2020 年关中平原城市群主要城市污水处理厂集中处理率

二、绿色发展的内涵和指标体系构建

（一）绿色发展的内涵

绿色发展的概念可以说是从 20 世纪 60 年代美国学者博尔丁的宇宙飞船经济理论以及后来戴利、皮尔斯等有关稳态经济、绿色经济、生态经济的一系列概念中衍生发展而来（中国科学院可持续发展战略研究组，2006）。国内外关于绿色发展内涵的认识各有不同的侧重，主要围绕三条路径展开。第一种是以应对气候变化和资源环境保护为逻辑归宿，强调在经济发展过程中应当注重温室气体减排、加强资源环境保护[UNESCAP（2010）；UNEP（2012）]。王玲玲和张艳国（2012）指出绿色发展是一种在自然环境容量和资源可承载范围内保护环境、实现经济可持续发展的新模式。庄友刚（2016）认为，绿色发展并非不改造自然，而是改造的方式符合生态发展，最终立足于人类社会生产力的发展，推动社会进步。薛丁辉（2017）、李垣（2019）、张芬（2019）、黄永福（2021）认为绿色发展是对生态建设的深入认知，是人与自然的和谐发展，是一种新的经济增长方式，对推动社会可持续发展有重要意义。第二种是以促进经济增长为逻辑归宿，强调将绿色新兴产业作为新的经济增长点。何爱平和安梦天（2018）指出习近平生态文明思想是以绿色财富观和绿色生产力理论为根本出发点和理论基础，以构建绿色产业体系为核心动力，以绿色发展方式转型为实施途径，并通过完善绿色制度体系保障绿色发展的实施与落实。李晓西和王佳宁（2018）认为加快绿色发展，应该重点发展绿色产业。第三种则以兼顾社会进步为逻辑归宿，强调社会包容性，如World Bank（2012）定义绿色经济是环境持续友好、社会包容性的经济。UNEP（2010）认为绿色经济就是低碳、资源节约、社会包容的经济。李顺毅（2017）认为绿色发展要求既要发展，又要绿色，即人与自然和谐共进，更加注重发展的质量和效益，坚持环保、节约、高效、可持续的发展原则，将生产发展、生活富裕、生态良好的多维发展目标有机融合。黄志斌等（2015）认为，绿色发展是建立在资源承载力与生态环境容量的约束条件下，通过"绿色化""生态化"的实践，达到人与自然日趋和谐、绿色资产不断增值、人的绿色福利不断提升，实现经济、社会、生态协调发展的过程。

综合来看，既有文献从不同角度阐释绿色发展的理论内涵，但现有研究成果对绿色发展认识有着本质共识（胡鞍钢和周绍杰，2014），认为绿色发展是一种兼具资源节约型、环境友好型、社会进步型的新型发展模式，既能实现生态效益又能保障经济效益和社会效益，包含"经济发展、资源节约和环境保护、社会福利增进"三大核心要素（邬晓霞和张双悦，2017），更加注重经济发展与社会进步及生态建设的统一与协调（张哲强，2012）。在既有文献的基础上，本章以绿色生产、绿色生活、绿色生态三个维度来界定绿色发展的理论内涵。

（二）绿色发展的量化指标体系构建

1. 指标体系构建原则

多指标综合评价的指标体系构建应该遵循科学性、全面性、可比性和可操作性等原则。在构建关中平原城市群绿色发展指标体系时，第一，应该契合绿色发展理念，一方面指标体系应与绿色发展理念相契合，体现对环境保护和可持续发展的追求；另一方面所选指标应关注资源利用效率、环境质量改善和生态保护等方面。第二，指标体系应基于可靠的数据和科学的方法，能够反映出实际情况和问题的本质。指标的定义、测量方法和数据来源应具备客观科学性，以保证指标的准确度和可比性。第三，指标体系应全面反映关中平原城市群绿色发展的多个方面，所选指标至少应包含绿色生态、绿色生活和绿色生产三个维度，以期综合评估关中平原城市群绿色发展的整体水平。第四，在评价指标体系构建时，需要统一的度量标准和数据收集方式，以确保结果的可比性。第五，指标体系应具备可操作性，能够为政府、企事业单位和公众提供符合实际的指导和决策依据。

2. 指标体系构建结果

根据前文对城市绿色发展内涵的界定可知，关中平原城市群绿色发展至少包含三个方面，即绿色生态、绿色生产和绿色生活，见表9-1。其中，绿色生态是绿色发展的基础和前提。保护和改善生态环境是实现可持续发展目标的关键，包括气候调节、土壤保育等方面，因此，衡量绿色生态需要包括建成区绿化覆盖率、$PM_{2.5}$年平均浓度和空气质量优良天数占比。绿色生产强调资源的有效利用和减少浪费。通过采用清洁生产技术、优化生产过程、循环利用废弃物等措施，可以减少资源消耗和环境污染。因此，选取污水处理厂集中处理率和工业二氧化硫排放量反映绿色生产的基本情况。绿色生活是绿色发展的核心理念和实践方式之一。关中平原城市群通过选择环保的消费品和服务、减少资源的浪费、降低能源消耗等对环境产生积极影响。因此，反映绿色生活的指标包括生活垃圾无害化处理率、人均日生活用水量、燃气普及率和人均公园绿地面积。

表9-1 关中平原城市群绿色发展水平评价指标体系

总目标层	准则层	指标层	属性
关中平原城市群绿色发展	绿色生态	建成区绿化覆盖率	正
		$PM_{2.5}$年平均浓度（$\mu g/m^3$）	负
		空气质量优良天数占比	正
	绿色生产	污水处理厂集中处理率	正
		工业二氧化硫排放量/t	负
	绿色生活	生活垃圾无害化处理率	正
		人均日生活用水量/L	负
		燃气普及率	正
		人均公园绿地面积/m^2	正

三、关中平原城市群绿色发展水平测算

(一) 测算方法与数据来源

1. 测算方法

熵值法是一种客观赋权方法,其原理是在指标评价过程中,根据各指标值的变异程度所反映的信息量来确定权重。具体来说:熵值越小,信息量就越大,该指标的权重就越大;反之,熵值越大,信息量就越小,所对应指标的权重就越小。具体计算方法为

第一步:指标标准化处理。其中,i 表示年份($i=1,2,\cdots,n$),j 表示指标($j=1,2,\cdots,m$)。

正向指标:
$$x'_{ij} = \frac{x_{ij} - \min x_j}{\max x_j - \min x_j} + 0.01 \quad (9\text{-}1)$$

负向指标:
$$x'_{ij} = \frac{\max x_j - x_{ij}}{\max x_j - \min x_j} + 0.01 \quad (9\text{-}2)$$

其中,x'_{ij} 表示规范化值;x_{ij} 表示第 i 个指标第 j 年的原始值;$i=1,2,\cdots,m$(m 为评价指标数),$j=1,2,\cdots,n$(n 为评价年份数)。

第二步:指标归一化处理,计算第 i 个指标在第 j 年的比重可得

$$Y_{ij} = \frac{x'_{ij}}{\sum_{i=1}^{n} x'_{ij}} \quad (9\text{-}3)$$

第三步:计算指标的信息熵 e_j 可得

$$e_j = -\frac{1}{\ln n} \sum_{j=1}^{n} (Y_{ij} \times \ln Y'_{ij}), \quad 0 \leqslant e_j \leqslant 1 \quad (9\text{-}4)$$

第四步:计算各个指标的差异系数 g_j 与指标权重 w_j 可得

$$g_j = 1 - e_j \quad (9\text{-}5)$$

$$w_j = \frac{g_j}{\sum_{j=1}^{m} g_j} \quad (9\text{-}6)$$

第五步:加权算数平均模型。多指标综合评价中,利用数学模型对指标进行合成,可得

$$D_i = \sum_{j=1}^{m} x'_{ij} - w_j \quad (9\text{-}7)$$

2. 数据来源

本章研究采用的数据均来源于2012~2020年《山西统计年鉴》《陕西统计年鉴》《甘肃统计年鉴》《中国城市建设统计年鉴》《中国城市统计年鉴》《中国环境统计年鉴》以及各市相关年份的国民经济和社会发展统计公报与CNKI[①]统计数据库。测度区域为运城、临汾、西安、铜川、宝鸡、咸阳、渭南、商洛、杨凌、天水、平凉和庆阳,根据关中平原城市群绿色发展水平评价指标权重的计算方法,得到如表9-2所示的结果。

表9-2 关中平原城市群绿色发展水平评价指标权重

总则层	准则层	指标层	指标层到目标层权重
关中平原城市群绿色发展	绿色生态（0.327）	建成区绿化覆盖率	0.113
		$PM_{2.5}$年平均浓度	0.107
		空气质量优良天数占比	0.107
	绿色生产（0.226）	污水处理厂集中处理率	0.112
		工业二氧化硫排放量	0.114
	绿色生活（0.447）	生活垃圾无害化处理率	0.115
		人均日生活用水量	0.111
		燃气普及率	0.113
		人均公园绿地面积	0.108

（二）测算结果分析

从关中平原城市群绿色发展水平评价指标权重来看,对绿色发展水平影响最大的几个指标为生活垃圾无害化处理率、工业二氧化硫排放量、建成区绿化覆盖率和燃气普及率,对绿色发展水平的影响分别为0.115、0.114、0.113和0.113。首先权重最大的是生活垃圾无害化处理率,说明居民生活垃圾的治理显著影响着城市群的绿色发展水平。其次是绿色生产过程中的工业二氧化硫排放量,可见减少二氧化硫排放是促进城市群绿色发展的重要环节之一,需要采取有效的控制措施,如采用清洁能源、加强工业排放管控等,以实现环境友好和可持续发展的目标。再次,绿色生态中的建成区绿化覆盖率对绿色发展水平的促进作用十分显著,通过提高绿化覆盖率可以改善生态环境、保护生物多样性和改善空气质量,促进城市群的可持

---

① CNKI,China National Knowledge Infrastructure,即中国知网。

续发展。最后,绿色生活中的燃气普及率对绿色发展水平的影响也很明显,通过提高燃气普及率,可以改善城市群的能源利用效率,降低能源消耗,减少能源浪费。

第二节 关中平原城市群绿色发展的比较、短板与挑战

一、关中平原城市群绿色发展的比较分析

(一)内部对比分析

将标准化后的指标数据与以上所得权重进行加权求和得到的 2012~2020 年关中平原城市群绿色发展的综合得分,如表 9-3 所示。

表 9-3 2012~2020 年关中平原城市群绿色发展的综合得分

城市	2012 年	2013 年	2014 年	2015 年	2016 年	2017 年	2018 年	2019 年	2020 年
运城	0.695	0.523	0.598	0.588	0.654	0.555	0.567	0.592	0.714
临汾	0.707	0.550	0.616	0.683	0.587	0.479	0.560	0.620	0.795
西安	0.600	0.455	0.600	0.612	0.531	0.507	0.520	0.588	0.698
铜川	0.663	0.699	0.674	0.654	0.652	0.668	0.698	0.726	0.797
宝鸡	0.772	0.706	0.690	0.670	0.574	0.643	0.668	0.710	0.816
咸阳	0.710	0.654	0.661	0.714	0.597	0.547	0.577	0.684	0.764
渭南	0.585	0.552	0.537	0.584	0.494	0.667	0.578	0.649	0.737
商洛	0.643	0.644	0.611	0.588	0.502	0.729	0.778	0.821	0.891
杨凌	0.627	0.623	0.583	0.666	0.565	0.643	0.698	0.662	0.671
天水	0.548	0.548	0.520	0.637	0.672	0.740	0.735	0.801	0.910
平凉	0.621	0.598	0.617	0.598	0.658	0.797	0.810	0.862	0.926
庆阳	0.609	0.608	0.659	0.633	0.659	0.669	0.782	0.797	0.856

从总体得分情况来看,关中平原城市群内城市绿色发展综合得分的均值为 0.655,其最小值为 0.455,最大值为 0.926。其中最小值的城市是 2013 年西安的得分,最大值的城市是 2020 年平凉的得分。截至 2020 年,平凉的综合得分最高,其次是庆阳,西安的综合得分最低。

从图 9-4 可以看出,2012~2020 年关中平原城市群内 12 个市(区)在绿色发展的综合得分的变化趋势上具有较强的线性相关性,都呈现出线性向上的变化特点。这表明关中平原城市群 12 个市(区)的绿色发展水平在 2012 年到 2020 年呈增加趋势,2012 年的 12 个市(区)的综合得分均低于所对应的城市在 2020 年的得分,这也与我国城市绿色发展的实际情况相符合。

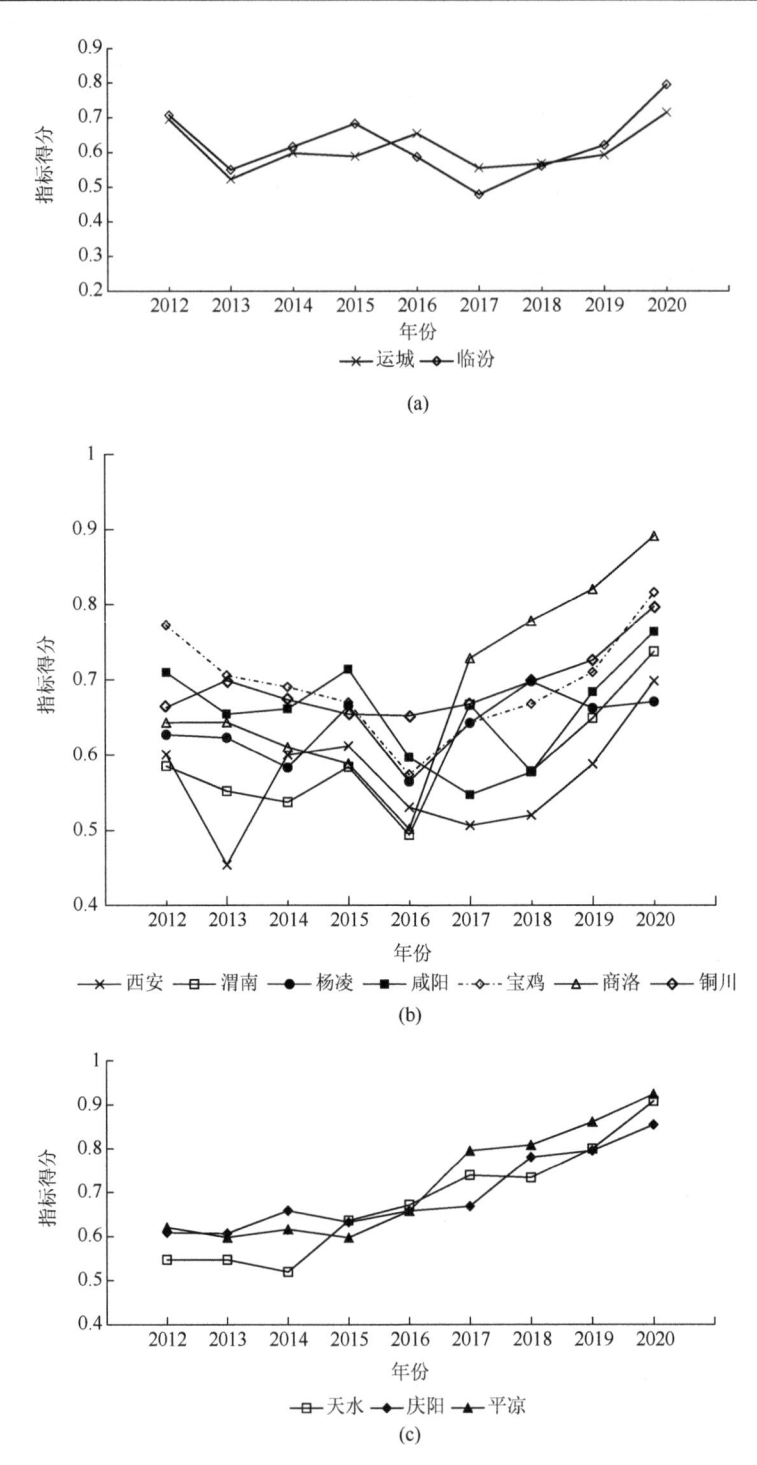

图 9-4 2012~2020 年关中平原城市群绿色发展综合得分情况

（二）关中平原城市群和珠三角城市群的比较

下面将对关中平原城市群与珠三角城市群绿色发展水平进行总体描述。运用熵权法，计算出 2012~2020 年关中平原城市群和珠三角城市群各城市绿色发展的综合得分，如表 9-4 所示。

表 9-4　关中平原城市群和珠三角城市群各城市绿色发展的综合得分

城市	2012 年	2013 年	2014 年	2015 年	2016 年	2017 年	2018 年	2019 年	2020 年
运城	0.695	0.523	0.598	0.588	0.654	0.555	0.567	0.592	0.714
临汾	0.707	0.550	0.616	0.683	0.587	0.479	0.560	0.620	0.795
西安	0.600	0.455	0.600	0.612	0.531	0.507	0.520	0.588	0.698
铜川	0.663	0.699	0.674	0.654	0.652	0.668	0.698	0.726	0.797
宝鸡	0.772	0.706	0.690	0.670	0.574	0.643	0.668	0.710	0.816
咸阳	0.710	0.654	0.661	0.714	0.597	0.547	0.577	0.684	0.764
渭南	0.585	0.552	0.537	0.584	0.494	0.667	0.578	0.649	0.737
商洛	0.643	0.644	0.611	0.588	0.502	0.729	0.778	0.821	0.891
杨凌	0.627	0.623	0.583	0.666	0.565	0.643	0.698	0.662	0.671
天水	0.548	0.548	0.520	0.637	0.672	0.740	0.735	0.801	0.910
平凉	0.621	0.598	0.617	0.598	0.658	0.797	0.810	0.862	0.926
庆阳	0.609	0.608	0.659	0.633	0.659	0.669	0.782	0.797	0.856
广州	0.425	0.482	0.532	0.617	0.652	0.654	0.699	0.731	0.805
深圳	0.694	0.684	0.693	0.756	0.776	0.739	0.758	0.748	0.789
珠海	0.654	0.705	0.663	0.754	0.729	0.745	0.755	0.799	0.714
佛山	0.464	0.423	0.333	0.512	0.538	0.564	0.603	0.653	0.764
江门	0.662	0.561	0.605	0.674	0.666	0.660	0.675	0.714	0.798
肇庆	0.493	0.556	0.551	0.599	0.661	0.722	0.718	0.725	0.792
惠州	0.611	0.572	0.615	0.710	0.719	0.747	0.741	0.784	0.819
东莞	0.424	0.464	0.450	0.595	0.724	0.697	0.768	0.721	0.813
中山	0.672	0.596	0.634	0.672	0.671	0.613	0.747	0.703	0.739

从表 9-4 的总体得分情况可以看出，关中平原城市群和珠三角城市群各城市绿色发展水平得分的均值为 0.657，其最小值为佛山 2014 年的 0.333，最大值为平凉 2020 年的 0.926。其中，关中城市群最小值为西安 2013 年的 0.455；最大值为平凉 2020 年的 0.926。珠三角城市群的最小值为佛山 2014 年的 0.333；最大值为惠州 2020 年的 0.819。

表 9-5 为各城市各年度的排名，根据各城市绿色发展不同年份的综合得分值进行排名，并根据其每一年的二十五分位数和七十五分位数，将各城市的得分情

况划分为三类：其中，深圳、珠海、天水、惠州、咸阳和平凉等城市为绿色发展水平较高的城市；佛山、渭南、西安、运城和东莞等城市为绿色发展水平较低的城市；其他城市则处于中间水平。

表 9-5 关中平原城市群和珠三角城市群各城市绿色发展的综合得分排名

排名	2012年	2013年	2014年	2015年	2016年	2017年	2018年	2019年	2020年
1	宝鸡	宝鸡	深圳	深圳	深圳	平凉	平凉	平凉	平凉
2	咸阳	珠海	宝鸡	珠海	珠海	惠州	庆阳	商洛	天水
3	临汾	铜川	铜川	咸阳	东莞	珠海	商洛	天水	商洛
4	运城	深圳	珠海	惠州	惠州	天水	东莞	珠海	庆阳
5	深圳	咸阳	咸阳	临汾	天水	深圳	深圳	庆阳	惠州
6	中山	商洛	庆阳	江门	中山	商洛	珠海	惠州	宝鸡
7	铜川	杨凌	中山	中山	江门	肇庆	中山	深圳	东莞
8	江门	庆阳	平凉	宝鸡	肇庆	东莞	惠州	广州	广州
9	珠海	平凉	临汾	杨凌	庆阳	庆阳	天水	铜川	江门
10	商洛	中山	惠州	铜川	平凉	铜川	肇庆	肇庆	铜川
11	杨凌	惠州	商洛	天水	运城	渭南	广州	东莞	临汾
12	平凉	江门	江门	庆阳	铜川	江门	杨凌	江门	肇庆
13	惠州	肇庆	西安	广州	广州	广州	铜川	宝鸡	深圳
14	庆阳	渭南	运城	西安	咸阳	杨凌	江门	中山	佛山
15	西安	临汾	杨凌	肇庆	临汾	宝鸡	宝鸡	咸阳	咸阳
16	渭南	天水	肇庆	平凉	宝鸡	中山	佛山	杨凌	中山
17	天水	运城	渭南	东莞	杨凌	佛山	渭南	佛山	渭南
18	肇庆	广州	广州	商洛	佛山	运城	咸阳	渭南	运城
19	佛山	东莞	天水	运城	西安	咸阳	运城	临汾	珠海
20	广州	西安	东莞	渭南	商洛	西安	临汾	运城	西安
21	东莞	佛山	佛山	佛山	渭南	临汾	西安	西安	杨凌

为了计算出各城市群的绿色发展水平，本章以计算得出的 2012~2020 年各城市的绿色发展综合得分为原始观测值，通过取其均值来衡量城市群的绿色发展水平及其演变趋势，见表 9-6 和图 9-5。

表 9-6 2012~2020 年关中平原城市群和珠三角城市群绿色发展水平

城市群	2012年	2013年	2014年	2015年	2016年	2017年	2018年	2019年	2020年
关中平原	0.648	0.597	0.614	0.636	0.595	0.637	0.664	0.709	0.798
珠三角	0.567	0.560	0.564	0.654	0.682	0.682	0.718	0.731	0.781

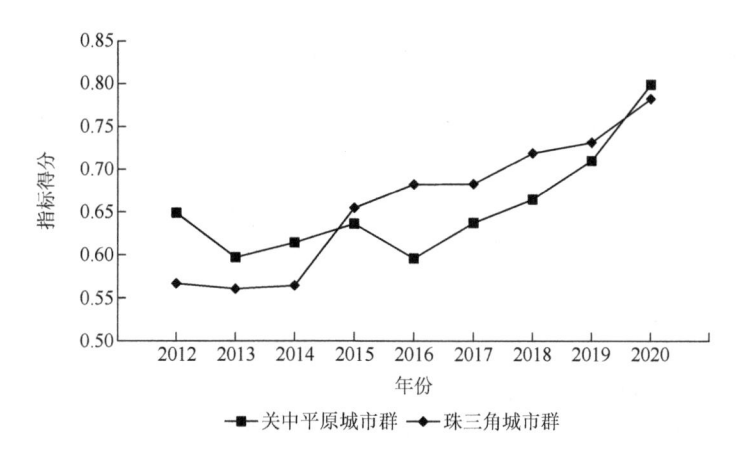

图 9-5　关中平原城市群和珠三角城市群绿色发展水平及其演变趋势

表 9-6 描述了关中平原城市群和珠三角城市群的绿色发展水平，可见，2012~2014 年珠三角城市群的绿色发展水平皆低于关中平原城市群，而 2015~2019 年珠三角城市群的绿色发展水平皆高于关中平原城市群，2020 年珠三角城市群的绿色发展水平低于关中平原城市群。由图 9-5 可知，2012~2020 年关中平原城市群和珠三角城市群的绿色发展水平在整体的变化趋势上具有趋同性，这表明从 2012 年到 2020 年间两个城市群的绿色发展水平都得到了较大的提升。从表 9-6 可见，关中平原城市群和珠三角城市群的绿色发展综合得分最低分为 0.560，最高分为 0.798。关中平原城市群的最低值和最高值则分别为 0.595 和 0.798；珠三角城市群的最低和最高值分别为 0.560 和 0.781。

二、关中平原城市群绿色发展的短板

（一）资源环境承载能力弱

长期以来，关中平原城市群由于人均资源有限，生态承载能力较弱，在经济发展中，承载着巨大的环境压力。日趋强化的资源环境约束依然是关中平原城市群推动绿色发展中存在的突出短板。关中平原城市群人口众多，环境的资源压力大，公众环保意识普遍较差；此外，建设用地的不足，严重制约着关中平原城市群绿色发展水平和规模。

（二）能源结构转型压力大

煤炭仍是关中平原城市群的主要能源，呈现"一煤独大"的格局。因此，城市群能源结构面临高碳能源规模总量大，转型困难的挑战。近年来，风电、光伏发电等清洁能源电源比例不断提高，但发电量仍然不足，电源结构主体仍然是煤电，清洁能源开发受各种因素的制约，存在"靠天吃饭"、发电不稳定、有效容量低、综合调节能力差等问题。除此之外，由化石能源向非化石能源的转换改造升级成本高、见效周期长、推广难度大，新旧能源的替换阻力较大。

（三）绿色发展机制不健全

一方面，关中平原城市群生态补偿机制亟待完善。受传统行政区划影响，跨地区"成本共担、效益共享、合作共治"的生态保护和治理体系不健全，排污权、碳汇交易市场化程度不高，制度"红利"尚未得到充分释放。另一方面，生态文明建设目标评价考核办法亟待完善，考核侧重环境保护中的污染减排指标，而对生态保护和恢复指标设置较少，生态环境损害责任追究制度的刚性约束力不足。

三、关中平原城市群绿色发展的挑战

（一）产业结构转型压力大

关中平原城市群产业结构的转型升级受资金、技术等因素影响，传统产业仍占主导地位，高端产业占比较少，科技水平及科研成果转化率低制约产业发展水平，尤其发展基础薄弱的中小企业，"三高一低"特征明显，产业升级过程中对外来技术的依赖性强，依靠自身力量实现产业结构转型升级难度大。

（二）绿色生活方式转变慢

一是公众绿色生活的意识不强，保护环境、人人有责的观念没有真正建立起来。虽然一部分人有了绿色生活的意识，但离转化为绿色行动还有很大差距。二是管理机制缺失，相关制度和配套设施不完善。经过多年的宣传教育和工作推动，人们在生活中在一些领域已经树立起环保意识，但由于一些制度不尽完善，配套设施还跟不上，相关工作推动缓慢。三是缺乏有力的政策支持，绿色产品供给不足。

（三）技术研发应用难度大

关中平原城市群的创新能力仍然较弱，研发推广投入成本大、风险高、周期长，需要人才资金的大量投入、政策的扶持引导，企业单方面承担研发推广工作难度大，需要与相关机构合作完成。中小企业科技研发推广制约因素多，存在技术人才匮乏、融资难、创新层次低、风险大等问题，对外来技术的依赖性强，新技术的引进及设备更新需要人力、资金作保障，实现技术的升级改造困难重重。

第三节 关中平原城市群绿色发展的目标

一、关中平原城市群绿色发展目标确定的依据

（一）理论依据

学术界目前对绿色发展水平测度的研究成果较多，构建的指标体系则各有侧重（表9-7），其中，北京师范大学科学发展观与经济可持续发展研究基地、西南财经大学和中国经济景气监测中心等三家单位对绿色发展指数的研究最具代表性，每年出版一本《中国绿色发展指数报告》。

表9-7 学术界关于绿色发展评价的相关研究

序号	作者	研究对象	准则层指标	指标个数
1	北京师范大学科学发展观与经济可持续发展研究基地等（2012）	全国30个省（区、市）	经济增长绿化度、资源环境承载潜力、政府支持度	55
2	肖宏伟等（2013）	全国30个省（区、市）	环境保护、资源利用、竞争力提升	57
3	张焕波等（2013）	全国30个省（区、市）	社会和经济发展、资源环境可持续、绿色转型驱动	30
4	李晓西等（2014）	全球123个国家	社会经济可持续发展、资源环境可持续发展	12
5	吴传清和黄磊（2017）	长江中游城市群31个城市	资源利用、环境治理、增长质量、绿色生活	28
6	黄跃和李琳（2017）	20个城市群	经济发展、社会进步、生态文明	30
7	王勇等（2018）	全国30个省（区、市）	资源利用、环境治理、环境质量、生态保护、增长质量、绿色生活	45
8	李波和张吉献（2019）	河南省及其18个地级市	经济绿色化、生态绿色化和城市绿色化	38
9	熊曦等（2019）	长江中游城市群	绿色生态、绿色生活、绿色生产	17
10	酒二科（2019）	全国30个省（区、市）	经济增长绿化度、资源环境承载力、政府政策支出度	49

续表

序号	作者	研究对象	准则层指标	指标个数
11	陈佳敏和霍增辉（2020）	长江经济带沿边11个省市	产业绿色发展力、资源环境承载力、政府绿色支撑力	16
12	舒成等（2021）	江西省11个城市	绿色环境、绿色生产、绿色生活、绿色政策	49
13	张虎等（2022）	全国30个省（区、市）	资源利用、环境治理、环境质量、生态保护、增长质量、绿色生活、创新驱动	39
14	范兴月（2018）	全国47个城市	环境质量、生态效益、城市建设、城市发展	16
15	邝志鹏和魏振香（2017）	山东省17个地级市	经济系统、生活消费系统、能源系统、环境系统、产业与技术系统	28
16	祝云龙（2015）	襄阳市	绿色社会、绿色生产、绿色资源综合利用	20

资料来源：根据相关文献整理

（1）指标体系。北京师范大学科学发展观与经济可持续发展研究基地等（2012）构建了30个省（区、市）的绿色发展指数，包含经济增长绿化度、资源环境承载潜力、政府政策支持度3个一级指标，9个二级指标和55个三级指标，该研究强调了政府在绿色发展中的引导作用。肖宏伟等（2013）构建的绿色转型发展指标体系包含环境保护、资源利用、竞争力提升3类一级指标。张焕波等（2013）从社会和经济发展、资源环境可持续、绿色转型驱动三个维度给出了中国省级绿色经济发展水平排名。不同的绿色发展评价指标体系各有优缺点，但一般都包含绿色生产、绿色生活、绿色生态等三个层面（王勇等，2018；熊曦等，2019；张虎等，2022）。

（2）研究方法。目前学术界关于绿色发展评价方法主要包含指标赋权法和回归模型法两类，其中，指标赋权法包含了主观赋权法和客观赋权法两种。现有对绿色发展评价的研究中，主观赋权法主要为专家打分法和层次分析法，祝云龙（2015）采用层次分析法、专家打分法和绿色综合指数法对襄阳市的绿色发展水平进行了评价。范兴月（2018）从环境质量、生态效益、城市建设与城市发展四个方面构建了绿色城市指标体系，运用层次分析法对我国47个城市进行了评价分析，发现绿色发展水平和经济发展水平呈正相关。客观赋权法主要采用主成分分析法、熵值法、变异系数法等，邝志鹏和魏振香（2017）利用DPSIR模型[①]建立了绿色发展指标体系，使用聚类分析法和熵值法对山东省17个地级市进行了评价。黄跃和李琳（2017）通过计算变异系数、泰尔指数得出我国城市群绿色发展水平呈现发散趋势。

---

① DPSIR模型是一个广泛应用于环境系统分析和评价的概念模型，主要由驱动力（driving forces）、压力（pressures）、状态（states）、影响（impacts）、响应（responses）五部分组成。

(3) 研究范围。现有对绿色发展评价的研究范围主要分为四类：国家（李晓西等，2014）、区域（陈佳敏和霍增辉，2020）、省域（李波和张吉献，2019）和城市（舒成等，2021）。较多的学者侧重研究省级的绿色发展水平（酒二科，2019），对城市群绿色发展水平的测度分析则相对较少（吴传清和黄磊，2017）。而在少数已有的对绿色发展水平的研究中，侧重于对一个、多个或者典型城市的评价，而对关中平原城市群的研究则相对较少。因此，本书将构建关中平原城市群绿色发展水平评价指标体系，对关中平原城市群绿色发展水平进行测度和分析。

（二）政策依据

本节参考了关中平原城市群涉及的陕西、甘肃、陕西三省以及12个市（区）的《国民经济和社会发展第十四个五年规划和2035年远景目标纲要》（表9-8）。以上规划为我们提供了定量目标设定的依据，但也存在一些问题：一方面，当前各省市指标设置趋同，雷同指标不能体现各地绿色发展的潜力。关中平原城市群不同地区的资源环境禀赋、产业布局、经济发展阶段等特征不同，绿色发展目标可能也有所差异，设置也应符合地方特色。另一方面，三省份绿色发展目标也存在指标体系和统计口径不一致的问题。为克服以上问题，本书在指标选取上需在"全国一盘棋"中系统谋划，制定绿色发展的自主定量考核指标。

表9-8 关中平原城市群各省市的绿色发展目标

地区	指标名称	2020年	2025年	年均
陕西	单位地区生产总值能源消耗降低	—	—	[12%]*
	单位地区生产总值用水量降低	—	—	[10%]*
	单位地区生产总值二氧化碳排放降低	—	—	[15%]*
	地级及以上城市空气质量优良天数比率	80.6%	77.3%*	—
	地表水达到或好于Ⅲ类水体比例	78%#	>73%*	
	森林覆盖率	46.39%	46.5%	
西安	单位地区生产总值能源消耗降低	[24%]	—	[12%]*
	单位地区生产总值用水量降低	[35.7%]#	—	[2%]*
	单位地区生产总值二氧化碳排放降低	—	—	[15%]*
	地级及以上城市空气质量优良天数比率	68%	74%*	
	地表水达到或好于Ⅲ类水体比例	>71%	>73%*	
	森林覆盖率	48.03%	≥48.03%*	
铜川	单位地区生产总值能源消耗降低	[-3.3%]	—	[5%]*

续表

地区	指标名称	2020年	2025年	年均
铜川	单位地区生产总值用水量降低	—	—	[5%]*
	地级及以上城市空气质量优良天数比率	78.36%	80%	—
	单位地区生产总值二氧化碳排放降低	—	—	[12%]*
	地表水达到或好于Ⅲ类水体比例	—	>70%	—
	森林覆盖率	48.5%	50%	—
宝鸡	单位地区生产总值能源消耗降低	—	—	[12%]*
	单位地区生产总值用水量降低	—	—	[10%]*
	单位地区生产总值二氧化碳排放降低	—	—	[15%]*
	地级及以上空气质量优良天数比率	77.8%	80%*	—
	地表水达到或好于Ⅲ类水体比例	93.3%	>91%*	—
	森林覆盖率	56.4%	57.06%	—
咸阳	单位地区生产总值能源消耗降低	[16%]	—	[12.5%]
	单位地区生产总值用水量降低	—	—	[5%]*
	单位地区生产总值二氧化碳排放降低	[18%]	—	[15%]*
	城市PM$_{2.5}$平均浓度（μg/m^3）	54	53*	—
	地表水达到或好于Ⅲ类水体比例	80%	>70%*	—
	森林覆盖率	39%	40.4%	—
渭南	单位地区生产总值能源消耗降低	—	—	[12%]*
	单位地区生产总值用水量降低	—	—	[10%]*
	单位地区生产总值二氧化碳排放降低	—	—	[15%]*
	地级及以上城市空气质量优良天数比率	66.1%	82%	—
	地表水达到或好于Ⅲ类水体比例	60%*	>73%*	—
	森林覆盖率	37.85%	39.85%	—
商洛	单位地区生产总值能源消耗降低	—	—	[12%]*
	单位地区生产总值用水量降低	—	—	[10%]*
	单位地区生产总值二氧化碳排放降低	—	—	[15%]*
	地级及以上城市空气质量优良天数比率	94.8%	>88%	—
	地表水达到或好于Ⅲ类水体比例	89.5%	>82%	—
	森林覆盖率	69.56%	>70%	—
	中心城区生活污水集中处理率	97.44%	>95%	—
	县城生活污水集中处理率	98.26%	>90%	—
杨凌	单位地区生产总值能耗下降率	2.43%	省上下达	—

续表

地区	指标名称	2020年	2025年	年均
杨凌	单位地区生产总值用水量（m³/万元）	31.2	省上下达	
	单位地区生产总值二氧化碳排放降低率	—	省上下达	
	PM$_{2.5}$年平均浓度（μg/m³）	52	省上下达	
	空气比率质量优良天数	68.2%	省上下达	

注：以上数据[]内为五年累计数；标注#的为2019年数据；*以国家下达指标为准

地区	指标名称	2020年	2025年	年均
山西	地级及以上城市空气质量优良天数比率	71.9%	—	完成国家考核指标
	地表水达到或好于Ⅲ类水体比例	70.7%	—	完成国家考核指标
	森林覆盖率	23.5%	26%	—
	单位地区生产总值能源消耗降低	—	—	完成国家下达目标任务
	单位地区生产总值二氧化碳排放降低	—	—	完成国家考核指标
运城	地级及以上城市空气质量优良天数比率	66.1%	完成省下任务	—
	地表水达到或好于Ⅲ类水体比例	54.54%	完成省下任务	—
	森林覆盖率	29.2%*	31.77%	—
	单位地区生产总值能源消耗降低	—	完成省下任务	
	单位地区生产总值二氧化碳排放降低	—	完成省下任务	
临汾	地级及以上城市空气质量优良天数比率	61.5%	—	完成省定考核目标
	地表水达到或好于Ⅲ类水体比例	33.3%	—	完成省定考核目标
	森林覆盖率	26.4%	28.6%	—
	单位地区生产总值能源消耗降低	4.06%*	—	完成省定考核目标
	单位地区生产总值二氧化碳排放降低	—	—	完成省定考核目标

注：*为2019年数据

地区	指标名称	2020年	2025年	年均
甘肃	单位地区生产总值能源消耗降低	[14%]	—	完成国家下达目标
	单位地区生产总值二氧化碳排放降低	[28%]	—	完成国家下达目标
	地级及以上城市空气质量优良天数比率	93.7%	—	完成国家下达目标
	地表水达到或好于Ⅲ类水体比例	100%	—	完成国家下达目标
	森林覆盖率	11.33%	—	完成国家下达目标
天水	单位生产总值能源消耗降低	[13%]	—	完成省上下达目标
	单位地区生产总值二氧化碳排放降低	[11%]	—	完成省上下达目标
	地级及以上城市空气质量优良天数比率	97%	—	完成省上下达目标
	地表水达到或好于Ⅲ类水体比例	100%	—	完成省上下达目标
	森林覆盖率	36.72%	—	完成省上下达目标

续表

地区	指标名称	2020 年	2025 年	年均
平凉	单位地区生产总值能源消耗降低	已完成省上下达目标	—	完成省上下达目标
	单位地区生产总值二氧化碳排放降低	[17%]	—	完成省上下达目标
	地级及以上城市空气质量优良天数比率	96.7%	—	完成省上下达目标
	地表水达到或好于Ⅲ类水体比例	100%	—	完成省上下达目标
	森林覆盖率	33.62%	—	完成省上下达目标
庆阳	单位地区生产总值能源消耗降低	[4.84%]	—	完成省上下达目标
	单位地区生产总值二氧化碳排放降低	[17%]	—	完成省上下达目标
	地级及以上城市空气质量优良天数比率	95.6%	—	完成省上下达目标
	地表水达到或好于Ⅲ类水体比例	71.4%	—	完成省上下达目标
	森林覆盖率	26.15%	—	完成省上下达目标

注：[]内为五年累计数；涉及人口指标均按人口自然增长率测算

注：根据关中平原城市群各省市发布的《国民经济和社会发展第十四个五年规划和2035年远景目标纲要》整理

二、关中平原城市群绿色发展目标的确定

一是绿色生态环境质量持续好转。黄河流域生态保护和高质量发展深入推进，国土空间保护开发格局得到优化，重点生态功能区建设加快推进，山水林田湖草沙系统治理水平不断提升，生态环境质量明显改善，城乡人居环境更为整洁优美，生态价值测算评估体系、绿色发展体制机制不断完善。

二是绿色低碳现代产业体系初步形成。产业结构调整取得重大进展，重点行业能源利用效率大幅提升，清洁低碳安全高效的能源体系初步建立，重点领域低碳发展模式基本形成，重点耗能行业能源利用效率达到国内先进水平，非化石能源消费比重进一步提高，绿色低碳技术和产业化应用取得实质性突破。

三是绿色生活方式得到广泛推广。绿色低碳节约的消费模式和生活方式成为公众自觉选择，绿色低碳产品成为市场主流，重点领域消费绿色低碳发展模式基本形成，形成一批促进绿色消费的典型模式和先进经验，绿色消费制度政策体系和体制机制基本健全。

表 9-9 为关中平原城市群绿色发展所涉及的具体指标。

表 9-9 关中平原城市群绿色发展目标

总目标层	准则层	指标层	2025 年
关中平原城市群绿色发展	绿色生态	建成区绿化覆盖率	≥45%
		PM$_{2.5}$ 年平均浓度/(μg/m³)	≤25
		空气质量优良天数占比	≥80%

续表

总目标层	准则层	指标层	2025年
关中平原城市群绿色发展	绿色生产	污水处理厂集中处理率	≥99%
		工业二氧化硫排放量/t	≤120
	绿色生活	生活垃圾无害化处理率	≥99%
		人均日生活用水量/L	≥14.5
		燃气普及率	≥99%
		人均公园绿地面积/m²	≤55 000

第四节 关中平原城市群绿色发展的措施

一、加强统筹协调

（1）统筹推进绿色发展目标实现。在区域绿色发展目标方面开展合作。要把绿色发展工作纳入生态文明建设整体布局和经济社会发展全局，推动关中平原城市群绿色发展是在确保城市群总体绿色发展基础上，允许各城市灵活发展；正确处理经济发展与生态保护之间的关系，弱化因生态环境保护对经济发展落后区域的制约，进而实现区域之间经济社会与环境的协调发展。确定城市群区域整体绿色发展的年度目标，结合各城市的经济发展实际，协商制定各个城市绿色发展任务，同时明确各城市在城市群整体绿色发展目标上的责任和细则，确保关中平原城市群绿色发展目标顺利实现。

（2）统筹区域绿色发展规划衔接。在区域发展规划制定方面开展合作是城市群各级政府合作的重要内容。首先，要制定关中平原城市群绿色发展总体规划，明确区域绿色发展思路、战略步骤及战略措施。其次，制定关中平原城市群区域绿色发展的专项规划，包括城市群绿色产业专项规划、绿色技术专项规划、绿色社会建设专项规划、绿色生活专项规划等，对城市群总体发展规划进行细化、落实。最后，要加强关中平原城市群各城市制定的绿色发展规划相互衔接，推动区域绿色发展合作的顺利实施。

（3）统筹区域绿色发展信息共享。关中平原城市群绿色合作涉及各城市绿色资源信息、绿色产品信息、绿色产业信息、绿色技术信息、区域绿色发展合作的进展情况等，信息的及时传递和有效利用是区域绿色发展合作的润滑剂和推动力。因此，推进关中平原城市群政府间绿色发展合作，需要政府推进绿色发展信息共享，增强信息流通和传递，提高信息资源的利用率。

二、发展绿色产业

（1）发展战略性新兴产业。就关中平原城市群而言，战略性新兴产业已经成为城市群产业未来发展和城市群低碳化发展的重要路径，应结合各城市产业基础和资源禀赋状况，充分考虑战略性新兴产业特征及城市产业发展的成本和市场需求、区域科技资源的分布和未来发展潜力，从关中平原城市群全局利益出发，合理布局战略性新兴产业，形成新的绿色发展竞争优势。

（2）培育生态农业。主动顺应消费者"生态、安全、有机、绿色"的消费需求，立足生态环境资源优势，整合涉农项目资源，广泛采用现代农业生产技术，推动农业生产向绿色、循环、高效、可持续转化。推进标准化基地与现代农业园区规划建设相衔接。探索"互联网+"绿色食品标准化基地建设监管模式，建设农产品质量安全监管系统。

（3）打造先进制造业集群。实施制造业补链强链工程，推动城市群制造业板块分工明晰、链条衔接互补。以西安、宝鸡等为重点，着力发展数控机床、工业机器人和油气钻采装备，打造高端装备制造集群。发挥西安阎良国家航空高技术产业基地、西安国家民用航天产业基地优势，推进大型运输机系列化研制生产，大力发展卫星应用和高分应用，壮大航空航天产业。实施西安市国家级集成电路产业集群发展工程，完善集成电路、新型显示、智能终端等产业链，建设全国重要的新一代信息技术产业基地。推进宝鸡国家级先进结构材料产业集群发展，建设西安国家增材制造创新中心，打造陶瓷基复合材料、超导材料等新材料产业集群。推动运城、临汾、彬（州）长（武）旬（邑）等能源化工产业转型升级，有序发展煤基特种燃料、煤基生物可降解材料，促进能源化工高端化、多元化、低碳化发展。提升研发设计、信息服务、金融会展等现代服务业发展水平，支撑制造业高质量发展。

（4）发展现代服务业。一是积极发展生态旅游业。加快生态旅游景区建设、优化生态旅游线路、推动各旅游企业有机联动等，共同推动城市群各区域生态旅游发展。二是发展绿色交通和智慧物流。应积极完善区域交通基础设施，大力推广新能源汽车，发展城际轨道交通等低碳交通工具。同时，利用5G、物联网、大数据等新一代信息技术，优化区域物流网点布局和线路，为区域绿色发展提供支撑。

三、推动能源革命

（1）推进化石能源清洁高效利用和转型升级。严格合理控制煤炭消费增长，抓好煤炭清洁高效利用。严格控制新增煤电机组，统筹推进存量煤电机组节煤降耗改造、供热改造、灵活性改造"三改联动"，依法依规淘汰落后产能，推动煤电向基础保障性和系统调节性电源并重转型。加大钢铁、焦化、铸造等重点行业提升改造力度，开展以减煤为重点的节能工作和以电代煤、以气代煤工作，加快淘汰落后煤电机组，实现重点区域的平原地区散煤基本清零。加大民用散煤清洁化治理力度，逐步推行天然气、电力及可再生能源等清洁能源替代散煤。保持石油消费处于合理区间，逐步调整汽油消费规模，提升终端燃油产品能效。优化天然气利用结构，优先保障民生用气，因地制宜建设天然气调峰电站，合理引导工业用气和化工原料用气增长。

（2）大力发展非化石能源。坚持集中式与分布式并举，全面推动风电和光伏发电大规模开发利用，推动现有水电项目建设。统筹推进生活垃圾发电、农林生物质发电项目建设，稳妥推进生物质原料制天然气、成型燃料、生物液体燃料等，积极发展生物质能清洁供暖。积极推进地热资源高效、循环、综合利用，探索中深层地热能供暖规模化发展路径。推进氢能"制运储用"全链条发展。

（3）构建多元协同储能体系与应用。实施"新能源＋储能"试点示范工程，超前布局储能基础设施，推进多元储能融合发展，加快储能产业化应用。加快抽水蓄能电站落地建设，探索压缩空气储能试点建设。鼓励企业、园区推进"多能互补"和"源网荷储一体化"示范项目建设，探索布局示范试点。加快电化学储能、飞轮储能推广应用。

（4）加快建设新型电力系统。优化完善电力基础设施，重点围绕满足负荷增长，适应大规模新能源接入、汇集、送出和消纳需要，构建结构清晰、分区合理、网架坚强、运行灵活的电力主网架结构。优化完善电力基础设施，围绕负荷中心、新能源开发重点地区、新增电力外送通道起点，构建清晰、合理的主网架结构。完善750kV电网。鼓励建设以消纳新能源为主的局域网、微电网、增量配电网，构建源网荷储协同消纳体系。全力推进电网数字化转型，创新拓展综合能效提升和数字化服务新模式。建设智能化电力调度运行体系，加快电力调峰、调频和调压等能力建设，提高电力系统安全稳定运行水平和效率。健全适应新型电力系统的市场机制，研究制定推动源网荷储一体化发展的政策措施，推动电力来源清洁化和终端能源消费电气化。科学推进新型电力系统建设，促进新能源电厂及时并网，高效消纳。

四、保护生态环境

（1）加强生态建设。坚持区域生态一体化建设，加强秦岭、黄河生态环境保护治理。构建南部秦巴山地生态屏障和北部黄土高原生态屏障，贯通中部渭河沿岸生态带，建设区域生态安全格局的主骨架。在秦巴山地和陇东黄土高原等生态功能重要或生态环境敏感、脆弱的区域划定生态保护红线,涵盖国家级和省级禁止开发区域和有必要严格保护的其他各类保护地。分区分类开展受损生态系统修复,采取以封禁为主的自然恢复措施,辅以人工修复,改善和提升区域生态功能。系统整治并修复湖泊、湿地、蓄滞洪区等生态功能重要区域。以秦巴山地及渭北、天水等黄土高原丘陵沟壑区为重点,科学实施山水林田湖草生态保护修复工程。

(2)实施环境共治。实行最严格的环境保护制度,打好城市群大气、水、土壤污染防治"三大战役",共同实施"蓝天行动""碧水行动""净土行动",推进城市扬尘、土壤及重点流域水污染综合治理和秸秆禁焚综合利用,加大黑臭水体整治力度。加快城镇、景区(园区)供排水能力建设,完善城乡环保基础设施配套,实现城乡垃圾一体化处理。严格生态空间管控,把各类开发活动限制在资源环境承载能力之内。科学利用山、水、林等绿色生态和自然景观资源,协同促进经济发展和生态环境保护。

五、倡导绿色生活

(1)倡导绿色消费,培育绿色生活方式。加大绿色宣传教育,树立绿色消费理念,把绿色消费教育融入公民道德教育之中,提高消费者保护生态环境和维护公共利益的责任感和自觉性。制定绿色消费政策,加强绿色产品认证,鼓励引导绿色消费,加大能效标识产品、节水标识产品、环境标识产品和低碳标识产品的使用推广力度,在其生产、消费和销售过程中给予优惠和政府补贴。鼓励消费者购买使用节能节水产品,减少使用一次性用品。倡导光盘行动,杜绝食物浪费,形成绿色健康的饮食习惯。大力推广生活垃圾分类,引导居民形成绿色生活方式。发挥政府部门引领示范作用,加大绿色采购力度与范围,鼓励绿色办公,出台政府绿色采购实施细则。

(2)打造绿色交通,改善市民出行环境。鼓励居民出行选择公共交通、慢行系统(自行车、步行)和新能源与环保型汽车,以高效能、智能的交通管理为依托,利用与城市规划及空间拓展相协调的可持续城市综合交通系统,提高公共交通服务质量。完善城市慢行系统,加强自行车专用道和行人步道等城市慢行系统建设,改善自行车、步行出行条件,建设城市绿道和休闲步道,形成集出行、游览、休息、娱乐为一体的步行系统。大力推广新能源汽车,优先在公交、公务、物流、环卫等领域推广应用节能与新能源汽车,使政府机关、公共机构等领域车辆采购向新能源汽车倾斜,给予新能源汽车销售的财政补贴。

(3)发展绿色建筑,转变城乡建设模式。明确规定绿色建筑土地使用比例、绿色建筑比例,确保大型公共建筑全部按照二星及以上绿色建筑标准设计建造,商业服务和房地产开发项目全面执行绿色建筑标准。鼓励房地产开发企业建设绿色住宅小区，鼓励房地产开发企业在推动当地绿色建筑可持续发展方面加强政企合作和资源共享，在城市规划、生态城市建设、绿色建筑技术推广与应用领域开展深入合作，深化绿色建筑理念的推广和应用。建立合理积极的经济激励体系，调高建设规模大、建设水平高的绿色建筑补助额度，推动相关金融服务中关于绿色建筑项目服务条款的改进和完善，对符合条件的开发商给予贷款利率方面的补贴。

第十章　关中平原城市群的共同富裕

上一章从绿色发展的内涵出发解析绿色发展的科学内涵，并提出了关中平原城市群实现绿色发展的分阶段目标，从加强统筹协调、发展绿色产业、推动能源革命、保护生态环境、倡导绿色生活等五个方面提出关中平原城市群实现绿色发展的举措。党的二十大报告指出中国式现代化是全体人民共同富裕的现代化[①]。本章立足共享发展理念，研究关中平原城市群的共同富裕问题，首先，构建共同富裕量化评价指标体系，测度关中平原城市群共同富裕水平；其次，对关中平原城市群内部不同城市的共同富裕水平以及关中城市群与其他城市群共同富裕水平进行了比较研究，具体分析其推动共同富裕的短板和挑战；在此基础上，分别从总体富裕和共享富裕两个维度提出了关中平原城市群共同富裕的发展目标；最后，从推动经济高质量发展、促进公共服务优质共享、优化三次分配、推动城乡融合发展、促进区域协调发展五个方面提出了推进关中平原城市群共同富裕的措施。

第一节　关中平原城市群共同富裕的状况与特点

一、关中平原城市群共同富裕的状况

关中平原城市群具有显著的区位优势，处于我国的内陆中心位置，是亚欧大陆桥的重要支点；域内现代产业体系完备，工业体系完整，产业聚集度高，是全国重要的装备制造业基地、高新技术产业基地、国防科技工业基地等；此外，域内的创新综合实力雄厚，其科教资源、军工科技等位居全国前列。

从富裕维度看，关中平原城市群各城市的总体富裕程度呈现出明显差异。其中，西安的人均地区生产总值和人均可支配收入高于全国平均水平，宝鸡、咸阳和铜川的人均地区生产总值和人均可支配收入与全国平均水平差距较小，而渭南、运城和天水的人均地区生产总值和人均可支配收入明显低于全国平均水平，如图10-1和图10-2所示。

---

① 《习近平：高举中国特色社会主义伟大旗帜　为全面建设社会主义现代化国家而团结奋斗——在中国共产党第二十次全国代表大会上的报告》，https://www.gov.cn/xinwen/2022-10/25/content_5721685.htm。

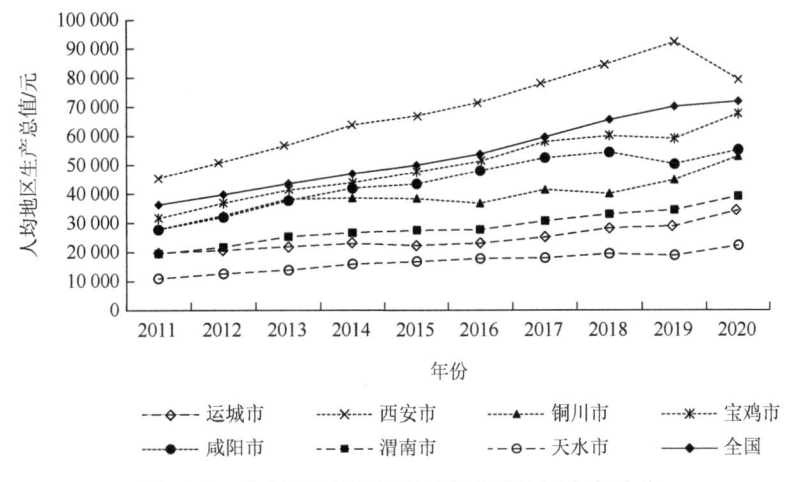

图 10-1　关中平原城市群各城市人均地区生产总值

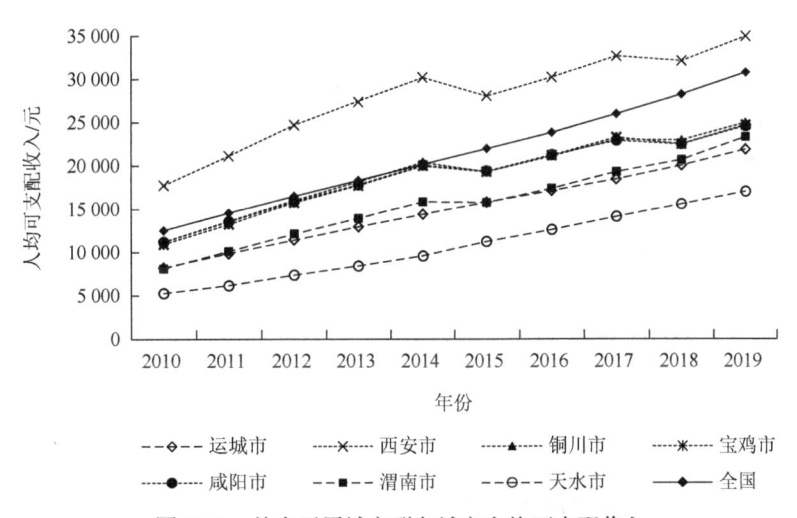

图 10-2　关中平原城市群各城市人均可支配收入

从共享维度看，以城乡收入差距为例，关中平原城市群的城乡收入差距呈现出明显的阶段性特征，总体上可将其分为三个阶段。第一个阶段为 2010~2014 年，这一阶段关中平原城市群各城市的城乡收入差距最大的城市有西安、咸阳和宝鸡，其城乡收入差距水平高于全国平均水平，渭南、铜川的城乡收入差距在这一阶段与全国平均水平相当，而运城和天水的城乡收入差距水平低于全国平均水平；第二阶段为 2015~2017 年，这一阶段西安、咸阳和宝鸡的城乡收入差距与全国平均水平相当，渭南、铜川、运城和天水则明显低于全国平均水平；第三个阶段为 2018~2019 年，这一阶段只有西安的城乡收入差距高于全国平均水平，域内其他城市的城乡收入差距均低于全国平均水平，如图 10-3 所示。

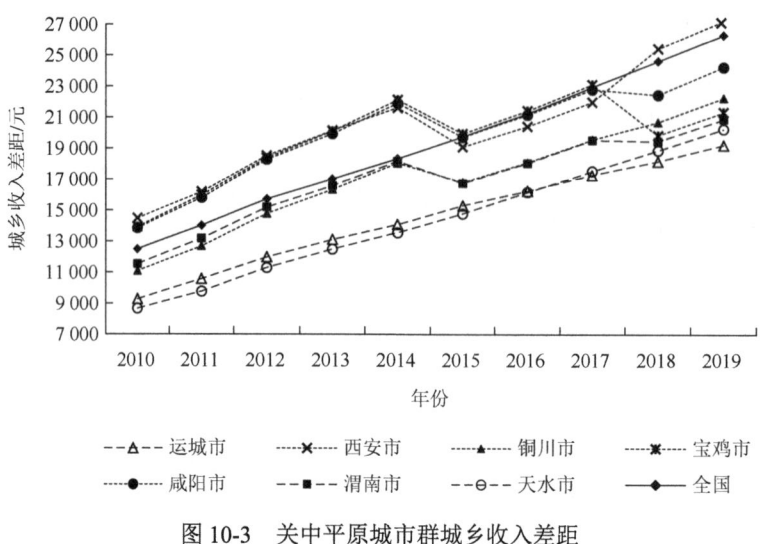

图 10-3 关中平原城市群城乡收入差距

此外，中等收入群体占比较低、城乡发展差异大、各地区发展不平衡、各城市经济规模和能级有限、要素吸引力不足和产业支撑相对较弱等问题，也构成推进关中平原城市群共同富裕的现实挑战。为更加准确地把握关中平原城市群的共同富裕发展状况，需要通过更加科学的方法对其进行量化分析，并根据其量化结果展开进一步的研究。

二、共同富裕的内涵与指标体系构建

（一）共同富裕的内涵

共同富裕的理论研究可溯源至马克思主义经典作家对未来社会的基本设想（卫兴华和张宇，2013）。改革开放后，社会主义本质论和"两个大局"思想引发了共同富裕的第一波研究热潮。党的十九届五中全会以来，学界掀起了共同富裕的第二波研究热潮（刘培林等，2021；逄锦聚，2021；陈宗胜，2021；邱海平，2021；蒋永穆和谢强，2021；张来明和李建伟，2021；李海舰和杜爽，2021；万海远和陈基平，2021a；胡鞍钢和周绍杰，2021；李实和朱梦冰，2022）。

其中，共同富裕的内涵是文献讨论的重点问题。学者从不同的角度探讨了共同富裕的内涵。解安和侯启缘（2022）从宏观、中观和微观三个层面讨论了共同富裕的内涵，认为共同富裕是社会主义制度追求的根本目标，是经济发展不同阶段协调政府、企业和居民三者关系的重要手段，也是每一个主体在物质和精神层面达到极高水平富足的状态。蒋永穆和豆小磊（2022）从共同富裕的主体、内容、节奏、动力和路径阐释了其理论内涵，认为共同富裕的主体是全体人民，内容是全面富裕，节奏为渐次富裕，主要动力是共建共富，重要路径是高质量发展。杨宜勇和王明姬（2021a）从享有主体、实现前提、评价内容、长期目标、发展过程五个方面对共同富裕做出了内涵界定，即全民共享、共建共享、全面富裕、共同致富、逐步共富。刘培林等（2021）从政治、经济和社会三个维度阐释了共同富裕的内涵，认为共同富裕的实质是全体人民共创共享日益美好的生活。胡鞍钢和周绍杰（2021）则认为共同富裕包括全体人民共创财富、共同建设、共享成果三个原则。郁建兴和任杰（2021）认为共同富裕就是通过补偿和矫正制度性因素导致的不平等，让全体人民有机会、有能力均等地参与高质量经济社会发展，并共享经济社会发展的成果。张占斌（2021）则认为共同富裕应该是全体人民的富裕、全面发展的富裕、公平正义的富裕、差序有别的富裕。李实和朱梦冰（2022）认为从个人福祉的角度来看，共同富裕应该包括家庭和个人收入、家庭和个人的财产、家庭和个人能够享受到的公共服务三个方面的内容。罗志恒等（2022）从收入、财富、人力资本投资以及居民幸福感四个方面讨论了共同富裕，其认为共同富裕就是在人均收入较高水平下，实现收入、财富、人力资本投资以及居民幸福感的适度平等。

综合来看，既有文献从不同角度阐释共同富裕的理论内涵，但都强调"富裕"和"共享"这两大核心要义。在既有文献的基础上，本章以"总体富裕"和"共享富裕"两个维度来界定共同富裕的理论内涵。在总体富裕层面，共同富裕是物质基础和精神文明的全面富裕，是政治民主、社会法制、生态环境和人民生活方方面面的富裕。在共享富裕层面，共同富裕是城乡之间、区域之间和群体之间各类差距不断缩小，社会财富分配更加公平合理，发展机会更加均等的富裕。

（二）共同富裕的量化指标体系构建

由于既有文献对共同富裕的理论内涵存在多种界定，因而对其量化指标的选取和构建也各有不同，总体可分为三类。

第一类文献从共同富裕具体内容的不同侧面构建相应的评价指标。例如，蒋永穆和豆小磊（2022）在综合性与代表性、科学性与可行性、统一性与独立性、整体性与差异性相结合等原则的基础上，以人民性、共享性、发展性和安全性四个维度构建了共同富裕的评价指标体系。解安和侯启缘（2022）从就业与收入、社会福利、生活质量、健康状况、人力资本和精神生活六个维度建立了评价指标体系。胡鞍钢和周绍杰（2021）则从生产力、发展机会、收入分配、发展保障和人民福利五个维度选取了 20 项评价指标。吕新博和赵伟（2021）结合联合国 2030 年可持续发展目标，将共同富裕分为教育、健康、生活水平和生活环境四个维度，构建了一个包含 12 项指标的评价体系。陈丽君等（2021）从发展性、共享性、可持续性三个维度，选取了 81 项三级指标构建了共同富裕的指数模型。裴广一和葛晨（2021）则认为共同富裕是一个涉及社会生活各个方面的集体综合概念，其评价指标应以现有经济社会发展指标为核心，以人均地区生产总值、恩格尔系数、基尼系数、泰尔指数和人均可支配收入等经济指标为基础，并以人类发展指数和幸福指数为补充，科学构建其评价标准。战炤磊（2021）则认为共同富裕的评价指标需要能够反映财富收入水平、财富成果共享水平、居民生活质量和人本发展等方面的内容。

第二类文献从"共同"和"富裕"两个维度构建相应的指标体系。杨宜勇和王明姬（2021b）从"共同"和"富裕"两个维度，富裕共享性、富裕差异性、物质生活富裕、精神生活富足和生活环境宜居五个方面选取 27 项评价指标。刘培林等（2021）则从"总体富裕程度"和"发展成果共享程度"两个维度构建了共同富裕的评价指标体系。也有部分学者从指标体系的核心构成或评价职能来构建共同富裕指标体系。李金昌和余卫（2022）以"以人民为中心"和"共享、富裕、可持续"为要点，紧扣"共同"和"富裕"两大关键词，瞄准城乡、地区和收入三个差距，构建了由经济质效并增、发展协调平衡、精神生活丰富、全域美丽建设、社会和谐和睦与公共服务优享 6 项一级指标组成的共同富裕过程性评价指标体系和由共享性、富裕度和可持续性 3 项一级指标组成的共同富裕结果性评价指标体系。

第三类文献则在研究中采用某一个单独变量作为共同富裕的评价指标。如万海远和陈基平（2021b）利用人均国民收入的数据来衡量共同富裕的"发展"维度，使用人均可支配收入基尼系数来衡量其"共享"维度；罗润东和郭怡笛（2022）选取"支付给职工及为职工支付的现金"的对数值作为衡量人工智能是否有助于促进"共同富裕"作用的重要标志。

此外，针对共同富裕的水平测度，研究较少，近年来的研究或从结果导向角度出发，利用人均国民收入的数据来衡量共同富裕的"发展"维度，使用人均可支配收入基尼系数来衡量其"共享"维度，测算 162 个国家或地区的共享发展程度（万海远和陈基平，2021a），或通过构建收入和平等两个子系统，采用耦合协调度模型测度共同富裕的发展程度（邹克和倪青山，2021）。也有一些学者选取"支付给职工及为职工支付的现金"的数值作为衡量人工智能是否有助于促进"共同富裕"作用的重要标志（罗润东和郭怡笛，2022）。

综合来看，共同富裕的评价指标体系或从其具体内容的不同侧面来展开评价，或从"富裕"和"共同"两个维度来展开研究，或用某一个指标作为它的替代变量进行分析。但近年来研究还处于初步阶段，大部分的评价指标体系的可度量性较差，少有的可度量的指标体系或不能够更全面地反映共同富裕的基本内涵，或数据可得性较差。因此，本章在能够充分反映共同富裕理论内涵和可度量化的基础上,分别从"总体富裕"和"共享富裕"两个维度出发构建以经济发展水平、居民生活水平、公共服务水平、人群共享度、城乡共享度和区域共享度为二级指标的共同富裕评价体系,具体如表10-1所示。

表10-1 共同富裕评价指标体系

一级指标	二级指标	三级指标	计量单位
总体富裕	经济发展水平	人均地区生产总值（$X1$）	元
		居民人均存款余额（$X2$）	元
		常住人口城镇化率（$X3$）	
	居民生活水平	社会消费品零售总额占地区生产总值比重（$X4$）	
		恩格尔系数（$X5$）	
		职工平均工资（$X6$）	元
	公共服务水平	人均财政支出（$X7$）	元
		人均教育支出（$X8$）	元
		每万人拥有床位数（$X9$）	张
		每百人拥有公共图书馆藏书（$X10$）	册
		城镇生活污水处理率（$X11$）	
共享富裕	人群共享度	中等收入群体占比（$X12$）	
	城乡共享度	城乡泰尔指数（$X13$）	
	区域共享度	人均地区生产总值泰尔指数（$X14$）	
		人均财政支出泰尔指数（$X15$）	

总体富裕指标下设经济发展水平、居民生活水平和公共服务水平3项二级指标。

第一,经济发展水平。经济发展水平指标下设3项具体指标:一是人均地区生产总值,反映生产力发展水平;二是居民人均存款余额;三是常住人口城镇化率,反映城镇化发展程度。

第二,居民生活水平。居民生活水平指标下设3项具体指标:一是社会消费品零售总额占地区生产总值比重,反映居民在消费方面的支出情况;二是恩格尔系数,反映家庭消费结构和居民家庭的生活质量;三是职工平均工资,反映居民的收入情况。

第三,公共服务水平。公共服务水平指标下设5项具体指标:一是人均财政支出;二是人均教育支出;三是每万人拥有床位数;四是每百人拥有公共图书馆藏书;五是城镇生活污水处理率。

共享富裕指标下设人群共享度、城乡共享度和区域共享度3项二级指标。一是人群共享度,采用中等收入群体占比反映其人群间的差异;二是城乡共享度,采用城乡泰尔指数来度量;三是区域共享度,采用人均地区生产总值泰尔指数和人均财政支出泰尔指数来度量。其中,城乡泰尔指数的计算方法如下:

$$\mathrm{tl}_{i,t} = \sum_{j=1}^{2}\left(\frac{P_{ij,t}}{P_{i,t}}\right)\ln\left(\frac{P_{ij,t}}{P_{i,t}}\bigg/\frac{Z_{ij,t}}{Z_{i,t}}\right) \quad (10\text{-}1)$$

其中,$j=1,2$ 分别表示城镇和农村;Z_{ij} 表示 i 地区城镇（$j=1$）或农村（$j=2$）的人口数量;Z_i 表示 i 地区的总人口;P_{ij} 表示 i 地区城镇（$j=1$）或农村（$j=2$）的总收入;P_i 表示 i 地区的总收入（王少平和欧阳志刚,2007）。

三、关中平原城市群共同富裕程度测算

（一）测算方法与数据来源

1. 主成分分析法

主成分分析法（principal component analysis,PCA）是一种广泛使用的数据降维方法。在用统计分析方法研究多变量的课题时,变量之间经常具有一定的相关性,从而使变量之间反映的信息有一定的重叠。主成分分析法旨在用几个较少的综合指标代替原来的多指标,并使这些综合指标尽可能全面地反映原指标信息,且彼此相互独立,因其以信息量为权重,故能消除指标赋权的主观性。主成分分析法能简化指标体系、优化分析效果、明确研究对象的性质与特征。

设原始数据集 $X = (X_{ij})_{n \times p}$,$i=1,2,\cdots,n$;$j=1,2,\cdots,p$),即包含 n 个样本,每个样本有 p 项指标。进行主成分分析法的主要步骤为

第一步,数据标准化。去除数据量纲,使得各指标处于同一数量级,便于进行综合对比评价。本章采用 Z-score 标准化方法进行数据标准化处理,得到标准化数据矩阵 $Z = (z_{ij})_{n \times p}$,其中,

$$z_{ij} = \frac{x_{ij} - \mu_j}{\sigma_j} \quad (10\text{-}2)$$

第二步,构建相关系数矩阵。计算指标之间的相关系数,从而构建出一个对称矩阵,从矩阵中可以看到指标之间的两两相关性。

第三步,求相关系数矩阵的特征值 λ_k 和特征向量 a_k。计算各特征值 λ_k 的贡献率 δ_k,δ_k 表示第 k 个主成分所包含的原始数据信息的比例。

$$\delta_k = \frac{\lambda_k}{\sum_{i=1}^{p} \lambda_i} \quad (10\text{-}3)$$

计算各特征值的累计贡献率 $\sum_{k=1}^{m} \delta_k$,通常按照累计贡献率达到一定比例（如大

于85%）或根据特征值大于1的原则确定主成分的个数 m，$m<p$。

第四步，计算主成分综合得分。选取前 m 个特征向量组成特征向量矩阵 $A=(a_1, a_2, \cdots, a_m)$，则主成分得分矩阵为

$$Y = ZA = (y_{ik})_{n \times m} \quad (10\text{-}4)$$

其中，$y_{ik} = \sum_{j=1}^{p} z_{ij} a_{jk}$，$i=1, 2, \cdots, n$，$k=1, 2, \cdots, m$。进一步，第 i 个样本的主成分综合得分 F_i 可以通过以下公式计算：

$$F_i = \sum_{k=1}^{m} \delta_k y_{ik} \quad (10\text{-}5)$$

2. 数据来源

本章所用数据主要来源于 CSMAR 数据库（China Stock Market & Accounting Research Database，中国经济金融研究数据库）和 EPS 数据库提供的 2010 年至 2019 年的地级市和县级行政单位数据，以及相关县市发布的《国民经济与社会发展统计公报》。选择 2010 年作为研究的起始时间，是考虑到相关指标的数据可得性。少量指标的部分年份数据缺失，采用函数模拟方法拟合补齐。测度的区域为关中平原城市群的主要城市，城市选取参考陈明华等（2020），具体选取了西安、宝鸡、咸阳、铜川、渭南、运城、天水 7 个城市。表 10-2 给出了关中平原城市群共同富裕评价指标的描述性统计结果。

表 10-2 评价指标的描述性统计

二级指标	三级指标	均值	标准差	最小值	最大值
经济发展水平	人均地区生产总值（$X1$）	34 130	17 879	9 202	92 256
	居民人均存款余额（$X2$）	31 675	22 058	5 804	99 859
	常住人口城镇化率（$X3$）	50.43	12.53	28.36	74.61
居民生活水平	社会消费品零售总额占地区生产总值比重（$X4$）	40.68	11.33	2.78	58.36
	恩格尔系数（$X5$）	−0.343	0.052	−0.470	−0.228
	职工平均工资（$X6$）	48 704	14 389	23 693	96 867
公共服务水平	人均财政支出（$X7$）	7 058	3 055	2 558	16 037
	人均教育支出（$X8$）	1 342	458	506	2 556
	每万人拥有床位数（$X9$）	47.00	12.31	22.94	70.28
	每百人拥有公共图书馆藏书（$X10$）	46.96	35.84	15.98	152.50
	城镇生活污水处理率（$X11$）	89.02	9.71	63.68	100.00

续表

二级指标	三级指标	均值	标准差	最小值	最大值
人群共享度	中等收入群体占比（X12）	30.00	9.51	11.40	52.63
城乡共享度	城乡泰尔指数（X13）	−0.135	0.046	−0.240	−0.051
区域共享度	人均地区生产总值泰尔指数（X14）	−0.117	0.056	−0.235	−0.007
	人均财政支出泰尔指数（X15）	−0.046	0.043	−0.169	−0.005

通过描述性统计可以看出关中平原城市群的基本情况，其具体表现为：人均地区生产总值均值为 34 130 元，最大值和最小值分别为 92 256 元和 9202 元，其最大值是最小值的近 10 倍；居民人均存款余额均值为 31 675 元，最大值和最小值之比为 17∶1；常住人口城镇化率均值为 50.43%；社会消费品零售总额占地区生产总值比重均值为 40.68%；恩格尔系数均值为−0.343；职工平均工资均值为 48 704 元；人均财政支出均值为 7058 元；人均教育支出均值为 1342 元；每万人拥有床位数和每百人拥有公共图书馆藏书均值分别为 47.00 张和 46.96 册；城镇生活污水处理率均值为 89.02%；中等收入群体占比均值为 30%；城乡泰尔指数均值为−0.135；人均地区生产总值泰尔指数和人均财政支出泰尔指数分别为−0.117 和−0.046。其中，恩格尔系数和泰尔指数为逆向指标，在进行主成分分析时进行了正向化处理，因此呈现负值。

（二）测算结果分析

相关性检验。在检验之前预先通过 Z 值将数据进行标准化变换，消除量纲使其具有可比性。经 KMO[①] 检验发现（表 10-3），KMO = 0.7861＞0.7，表明适合进行主成分分析。

表 10-3 KMO 检验

二级指标	三级指标	计量单位	KMO
经济发展水平	人均地区生产总值（X1）	元	0.7918
	居民人均存款余额（X2）	元	0.8877
	常住人口城镇化率（X3）		0.8008
居民生活水平	社会消费品零售总额占地区生产总值比重（X4）		0.7570
	恩格尔系数（X5）		0.5054
	职工平均工资（X6）	元	0.7966

---

① KMO 检验是 Kaiser、Meyer 和 Olkin 提出的抽样适合性检验。

续表

二级指标	三级指标	计量单位	KMO
公共服务水平	人均财政支出（X7）	元	0.8135
	人均教育支出（X8）	元	0.7214
	每万人拥有床位数（X9）	张	0.8531
	每百人拥有公共图书馆藏书（X10）	册	0.8662
	城镇生活污水处理率（X11）		0.6094
人群共享度	中等收入群体占比（X12）		0.8303
城乡共享度	城乡泰尔指数（X13）		0.8429
区域共享度	人均地区生产总值泰尔指数（X14）		0.4920
	人均财政支出泰尔指数（X15）		0.4580
合计			0.7861

（1）提取主成分。分析结果如表10-4所示，特征值大于1的主成分有4个，其特征值分别为：7.933，2.188，1.604和1.187；与上述特征值对应的方差贡献率分别为：52.9%，14.6%，10.7%和7.9%；上述4个主成分的累计方差贡献率为86.1%，表明上述4个主成分能够解释原来15个指标86.1%的信息。从碎石图（图10-4）也可以看出，从第5个点开始，特征值趋于平缓，因此提取4个公因子能够反映大部分原始变量的信息内容，主成分分析的效果较好。

表10-4 特征值和方差贡献率

成分	特征值	方差	方差贡献率	累计方差贡献率
主成分1	7.933	5.745	52.9%	52.9%
主成分2	2.188	0.584	14.6%	67.5%
主成分3	1.604	0.417	10.7%	78.2%
主成分4	1.187	0.576	7.9%	86.1%
主成分5	0.611	0.125	4.1%	90.1%
主成分6	0.485	0.216	3.2%	93.4%
主成分7	0.269	0.059	1.8%	95.2%
主成分8	0.210	0.038	1.4%	96.6%
主成分9	0.172	0.048	1.2%	97.7%
主成分10	0.124	0.044	0.8%	98.6%
主成分11	0.081	0.014	0.5%	99.1%
主成分12	0.067	0.040	0.5%	99.5%

续表

成分	特征值	方差	方差贡献率	累计方差贡献率
主成分 13	0.027	0.001	0.2%	99.7%
主成分 14	0.026	0.010	0.2%	99.9%
主成分 15	0.016	0.001	0.1%	100%

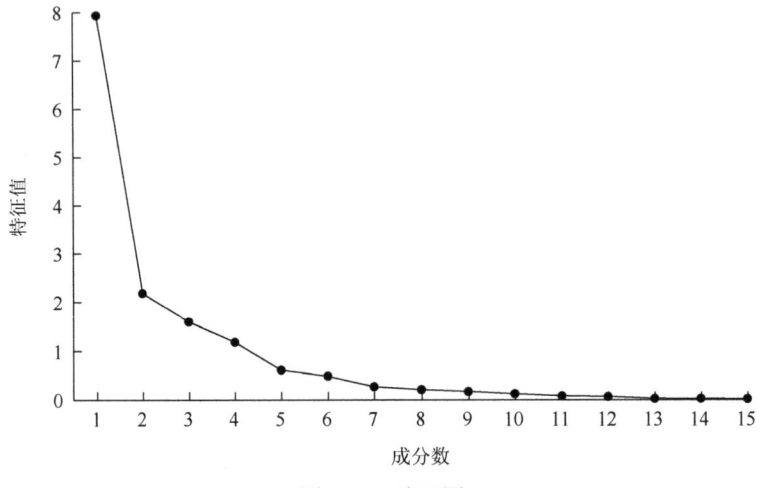

图 10-4　碎石图

（2）计算因子得分。根据 Stata 报告结果的各成分系数和特征值，以及成分得分系数矩阵（表 10-5），建立因子表达式，以方差贡献率（52.9%、14.6%、10.7% 和 7.9%）为权重，再除以 4 个主成分的累计方差贡献率 86.1%，即可得到各个评价指标的得分，计算出关中平原城市群中每一个城市的共同富裕总体富裕程度的得分。

表 10-5　成分得分系数矩阵

二级指标	三级指标	主成分 1	主成分 2	主成分 3	主成分 4
经济发展水平	人均地区生产总值（$X1$）	0.111 74	−0.107 30	−0.173 08	−0.069 58
	居民人均存款余额（$X2$）	0.110 48	0.001 46	−0.169 18	−0.213 12
	常住人口城镇化率（$X3$）	0.116 15	0.002 78	−0.006 66	−0.237 90
居民生活水平	社会消费品零售总额占地区生产总值比重（$X4$）	0.066 08	0.205 22	−0.236 86	0.179 20
	恩格尔系数（$X5$）	−0.005 97	0.400 07	−0.168 14	0.023 47
	职工平均工资（$X6$）	0.103 40	0.024 30	−0.007 53	0.294 03

续表

二级指标	三级指标	主成分 1	主成分 2	主成分 3	主成分 4
公共服务水平	人均财政支出（X7）	0.109 75	0.012 05	0.249 12	0.060 00
	人均教育支出（X8）	0.086 92	−0.032 13	0.387 91	0.202 03
	每万人拥有床位数（X9）	0.106 25	0.003 03	0.105 89	−0.050 99
	每百人拥有公共图书馆藏书（X10）	0.109 83	0.003 11	0.076 37	−0.275 97
	城镇生活污水处理率（X11）	0.062 22	0.064 65	−0.083 51	0.663 32
人群共享度	中等收入群体占比（X12）	0.114 93	−0.051 11	−0.144 70	−0.090 38
城乡共享度	城乡泰尔指数（X13）	0.110 95	0.065 65	−0.069 20	−0.053 62
区域共享度	人均地区生产总值泰尔指数（X14）	0.005 05	0.263 75	0.465 72	−0.076 90
	人均财政支出泰尔指数（X15）	−0.020 30	0.401 09	−0.033 99	−0.191 30

由于计算的综合得分存在值为负数的情况，通过处理将所有得分值加2进行转化处理，处理后的2010~2019年各城市共同富裕发展水平综合得分如表10-6所示。

表10-6　关中平原城市群各城市共同富裕综合得分情况

城市	2010年	2011年	2012年	2013年	2014年	2015年	2016年	2017年	2018年	2019年
运城	1.30	1.53	1.81	1.97	2.06	2.21	2.24	2.30	2.33	2.47
西安	1.79	1.97	2.47	2.59	2.71	2.86	3.02	3.31	3.33	3.52
铜川	1.52	1.96	2.28	2.46	2.65	2.75	2.98	3.19	3.28	3.24
宝鸡	0.91	1.18	1.46	1.56	1.67	1.73	1.84	1.99	2.24	2.35
咸阳	1.04	1.16	1.47	1.62	1.76	1.92	2.09	1.94	2.01	2.23
渭南	1.24	0.89	1.33	1.41	1.61	1.71	1.84	2.03	2.11	2.27
天水	0.74	0.85	1.24	1.21	1.30	1.69	1.90	2.06	2.08	2.24

从2010~2019年各城市总体平均分的情况来看，关中平原城市群内城市共同富裕综合得分的均值约为2，其最小值为0.74，最大值为3.52。其中，最小值的城市是天水，最大值的城市是西安。分城市来看，2019年西安和铜川的综合得分情况最高，其次是运城、宝鸡和渭南，天水和咸阳的综合得分情况最低。其中，铜川的综合得分较高主要在于铜川的人均地区生产总值等数据较高。

第二节　关中平原城市群共同富裕的比较

一、关中平原城市群共同富裕程度的比较分析

（一）关中平原城市群共同富裕综合得分内部比较

从图 10-5 可以看出，2010～2019 年关中平原城市群内 7 个城市在总体富裕的综合得分的变化趋势上具有较强的线性相关性，都呈现出线性向上的变化特点。这表明关中平原城市群 7 个城市的总体富裕程度在 2010 年到 2019 年是逐年增加的，这也与我国经济发展的实际情况相符合。此外，西安的总体富裕的得分情况在样本期间是变化最明显的，其次为铜川和运城，另外 4 个城市在样本期间虽呈现上升趋势，但其上升的趋势较为平缓。

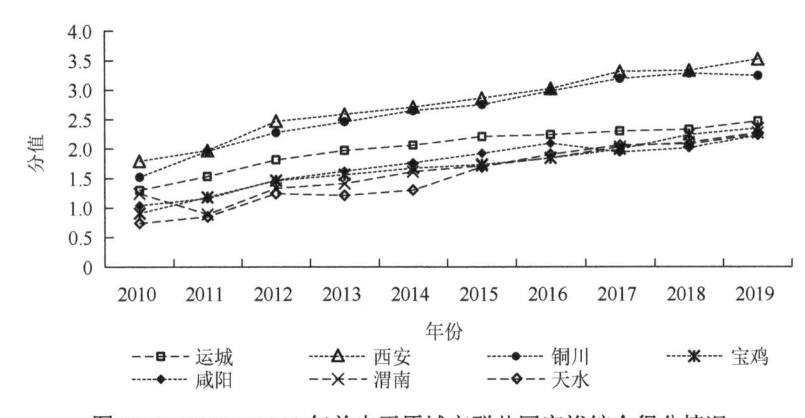

图 10-5　2010～2019 年关中平原城市群共同富裕综合得分情况

从图 10-6 可以看出，2010～2019 年关中平原城市群内城市的职工平均工资基尼系数和城乡泰尔指数在变化趋势上并不一致。关中平原城市群内城市的职工平均工资基尼系数呈现出在 0.20～0.24 上下波动的变化特征，其最大值 0.237 出现的时间是 2010 年，最小值 0.20 出现的时间是 2011 年和 2016 年。这表明关中平原城市群内的人群工资水平的分配情况处于比较平均的状态，但由于这一指标可代表的信息不够完善，因此要得出人群共享更精确的信息需要展开进一步研究。关中平原城市群的城乡泰尔指数则呈现出逐年下降的趋势，其最大值和最小值分别为 0.17 和 0.11，这表明关中平原城市群内的城乡之间尽管存在一定的差距，但这种城乡差距随着社会经济发展呈递减趋势。

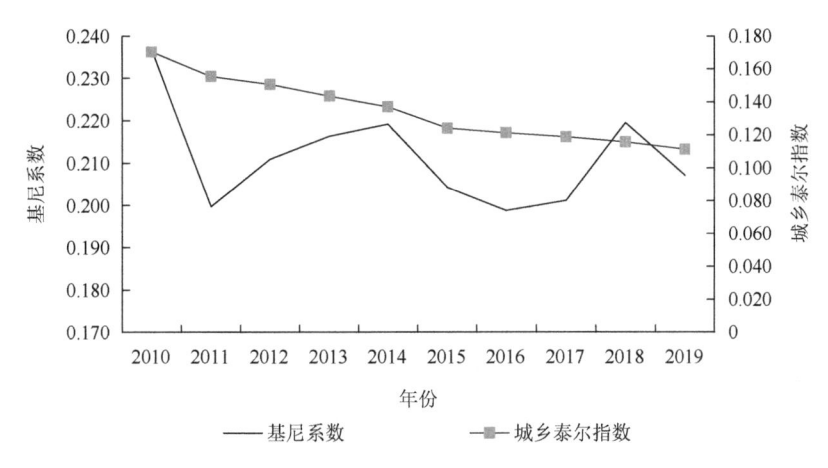

图 10-6 关中平原城市群内城市职工平均工资基尼系数和城乡泰尔指数

从图 10-7 可以看出，2010～2019 年关中平原城市群内城市的人均地区生产总值最大值与最小值比和人均财政支出最大值与最小值比呈现出相反的趋势。其中，人均地区生产总值最大值与最小值比呈现出上升的趋势，人均财政支出最大值与最小值比则呈现出下降的趋势，这表明关中平原城市群内各城市的经济发展速度呈现出不同的态势，而各城市的人均财政支出却呈现出相似的发展态势，这也表明关中平原城市的区域共享程度存在一定的差距，但是政府财政投入在努力弥补这一差距。

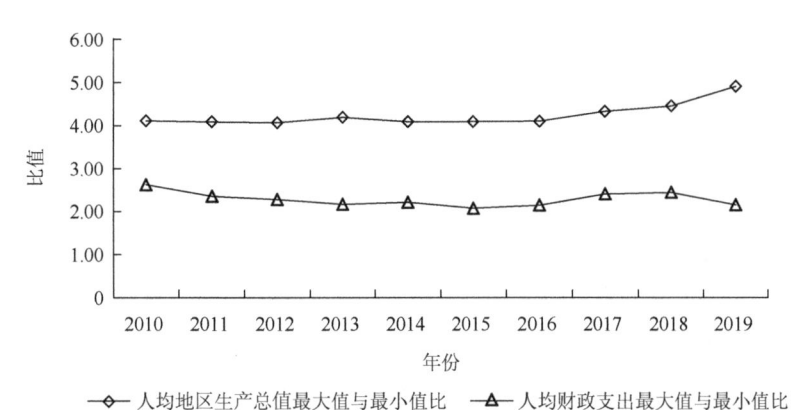

图 10-7 2010～2019 年城市群内城市的人均地区生产总值和人均财政支出最大值与最小值比

分析图 10-5～图 10-7 可以发现：关中平原城市群内部共同富裕水平发展不平衡，西安的共同富裕程度最高，其次是铜川和运城，天水的共同富裕水平最低。其中，铜川的经济总量和人口总量低于其他城市，但由于用于衡量共同富裕的指标多采用人均值,其人均值较高,因此出现了共同富裕水平较高的情况。该问题值得进一步探讨,但由于文章内容有限,因此不多作说明。

(二)关中平原城市群和成渝城市群的比较

关中平原城市群与成渝城市群共同富裕水平的总体描述。运用主成分分析法,计算得出关中平原城市群和成渝城市群各城市共同富裕的综合得分,如表10-7。

表10-7 关中平原城市群和成渝城市群各城市共同富裕的综合得分

城市	2010年	2011年	2012年	2013年	2014年	2015年	2016年	2017年	2018年	2019年
运城	2.28	2.78	3.29	3.67	3.98	4.25	4.46	4.68	4.58	5.04
西安	5.13	5.31	6.25	6.68	7.13	7.43	8.03	8.60	8.54	9.06
铜川	2.74	3.59	4.21	4.65	5.21	5.33	5.96	6.46	6.54	6.64
宝鸡	1.59	2.21	2.77	3.15	3.47	3.64	4.04	4.41	4.59	5.15
咸阳	1.87	2.13	2.75	3.14	3.52	3.80	4.26	4.19	4.15	4.90
渭南	1.44	0.97	2.09	2.38	2.81	3.09	3.50	3.95	3.99	4.56
天水	0.68	0.97	1.58	1.77	2.00	2.72	3.16	3.61	3.57	3.93
重庆	2.67	3.20	3.57	4.22	4.72	5.25	5.81	6.19	6.60	7.39
成都	5.76	5.77	6.47	9.27	7.81	8.38	8.24	8.80	8.89	10.03
自贡	1.91	2.42	2.96	3.25	3.61	4.05	4.46	4.63	4.74	5.72
泸州	1.32	1.47	2.05	2.67	2.98	3.53	4.11	4.64	4.52	5.59
德阳	2.25	2.73	3.22	3.69	4.25	4.80	4.86	5.68	5.28	6.11
绵阳	2.25	2.91	3.24	3.73	4.08	4.49	4.90	5.39	5.21	5.86
遂宁	1.76	2.07	2.59	2.82	3.48	3.95	4.32	4.61	4.55	5.07
内江	1.58	1.99	2.50	2.82	3.22	3.60	3.79	4.23	4.15	5.04
乐山	1.68	2.15	2.68	3.09	3.60	4.13	4.48	5.07	4.74	5.68
南充	1.35	1.73	2.29	2.65	3.09	3.73	4.13	4.51	4.48	5.33
眉山	1.52	2.08	2.90	2.94	3.17	3.63	4.03	4.69	4.57	5.10
广安	1.45	1.97	2.46	2.52	3.34	3.62	4.32	4.64	4.33	4.90
达州	0.96	1.35	1.72	2.62	2.93	3.32	3.80	4.29	4.05	5.13
雅安	1.61	1.83	2.88	3.60	4.05	4.41	4.80	4.99	4.57	5.72
资阳	1.97	2.15	2.49	2.89	3.28	3.77	4.15	4.37	4.55	5.28

注:由于样本期内四川省宜宾城镇生活污水处理率数据缺失较为严重,难以补齐,故测算成渝城市群共同富裕水平时未纳入宜宾市

从表10-7的总体得分情况可以看出,关中平原城市群和成渝城市群各城市共同富裕综合得分的均值约为4,其最小值为天水2010年的0.68,最大值为成都2019年的

10.03。其中，关中平原城市群的最小值为 2010 年的天水的 0.68；最大值为 2019 年的西安的 9.06。成渝城市群的最小值为达州 2010 年的 0.96；最大值为成都 2019 年的 10.03。

表 10-8 为关中平原城市群和成渝城市群各城市共同富裕综合得分各年度的排名，并据其每一年的二十五分位数和七十五分位数，将各城市的得分情况划分为三类：其中，成都、西安、铜川、重庆、德阳和绵阳 6 个城市为共同富裕程度较高的城市；渭南、天水、达州、泸州和南充 5 个城市为共同富裕程度较低的城市；其他城市则处于中间水平。

表 10-8 关中平原城市群和成渝城市群各城市共同富裕的综合得分排名

排名	2010 年	2011 年	2012 年	2013 年	2014 年	2015 年	2016 年	2017 年	2018 年	2019 年
1	成都	成都	成都	成都	成都	成都	成都	成都	成都	成都
2	西安	西安	西安	西安	西安	西安	西安	西安	西安	西安
3	铜川	铜川	铜川	铜川	铜川	铜川	铜川	铜川	重庆	重庆
4	重庆	重庆	重庆	重庆	重庆	重庆	重庆	重庆	铜川	铜川
5	运城	绵阳	运城	绵阳	德阳	德阳	绵阳	德阳	德阳	德阳
6	德阳	运城	绵阳	德阳	绵阳	绵阳	德阳	绵阳	绵阳	绵阳
7	绵阳	德阳	德阳	运城	雅安	雅安	雅安	乐山	乐山	雅安
8	资阳	自贡	自贡	雅安	运城	运城	乐山	雅安	自贡	自贡
9	自贡	宝鸡	眉山	自贡	自贡	乐山	运城	眉山	宝鸡	乐山
10	咸阳	资阳	雅安	宝鸡	乐山	自贡	自贡	运城	运城	泸州
11	遂宁	乐山	宝鸡	咸阳	咸阳	遂宁	广安	广安	雅安	南充
12	乐山	咸阳	咸阳	乐山	遂宁	咸阳	遂宁	泸州	眉山	资阳
13	雅安	眉山	乐山	眉山	宝鸡	资阳	咸阳	自贡	遂宁	宝鸡
14	宝鸡	遂宁	遂宁	资阳	广安	南充	资阳	遂宁	资阳	达州
15	内江	内江	内江	内江	资阳	宝鸡	南充	南充	泸州	眉山
16	眉山	广安	资阳	遂宁	内江	眉山	泸州	宝鸡	南充	遂宁
17	广安	雅安	广安	泸州	眉山	广安	宝鸡	资阳	广安	运城
18	渭南	南充	南充	南充	南充	内江	眉山	达州	内江	内江
19	南充	泸州	渭南	达州	泸州	泸州	达州	内江	咸阳	广安
20	泸州	达州	泸州	广安	达州	达州	内江	咸阳	达州	咸阳
21	达州	天水	达州	渭南	渭南	渭南	渭南	渭南	渭南	渭南
22	天水	渭南	天水	天水	天水	天水	天水	天水	天水	天水

注：因宜宾样本数据缺失，故测算成渝城市群共同富裕综合得分排名时未纳入宜宾市

为了计算出各城市群的共同富裕水平，本章以计算出的 2010~2019 年各城市的共同富裕综合得分为原始观测值，通过取其均值来衡量城市群的共同富裕发展水平及其演变趋势，如表 10-9 和图 10-8。

表 10-9　2010~2019 年关中平原城市群和成渝城市群共同富裕程度

城市群	2010年	2011年	2012年	2013年	2014年	2015年	2016年	2017年	2018年	2019年
关中平原城市群	2.25	2.56	3.28	3.63	4.02	4.33	4.77	5.13	5.14	5.61
成渝城市群	2.00	2.39	2.93	3.52	3.84	4.31	4.68	5.11	5.02	5.86

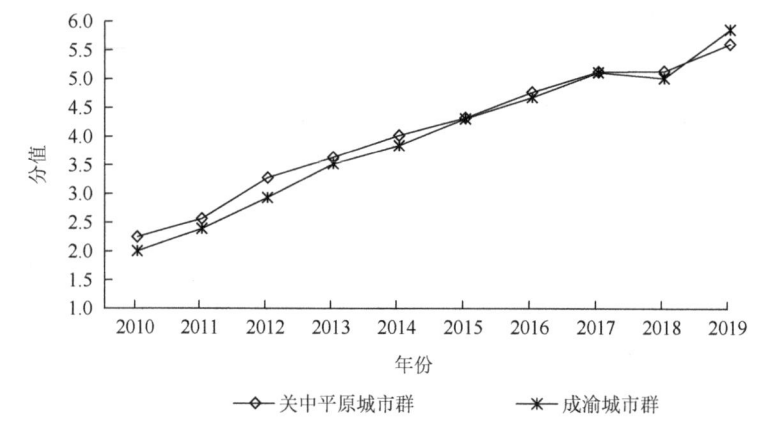

图 10-8　关中平原城市群和成渝城市群共同富裕水平及其演变趋势

表 10-9 描述了关中平原城市群和成渝城市群的共同富裕水平，可见，关中平原城市群和成渝城市群的共同富裕综合得分最低值为 2.00，最高值为 5.86。关中平原城市群的最低值和最高值则分别为 2.25 和 5.61；成渝城市群的最低和最高值分别为 2.00 和 5.86。从图 10-8 可见，2010~2018 年关中平原城市群的共同富裕发展水平高于成渝城市群，而在 2019 年成渝城市群的共同富裕发展水平超过了关中平原城市群。2010~2019 年关中平原城市群和成渝城市群的共同富裕水平在变化趋势上具有一致性，表现为同步增长，这表明从 2010 年到 2019 年两个城市群的共同富裕水平都得到了较大的提升。

从表 10-7~表 10-9 和图 10-8 的分析可以看出：关中平原城市群和成渝城市群的共同富裕水平在城市群层面上除 2019 年外关中平原城市群要高于成渝城市群。这可能与本章采用城市群内各城市共同富裕水平的均值来衡量城市群的共同富裕水平有关，也可能与成渝城市群内部发展的不平衡性有关。

关中平原城市群和成渝城市群的城市间横向比较。图 10-9 和图 10-10 描述了关中平原城市群和成渝城市群 2010~2019 年的共同富裕水平及其演变趋势。研究发现,成都、西安、铜川、重庆、德阳和绵阳 6 个城市的共同富裕水平较高,渭南、天水、达州、泸州和南充 5 个城市的共同富裕水平相对较低,在样本观测期,成都的共同富裕水平处于首位,西安处于第 2 位,铜川和重庆的共同富裕得分在样本观测期间交替处于第 3、第 4 位,除 2010 年和 2012 年外,渭南处于倒数第 2 位,天水在整个样本期间都处于末位。

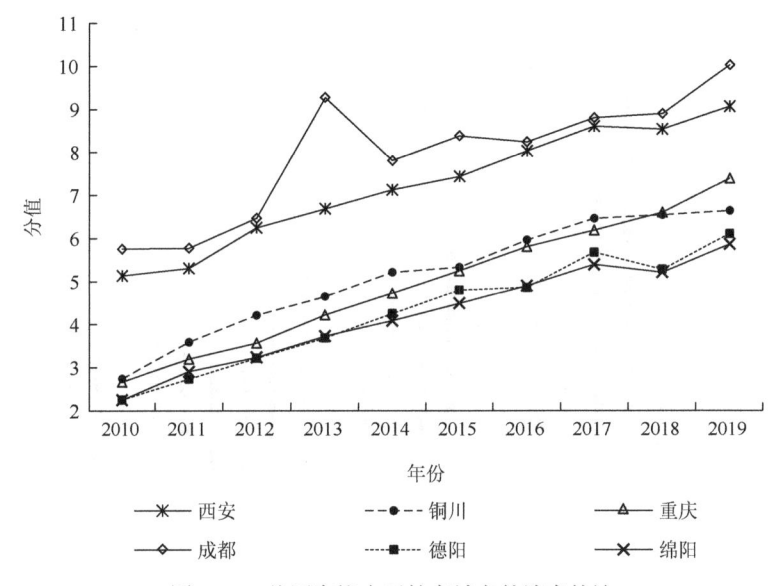

图 10-9 共同富裕水平较高城市的演变轨迹

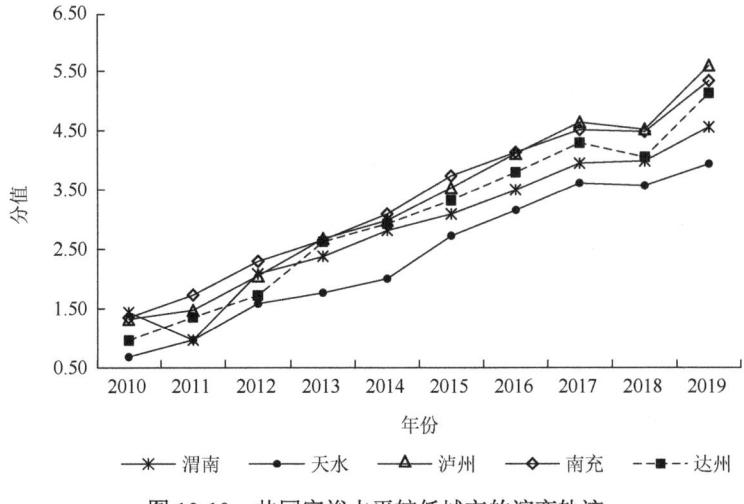

图 10-10 共同富裕水平较低城市的演变轨迹

图 10-11 描述了 2010~2019 年各城市共同富裕水平高于平均值的比重。由图 10-11 可知，样本期间，西安和成都的共同富裕水平均超过了平均值并列处于首位，铜川有 80%的年份里共同富裕水平高于平均值居于第 2 位，重庆有 70%的年份里共同富裕水平超过平均值处于第 3 位，雅安、德阳和绵阳 60%的年份里超过平均值并列处于第 4 位，自贡、乐山和运城 50%的年份里超过平均值处于第 5 位，宝鸡、咸阳、泸州、遂宁、南充、广安、眉山和资阳 40%的年份里超过平均值处于第 6 位，内江和达州有 30%的年份高于平均值，渭南有 10%的年份大于平均值，天水在样本期间均低于平均值。

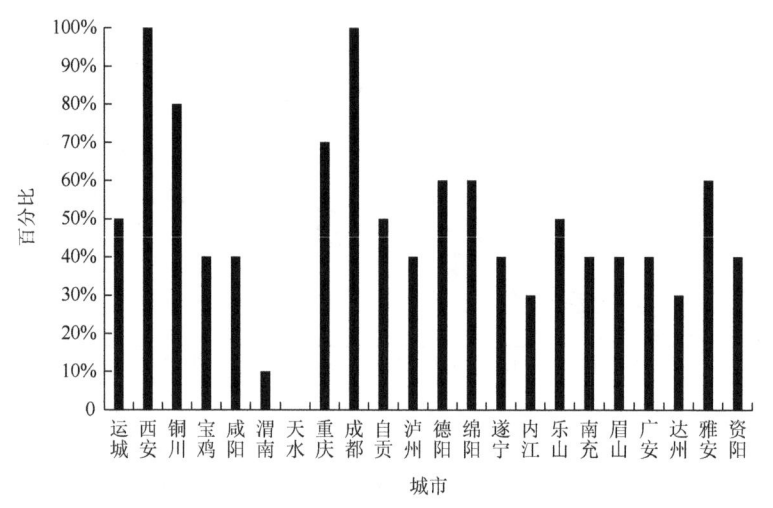

图 10-11 2010~2019 年各城市共同富裕水平高于平均值的比重

因宜宾样本数据缺失，故测算成渝城市群各城市共同富裕水平高于平均值的比重时未纳入宜宾市

分析图 10-9~图 10-11 可以发现，关中平原城市群和成渝城市群各城市的共同富裕水平也呈现出相似性。在共同富裕水平较高的城市里，关中平原城市群的西安和成渝城市群的成都的共同富裕水平得分相近，铜川则和重庆相近；而在共同富裕水平较低的城市里，关中平原城市群的天水和渭南与成渝城市群的达州相近；而在共同富裕水平处于中等水平的城市里，关中平原城市群的运城、宝鸡、咸阳则和成渝城市群的其他城市共同富裕水平相近。

二、关中平原城市群实现共同富裕的短板

关中平原城市群在实现共同富裕过程中的短板问题突出反映在共享发展维度的群体共享、城乡共享和区域共享方面。具体表现为关中平原城市群内中等收入群体占比较低、城乡发展差距较大、各地区发展不平衡等三个方面。

（一）中等收入群体占比较低

关中平原城市群内低收入人群仍然占有较大比例，中等收入群体规模占比较低。关中平原城市群低收入人群仍占有较大比例。2020年末运城的城镇登记失业率为3.13%，西安的城镇登记失业率为3.64%，铜川的城镇登记失业率为3.58%，宝鸡的城镇登记失业率为3.55%，咸阳的城镇登记失业率为3.6%，渭南的城镇登记失业率为3.63%，天水的城镇登记失业率为4%。关中平原城市群内还存在许多残疾人、农村留守老人和儿童等。

关中平原城市群内中等收入群体规模占比较低。由图10-12可见，西安的中等收入群体占比居于首位，铜川、宝鸡和咸阳的中等收入群体占比较接近，共同处于第2位，运城和渭南处于第3位，天水的中等收入群体占比处于末位。在样本观测期间，各城市的中等收入群体占比除2015年和2018年存在下降外，其他年份都呈现出增长的趋势，其中，居首位的西安的中等收入群体占比在38.26%至50%之间波动，末位的天水在11.40%至24.35%之间逐年增长，西安和天水的中等收入占比之比在两倍以上，也反映了关中城市群各城市之间中等收入群体占比存在较大的发展不平衡性。除西安外，其他6个城市的中等收入群体占比在其取最高值时仍未达到40%，说明关中城市群内的中等收入群体占比仍然较低，且存在发展不平衡等问题。

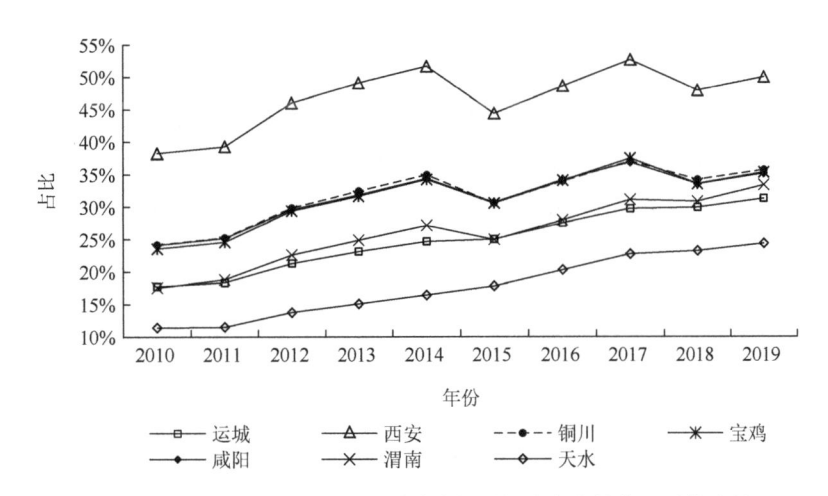

图10-12　2010～2019年关中平原城市群各城市中等收入群体占比

（二）城乡发展差距较大

关中平原城市群内的城乡差距较大。如图10-13所示，关中平原城市群内各城镇可支配收入与农村可支配收入之比最高值为天水，样本观测期间，其最低值为 3.40，最高值为 4.07，均值为 3.69。2010~2017 年，城镇可支配收入与农村可支配收入之比最低的是西安，其最小值为 2.33，最大值为 2.92。运城、铜川、宝鸡、咸阳和渭南处于中间位置。2018 年，西安、铜川和咸阳的城乡可支配收入之比显著增加，这与这些城市当年的城镇居民人均可支配收入增加较快有关。在关中平原城市群各城市中，城乡可支配收入之比最高能达到 4.07，最低则为 2.33，说明城市群内城乡发展总体来讲差异较大且各城市之间还存在发展不平衡等问题。

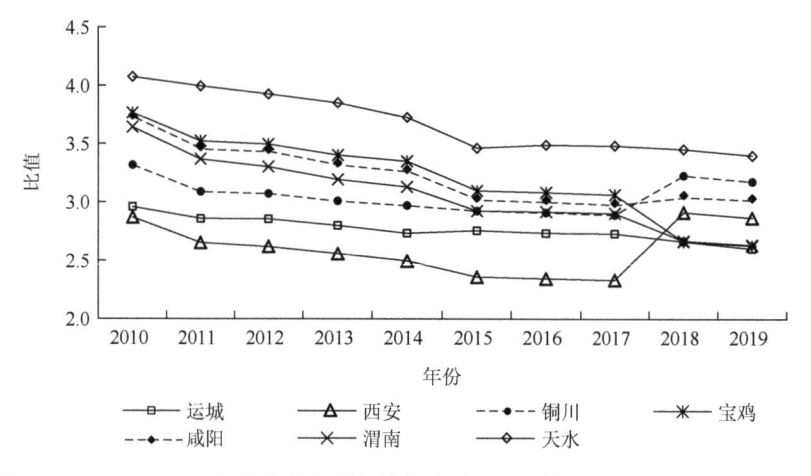

图 10-13　2010~2019 年关中城市群各城市城镇可支配收入与农村可支配收入之比

具体来讲，2020 年运城的城镇居民人均可支配收入 32 728 元，同比增长 4.8%；农村居民人均可支配收入 12 947 元，同比增长 7.9%；城乡居民收入比为 2.53。西安的城镇居民人均可支配收入 43 713 元，同比增长 4.5%；农村居民人均可支配收入 15 749 元，同比增长 8.0%；城乡居民收入比为 2.78。铜川的城镇居民人均可支配收入 34 143 元，同比增长 5.0%；农村居民人均可支配收入 11 054 元，同比增长 8.1%；城乡居民收入比为 3.09。宝鸡城镇居民人均可支配收入 36 209 元，较上年增长 5.1%；农村居民人均可支配收入 14 189 元，同比增长 8.4%；城乡居民收入比为 2.55。咸阳全体居民人均可支配收入 24 280 元，同比增长 6.3%。按常住地分，城镇居民人均可支配收入 37 975 元，较上年增加 1788 元，增长 4.9%；农村居民人均可支配收入 12 879 元，较上年增加 961 元，同比增长 8.1%；城乡居民人均收入比为 2.95。渭南全年城镇居民人均可支配收入 35 304 元，同比增长 4.8%；全年农村居民人均可支配收入 13 741 元，同比增长 7.6%；全年城乡居民收入比为 2.57。天水城镇居民人均可支配收入 30 056.8 元，同比增长 4.7%；农村居民人均可支配收入 9072.1 元，同比增长 7.5%；城乡居民收入比为 3.31。因此，关中平原城市群内城乡发展差距还将长期存在，逐步减小城乡发展差距，是实施新型城镇化与乡村振兴两大战略的长期任务，更是重中之重。

（三）各地区发展不平衡

关中平原城市群的城市涉及陕西、陕西和甘肃3个省份，其各地区的经济发展水平不平衡。关中平原城市群7个城市2019年人口合计2042.43万人，其中，人口最少的是宝鸡市仅有376.10万人，人口最多的城市为西安市，拥有956.74万人，最大值与最小值之比约2.54。

关中平原城市群内各城市的人均地区生产总值也存在较大差异（图10-14），西安的人均地区生产总值远高于其他6个城市。此外，2019年人均地区生产总值最大值是最小值的4.9倍。从整体来看，在关中平原城市群中（图10-15），2017年宝鸡的恩格尔系数最高，运城的恩格尔系数最低，其他城市的恩格尔系数差距不大。从关中平原城市群的城镇化率来看（图10-16），西安和铜川的城镇化率明显高于其他5个城市，其中，天水的城镇化率最低，并且，城镇化率的最大值和最小值之比为1.21。

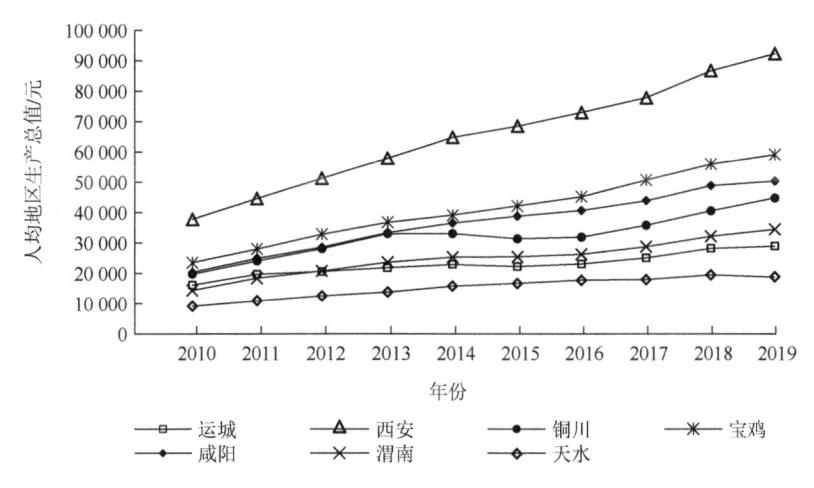

图10-14 关中平原城市群2010～2019年人均地区生产总值

资料来源：《中国城市统计年鉴》、中国区域经济数据库

由图10-14～图10-16可知，关中平原城市群各城市发展水平仍然存在较大的不平衡性，总体来看，西安的发展水平显著高于其他城市，而天水的发展水平则显著低于其他城市，西安和天水的人均地区生产总值之比最高时能达到4.9，恩格尔系数和城镇化率的发展也存在较大差异。

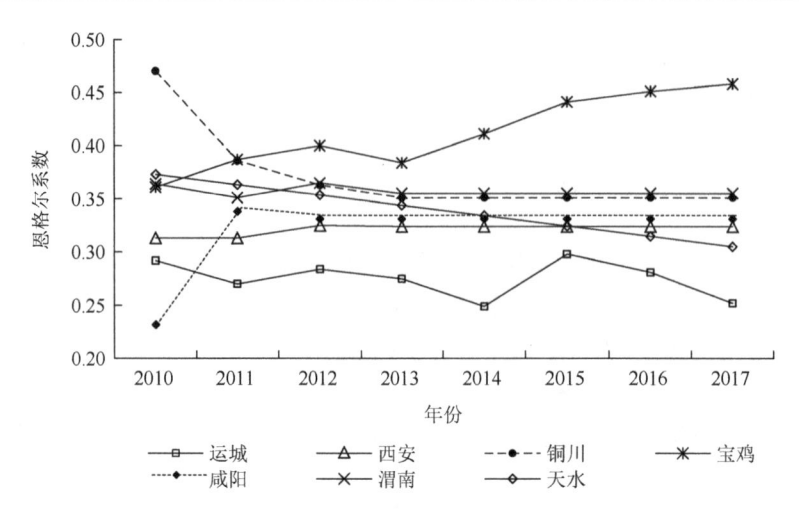

图 10-15　关中平原城市群 2010～2017 年恩格尔系数

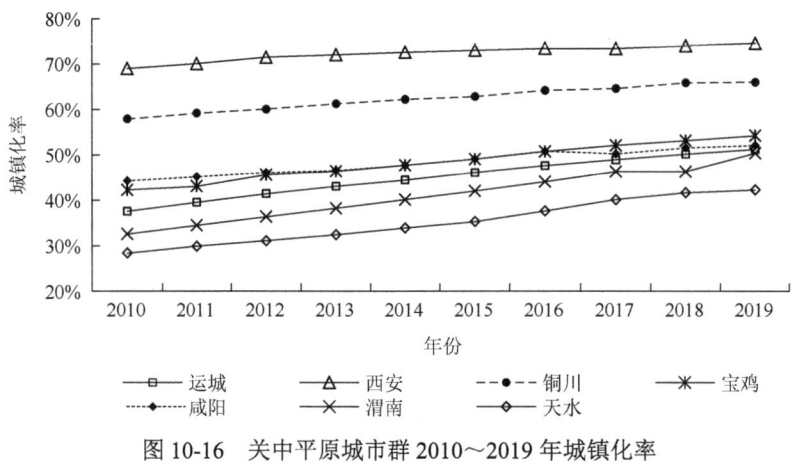

图 10-16　关中平原城市群 2010～2019 年城镇化率

资料来源：各城市统计公报、马克数据网

综上，关中平原城市群的经济实力、科技实力、综合实力处于快速增长阶段，然而，人群共享度不足、城乡发展差距大和地区发展不平衡等短板问题仍然凸显。关中平原城市群要想实现 2035 年全体人民共同富裕的宏大目标还需进一步努力。

三、关中平原城市群实现共同富裕的挑战

关中平原城市群在实现共同富裕的过程中还面临着许多重大挑战，突出反映在经济增长的动力和质量方面，具体表现为关中平原城市群面临着各城市经济规模和能级有限、要素吸引力不足和产业支撑相对较弱等问题。

（一）各城市经济规模和能级有限

与其他城市群相比，关中平原城市群内各城市经济规模和能级有限。各城市群所形成的城市网络中，核心城市可以通过技术创新提供智力支撑，外围城市具体负责生产制造，城市群网络使这种分工协作突破地理位置和城市能级等限制，并为非核心城市带来发展机遇。而关中平原城市群中心城市西安的经济规模不大，其辐射带动作用不强，且城市群内外围城市的数量不足且质量不佳。

总体来看，关中平原城市群各城市经济规模不大且能级有限。如图10-17所示，关中平原城市群万亿地区生产总值城市和地区生产总值百强城市数量只有西安1个，即在关中平原城市群内，除西安之外并没有其他城市能够承接西安的功能外溢。而同一梯队的中原城市群拥有万亿地区生产总值城市和地区生产总值百强城市数量分别有1个和12个，山东半岛城市群有万亿地区生产总值城市和地区生产总值百强城市数量分别有2个和11个，这些城市群的生产性功能互补性更强。

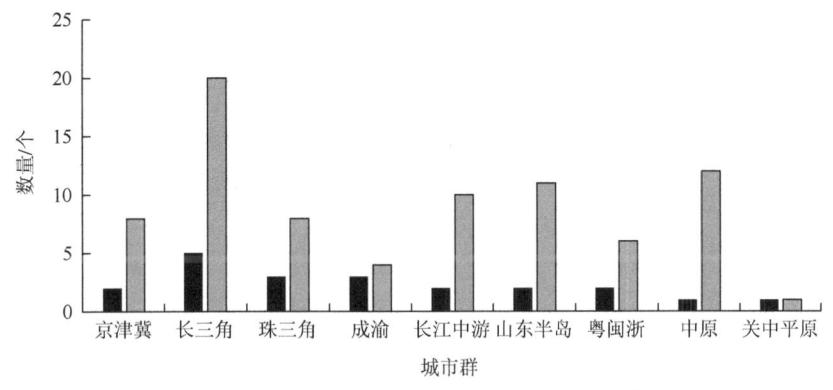

图10-17 各城市群万亿地区生产总值城市数和地区生产总值百强城市数
资料来源：朱茜等（2022）
城市群的选取数据受可得性和完整性限制，各图表并不一致

从各城市群的中心城市来看，关中平原城市群的中心城市西安的经济规模不大，经济辐射带动能力不强。如图10-18所示，2019年中心城市中人均地区生产总值水平最高的城市为北京，其次为上海和广州，西安位于倒数第四位。2010~2019这10年间人均地区生产总值最高值为北京2019年的164 220元，而西安的最高值只有92 256元，北京、上海、广州、武汉的人均地区生产总值分别为西安的1.78倍、1.7倍、1.67倍、1.57倍。在地均地区生产总值和人口密度方

面，西安的发展水平也处于较低的位置，如图 10-19 和图 10-20 所示，西安的地均地区生产总值和人口密度都处于倒数第 5 位，与其他城市群的中心城市相比还存在较大差距，上海的地均地区生产总值和人口密度远高于其他城市群的中心城市，广州、郑州和武汉的地均地区生产总值和人口密度也均高于西安。

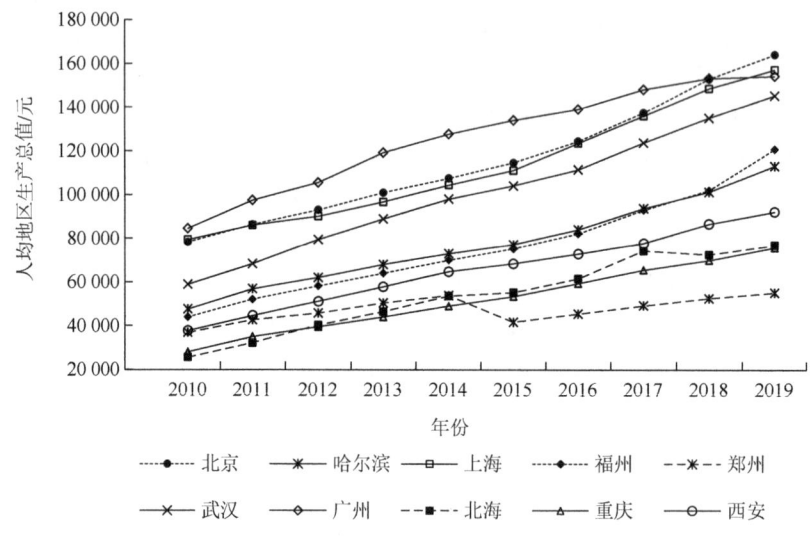

图 10-18 各城市群中心城市人均地区生产总值

资料来源：中国城市统计年鉴、中国区域经济数据库

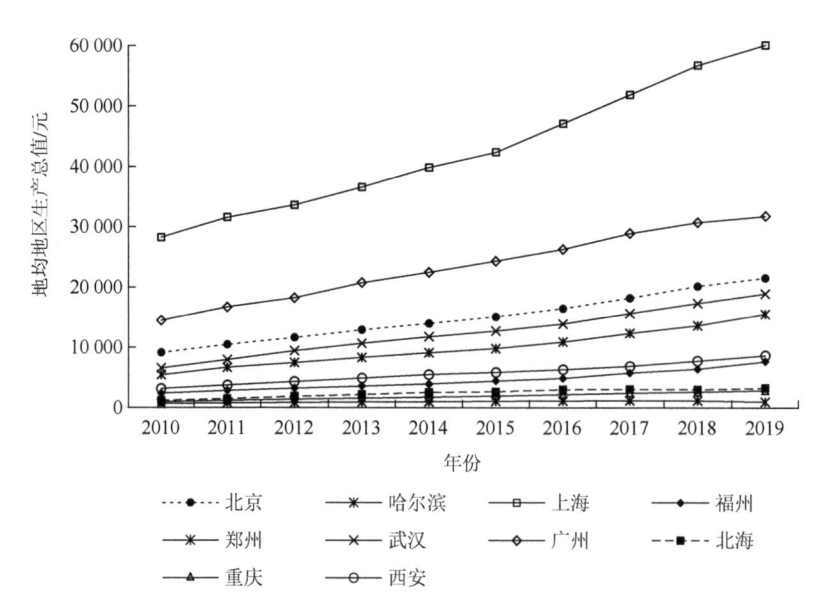

图 10-19 各城市群中心城市地均地区生产总值

第十章 关中平原城市群的共同富裕

图 10-20 各城市群中心城市人口密度
资料来源：中国城市统计年鉴、中国区域经济数据库

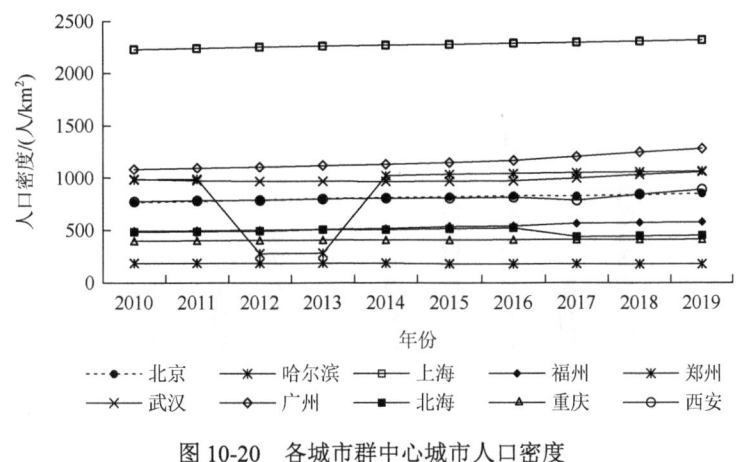

从城市群除中心城市外其他城市来看，关中平原城市群的其他城市经济发展水平较为落后。图 10-21 可见，除中心城市外各城市群的地区生产总值总量在样本期间的变化，除京津冀城市群和哈长城市群外，2010~2019 年各城市群的地区生产总值总量呈现上升的趋势，其中长三角城市群和珠三角城市群变化最为显著，而就地区生产总值总量来看，长三角城市群和珠三角城市群的地区生产总值总量远高于其他城市群，其次为京津冀城市群，而关中平原城市群的地区生产总值总量处于末位。从图 10-22 和图 10-23 可见，2019 年除中心城市外各城市群地区生

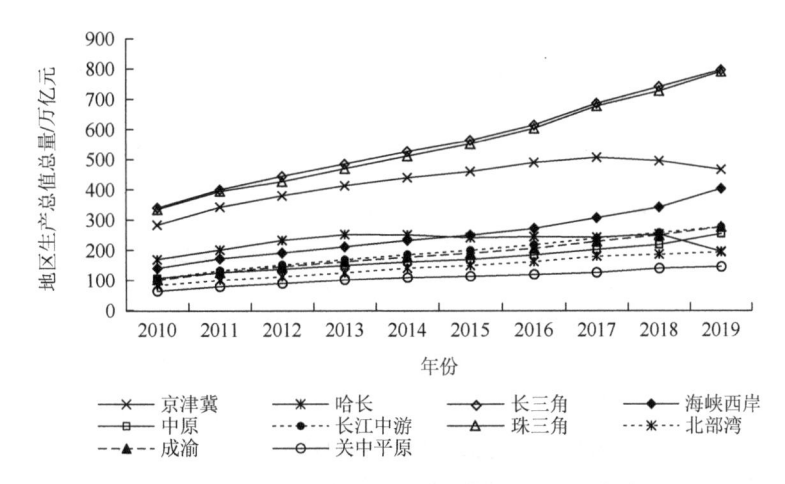

图 10-21 除中心城市外各城市群地区生产总值总量
资料来源：中国城市统计年鉴、中国区域经济数据库
城市群的选取数据受可得性和完整性限制，各图表并不一致

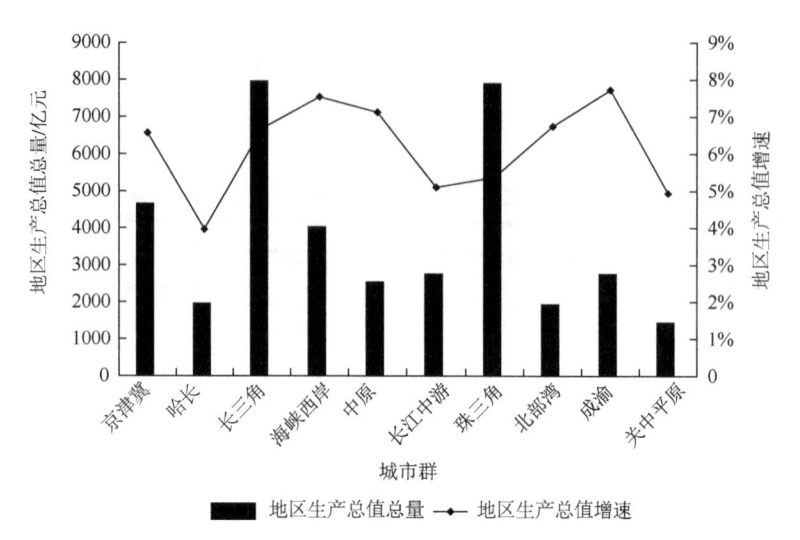

图 10-22 2019 年除中心城市外各城市群地区生产总值总量和地区生产总值增速

资料来源：中国城市统计年鉴、中国区域经济数据库

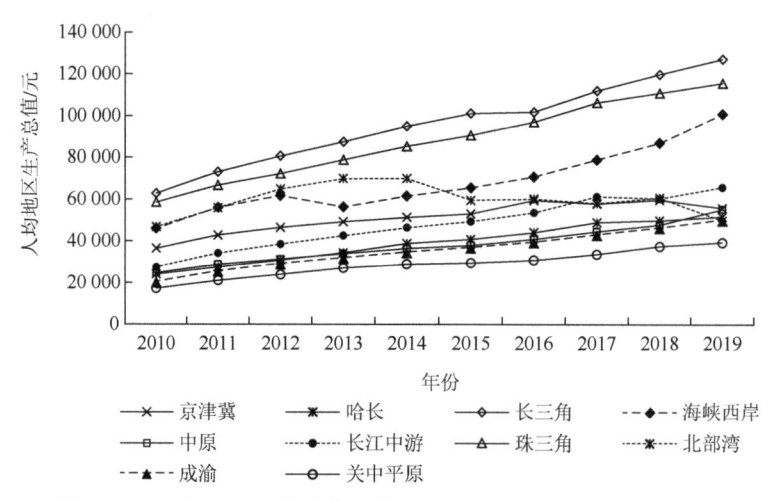

图 10-23 2010～2019 年除中心城市外各城市群人均地区生产总值

资料来源：中国城市统计年鉴、中国区域经济数据库

产总值增速最快的是成渝城市群，其次为海峡西岸城市群[1]和京津冀城市群，关中平原城市群处于倒数第 2 位。此外，除中心城市西安外，关中平原城市群的人均地区生产总值处于各城市群末位，且与其他城市群的差距巨大，如 2019 年长三角城市群和珠三角城市群的人均地区生产总值分别是关中平原城市群的 3.23 倍和 2.94 倍。

---

[1] 海峡西岸城市群在《中华人民共和国国民经济和社会发展第十四个五年规划和 2035 年远景目标纲要》中不再提及，取而代之的是"粤闽浙沿海城市群"。

（二）要素吸引力不足

关中平原城市群的要素吸引力不足主要体现在劳动力要素、资本要素和科技要素吸引力三个方面。

（1）在劳动力要素方面，关中平原城市群中心城市的人才净流入较为落后，且常住人口增速也较为缓慢。从人口净流入来看（图10-24），西安处于倒数第3位，仅高于重庆和北海。与第一梯队的城市群相比，西安仅高于成渝城市群的重庆，低于其他中心城市，与同一梯队的其他城市群相比，西安也仅高于北海，低于其他中心城市。从常住人口增速来看（图10-25），2011~2016年，西安的常住人口增速一直处于较低水平，但2017年西安的常住人口增速迅速增长远高于其他城市的增长水平，之后呈现缓慢下降的趋势。

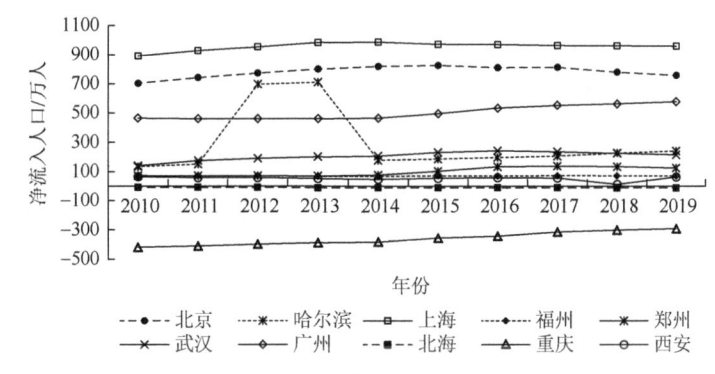

图10-24 2010~2019年各城市群中心城市人口净流入

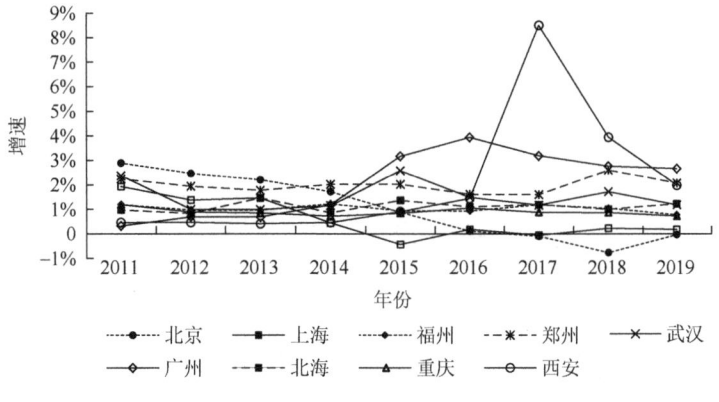

图10-25 2011~2019年各城市群中心城市常住人口增速

（2）在资本要素方面，关中平原城市群的民营企业发展滞后，城市群实际利用外资额也处于较低水平。与关中平原城市群同一梯队的中原地区共有 4 家千亿市值上市企业，所处行业分别为农业、军工、食品和金属，而关中平原 3 家企业为陕西煤业、隆基绿能和航发动力，分别属于煤炭、光伏和军工行业，而其民营企业发展滞后（表 10-10）。同时，关中平原城市群实际利用外资金额也处于较低水平（图 10-26），与第一梯队的城市群相比，关中平原城市群低于京津冀、长三角、珠三角、长江中游和成渝城市群，与同一梯队的城市群相比，关中平原城市群高于北部湾城市群，但低于中原城市群。

表 10-10 2020 年各城市群千亿市值企业情况

城市群	千亿市值类型	企业数量	代表企业	2020 年 12 月 31 日营业收入/亿元
长江中游	半导体	2	三安光电	84.54
	消费电子	1	蓝思科技	369.39
	锂矿	1	赣锋锂业	55.24
	医疗服务	1	爱尔眼科	119.12
中原	农业	1	牧原股份	562.77
	军工	1	中航光电	103.05
	食品	1	双汇发展	738.63
	金属	1	洛阳钼业	1129.81
关中平原	煤炭	1	陕西煤业	948.60
	光伏	1	隆基绿能	545.83
	军工	1	航发动力	286.33

资料来源：整理自中国研究数据服务平台

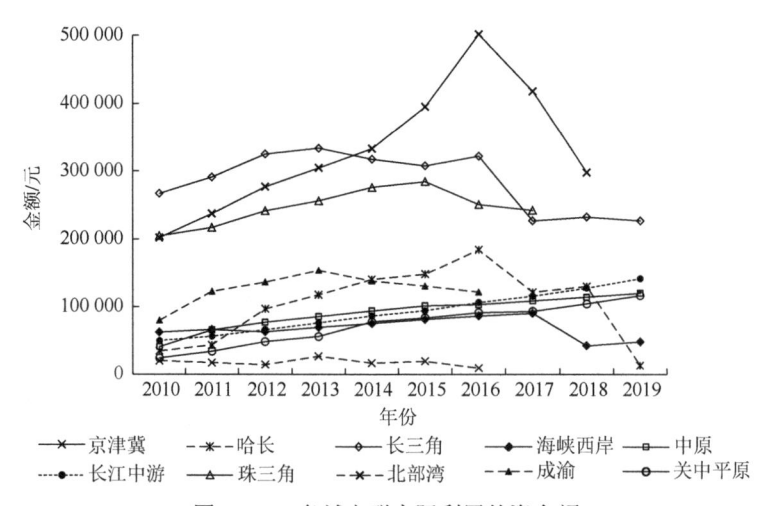

图 10-26 各城市群实际利用外资金额

资料来源：《中国城市统计年鉴》、中国区域经济数据库
北部湾城市群 2017 年后的数据缺失

（3）在科技要素方面，关中平原城市群中心城市西安的研发投入强度较大，但其创新能力较弱。本章用中心城市的 R&D 内部经费支出所占地区生产总值的比重来衡量研发投入强度，用城市的发明专利授权数增速来衡量创新能力，如图 10-27，2019 年西安的研发强度仅低于北京，处于中心城市第 2 位，但其创新能力则不太稳定，如 2010 年西安的创新能力处于中心城市的首位，而 2015 年则处于倒数第 2 位（图 10-28）。

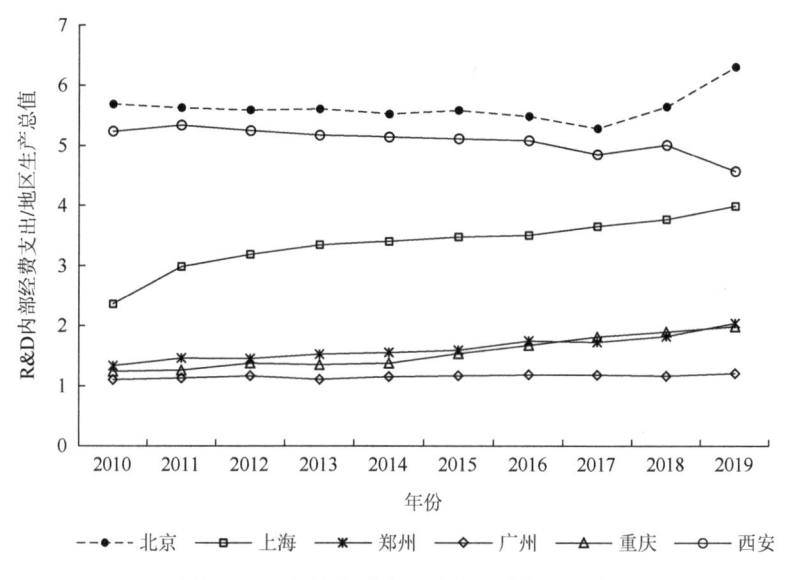

图 10-27 各城市群中心城市研发投入强度

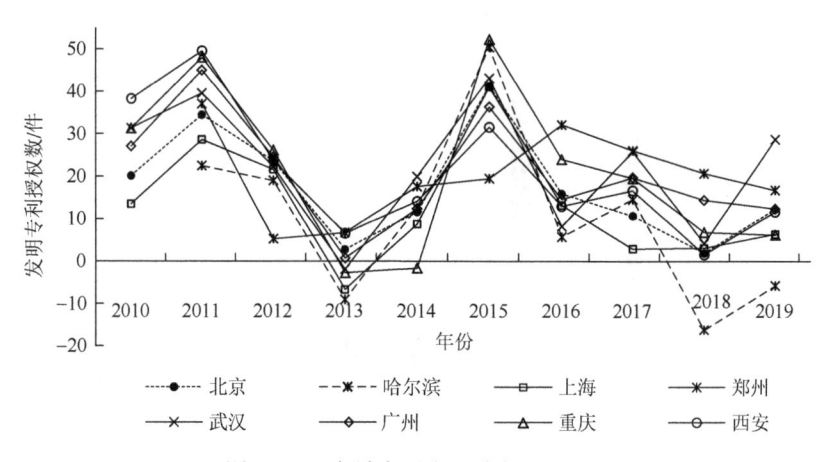

图 10-28 各城市群中心城市创新能力

(三)产业支撑相对较弱

关中平原城市群内的企业规模不大、数量不多,且发展质量不高,因而促进经济增长进而实现共同富裕的核心驱动力亟待提升。

从总量来看,关中平原城市群内的企业数量较少,且新经济发展水平较弱。由表 10-11 可见,2019 年关中平原城市群的规模以上工业企业数仅高于哈长城市群的哈尔滨,居于倒数第 2 位,且其资产总值也较低。由图 10-29 可见,2019 年关中平原城市群中心城市西安的 A 股上市公司数量仅有 50 个,处于倒数第 4 位,远低于北京、上海和广州等城市。如图 10-30 所示,本章以数字经济指数得分衡量新经济发展水平,关中平原城市群的新经济发展水平为 50 分,仅高于成渝城市群(49.33 分),不到 1 分。

表 10-11 2019 年各城市群中心城市规模以上企业数及财务指标

城市群	中心城市	规模以上企业数/个	资产总计/亿元	负债总计/亿元
京津冀	北京	3 121	52 222	21 974
哈长	哈尔滨	1 127	4 078	2 541
长三角	上海	8 776	45 506	21 733
中原	郑州	2 425	11 064	7 471
长江中游	武汉	2 903	17 253	9 237
珠三角	广州	5 802	20 520	10 116
成渝	重庆	6 694	21 385	12 044
关中平原	西安	1 597	7 933	4 234

资料来源:中国城市数据库、中国区域经济数据库

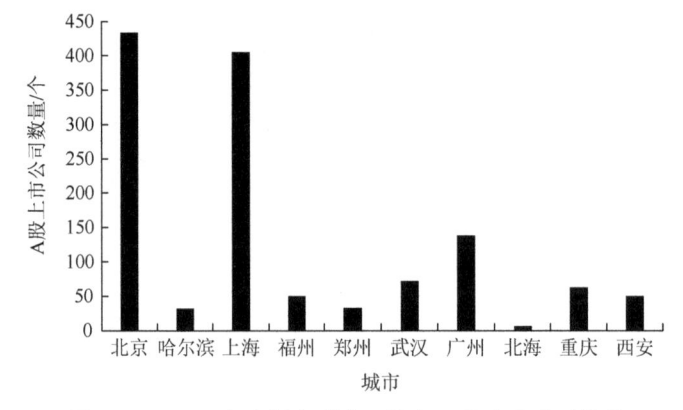

图 10-29 2019 年各城市群中心城市 A 股上市公司数量

资料来源:CCER 经济金融数据库-A 股基础信息数据库

CCER 英文全称 China Center for Economic Research Data,即中国经济研究中心

第十章 关中平原城市群的共同富裕

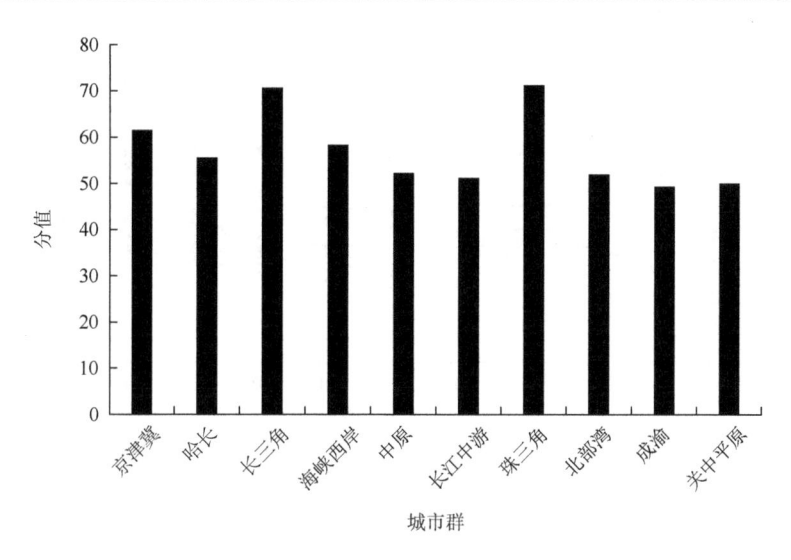

图 10-30 各城市群新经济发展水平

资料来源：《中国城市数字经济指数蓝皮书（2021）》

从产业结构来看，关中平原城市群的第二产业发展水平有待提升。一方面，关中平原城市群第二产业占比相对较低。如图 10-31 所示，尽管各城市群第二产业增加值占地区生产总值的比重呈现降低的趋势，但与经济发展阶段相似的城市群相比，关中平原城市群第二产业占比明显低于成渝和中原城市群，意味着工业化水平仍有较大提升空间。另一方面，关中平原城市群第二产业劳动生产率水平同样亟待提升。图 10-32 呈现了以各城市群第二产业增加值与从业人员数之比为代表的第二产业劳动生产率，不难看出关中平原城市群第二产业劳动生产率的绝对水平和增长速度均有很大提升空间。

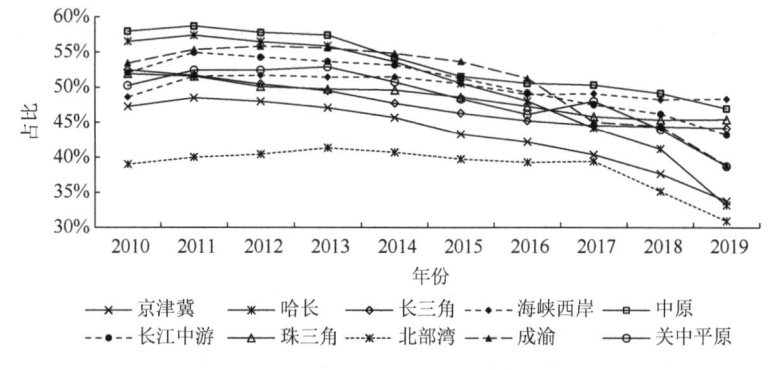

图 10-31 各城市群第二产业增加值占地区生产总值比重

资料来源：中国城市数据库、中国区域经济数据库

图 10-32 第二产业劳动生产率

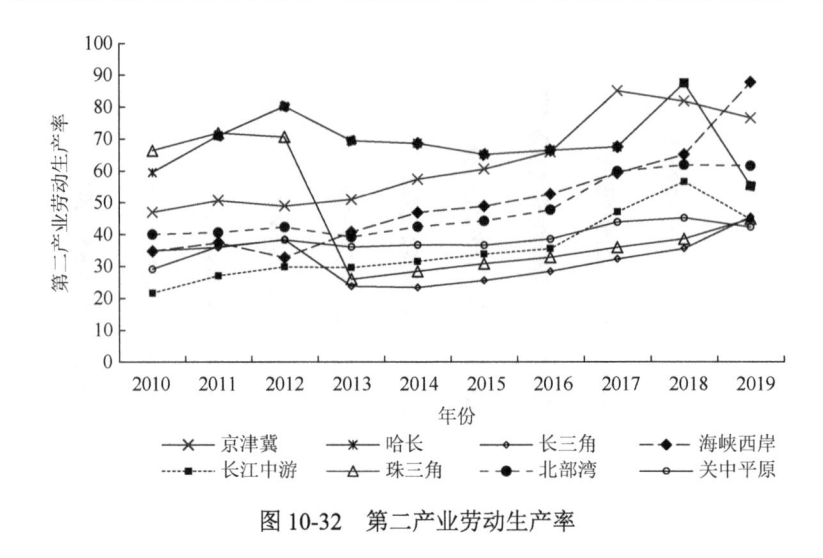

综上，为推进关中平原城市群共同富裕目标的实现，需要增强中心城市的经济规模和能级，增强其辐射带动功能，还需推进其他城市的经济增长，强化域内分工协作，此外还需强化城市群的要素吸引力，优化域内产业结构等。

第三节 关中平原城市群共同富裕的目标

一、关中平原城市群共同富裕目标的确定依据

（一）理论依据

关中平原城市群共同富裕目标的理论依据主要为政治经济学关于共同富裕的相关理论，而中国特色社会主义共同富裕理论既来源于马克思主义经典理论，又根植于中国的优秀传统文化，是马克思主义中国化的最新理论成果。

马克思和恩格斯运用唯物史观分析法，深入研究了资本主义贫富分化及阶级对立的社会现象，并发现了剩余价值这一资本主义社会生产的根本规律。他们认为在资本追求剩余价值的动力下，会形成两种相反的趋势：一种是剩余价值在资本家手中积累，并导致财富越来越集中在资产阶级；另一种趋势则是工人阶级的贫困化。这两种相反的趋势会导致社会日趋两极分化。恩格斯指出："一方面是不可计量的财富和购买者无法对付的产品过剩，另一方面是社会上绝大多数人口无产阶级化，变成雇佣工人，因而无力获得这些过剩的产品。社会分裂为人数很少的过分富有的阶级和人数众多的无产的雇佣工人阶级，这就使得这个社会被自己的富有所窒息，而同时社会的绝大多数成员却几乎没有或完

全没有免除极度贫困的任何保障"①。在资本主义外壳内部，两极分化呈现日益加大的趋势，在此基础上，为遏制资本主义社会的两极分化，马克思和恩格斯提出了创建共产主义社会的设想，认为共产主义社会的根本目的就是"生产将以所有人的富裕为目的"，这一理论设想成为中国特色社会主义共同富裕的理论渊源。

（二）政策依据

2021年11月，中共十九届六中全会召开，会议审议通过了《中共中央关于党的百年奋斗重大成就和历史经验的决议》，强调"立足新发展阶段、贯彻新发展理念、构建新发展格局、推动高质量发展，全面深化改革开放，促进共同富裕"②，并为共同富裕制定了更加清晰的路线图和时间表。在推进共同富裕目标的实现方面，除2021年5月的《中共中央 国务院关于支持浙江高质量发展建设共同富裕示范区的意见》这一文件外，国家多项政策都从不同侧面有所体现。其大致可分为两类：一是发展类，主要包括新发展理念、高质量发展等；二是总体规划类，主要包括乡村振兴、城市群、区域协调发展等。

党的十八届五中全会提出五大新发展理念，其中的共享理念与共同富裕一脉相承。新的发展理念都是要在整个发展过程中，注重保障民生，让改革发展成果更多、更公平惠及全体人民，使广大人民群众在发展中享有更多获得感和幸福感，朝着共同富裕的方向稳步前进。重视生态文明建设。坚持节约资源和保护环境的基本国策，着力解决突出的环境问题，加大生态系统保护力度，改革生态环境监管体制。同时，树立"绿水青山就是金山银山"的生态文明理念，正确处理经济发展同生态环境保护的关系，推动建立绿色低碳循环发展的经济体系，坚持走生产发展、生活富裕、生态良好的文明发展道路。此外，新时代应对社会主要矛盾的关键就在于不断推进高质量发展，促进全体人民共同富裕。

2018年中共中央、国务院印发的《乡村振兴战略规划（2018—2022年）》则就实施乡村振兴战略，补齐农村短板，解决城乡差距问题，更好地建设美丽新乡村等工作做出了重要安排。此外，针对东中西部发展差距问题，党中央、国务院提出京津冀协同发展、长江经济带发展、粤港澳大湾区建设、长三角一体化发展、黄河流域生态保护和高质量发展等区域重大战略，推动中部地区高质量发展、成渝地区双城经济圈建设，以国家重大经济社会生态发展战略为保障，使东部地区

---

① 马克思恩格斯选集：第1卷. 北京：人民出版社，2012年，325-326页。
② 《中共中央关于党的百年奋斗重大成就和历史经验的决议》，https://www.gov.cn/zhengce/2021-11/16/content_5651269.htm。

加快推进现代化、东北全面振兴、中部地区崛起、西部大开发形成新格局，实现区域协调发展。支持深圳特区打造中国特色社会主义先行示范区、浦东新区打造社会主义现代化建设引领区，特别是支持浙江高质量发展建设共同富裕示范区，创新性地开启在一省探索共同富裕道路的实践，进一步丰富共同富裕的理论和实践内涵。

（三）现实依据

总体来看，关中平原城市群在区位交通、现代产业体系、创新综合实力等方面都较为先进。

关中平原城市群具有显著的区位优势。其处于我国的内陆中心位置，是亚欧大陆桥的重要支点。域内还有西部地区的南北通道和新亚欧大陆桥在此交会，且以西安为中心的"米"字形高速铁路网、高速公路网、国际枢纽机场和互联网骨干直联点愈加完善，全国综合交通物流枢纽地位更加凸显。2020年仅陕西省的全年货物运输总量16.53亿t，比上年增长6.8%；货物运输周转量3698.45亿t·km，同比增长6.2%。旅客运输总量3.78亿人，同比下降47.7%；旅客运输周转量589.44亿人·km，同比下降42.3%。

关中平原城市群的现代产业体系完备。其工业体系完整，产业聚集度高，是全国重要的装备制造业基地、高新技术产业基地、国防科技工业基地。关中平原城市群还拥有西北唯一的自由贸易试验区和一批国家级产业园区。仅陕西省2020年规模以上工业中，采矿业增加值比上年增长1.0%，制造业增长0.2%，电力、热力、燃气及水的生产和供应业增长7.5%；能源工业增加值增长2.3%，非能源工业下降0.2%；六大高耗能行业增加值增长0.1%；高技术制造业增加值增长16.1%。全年规模以上工业营业收入23 435.3亿元，比上年下降4.1%；利润1942.3亿元，下降7.7%。

关中平原城市群的创新综合实力雄厚。其科教资源、军工科技等位居全国前列，2020年，仅陕西省就共有高等学校110所，其中普通高等学校96所（含独立学院10所）、成人高校14所。全年共签订各类技术合同49 928项，合同成交金额1533.68亿元。且仅2016年，关中平原城市群的研发经费投入强度超过3%，拥有普通高校99所，在校大学生超过100万，两院院士64人，各类科研机构1100多家，国家级重点（工程）实验室25家，国家级"双创"示范基地4家。

具体来看，关中平原城市群的7个主要城市，即西安、宝鸡、咸阳、铜川、渭南、运城、天水，其2019年共同富裕15个指标的描述性统计如，表10-12所示。在总体富裕指标下的经济发展水平维度下，人均地区生产总值均值为46 956元，居民人均存款余额均值为 49 484 元，常住人口城镇化率均值为 55.86%；在居民生活水平维度下，社会消费品零售总额占地区生产总值比重均值为 44.23%，恩格尔系数均值为 –0.332，职工平均工资均值为 69 003 元；在公共服务水平维度下，人均财政支出均值为 9993 元，人均教育支出均值为 1731 元，每万人拥有床位数均值为 53.12 张，每百人拥有公共图书馆藏书均值为 59.36 册，城镇生活污水处理率为 95.78%。在共享富裕指标的人群共享度维度下，中等收入群体占比均值为 35.02%；在城乡共享维度下，城乡泰尔指数均值为 0.111；在区域共享度维度下，人均地区生产总值泰尔指数和人均财政支出泰尔指数均值分别为 0.103 和 0.051。

表 10-12　关中平原城市群 2019 年共同富裕各指标的描述性统计

二级指标	三级指标	计量单位	均值	标准差	最小值	最大值
经济发展水平	人均地区生产总值（$X1$）	元	46 956	24 104	18 819	92 256
	居民人均存款余额（$X2$）	元	49 484	23 741	28 304	99 859
	常住人口城镇化率（$X3$）		55.86%	10.86%	42.29%	74.61%
居民生活水平	社会消费品零售总额占地区生产总值比重（$X4$）		44.23%	5.40%	39.31%	55.15%
	恩格尔系数（$X5$）		−0.332	0.072	−0.458	−0.228
	职工平均工资（$X6$）	元	69 003	12 438	61 815	96 867
公共服务水平	人均财政支出（$X7$）	元	9 993	3 127	7 280	15 637
	人均教育支出（$X8$）	元	1 731	461	1 234	2 548
	每万人拥有床位数（$X9$）	张	53.12	12.39	38.39	70.28
	每百人拥有公共图书馆藏书（$X10$）	册	59.36	45.65	25.98	150.90
	城镇生活污水处理率（$X11$）		95.78%	2.36%	92.77%	100.00%
人群共享度	中等收入群体占比（$X12$）		35.02	7.67	24.35	49.99
城乡共享度	城乡泰尔指数（$X13$）		0.111	0.032	0.173	0.069
区域共享度	人均地区生产总值泰尔指数（$X14$）		0.103	0.033	0.154	0.053
	人均财政支出泰尔指数（$X15$）		0.051	0.046	0.149	0.017

（四）经验借鉴

在推进共同富裕的实质性进展方面，浙江、江苏和广东等发达地区进行了大量探索，其主要经验可供关中平原城市群借鉴。

浙江以推进经济社会高质量发展为重点，夯实共同富裕的基础。浙江主要实施了山海协作工程、"千村示范、万村整治"工程、"欠发达乡镇奔小康工程"

和"百亿帮扶致富建设工程"等项目，有力地推动了省内的区域协调发展和新农村建设。浙江还提出数字经济"一号工程"2.0版，推进数字化改革，建设以"产业大脑+未来工厂"为核心的数字经济系统等计划，为关中平原城市群的共同富裕和数字经济建设提供了重要经验。浙江主要从以下两个方面入手推进共同富裕的建设：一是在补齐民生短板、缩小收入分配差距、城乡差距和区域发展差距等方面取得重要突破；二是逐步提高经济发展的质量和效益，企业创新能力不断增强。

江苏通过不断发展壮大农村集体经济，推动其基本公共服务均等化来推进共同富裕的建设。江苏强调共建共享农村集体经济，鼓励农村"抱团"，以实现村与村之间的"强强联合"或者"强弱联合"，实施"万企联万村，共走振兴路"行动，有力推动了农村企业的发展。另外，江苏通过实施低收入人口参加基本医疗保险个人缴费部分财政全额代缴、大病保险降低起付线及提高医疗报销比例等优惠政策，逐步推动省内的基本公共服务均等化。江苏提出终身教育体系、就业服务体系、社会保障体系、基本医疗卫生体系、住房保障体系、养老服务体系等"六大体系"保障和改善民生，为关中平原城市群的农村建设和民生建设提供了重要经验。

广东以提高其基本公共服务水平为重要抓手，以推动经济高质量发展为重点来促进共同富裕的建设。广东推动"粤菜师傅"、"广东技工"和"南粤家政"工程，实施"乡村工匠"和技工教育"强基培优"计划，推动实现广东省的就业稳定，并以"新强师工程"、"三医联动"、"三支柱"和"一老一小"方案推动实现教育强省、健康广东和落实保障等重要民生目标。广东坚持深化供给侧结构性改革，促进省内新旧动能接续转换，在质量变革、效率变革和动力变革上取得重大成就，已经初步形成"一核一带一区"的制造业协同发展格局，不仅为全省高质量发展注入了强大动能，而且为关中平原城市群的高质量发展提供了重要经验。

二、关中平原城市群共同富裕目标的主要内容

（一）总体富裕目标

关中平原城市群的总体发展目标可分为3个时间点来实现，一是到2025年，关中平原城市群的发展质量明显改善，共同富裕建设目标取得实质性进展；二是到2035年，关中平原城市群质量得到实质性提升，初步实现共同富裕；三是到2050年，关中平原城市群高质量发展全面实现，基本实现共同富裕。

到2025年，关中平原城市群的发展质量明显改善，共同富裕建设目标取得实

质性进展。域内经济发展质量和效益都得到明显提高，各城市的人均地区生产总值达到长江中游城市群和成渝城市群等第一梯队城市群的经济水平。域内产业创新得到进一步改善，各城市的分工协作更加合理、高效，产业聚集力明显提高。域内财政支出更倾向公共服务和民生工程，基本公共服务初步实现均衡发展，城市群内居民生活质量得到明显改善，居民素质和社会文化程度得到显著提升。

到 2035 年，关中平原城市群质量得到实质性提升，初步实现共同富裕。域内城乡居民可支配收入和人均地区生产总值力争达到长三角城市群、珠三角城市群等的经济水平。域内产业创新体系日渐完善，科技研发和成果转化能力明显增强，覆盖全域的多层次交通网络体系全面建成，域内生态安全保障体系全面形成。域内的财富分配格局更加合理，城乡和区域的发展更加协调，社会各方面都得到全面提升，基本建成城市经济充满活力、居民生活品质优良、乡村生态环境优美的城市群。

到 2050 年，关中平原城市群的高质量发展得到全面实现，基本实现共同富裕。域内城乡居民可支配收入和人均地区生产总值在各城市群中居于前列。域内产业创新能力居于国家前列，成果转化和高新技术研发能力得到全面提升。域内城乡和区域一体化目标均已基本实现，域内的收入分配格局更加优化，法治建设、治理体系和治理能力均已实现现代化，社会物质层面、精神层面和政治层面都已经得到全面发展，共同富裕的制度体系达到新高度。

具体来讲，关中平原城市群的总体富裕目标如表 10-13。在经济发展水平维度下，到 2035 年关中平原城市群的人均地区生产总值大于等于 60 000 元，居民人均存款余额在 55 000 元到 65 000 元之间，常住人口城镇化率大于等于 70%；在居民生活水平维度下，2035 年社会消费品零售总额占地区生产总值比重大于等于 50%，居民恩格尔系数小于等于 25%，职工平均工资大于等于 80 000 元；在公共服务水平维度下，人均财政支出大于等于 13 000 元，人均教育支出大于等于 2500 元，每万人拥有床位数在 65 张到 75 张之间，每百人拥有公共图书馆藏书大于等于 70 册，城镇污水处理率达到 97%及以上。

表 10-13 总体富裕目标

二级指标	三级指标	2035 年目标值
经济发展水平	人均地区生产总值/元（$X1$）	≥60 000
	居民人均存款余额/元（$X2$）	55 000~65 000
	常住人口城镇化率（$X3$）	≥70%
居民生活水平	社会消费品零售总额占地区生产总值比重（$X4$）	≥50%
	恩格尔系数（$X5$）	≤25%
	职工平均工资/元（$X6$）	≥80 000

续表

二级指标	三级指标	2035年目标值
公共服务水平	人均财政支出/元（$X7$）	≥13 000
	人均教育支出/元（$X8$）	≥2500
	每万人拥有床位数/张（$X9$）	65~75
	每百人拥有公共图书馆藏书/册（$X10$）	≥70
	城镇生活污水处理率（$X11$）	≥97%

（二）成果共享目标

关中平原城市群的共享发展目标主要分为三个：一是群体共享发展成果；二是城乡共享发展成果；三是区域共享发展成果。

（1）群体共享发展成果。关中平原城市群内群体收入分配更加合理，域内低收入居民的收入水平持续提高，最低工资标准更符合域内消费需要，居民的财产性收入渠道也更具多样性，中等收入群体规模持续扩大，高收入群体收入得到合理调节。关中平原城市群内的就业更加高质和充分，各类就业保障制度更加合理和完善，相关技能培训更加多样化，就业补贴更加公平、合理。关中平原城市群内高素质人才占比持续提高，西安、咸阳和运城等城市对高技术人才的吸引力显著增强，科研人才、技能型人才、管理型人才和创业型人才等专业技术类群体在域内活力持续增强。

（2）城乡共享发展成果。关中平原城市群内城乡间的公共服务水平更加均衡，优质教育资源在城乡间均衡分布，城乡共享域内的医疗卫生资源，基本医疗保险、社会养老保险和互助型养老保险等各类社会保障惠及全体，城乡各类困难群体病有所医，老有所养。城乡基础设施趋于一致，农村电网、宽带、燃气和交通等设施与城市基本无异。域内城乡人居环境进一步改善，各类困难群体居有所住，城市老旧小区改造升级，乡村厕所革命、污水治理、垃圾分类等更加完善，城乡生态环境更加优化，更加宜居。

（3）区域共享发展成果。关中平原城市群内区域市场一体化基本形成，区域间的行业壁垒和行政壁垒基本破除，域内统一的社会信用体系、市场监管体系基本形成，各类要素流动自由，信息交流畅通无阻。关中平原城市群内各城市间协调发展，各城市的资源配置更加优化，产业协作和劳务合作更加高效，西安、宝鸡和咸阳等城市的辐射带动能力显著提升，域内欠发达城市的经济实力得到明显提高，中小城市和域内特色小镇发展壮大。区域间的交流合作更加深入，多层次全方位交流格局基本形成。

具体来讲，关中平原城市群的共享富裕目标，如表 10-14 所示。到 2035 年，在人群共享维度下，中等收入群体占比达到 55%及以上；在城乡共享维度下，城乡泰尔指数在 0.05 至 0.07 之间；在区域共享维度下，人均地区生产总值泰尔指数在 0.03 至 0.06 之间，人均财政支出泰尔指数在 0.02 至 0.03 之间。

表 10-14 共享富裕目标

二级指标	三级指标	2035 年目标
人群共享维度	中等收入群体占比（$X12$）	≥55%
城乡共享维度	城乡泰尔指数（$X13$）	0.05～0.07
区域共享维度	人均地区生产总值泰尔指数（$X14$）	0.03～0.06
	人均财政支出泰尔指数（$X15$）	0.02～0.03

第四节 推进关中平原城市群共同富裕的措施

党的二十大报告提出："中国式现代化的本质要求是：坚持中国共产党领导，坚持中国特色社会主义，实现高质量发展，发展全过程人民民主，丰富人民精神世界，实现全体人民共同富裕，促进人与自然和谐共生，推动构建人类命运共同体，创造人类文明新形态。"[①]本章研究了关中平原城市群的共同富裕，并对其发展水平进行了定量分析。关中平原城市群的共同富裕水平处于较为合理的范围，但城市群内各城市的共同富裕水平存在发展不平衡的问题。为提高关中平原城市群的共同富裕水平，本章认为应从推动经济高质量发展、促进公共服务优质共享、优化三次分配、推动城乡融合发展和促进区域协调发展等方面入手。

一、推动经济高质量发展，提高总体富裕水平

第一，强化西安的辐射带动功能，提高关中平原城市群的协作能力。把握建设国家中心城市和西安都市圈的重要机会，争取把西安建造成西部经济中心、丝绸之路科创中心、文化中心和对外交往中心，显著提高西安的辐射带动能力，促进关中平原城市群内其他城市的发展。以一体化、协同化、共享化优化西安都市圈空间布局、生产力布局、基础设施和公共服务布局，加快西安与咸阳相向一体

---

① 《习近平：高举中国特色社会主义伟大旗帜 为全面建设社会主义现代化国家而团结奋斗——在中国共产党第二十次全国代表大会上的报告》，https://www.gov.cn/xinwen/2022-10/25/content_5721685.htm。

化发展,加快重要节点城市建设,推动宝鸡发展壮大成为关中平原城市群的副核心城市,将渭南打造成晋陕豫黄河金三角区的中心城市,促进铜川加快产业转型升级,进一步增强杨凌、运城和天水等节点城市的要素集聚力。在各城市竞争能力提升的同时,通过强化西安的辐射带动功能进一步促进城市间分工协作,以更加优化的分工协作带动城市群的高质量发展,进而提升关中平原城市群的总体富裕水平。

第二,优化产业结构,加速打造一批先进的产业集群。深化农业供给侧结构性改革,以杨凌示范区为示范,进一步加强水资源匮乏地区的农业科技创新,培育壮大农产品龙头企业,加速打造粮食、果蔬、中药材和畜产品等农产品加工产业集群。进一步深化供给侧结构性改革,加速打造更加先进的新能源、新材料、生物医药、高端装备制造和信息技术等产业集群,推动形成以西安为核心,宝鸡和咸阳为两翼的产业布局。以航空航天、新材料和高端装备制造等优势产业的创新创造为牵引,推进产业关键技术的研发与成果转化,进而推动产业链的转型升级。

二、促进公共服务优质共享,提高机会公平程度

第一,促进优质教育资源共享。进一步完善现代教育体系,全面提升域内教育质量,加速推进域内教育现代化建设。推动开展多样化的教育合作,鼓励域内高校联合共建重点专业、学科及实验室等,建立覆盖全域的大学联盟,共享优质的教育资源,探索建造城市群数字教育服务体系,形成线上线下双向互动的网络学习新模式。加强乡村教师队伍的建设,推进义务教育阶段乡村公立学校的标准化建设,探索建造覆盖全域的城乡教育共同体,推动城乡义务教育的均衡发展。

第二,促进医疗卫生资源交流共享。深化域内的医疗卫生体制改革,进一步落实分级诊疗制度,探索建立多形式的医疗卫生联合体,提升医疗资源的综合利用率和整体服务水平。加大域内医疗机构的交流合作,鼓励专家跨区执业、远程会诊和交流进修,推进域内优质医疗资源共享。完善域内医疗信息化平台,实现医疗保障、医疗服务、公共卫生和药品供应等相关业务的互联互通。深入实施健康城市健康村镇行动,深化域内城乡医疗联合建设,推进医疗卫生资源的均衡布局。

第三,促进社会保障体系一体化发展。完善域内基本医疗保险制度,进一步扩大基本医疗保险的异地结算覆盖范围,建立健全医疗救助、大病保险等医疗保障的即时结算机制。统筹推进社会保障公共服务平台建设,探索建立覆盖全域的社会保障信息网络,逐步实现社会保障事项"一卡通"。建立健全覆盖全域的低收入群体精准识别系统,促进社会保险和社会救助更好地衔接,保障各类困难群体

的基本生活需要。探索建立域内统一的保障信息数据库，集中管理各类社会保障数据，实现参保人员和参保业务等信息的集中共享，形成社会保障一体化和信息化的重要支撑体系。

三、优化三次分配，缩小收入差距

第一，促进初次分配更加合理。优化初次分配的格局，提高劳动者报酬在初次分配中所占有的比重。建立健全工资收入合理增长的机制，根据消费需要合理调整域内的最低工资标准，推动实现劳动者带薪休假制度。进一步完善各类要素参与分配的机制，完善创新土地、资本等传统要素参与分配的方式，探索技术、数据、知识和信息等新兴要素的价值转化形式。此外，还应坚持就业优先政策，提高就业质量，推动实现充分就业。创造更加公平公正的就业环境，降低地域、户籍和性别等因素对就业的影响，构建更加和谐的社会劳动关系。

第二，优化再分配制度。建立健全转移支付、社会保障等再分配制度，在关中平原城市群内采取主动作为，加大域内城市之间和城乡之间的转移支付调节力度，合理调节域内的收入分配格局。进一步完善官员财产信息披露制度，以遏制职权、垄断等非市场因素带来的过高收入和非法收入。优化政府的财政支出结构，增加民生保障和公共服务方面的财政支出，减轻困难家庭在教育、医疗等方面的负担，进而提高低收入群体的生活水平。

第三，完善第三次分配制度。推动建立先富带动后富的机制，引导高收入群体参与社会公益事业。推动域内慈善事业的发展，增加社会全方位参与社会救助和慈善活动的渠道，探索新型互联互助慈善方式，推动完善慈善组织的监管方式，进一步完善和落实公益性捐赠的优惠政策。

四、推动城乡融合发展，缩小城乡差距

第一，推动实现城乡融合发展。贯彻落实乡村振兴与新型城镇化的全面对接，探索建立城乡融合发展体制机制，进一步缩小城乡差距，推动实现城乡一体化发展。提升农村的基础设施，促进新一轮的农村电网提档升级，加快建设"宽带乡村"和"气化乡村"工程等，推动建设乡村旅游道路和产业道路，进一步提升域内乡村道路桥梁的安全防护能力和综合服务水平。建立健全流动人口市民化的长效机制，提升城镇化的质量，推动实现农民工随迁子女入学同城化，劳动力城乡间流动自由化等。推动域内各级城市与城镇的协调发展，推进建设以县城为主要载体的新型城镇化，县域统筹产业发展、空间布局和资源整合等。

第二，改善城乡人居环境。完善域内城市住房保障体系，探索用地指标与常住

人口挂钩，扩大保障性住房供给，确保各类困难群体住有所居。进一步完善租房政策，促进租购用户享受同等权利。推进乡村改造工程，探索建立健全农村低收入人群的住房保障机制，全面推进域内"厕所革命"，改善乡村污水治理设施，推进乡村生活垃圾分类处理，进一步提升乡村建筑风貌，推动建设绿色生态新村庄。

第三，深化农村综合改革。完善承包地"三权"分置制度，加速推进农村宅基地和集体建设用地的确权发证工作，推动农村集体成员身份认证、集体资产清查等，推动实施"农村资源变资产、资金变股金、农民变股东"改革。进一步促进域内城乡各要素的自由流动，探索构建统一的城乡就业管理制度、城乡土地管理制度和社会保障制度等。

五、促进区域协调发展，缩小城市间差距

第一，推进区域市场一体化建设。推动建立域内统一的制度规则，建立健全域内统一的市场准入制度，研究制定关中平原城市群通用的资格清单，探索建立统一规范的评价程序和管理办法，提升域内互通、互认、互用的效力，加快完善域内的社会信用制度，培育和发展关中平原城市群的信用服务市场，推动建立域内公共信用信息与金融信用信息共享的整合机制，加速形成域内失信联合惩戒机制。进一步促进域内市场设施的高效联通，加快建设现代化的流通网络，推进关中平原城市群的数字化建设，推动形成域内统一的商贸流通交易平台。建立健全域内统一的要素市场和资源市场，推动形成域内统一的技术市场和数据市场，加速推进域内统一的能源市场和生态环境市场建设，加速构建要素流通更加顺畅、各类交流合作更加多样的关中平原城市群区域市场体系。建立健全覆盖全域的市场监管规则，进一步提升域内的市场监管能力，促进域内市场监管协作机制，联合维护社会各部门的合法权益。

第二，促进域内城市间的协调发展。推进域内各城市间的资源整合和产业协调发展，促进各类生产要素在域内城市间自由流动，优化域内资源配置。探索建立先富带动后富的机制，推动实现共同富裕的整体目标，进一步完善西安这一核心城市对域内其他欠发达城市的帮扶机制，推进各城市间的产业合作和劳务协作。

第三，加强区域间的交流合作。加速推进关中平原城市群与成渝城市群、中原城市群、长江中游城市群和山西中部城市群的合作，探索建立城市群间的联合发展机制。推进关中平原城市群与长三角城市群、京津冀城市群和珠三角城市群等城市群在公共服务和技术研发等领域的交流，承接珠三角和长三角的产业转移，推进区域间协调发展。

第十一章　关中平原城市群的服务保障能力提升

党的二十大报告将基础设施定位于建设现代化产业体系的重点之一，并提出"优化基础设施布局、结构、功能和系统集成，构建现代化基础设施体系"[①]这一战略举措。高质量的基础设施供给是促进共同富裕、提升百姓生活品质的重要基础，也是现代化经济体系建设的重要组成部分。从定位上，基础设施是城市群经济发展的重要支撑，对于扩大内需、推动高质量发展和保障国家安全具有重大意义；从内容上，现代化基础设施体系是新一轮科技革命和城市产业变革的关键技术与物质保障，是城市群高质量发展的重要决定性因素。本章以关中平原城市群基础设施服务保障能力为研究主题，具体内容安排如下：第一节回顾关中平原城市群基础设施建设的历史和状况；第二节在比较关中平原城市群与其他城市群基础设施服务保障能力的基础上，分析关中平原城市群基础设施服务保障能力提升的难点与挑战；第三节明确关中平原城市群基础设施服务保障能力发展目标；第四节探索关中平原城市群基础设施服务保障能力提升的实现路径和重点措施。

第一节　关中平原城市群基础设施建设的历史与状况

基础设施是一个历史范畴。传统的农业社会基础设施主要包含军事防御设施，水陆运输和邮驿等交通运输设施以及水利设施，且三者在功能上实现相互联系、相互支撑、相互协作。秦汉至唐代，关中作为政治中心和经济中心，其基础设施建设在古代一度取得辉煌成就。清末民国时期，关中地区现代基础设施建设艰难起步，与中东部地区差距也不断扩大。新中国成立以来，经过国家大规模的投资和建设，关中平原城市群现代化基础设施体系得到明显加强，为关中平原城市群互联互通与协同发展提供了强有力的支撑。

[①] 《习近平：高举中国特色社会主义伟大旗帜　为全面建设社会主义现代化国家而团结奋斗——在中国共产党第二十次全国代表大会上的报告》，https://www.gov.cn/xinwen/2022-10/25/content_5721685.htm。

一、关中平原城市群基础设施建设的历史回顾

(一) 古代关中地区基础设施建设

古代关中地区基础设施建设以军事防御、交通运输、水利工程三类设施为主。古代关中地区基础设施建设起于周秦,兴于西汉,隋唐达到顶峰。秦到唐时期关中地区是整个封建国家基础设施建设的核心地区,其浩大的工程、先进的技术基本代表了当时古代基础设施建设的最高规格和水平。唐以后随着京师东移,关中地区政治地位下降,基础设施建设开始落后于中原和江浙地区。

(1) 长安及关中具有易守难攻的军事地理优势,故历史上曾有十三个王朝或政权将都城设在长安,并形成了以长安都城为核心、以拱卫京畿为主要任务的周边城邑和军事要冲,以及以关隘联通高山峻岭、河流交汇等自然地形地貌为框界的军事防御设施体系(徐卫民,1998;马正林,1990;史念海,1998)。关中地区都城为咸阳、长安,都城的军事防御设施主要包含护城河、城垣、城门、宫城、武库等。城邑在古代本身作为都城的军事防御设施存在,一般地处战略要地,围绕都城形成防御带或防御圈。咸阳、长安周边城邑众多,如秦都咸阳东部的戏亭、郑县、武城、阴晋等,西汉长安城周边的新丰、蓝田、长陵邑、高陵等,除此之外,比较有名的城邑还有栎阳、夏阳城、宁秦、商邑、秦雍城等。关隘则是有关城等防御设施并有军队常驻守卫的隘口,而关中之所以称为"关中",就是因为八百里秦川位于关隘之中。关中关隘既是军事防御体系的重要组成部分,又是"关中"这一区域名称的起源,同时也大致框定了关中地区的地理范围。潘岳《关中记》、胡三省注《资治通鉴·秦纪》等对关隘位置记载略有出入,今人普遍认为关中四关为东函谷关、南武关、西散关、北萧关。

(2) 古代关中地区的交通设施主要服务于提高行政效率与军事能力。基于拱卫都城的军事防御需求,直道、驰道、栈道与其他各类型的道路,以及桥梁、漕渠、烽燧、邮、亭、驿等交通设施,在都城、城邑和关隘等各级军事防御节点之间起到物资供给与通信的作用。秦朝统一后为稳固政权,在全国范围内大规模修筑道路,开辟了以关中为中心,以驰道、直道和驿道为代表的全国性交通网络。秦始皇泰山封禅始筑驰道,王开(1989)指出在关中通往周边区域方向主要有四条驰道,驰道作为古代的高速公路,实现了关中地区与长江以北黄淮流域较为完整的道路网,同时在驰道沿线的栎阳、雍城等重要城邑还形成商业聚集区,推进了古代关中地区经济的繁荣。公元前212年,秦始皇令蒙恬监修直道,直道途经淳化、旬邑、黄陵、富县、甘泉、志丹、安塞等县境直达今内蒙古包头的九原区,

西汉文帝时期汉军两次沿直道北上征伐，阻遏了匈奴对关中地区的攻扰，秦汉两代多次向河套移民，将关中地区先进的生产技术及工具、生活方式经直道传播到了北方边疆，直道在经济往来、边疆开发和民族融合方面功不可没。驿道作为邮政事业的载体和沟通南北的战略通道，依托驰道、直道、新道及五尺道等交通线路而开辟，陈仓道、褒斜道、傥骆道、子午道、蓝武道、库谷道、义谷道等关中驿道保证了长安和边疆信息的及时传达与沟通互联，在军事征讨、物资邮传、商旅往来、文化交流等方面均发挥了重要作用。

（3）关中水利建设历史悠久，源远流长。上古有共工氏、鲧、禹战洪水、除水害的传说，周人由今彬州、旬邑一带南迁周原，开始有了勘察水源、引泉溉田的活动。西周建立以后，用水兴利之事渐多，兴建镐池、灵沼、渼陂，用以游乐、灌溉以及向镐京供水。唐朝灭亡前关中水利事业有千古不朽的历史伟绩，代表着中国古代同时期水利技术工程发展的最高水准。秦国兴修的郑国渠为成就秦统一霸业发挥了重大作用。汉武帝时期，曾兴修白渠、六辅渠、成国渠、蒙茏渠、灵轵渠、龙首渠、山河堰等，开发利用遍及泾、洛、渭、褒诸水，同时还建有昆明池和漕渠两大工程，用以训练水军和便利京畿航运。唐代兴修了延化渠、升原渠、龙门渠、敷水渠、罗文渠、兴城堰和广运潭，扩白渠引灌金氏陂，引洛水灌溉通灵陂，是古代关中水利最鼎盛时期。唐以后由于京都东移等原因，关中水利失去昔日辉煌，呈抱残守缺、逐渐萎缩之势。至清末，陕西关中地区灌溉面积仅 54 万亩。

（二）民国时期关中平原城市群基础设施建设

1840 年中国进入近代以后，西方的文化、技术、思想涌入中国，铁路、公路、机场、水电煤气等交通、能源新式基础设施及工具也在关中兴起，其中"关中八惠"更是代表了民国时期中国水利事业的最高水平。总体来看，关中地区除水利外交通和能源等基础设施建设水平已明显落后于东中部地区，同时，经过长期的战争，关中地区基础设施损毁严重，农村地区基础设施建设还处于一片空白。

（1）新式交通基础建设艰难起步。在铁路方面，到 1912 年清朝灭亡前，铁路已遍布全国 18 个省份，但关中及西北境内始终无寸轨修筑。1913 年陇海铁路从洛阳向西分段开工修建，直至 1931 年底历时 18 年才通车到潼关。在 1949 年中华人民共和国成立前的 18 年间，关中相继完成修建陇海铁路宝天段、咸同支线、潼西段，共修筑铁路 552km，营业里程 448km，但仅限于关中一线，而且标准低、管理落后，每年发送货物不到 100 万 t，运送旅客不足 400 万人次。在公路方面，随着 1914 年陕西废驿制和陇海铁路潼关站的开通运营，为满足西安到潼关两地的人货运输需求，1921 年始建关中地区第一条公路——西潼公路，后又修筑西（安）

凤（翔）公路、西（安）长（武）公路。抗日战争期间，又陆续修筑了西（安）榆（林）等一批省间或地区间公路。关中在民国时期的公路因车辆少、路况差，据 1944 年统计，陕西关中全年客运量不足万人次，货运量 150t，货物周转量不足 8 万 t·km。在航空方面，民国时期航空运输业艰难发展，1932 年欧亚航空公司组建西安航空站，开辟了第一条途经关中的航线——上海—南京—洛阳—西安—兰州—乌鲁木齐。至民国结束，关中境内仅有西安航空站和宝鸡航空办事处 2 个机场、18 条基本航线通航，主要用于军政要员往来和空运邮件。

（2）能源设施建设极度短缺。1934 年陕西省政府与南京国民政府建设委员会合资兴办西京电厂，1936 年第一台由南京拆迁而来的 675kW 汽轮发电机组装竣发电，西京电厂宝鸡分厂 1937 年建立，从此关中才有了公用电力事业。抗日战争全面爆发前后，沿海大城市和武汉等地部分工厂内迁，在西安、宝鸡等地兴建自备电厂，富余电力也向市区当地提供部分照明和动力用电。当时的发电设备全部是低温低压，设备陈旧、技术落后，只有西安、宝鸡的小电厂各自独立运行，以 6kV 线路向市区直馈送电，由于电力不足，经常分区停电，直至新中国成立前关中还未形成较为完整的电网。

（3）水利出现新的生机和发展。关中地区旱灾频发，尤其是 1929 年由于 3 年大旱导致的陕西大饥荒，引起了社会各界仁人志士对水利的重视。1930 年杨虎城出任陕西省政府主席后，特邀李仪祉回陕兴办水利，其主持策划的泾惠渠工程于 1934 年全部竣工，是关中历史上第一个现代化大型灌溉工程，当时灌地面积达 65 万亩。《陕西水利工程十年计划纲要》中的"关中八惠"工程在 1949 年前基本建成通水，其新设计、新工艺、新材料以及新的管理方法，开创了现代水利建设的先河，在当时居全国领先地位。

（三）新中国成立以来关中平原城市群基础设施建设

新中国成立初期，落后的基础设施成为严重制约关中社会经济发展的瓶颈。关中地区基础设施建设离不开国家政策的支持，依托"一五"（1953～1957 年）、"二五"（1958～1962 年）及"三线"建设期间国家大规模实施的交通、能源及工业投资项目，推动关中地区基础设施建设有了长足的发展；改革开放以来，陕西联合甘肃、山西抢抓中央支持西部大开发、中部崛起、共建"一带一路"等政策机遇，关中地区基础设施建设实现跨越发展。

1. 交通基础设施建设

（1）公路建设。新中国成立后第一次公路建设高潮带动了陕西关中地区公路快速增长，1949 年底宝鸡渭河大桥修复通车，西安至商县（今商州区）、西安至蓝田汽车客运班车恢复运行，金（锁关）四（郎庙）公路作为关中修建的第一条专用公路于1950年开工并实现年内竣工，20世纪60年代末陕西关中地区实现县县通公路。改革开放以来，关中地区等级公路建设明显加快。作为全国首次利用世界银行贷款修建的公路，西安至三原一级公路于1989年底竣工通车，结束了关中没有高等级公路的历史，1990年底中国西部第一条高速公路——西（安）临（潼）高速公路建成运行；当时国内里程最长、西部建设标准最高的西安咸阳机场专用高速公路2009年建成通车；2014年底被誉为"亚洲第一高墩"的咸旬高速公路三水河特大桥顺利竣工。2015年底国家高速公路西咸北环线通车，实现了与连霍西潼线、连霍新西宝线、京昆、西延、福银等5条高速公路直接转换。

（2）轨道交通及机场建设。新中国成立初期陇海铁路经快速抢修在陕西境内实现全线贯通，咸铜、梅七等线路的修复建设满足了渭北煤炭外运需求。此后以铁路电气化工程和复线工程建设为重点，基本奠定了关中铁路交通格局。宝（鸡）成（都）铁路的建成结束了"蜀道之难难于上青天"的历史，侯西铁路打通了晋陕重要能源运输通道，后续建成西（安）户（县）铁路支线、南同蒲铁路、西康铁路、西延铁路。改革开放以来，随着中国铁路六次大面积提速和高铁建设在全国迅速铺开，关中铁路建设也在快速发展。2007年被誉为"西部第一速"时速200km的"和谐号"动车组列车，在陇海铁路西宝段开行。2010年郑西高铁正式开通运营，关中迈入"高铁时代"。2011年西安北站开通运营，成为关中城际铁路网的中心车站。2013年底架设在丝绸之路经济带上的首条高铁——西宝高铁开通运营。2014年大西高铁西安北至太原南段开通运营，并建成宝兰、西成、西银等高速铁路和浩吉、宝麟等普速铁路。2020年中欧班列（西安）集结中心纳入国家示范工程。截至2021年，以西安北站为枢纽的关中高铁网直达26个省会城市及直辖市，"长安号"实现与国内29个省份、"一带一路"沿线44个国家主要货源地互联互通。1991年西安咸阳国际机场建成投用，2012年机场二期扩建工程投运，成为我国八大区域性航空枢纽之一。

2. 水利基础设施建设

改革开放前，关中迎来两次兴修水利设施的高潮，明显改善了关中地区的农业灌溉条件。第一次在20世纪50年代后期，关中以农村合作化为特征，以打井修渠和对"关中八惠"等旧渠的改造扩建为重点实施全民办水利，渭河宝鸡峡引渭、泾河大佛寺水库、黑松林水库和渭惠渠高原抽水灌溉工程相继建成；第二次水利建设高潮是在农业学大寨运动和1970年北方地区农业会议的历史背景下兴起的全党办水利，该阶段羊毛湾水库、宝鸡峡引渭、冯家山水库复工建成，桃曲坡水库、石头河水库、石砭峪水库、东雷抽黄、二龙山水库等一批工程新开工兴建，列入国家基建计划项目的数量多、规模大，但也存在着盲目上大项目、工程质量不达标等问题。改革开放以来，冯家山水库、桃曲坡水库等水利工程相继建成投用，对大型灌区进行了续建配套节水改造和泵站更新改造，基本形成了蓄、引、提、调结合，大、中、小、微并举的农田灌溉网络，并先后实施了"世行改水""甘露工程""防氟改水""饮水解困""农村饮水安全工程"等项目，基本解决了农村饮水问题。关中水利设施建设向解决城乡生活用水和工业用水、保障水安全、防治水灾害、改善水环境等方面倾斜。

3. 能源基础设施建设

"一五"时期，在陕西实施的苏联援建项目中基础设施类工程有3项，分别为西安（灞桥）热电厂、鄠县热电站和铜川王石凹立井，均为能源产业基础设施项目，其中，铜川王石凹立井项目推进了渭北煤炭资源开发，为关中地区电力供应提供了燃料保障。"二五"时期，随着西安、户县（今鄠邑区）、宝鸡、渭河等电厂建成投用，西户、西铜和枣园110kV变电站及线路建成投运，关中地区电力短缺局面缓解。"三线"时期，秦岭电厂、渭河电厂建成投产，1972年国内第一条330kV超高压输电线路——刘家峡—天水—关中输电线路的建成，实现了陕甘青（陕西、甘肃、青海）大电网互联，为关中发展提供了充足的能源保障。改革开放以后，关中地区开始了以建设大型电厂为重点的新时期，以火力为核心的电力装机容量不断扩大，初步形成围绕中部负荷中心的主网架结构。20世纪90年代末期，西安成为关中首个居民使用管道天然气的城市。自2000年以来关中地区大力推进煤改气工程，能源结构不断优化，市级以上城市均实现了天然气全覆盖。党的十八大以来，以乡村振兴为牵引，推进实施了小城镇（中心村）电网改造、平原地区机井通电等电力工程，为实现关中地区城乡供电服务均等化奠定基础。

二、关中平原城市群基础设施建设状况

（一）交通基础设施建设

近年来关中平原城市群综合交通运输体系建设逐步加快，交通网络日益完善，运输能力和效率明显提升，建成了以西安为中心的高速铁路、公路网络，国际枢纽机场和互联网骨干直联点加快建设，全国综合交通物流枢纽地位更加凸显。

1. 公路建设

截至2020年底，关中平原城市群12个市（区）公路总里程约16.4万km，高速公路通车总里程4860km（表11-1），4条高速通道穿越秦岭连通陕南，2条高速通道连接陕北，14条高速通道通江达海，构筑起与周边中心城市的"一日交通圈"。

表 11-1 2020 年关中平原城市群各市公路建设情况比较

市（区）	公路里程/km	高速公路通车点里程/km	县县通高速
西安	13 755	652	是
铜川	4 086	244	是
宝鸡	17 717	570	是
咸阳	16 680	399	是
渭南	19 495	532	是
商洛	14 812	493	是
杨凌	396	13	是
天水	14 140	273	否
平凉	10 969	227	否
庆阳	16 398	191	否
运城	16 096	603	是
临汾	19 326	663	否
合计	163 870	4 860	

资料来源：各地市统计年鉴及国民经济和社会发展统计公报、政府工作报告

注：截至 2024 年 8 月 22 日，还有庆阳市镇原县、临汾市的浮山县和蒲县未通高速

从公路建设状况看，2020 年杨凌、咸阳、渭南、西安、运城、铜川的公路密度高于关中城市群平均水平，庆阳居于末位；庆阳、商洛、铜川、宝鸡、临汾等人均公路里程高于城市群平均水平，西安、杨凌、运城人均公路里程远低于平均水平。从高速公路建设状况看，杨凌、西安、铜川高速公路密度远高于城市群平均水平，庆阳处于末位（表 11-2）。

表 11-2 2020 年关中平原城市群各市（区）公路和高速公路密度及人均里程情况比较

市（区）	公路密度（km/万 km²）	人均公路里程（km/百万人）	高速公路密度（km/万 km²）	人均高速公路里程（km/百万人）
西安	13 608	1 061	645	50
铜川	10 526	5 755	629	344
宝鸡	9 779	5 337	315	172
咸阳	16 359	4 212	391	101
渭南	14 961	4 157	408	113
商洛	7 678	7 225	256	240
杨凌	29 343	1 585	963	52
天水	9 904	4 745	191	92

续表

市（区）	公路密度 （km/万 km²）	人均公路里程 （km/百万人）	高速公路密度 （km/万 km²）	人均高速公路里程 （km/百万人）
平凉	9 866	5 946	204	123
庆阳	6 047	7 525	70	88
运城	11 350	3 373	425	126
临汾	9 387	4 866	322	167
平均	10 113	3 751	300	111

资料来源：各地市统计年鉴及《2020年国民经济和社会发展统计公报》

2. 铁路及轨道交通建设

（1）高速铁路。截至2020年末，关中平原城市群已有郑西高铁、大西高铁、西兰高铁、西成高铁、银西高铁等5条高铁建成通车，城市群内部高铁总运营里程达到1092km。以西安为中心的"米"字形高速铁路网正加快形成（表11-3）。截至2023年末，关中平原城市群还有铜川、商洛、平凉三市还未通高铁。随着西延、西十等高铁线路开工建设，平庆铁路列入国家《中长期铁路网规划》，预计到"十五五"中后期关中平原城市群能够基本实现高铁互联互通。

表11-3　2020年关中平原城市群高速铁路通车及里程情况

高铁线路	开通运营时间	关中平原城市群内最远站点	关中平原城市群里程/km
郑西（郑州—西安）高铁	2010年2月	华山北站	121
大西（大同—西安）高铁	2014年7月	洪洞西站	327
西兰（西安—兰州）高铁	2017年7月	秦安站	322
西成（西安—成都）高铁	2017年12月	鄠邑站	45
银西（银川—西安）高铁	2020年12月	甜水堡站	277

注：里程数根据高铁管家12306整理得到

（2）城市轨道交通建设。截至2023年末，关中平原城市群中仅有西安、咸阳和天水三市开通了城市轨道交通，包括地铁和有轨电车在内，共计10条线路，运营里程达到315.3公里。然而，鉴于国家当前对城市轨道交通项目的审批政策趋于严格和收紧，预计在未来十年内，关中平原城市群中除西安、咸阳和天水之外的其他城市，将难以获得新建地铁或轻轨等城市轨道交通项目的批准和启动施工。

3. 航空运输建设

中国民航局发布的《2020年民航机场吞吐量排名》显示关中平原城市群有

西安咸阳国际机场、临汾尧都机场、运城张孝机场、庆阳机场、天水麦积山机场5座机场，2020年开通航线合计446条（表11-4），旅客吞吐量约3382万人次，占全国比重为3.95%，已初步形成以西安为核心四通八达的航线网络体系。其中，西安咸阳国际机场作为西北地区最大的空中综合交通枢纽，2020年国内外通航城市228个，开通航线383条，年旅客吞吐量约3107万人次（其中国际旅客38万人次），排名全国第8位，通达全球37个国家、77个主要枢纽和经济旅游城市；年货邮吞吐量约37.6万t，全国排名第10位。随着西安咸阳国际机场三期扩建工程的推进和关中航线加密优化，"一带一路"国际航空枢纽建设将进一步加快。

表 11-4　2020年关中平原城市群机场通航状况

机场名称	建设规格	旅客吞吐量/人	货邮吞吐量/t	航线数/条
西安咸阳国际机场	4F级民用国际机场	31 073 884	376 310.9	383
运城张孝机场	4D级军民合用支线机场、航空口岸机场	1 638 066	5 372.9	34
临汾尧都机场	4C级中国国内支线机场	570 789	132.7	15
天水麦积山机场	3C级军民合用机场	177 458	136.1	8
庆阳机场	4C级国内支线机场	359 533	44.1	6
合计	—	33 819 730	381 996.7	446

资料来源：根据中国民航局《2020年民航机场生产统计公报》及其附件《2020年民航机场吞吐量排名》整理得出

（二）水利基础设施建设

近年来，关中平原城市群水利建设以重大水利工程为牵引，重点加快水安全和水生态基础设施建设。陆续建成黑河水库、金盆水库、李家河水库、亭口水库、石头河水库等引水工程，完成渭河、泾河等河流综合治理和黄河粗泥沙来源区水保治理等水生态工程，相继启动了泾河东庄水利枢纽、引汉济渭等调水工程，系统推进黄河古贤水利枢纽等水源工程，以及渭河生态区、西安㶆陂湖、渭南卤阳湖等水系生态修复。2020年末城市群总用水量为84.68亿 m^3，占全国总用水量的1.46%；人均综合用水量193.84m^3，不足全国平均水平的1/2，关中城乡水资源保障仍需加大投入。

（三）能源基础设施建设

近年来关中城市群以保障能源供应、促进绿色转型、民生惠用能为重点，加快西安、渭南、宝鸡、天水、庆阳等市 330kV 输变电工程建设，积极布局风电、光伏等新能源基础设施，实施分布式光伏电站整县推进，加快构建起高效安全、绿色普惠的现代能源基础设施体系。截至 2020 年末，关中 12 个市（区）全社会用电量达到 1583.45 亿 kW·h，占全国全社会用电量的 2.11%。由于能源基础设施能够保障能源供给充足且有盈余，关中也成为国家电力外送基地。

（四）数字基础设施建设

随着互联网技术的快速发展，数字基础设施加快建设。2020 年末关中平原城市群宽带接入用户 1508.76 万户，占全国宽带用户数的 4.42%，基本实现核心区域、交通干线、旅游景点等重点区域 5G 信号连片优质覆盖，其中，西安 5G 网络覆盖率达 98.97%。西安、宝鸡、渭南、咸阳、杨凌、天水等五市（区）获批国家级智慧城市试点，甘肃庆阳作为"东数西算"八大枢纽节点之一。

第二节 关中平原城市群提升基础设施服务保障能力的比较与形势

一、城市群之间基础设施服务保障能力的比较

加快基础设施互联互通是强化城市群空间经济联系、推进区域协调发展的重要途径。整体来看，关中平原城市群基础设施服务保障水平处于全国城市群第二梯队中下游。为更深入地了解关中平原城市群基础设施建设水平，下文将以成渝、中原、长三角等城市群为重点，同关中平原城市群基础设施建设状况进行对比分析。

（一）交通基础设施建设状况对比

1. 城际交通设施建设"单中心、放射状"格局显著

通过对比关中平原、成渝、长三角、中原等四个城市群公路密度发现，关中平原城市群路网密度为单中心、放射状，成渝、中原呈现方格网络状，而长三角城市群在方格网络状的基础上进一步呈现出组团状的趋势。相对其他三大城市群，关中交通设施主要集中在核心城市和节点城市，小城市和县城交通基础设施建设密度明显不足。

2. 现代综合交通运输体系建设较为滞后

关中平原城市群交通运输主要依靠公路运输，铁路和航空运输建设水平偏低，以旅客运输方式构成为例，2020年西安58.1%的客运量依靠公路运输，而郑州、上海公路客运量占全部客运量比重仅为35.7%和15.1%。究其原因，在于关中平原城市群近年来综合交通运输体系建设仍然相对滞后。一是相对于拥有郑州"米"字形高铁网和环形放射状铁路网的中原城市群，城际高效互通轨道交通网的长三角城市群，以及总规模达到1万km以上多层次轨道交通网络的成渝都市群，近年来关中平原城市群以西安为核心的"米"字形高铁网仍处于加速构建期；二是关中平原城市群现有民用通航机场5座，远低于长三角、中原、成渝的19座、10座和9座，关中整体航空客货运输水平与以上三大城市群也不在一个量级；三是不同于成渝水运一体化、长三角内河水运"复兴"等概念的提出，关中无内河航道、深水港等水运条件，货运成本相对较高；四是关中平原城市群多式联运体系缺乏统筹规划、发展水平较低，西安国际陆港与其他节点城市联动性不足。

（二）能源基础设施建设状况对比

1. 能源基础设施绿色低碳水平有待提升

关中平原城市群能源消费以化石能源为主，其中绝大部分为煤炭。2020年陕西、山西、甘肃三省火力发电量占总发电量比重分别为88.2%、66.2%、41.1%；而四川水电发电量占比高达84.13%，火电发电量占比仅为13.17%。另外，关中平原城市群在氢能、可控核聚变和储能等新能源技术研发转化和相关先进能源基础设施建设领域也明显滞后于长三角城市群。

2. 能源基础设施安全稳定性具有比较优势

陕西、山西、甘肃均处于能源富集区，区域煤炭产量和油气当量位居全国第一，能源价格优势明显，是"西电东送""西气东输""北煤南运"的重要供应地。煤炭是我国能源安全稳定供应的"压舱石"，清洁煤电对我国电力系统安全运行具有兜底保供、灵活调节的重要作用。因此，关中平原城市群煤电、新能源电等与成渝城市群具有较强的互补性，丰水期可由四川电网向关中电网输送富余水电，枯水期可由关中电网向四川电网输送煤电和新能源电，实现两地资源"丰枯互济"。

（三）水利基础设施建设状况对比

关中平原城市群水利基础设施保障能力不足。对比成渝、长三角、中原等城市群，关中平原城市群资源性缺水与工程性缺水并存问题较为突出。一方面，关中地区水资源开发利用受水资源短缺严重制约，近年来还存在供水保证率偏低、主要江河部分河段尚未达到设防标准、山洪沟治理程度低等问题，水利骨干调蓄等水利工程建设不足。另一方面，关中水系连通性较差，中小河流防御能力偏低且缺乏系统治理，河湖生态空间侵占，水源涵养能力偏低，水土流失和局部地下水超采严重，水利工程建设的难度很大。

（四）数字基础设施建设状况对比

东西数字鸿沟弥合亟待加强。关中平原城市群 5G 互联网、数据中心等数字基础设施覆盖率远低于成渝城市群和长三角城市群。国家对关中平原城市群数字基础设施建设布局和定位有待提高，以"东数西算"工程为例，成渝、长三角两大算力枢纽布局较为合理，成渝枢纽有重庆和天府两大集群，长三角枢纽则拥有长三角生态绿色一体化发展示范区和芜湖两大集群，而关中仅有庆阳集群，尚未与西安、咸阳等城市群内部新一代信息技术、人工智能、大数据等优势数字产业形成联动发展态势，不利于关中平原城市群以数字基础设施为引擎，推动算力供应、运营、增值服务链式布局和集群发展。

二、关中平原城市群基础设施服务保障能力提升的难点

（一）支撑基础设施提升的经济实力较为薄弱

近年来各个城市群之间经济发展水平差距较大，直接导致了基础设施建设需求和投资强度的差异。关中平原城市群 2020 年地区生产总值总量约为 2.27 万亿元，仅占全国经济份额的 2.23%，相比东中部城市群整体经济实力较弱。同时城市群内部经济分化较为严重，内部经济实力悬殊，以 2020 年地区生产总值为例，西安的经济实力远超宝鸡和杨凌，其地区生产总值分别是宝鸡和杨凌的 4.4 倍和 66 倍（图 11-1）。

第十一章 关中平原城市群的服务保障能力提升

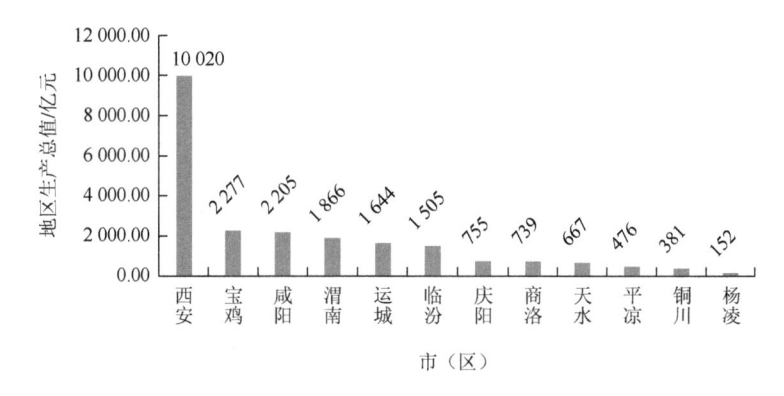

图11-1 关中平原城市群12市（区）地区生产总值

西安 10 020；宝鸡 2 277；咸阳 2 205；渭南 1 866；运城 1 644；临汾 1 505；庆阳 755；商洛 739；天水 667；平凉 476；铜川 381；杨凌 152（单位：亿元）

基建投资的资金来源中自筹资金占比约六成，主要依靠政府性基金支出、专项债等政府财政支出和项目自身收益偿还。通过分析2020年各省（自治区、直辖市）财政及债务主要数据对比（表11-5）发现，陕西、山西和甘肃三省各级政府作为关中平原城市群基础设施建设的主要公共投资主体，本身三省经济总量和财政收入只排到全国中下游水平，还面临偿还庞大的存量债务、严格控制新增债务等压力，关中平原城市群在增加基础设施建设投资方面显得较为吃力。

表11-5 2020年各省（自治区、直辖市）财政及债务主要数据对比

省区市	地区生产总值/亿元及排名		一般公共预算收入/亿元	排名	财政自给率及排名		政府债务余额/亿元及排名		债务率及排名	
广东	110 760.94	1	12 923.85	1	74.14%	3	15 317.50	3	64.12%	3
江苏	102 719.00	2	9 058.99	2	66.21%	5	17 227.69	1	74.79%	7
浙江	64 613.00	4	7 248.24	3	71.89%	4	14 641.63	4	72.07%	5
上海	38 700.58	10	7 046.30	4	86.97%	1	6 891.48	19	59.31%	2
山东	73 129.00	3	6 559.93	5	58.40%	8	16 591.83	2	94.97%	14
北京	36 102.60	13	5 483.89	6	80.93%	2	6 063.59	23	65.76%	4
四川	48 598.80	6	4 260.89	7	38.05%	18	12 742.81	5	83.45%	10
河南	54 997.07	5	4 168.80	8	40.19%	15	9 815.00	10	73.28%	6
河北	36 206.89	12	3 826.46	9	42.41%	13	11 016.40	7	105.24%	21
安徽	38 680.63	11	3 215.96	10	43.05%	11	9 600.14	11	92.72%	13
福建	43 903.89	7	3 079.04	11	59.03%	7	8 338.66	14	101.22%	18
湖南	41 781.49	9	3 008.70	12	35.81%	20	11 814.05	6	109.23%	23

续表

省区市	地区生产总值/亿元及排名		一般公共预算收入/亿元	排名	财政自给率及排名		政府债务余额/亿元及排名		债务率及排名	
辽宁	25 114.96	16	2 655.75	13	44.16%	10	9 257.11	13	128.45%	28
湖北	43 443.46	8	2 511.54	14	29.75%	23	10 078.68	9	90.30%	12
江西	25 691.50	15	2 507.53	15	37.62%	19	7 149.13	18	80.68%	9
山西	17 651.93	21	2 296.57	16	44.94%	9	4 612.65	26	78.17%	8
陕西	26 181.86	14	2 257.31	17	38.10%	17	7 436.35	17	98.34%	16
云南	24 521.90	18	2 116.69	18	30.35%	22	9 591.90	12	119.43%	26
重庆	25 002.79	17	2 095.00	19	42.81%	12	6 799.00	20	97.70%	15
内蒙古	17 359.82	22	2 051.26	20	38.94%	16	8 268.67	15	143.71%	29
天津	14 083.73	23	1 923.11	21	61.02%	6	6 368.20	21	179.02%	31
贵州	17 826.56	20	1 786.80	22	31.13%	21	10 990.64	8	150.44%	30
广西	22 156.69	19	1 716.94	23	27.89%	25	7 614.77	16	103.47%	19
新疆	13 797.58	24	1 477.22	24	26.70%	26	6 175.93	22	108.32%	22
黑龙江	13 698.50	25	1 152.51	25	21.15%	28	5 684.52	24	98.85%	17
吉林	12 311.32	26	1 085.00	26	26.29%	27	5 221.43	25	109.77%	24
甘肃	9 016.70	27	874.55	27	21.01%	29	3 933.30	27	83.99%	11
海南	5 532.39	28	816.06	28	41.37%	14	2 622.81	28	104.88%	20
宁夏	3 920.55	29	419.44	29	28.33%	24	1 859.65	30	114.53%	25
青海	3 005.91	30	297.99	30	15.42%	30	2 454.34	29	123.06%	27
西藏	1 902.74	31	220.99	31	10.00%	31	374.98	31	16.42%	1
均值	—	—	3 230.45	—	42.39%	—	8275.96	—	97.60%	—

注：1. 地区生产总值、财政和债务数据根据各省（自治区、直辖市）国民经济和社会发展统计公报和财政决算报告整理；2. 财政自给率＝一般公共预算收入/一般公共预算支出×100%；3. 地方政府债务＝政府一般债务＋政府专项债务；4. 债务率＝地方政府债务余额/全省地区生产总值×100%

（二）传统基础设施与"新基建"布局建设不相协调

关中平原城市群具有单中心特征，其发展格局更类似于都市圈，基础交通基础设施建设聚集于各市市区，城市之间融合联通程度处于较低水平。西安作为核心城市人口密度较高，交通基础设施建设规模和总量较高，但人均占有率较低、交通拥堵等城市病较为严重。但由于各市自然地理条件差异较大、经济实力和人口分布不均衡，导致城市群边缘地区基础设施通达度和覆盖率较低且利用率不足。

另外，国家"十四五"规划提出"加强新型基础设施统筹建设"这一理念，对于关中平原城市群而言，在补齐传统基建的基础上，还要大力发展新一代信息技术、特高压、人工智能、工业互联网、新能源、充电桩、智慧城市、城际高速铁路和城际轨道交通、大数据中心等新型基建。表 11-6 以交通设施为例，对比了关中平原城市群与东中西部地区传统和新型基础设施建设情况。从交通里程的指标来看，关中以公路为代表的传统基建水平与东中部地区差距不大，但是在高铁等新型基础设施建设方面，关中高铁建设强度与其自身人口规模还不相匹配。

表 11-6　2020 年关中平原城市群与东中西部地区公路和高铁建设状况对比

区域	密度/(km/万 km^2)		人均/(km/万人)	
	公路	高铁	公路	高铁
东部	11 275.26	128.34	25.88	0.29
中部	6 666.61	46.89	51.51	0.36
西部	3 436.36	16.37	48.59	0.23
关中平原城市群	10 152.74	61.33	37.59	0.22

资料来源：《中国统计年鉴 2021》

（三）基础设施与服务共建共融共享的机制尚未形成

城市群作为一个区域整体，要求各类重大基础设施要形成系统的、互相协调的有机整体，但现实中，由于区域基础设施建设作为地方性公共产品，本身存在收益的有限范围性、非竞争性、非排他性和外部性的特点。其中，交通、能源、供水、信息网络服务等基础设施对于地方政府能够产生直接经济效益，政府与企业对这类基础设施都有较大的投资兴趣，但由于其存在外部性，城市只考虑自身利益而忽视城市群整体利益。近年来关中平原城市群作为区域战略更类似于陕西省强省会战略的增强版，作为都市群核心的西安市对城市群内其他市县区的"虹吸效应""聚集效应"大于"涓滴效应""溢出效应"。

另外，各地城市重大基础设施在建设管理方面主要由地方政府主导，导致城市群省市两级政府对跨省跨市重大基础设施建设的投资热情不高。在现实中，关中平原城市群作为跨省跨市的地理经济单元，且商洛、平凉、庆阳、临汾、运城等 5 市仅有部分区县被划入规划范围内，行政区划的割裂导致行政协调能力缺乏，区域基础设施建设、运营与管护中矛盾多发、配套落伍，城市间难以实现重大基础设施共建共享的局面。

（四）基础设施建设投融资机制不健全

基础设施社会公益性强，建设难、回收慢，导致收益较低、风险较高，本身短期经济效益不明显，再加上各市区县财政事权和支出责任划分尚不合理，运营过程中长期存在着责任不明、收费不合理、市场补偿不足等市场风险，长期经济效益也难以得到保障。因此对追求投资利润最大化的社会资金缺乏吸引力，对上级财政依赖较强。此外，关中地区市场性融资机制也不健全、投资环境差，引进外部社会资本存在诸多困难，民间资本、外资介入较少，成为关中乃至我国西部地区基础设施发展落后的一个重要因素。

三、关中平原城市群基础设施服务保障能力提升面临的挑战

（一）生态环境与地质条件脆弱复杂，工程建设难度及成本大

关中平原地区自然环境条件较为复杂，存在平原、山地、高原等多种地形，是秦岭、丹江等部分山脉、河流发源地。该地区面积的15%处于重点生态功能区内，同时横跨温带季风气候、暖温带半湿润半干旱气候，山洪、滑坡、崩塌、泥石流、沙漠化等各类自然灾害发生频繁，文物保护单位分布密集，这使得基础设施建设项目受土地政策、环境保护、文物保护等因素的制约，导致前期手续办理复杂，技术难度大，单位造价高。同时由于除西安、咸阳城区以外人口聚集度较低，基础设施建设较为分散且工程量大，从而造成整体使用效率低下和运维成本较高等问题。

（二）国家对地方申报重大基础设施建设条件从紧从严的政策导向

经济总量直接影响基础设施建设的资金来源及债务风险，为避免出现因基础设施建设导致地方政府面临经营压力较大、债务负担较重等问题，国家对地方申报建设条件从紧从严。以城市轨道交通建设为例，2018年国务院办公厅发布《关于进一步加强城市轨道交通规划建设管理的意见》后，国家发展改革委对轨道交通审批从紧从严，要求申报建设轻轨的城市应同时满足两项条件：一是地区生产总值在1500亿元以上；二是一般公共财政预算收入应在150亿元以上。如图11-1和图11-2所示，按此标准关中平原城市群仅有西安市满足轨道交通审批条件。这不但导致关中平原城际铁路暂停建设，同时也意味着其他重大基础设施建设面临全面滞后的风险。

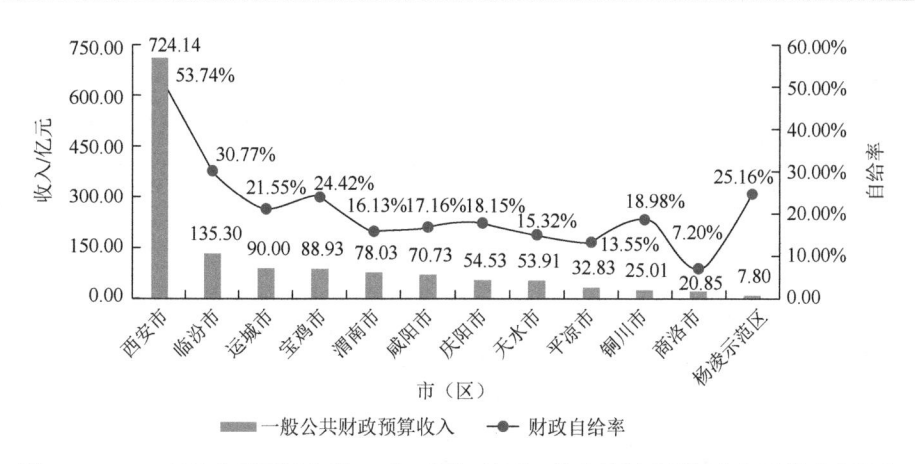

图 11-2 2020 年关中平原城市群 12 市（区）地区一般公共财政预算收入及财政自给率

（三）国家对基础设施建设投资的重点和方向发生转向

地方社会经济发展的需求是无止境的，所有地方政府都希望通过提升基础设施水平来增强地方的综合竞争力。但能够动用的资源是有限的，布局建设必须考虑到各级政府财力支撑能力。国家"十四五"规划明确提出，拓展投资空间，优化投资结构，提高投资效率，保持投资合理增长。加快补齐基础设施、市政工程、农业农村、公共安全、生态环保、公共卫生、物资储备、防灾减灾、民生保障等领域短板。推进既促消费惠民生又调结构增后劲的新型基础设施、新型城镇化、交通水利等重大工程建设。关中平原城市群在 19 个城市群中，整体实力处于第二梯队，经济实力和基础设施较西部其他地区相对宽裕，但在发挥基础设施产出价值和带动效应方面相对东中部城市群不突出。从经济、政治等战略地位角度出发，长三角、珠三角、京津冀等城市群是当前及未来重大基础设施建设国家政策支持和市场参与力度最大的地区。据 2019~2022 年我国中央对地方一般公共预算转移支付情况（表 11-7）发现，中央对地方一般公共预算转移支付执行数累计总额排名前列省份为四川、河南、湖南、云南、湖北，即从国家财力支持层面将有更多的政府资金投向成渝、中原与长江中游三大城市群。

表 11-7 2019~2022 年中央对地方一般公共预算转移支付情况

省区市	2019~2021 年执行数/亿元			累计排名	2022 年预算数/亿元	排名
	2019 年	2020 年	2021 年			
北京	1 002.57	1 055.67	1 076.03	26	1 065.79	26
天津	543.16	613.46	568.25	31	538.12	31

续表

省区市	2019~2021年执行数/亿元			累计排名	2022年预算数/亿元	排名
	2019年	2020年	2021年			
河北	3 357.01	3 940.58	3 904.34	6	3 375.02	8
山西	1 909.37	2 231.25	2 232.85	19	2 152.96	19
内蒙古	2 641.39	2 758.67	2 888.66	17	2 688.36	15
辽宁	2 502.74	2 913.98	2 884.95	16	2 794.49	12
吉林	2 302.95	2 461.44	2 498.37	18	2 397.66	18
黑龙江	3 311.72	3 874.01	3 722.74	7	3 469.02	6
上海	626.67	829.89	834.21	30	750.11	30
江苏	1 596.54	1 808.68	1 872.31	22	1 657.75	23
浙江	966.39	873.77	959.82	29	973.62	28
安徽	3 283.63	3 639.07	3 593.29	8	3 461.29	7
福建	1 349.23	1 476.32	1 537.14	24	1 379.89	25
江西	2 706.27	2 966.88	2 906.25	14	2 707.08	14
山东	2 717.03	3 030.41	3 092.48	12	2 785.12	13
河南	4 498.06	5 067.31	5 178.08	2	4 653.54	2
湖北	3 369.38	4 784.46	3 810.19	3	3 518.23	5
湖南	3 656.79	4 111.18	4 020.78	5	3 902.76	3
广东	1 456.35	1 684.53	1 603.66	23	1 711.09	22
广西	3 082.09	3 381.92	3 413.98	10	3 176.04	10
海南	919.25	1 019.69	1 010.11	27	929.94	29
重庆	1 852.71	2 081.16	2 041.71	21	1 893.76	21
四川	5 122.18	5 707.59	5 505.58	1	5 313.9	1
贵州	3 040.69	3 166.16	3 187.28	11	2 948.04	11
云南	3 828.92	4 167.62	3 800.93	4	3 551.79	4
西藏	1 983.95	1 977.94	2 247.03	20	1 972.53	20
陕西	2 595.12	2 871.3	2 887.58	15	2 652.34	16
甘肃	2 684.54	2 938.51	2 981.6	13	2 647.57	17
青海	1 360.86	1 442.28	1 504	25	1 401.93	24
宁夏	907.83	970.9	1 020.68	28	999.49	27
新疆	3 239.69	3 468.66	3 431.05	9	3 317.35	9
合计	74 415.1	83 315.3	82 215.94	—	97 975	—

资料来源：中华人民共和国财政部各年度中央对地方政府性基金转移支付分地区情况汇总表整理得到

另外，中国对"一带一路"共建国家的投资将为中国经济拓展新的空间，"一带一路"共建国家在基础设施建设投资领域存在巨大的资金需求，通信、电力、石化和交通等基础设施联通成为优先投资方向和领域，这也势必会对国内基础设施投资造成一定的挤出效应。商务部数据显示，2013~2020年中国对"一带一路"沿线国家累计直接投资流量为1398.5亿美元，年均增长8.6%；中国一带一路网显示，2021年对"一带一路"沿线国家非金融类直接投资达203亿美元，同比增长14.1%，投资呈持续性的增长趋势。

第三节 关中平原城市群提升基础设施服务保障能力的目标

一、关中平原城市群基础设施服务保障能力目标确定的依据

（一）理论依据

基础设施作为经济发展的先导和基石，在投资驱动的经济增长模式中发挥着重要的支撑作用。既有研究考察了基础设施建设的经济效应并探索了影响机制（Caragliu and Del Bo，2019；诸竹君等，2019；孙早和徐远华，2018；宋德勇等，2021；蔡晓慧和茹玉骢，2016），认为基础设施投资可通过投资效益直接促进经济增长，也可通过溢出效应间接拉动经济增长。自从中国经济从两位数的高速增长开始进入到下行通道以来，基础设施建设投资在经济增长中所扮演的角色再次成为核心议题。

正如林毅夫所强调，内需（消费）拉动增长需要通过投资实现劳动生产率的提高和经济的持续增长，因此维持一个适当的基础设施建设投资强度，客观上有助于稳定经济增长。部分学者还利用各种计量方法（包括时间序列计量模型、面板数据分析和微观计量估计等）对中国近年来的基础设施投资强度对经济产出的边际效用进行了定量研究。孙早等（2015）发现基础设施建设投资强度（基础设施投资额/地区生产总值）与地区经济增长之间存在着显著的倒"U"形关系，有效的基础设施投资强度值为0.13。潘雅茹和罗良文（2020）通过测度传统型基础设施投资和新型基础设施固定投资对经济高质量发展的影响，发现后者对经济高质量发展的贡献度远高于前者。以上研究为我们优化基础设施投资结构提供了新思路，同时也为反推基础设施投资规模目标提供了很好的视角，但遗憾的是，随着投资统计制度的进一步改革完善，固定资产投资从2018年开始不再公布总量数据，而是公布增速数据。

因此，从基础设施固定资产投资增速的角度设定目标更具有可行性。国外学术研究成果发现，第二次世界大战到20世纪末，在国家层次上，美国基础设施资

本的经济产出弹性基本处于 0.16 至 0.25 之间，在州和都市区层次上该弹性在 0.06 至 0.20 之间（范九利等，2004）。余卫平等（2008）利用 1985~2006 年我国固定资产投资及经济产出相关数据，测算得出基础设施投资对 GDP 边际贡献率是固定资产投资对 GDP 贡献率的 2.5 倍以上。国家统计局数据显示，2010~2020 年中国基础设施投资年复合增长率达 11.71%，2010~2017 年陕西、山西和甘肃全社会固定资产投资年均增速分别为 16.9%、12.9%和 17.3%，且基础设施投资增速每年变动极大。以上文献和数据为我们从基础设施固定资产投资增速的角度设定目标提供了一定依据，但是由于时间较早且测算方法较为简单，仍需结合城市群社会经济发展基础、地区生产总值增速目标以及国家层面基础设施建设政策支持情况等多重因素进行综合考量。

（二）政策依据

一是参考国家层面的政策、规划对关中平原城市群的定位和发展目标。党的二十大提出"优化基础设施布局、结构、功能和系统集成，构建现代化基础设施体系""强化经济、重大基础设施、金融、网络、数据、生物、资源、核、太空、海洋等安全保障体系建设"[①]等重要举措。国家"十四五"规划提出，发展壮大山东半岛、粤闽浙沿海、中原、关中平原、北部湾等城市群，建立健全城市群一体化协调发展机制和成本共担、利益共享机制，统筹推进基础设施协调布局、产业分工协作、公共服务共享、生态共建环境共治。优化城市群内部空间结构，构筑生态和安全屏障，形成多中心、多层级、多节点的网络型城市群。提升关中平原城市群建设水平，促进西北地区与西南地区合作互动。2018 年发布的《关中平原城市群发展规划》指出，到 2035 年，基础设施支撑体系日趋健全，连通城市群内外的多层次交通运输网络全面形成，通信、水利设施保障能力明显提升。建设西安国家中心城市，加快大西安都市圈立体交通体系建设。进一步提升宝鸡、铜川、渭南、杨凌、商洛、运城、临汾、天水、平凉、庆阳等重要节点的综合承载能力，推进基础设施互联互通。提升兴平、华阴、侯马、霍州、河津、永济等城市基础设施和公共服务发展水平。2022 年国家发展改革委印发的《关中平原城市群建设"十四五"实施方案》提出，到 2025 年，关中平原城市群"综合立体交通运输网更加完善，基本建成'米'字型高铁网，基本实现地级城市高铁全覆盖，新增高速公路通车里程 1000 公里"。并提出"高质量推进富平、三原、岐山等县城建设示范地区发展，有序支持其他有条件的县城补短板强弱项，强化县城与地级市

[①] 《习近平：高举中国特色社会主义伟大旗帜 为全面建设社会主义现代化国家而团结奋斗——在中国共产党第二十次全国代表大会上的报告》，https://www.gov.cn/xinwen/2022-10/25/content_5721685.htm。

城区的基础设施连接"。以上政策规划大部分不涉及具体的定量目标，但为本书目标体系的构建提供了重要的思路：首先，基础设施建设目标应该是建成统筹协调且多中心、多层次、多节点的网络型城市基础设施体系；其次，城市群基础设施建设的制度性基础应该是城市群一体化协调发展机制和成本共担、利益共享机制；最后，城市群基础设施建设的主要内容应以交通基础设施建设为核心，以水利、能源和通信等领域为重点。

二是参考了关中平原城市群涉及的陕西、甘肃、陕西三省以及12个市（区）的"十四五"规划及交通、能源、水利、智慧城市基础设施建设相关的专项规划。以上规划为我们提供了定量目标设定的依据，但也存在一些问题：一方面，当前各省市部分专项规划还未公开发布，存在数据可得性和数据缺失问题；另一方面，即使是同类专项规划也存在指标体系和统计口径不一致问题。为克服以上问题，本书在指标选取上尽可能选择同类指标，绝对指标按照可加性原则进行相加，如公路里程、地铁运营总里程等数据，相对指标结合发展实际同时参考其他城市群发展目标进行设定。

（三）现实依据

一是对标京津冀、长三角、长江中游、成渝、中原等城市群基础设施建设发展目标、战略定位等案例经验，结合关中平原城市群基础设施建设状况及面临的问题调整进行吸收借鉴。例如，长江中游城市群提出"到2025年，基本实现城市群内主要城市间2小时通达"；成渝城市群在发展目标中提到"到2025年，重庆、成都间1小时可达，铁路网总规模达到9000km以上、覆盖全部20万以上人口城市，5G网络实现城镇和重点场景全覆盖"；中原城市群提出"到2020年，形成以郑州为中心，半小时、1小时和1.5小时交通圈"。结合关中平原城市群发展实际，我们试图提出"到2025年，关中平原城市群实现市市通高铁，形成以西安为中心，半小时、1小时和1.5小时交通圈，5G网络实现城镇和重点场景全覆盖"等基础设施发展目标表述。二是结合国家和地区发展的历史经验，全社会用电量、社会总用水量等指标的设定，并参考国家、区域的历史数据和政策导向，在基期总量的基础上，按照年均增长率设定合理目标。

二、关中平原城市群基础设施服务保障能力的目标

一是基础设施投资保量的稳定增长和投资结构的持续优化。坚持"立足长远、适度超前、科学规划、多轮驱动、注重效益"，关中平原基础设施投资年均增速保持在12%以上，5G基站建设、特高压、城际高速铁路和城市轨道交通、新

能源汽车充电桩、大数据中心、人工智能、工业互联网等新型基础设施建设支持力度不断增强，新型基础设施投资占基础设施投资总额比重持续提高。

二是互联互通、集约高效、安全可靠的基础设施体系基本建成。轨道上的关中平原城市群基本建成，省际公路通达能力进一步提升，形成以西安为中心，半小时、1小时和1.5小时交通圈，实现市市通高铁、县县通高速。能源安全供应和互济互保能力明显提高，国家电力外送基地地位持续巩固，安全可控的水利网络体系基本建成，5G网络实现城镇和重点场景全覆盖，智慧城市群建设达到中西部领先水平。城市群一体化协调发展机制和成本共担、利益共享机制持续完善。表11-8为关中平原城市群基础设施能力提升所涉及的具体指标。

表11-8 关中平原城市群基础设施能力指标体系

序号	指标名称	2020年	2025年	备注
1	基础设施投资年均增长率	—	≥12%	
2	高速（城际）铁路里程/km	—	1500	参考国家发展改革委已批复的城际铁路建设规划
3	公路密度/(km/万 km^2)	10 153	15 000	对标中原城市群
4	高速公路里程/km	4100	5100	参考《关中平原城市群建设"十四五"实施方案》
5	地铁运营总里程/km	252.6	422	参考国家发展改革委已批复的地铁建设规划
6	航空旅客吞吐量/万人次	3382	4500	
7	航空货邮吞吐量/万 t	38.2	50	
8	全社会用电量/(亿 kW·h)	1583.45	1926	参考国家"十四五"电力发展规划，年均增长4%
9	非化石能源占能源消费总量比重	—	25%	综合考虑陕西、山西、甘肃能源规划目标
10	社会总用水量/亿 m^3	84.68	85	与当前基本持平
11	农村自来水普及率	—	95%	综合考虑陕西、山西、甘肃农村水利建设目标
12	5G用户普及率	—	60%	略高于国家制定的标准（56%）

第四节 关中平原城市群基础设施服务保障能力提升的路径与措施

为切实推进关中平原城市群基础设施服务保障能力提升，陕西、山西、甘肃三省有必要在建立协同机制、提升承载能力、增强资金筹措能力等三大路径方面达成共识，加强跨领域跨部门综合统筹和规划部署，推动政策协同，破除体制机制障碍和行政壁垒，同时还要明确基础设施服务保障能力提升的重点方向和主要措施，加快传统基础设施与新型基础设施融合发展，构建起与城市群经济社会高质量发展相互促进的现代化基础设施体系新格局。

一、关中平原城市群提升基础设施服务保障能力的实现路径

（一）建立城市群重大基础设施项目谋划推进协同机制

寻求区际利益平衡与协调的新机制，建立城市群整合的政策支持体系、权威性的区域协调机构，构建区域内部统一、协调、有效的竞争规则。加快关中平原城市群规划范围调整，力争将商洛、平凉、庆阳、临汾、运城整市纳入核心发展规划范围，争取将三门峡东部区县和延安市南部区县纳入规划联动辐射范围。借鉴国外大都市协调治理的经验，建立相应的跨行政区管理机构，并赋予相应的行政调控权，专门负责跨行政区的重大基础设施建设工作，以减小内耗，加强整合建设高等的基础设施网络，完善区域整合支撑体系。在短期内可通过行政管理协调，建立相应的跨区管理机构，制定市长联席会议制度，促进城市间的优势整合与功能提升。长期来看，必须加快行政区划调整步伐，从根本上打破行政分割对城市群发展的影响，建立健全城市群一体化协调发展机制和成本共担、利益共享机制，并运用经济手段，统一市场实现资源的配置，使各城市实现优势互补，形成城市群联动一体化发展格局。

（二）分类提升城市基础设施服务承载能力

提升关中平原城市群建设水平，优化城市群内部空间结构，形成多中心、多层级、多节点的网络型城市群。推进西安非核心城市功能向周边城市的疏导，进一步提升宝鸡、铜川、渭南、杨凌、商洛、运城、临汾、天水、平凉、庆阳等重要节点的综合承载能力，推进基础设施互联互通。推进以县城为重要载体的城镇化，加快县域基础设施建设补短板工程，提升兴平、华阴、侯马、霍州、河津、永济等中小城市基础设施和公共服务发展水平。

（三）增强城市群基础设施建设资金筹措能力

拓宽基础设施建设资金来源渠道。在继续保持较大规模转移支付的同时进一步提升其债务限额，多途径增强关中平原城市群政府可支配财力。支持关中平原城市群专项债发行，有效支持城投企业项目投资，引导国有商业银行和政策性银

行的资金更多地投向关中平原城市群内重点投资项目。为关中平原城市群城投企业提供相对较为宽松的融资环境，优化其资金配置，特别是中长期债券及银行借款，在满足其资金需求的同时，拉长其整体债务期限，避免期限错配。加大储备项目的规划选址、用地预审、审批核准等前期工作力度，尽量缩短审核周期，积极为项目及早开工创造条件。

创新基础设施投资资金筹措方式。创新政府投资方式，对收益性较强的基础设施逐步推行股权投资、基金注资等市场化运作模式，加快设立城市群发展引导基金，充分发挥政府资金的引导作用和放大效应。在准确掌握国家的政策导向、支持方向、资金投向的基础上，重点围绕对口向上争取资金、招商引资、ABS（asset-backed securities，资产证券化）、REIT（real estate investment trust，不动产投资信托基金）、境外投资、国外贷款、出口创汇等渠道有针对性地策划包装一批重大基础设施建设项目。

二、关中平原城市群提升基础设施服务保障能力的重点措施

（一）构建高效便捷的综合交通运输体系

（1）构建城市群对外运输大通道。以高速铁路、普速铁路、国家高速公路为骨干，加快构建"四纵四横"的对外运输大通道。推进西安—十堰、西安—延安等高速铁路及兰州（定西）—平凉—庆阳—黄陵铁路建设，形成覆盖广泛、辐射周边的铁路网，进一步增强连通西南西北地区的运输能力。全面建成区域内国家高速公路网，强化局部重点路段通行保障能力。

（2）畅通城市群内快速交通网络。加快城际铁路、省级高速公路、国省干线建设，加快推进单中心放射状公路网格局向多节点网络化格局转变，共建轨道上的关中平原城市群。增强骨干通道、客运枢纽、物流中心的快速衔接和集散，实现客运零距离换乘、货运无缝化衔接。以脱贫地区路网通道，景区园区连接线，县城过境路、断头路、瓶颈路为重点，加快国省干线公路、县乡公路升级改造，提升公路交通安全设施防护能力。

（3）强化一体衔接的综合交通枢纽功能。以西安咸阳国际机场、西安北客站和西安国际港务区为依托，打造国际航空门户枢纽。加快中欧班列西安集结中心示范工程、西安咸阳国际机场三期工程等建设，充分释放陆港、空港对外开放支点作用，将西安打造成为以服务丝绸之路经济带为重点，具有更大辐射范围和集聚能力的国际性综合交通枢纽。积极建设宝鸡全国性综合交通枢纽，推进渭南、商洛、运城、临汾、天水、平凉等一批区域性交通枢纽建设。积极推进西安咸阳国际机场国际航空枢纽建设，启动宝鸡、天水、平凉、华山等民用支线

机场项目前期工作，推进一批通用机场建设。优化枢纽内部交通组织，打造高效便捷的换乘体系。

（4）提升综合运输服务能力和水平。加快交通运输与旅游、文化、产业、物流、信息多领域融合发展，依托秦岭山区高速公路、沿黄公路等发展一批"交通+旅游+文化"示范工程，推进一批旅游轨道小火车示范线路。强化陆港联动，构建现代货运物流体系，拓展多式联运、铁路快运物流、无人机物流等组织模式。推进各运输方式间智能协同调度，实现信息对接、运力匹配、时刻衔接，推动旅客客票向"一票制"、货物运单向"一单制"发展。

（二）统筹强化区域能源安全保障能力

（1）提高电力系统的生产运行效率。依托陇东国家能源基地、关中能化装备制造服务基地、渭北多能互补示范基地、大西安能源科技创新基地、彬长旬麟清洁低碳能化基地等能源基地，建设清洁能源保障供应基地，严格控制关中煤电规模。加快城市群韧性电网和智慧电网建设，结合城市更新、新能源汽车充电设施建设，开展城市配电网扩容和升级改造，完善电网主网架结构，优化关中平原城市群电力资源配置，培育发展电力现货市场和关中平原一体化电力辅助服务市场。

（2）打造清洁能源保障供应基地。大力发展风电和光伏，有序开发建设水电和生物质能，统筹推进风光水多能互补能源基地建设，积极推广分布式能源发展，研究开展氢能运营试点示范，扩大地热能综合利用，提高清洁能源占比。按照风光火储一体化和源网荷储一体化开发模式，推进清洁能源本地电网消纳能力，优化各类电源规模配比，扩大清洁电力外送规模。

（三）协调推进水利基础设施建设工程

（1）提升水资源保障能力。研究推进跨区域重大蓄水、提水、调水工程建设，增强跨区域水资源调配能力，开展引汉济渭二期工程、东庄水利枢纽工程、黄河古贤水利枢纽工程等重大水项目建设，有序推进白龙江引水工程、庆阳马莲河水利枢纽工程等项目前期工作，推动形成多源互补、引排得当的水网体系。加强饮用水水源地保护，加快应急备用水源建设，加快推进泾河东庄水库等骨干水源工程。统筹推进农业节水增效、工业节水减排、城镇节水降损、非常规水利用、节水标杆示范等节约用水"五大工程"，加快实施宝鸡峡、泾惠渠等大中型灌区节水改造，提高工业用水循环利用率，以地级以上缺水城市为重点，加快推进节水型城市建设。系统整治河流湖泊，维护河道生态基流，修复湖泊、湿地生态环境，加强蓄洪利用，实现"水润关中、水美关中、水兴关中"。

（2）完善水资源管理体制。全面实施最严格的水资源管理制度，构建合理的水价形成机制，严控用水总量。完善共同保护和开发利用水资源的协调管理机制，加快区域水资源信息平台建设，实现区域水资源基础信息共享和监控联网，提高取用水计量监督、水文测报、水量水质监测、水资源调度的现代化管理水平。划定水功能区限制纳污红线，规范入河湖排污口监督管理，深入推进水生态文明建设，全面推行河长制，在湖泊实施湖长制，实现流域污染系统治理。

（四）合力加快智慧城市群建设步伐

（1）建设新型智慧城市群。顺应网络化、数字化、智能化趋势，坚持适用性与前瞻性相结合，加大城镇通信网络、基础算力、智能终端等信息基础设施建设力度，加快 5G 基站建设、大数据中心、人工智能、工业互联网等新型信息基础设施工程建设。加快传统市政基础设施智能化升级，筑牢城镇数字底座，建设"泛在关中""智慧关中"，打造感知设施统筹、数据统管、平台统一、系统集成和应用多样的"城市大脑"体系，探索构建数字孪生城市群建设，推动城市群内"城市大脑"、大数据平台和综合指挥平台互联互通，显著提升城市综合管理效能。推动数字空间、物理空间深度融合，综合运用建筑信息模型（building information modeling，BIM）、城市信息模型（city information modeling，CIM）等现代化信息技术，构建智慧城市运行数据底图。完善西安国家重要的数据灾备中心功能，建设联合异地灾备数据基地。加快启动"东数西算"庆阳国家算力枢纽节点项目建设，重点推动数据中心与网络、云、算力、数据要素、数据应用和安全等协同发展。到2025年，城市建筑和基础设施信息"一张图"全覆盖，实现城市运行"一网统管"，打造在全国有重要影响力的智慧标杆城市，形成全国领先、特色鲜明、协同发展的关中智慧城市群。

（2）丰富数字生活。拓宽人脸识别、人工智能、虚拟现实、数字货币等领域的应用体验，普及提升公民数字素养，打造涵盖吃、住、行、游、购、娱、教、养等全方位智能应用场景。开展数字校园建设行动，打造智慧课堂，提供教、学、考、评、管一体服务，推动网络家庭教育全覆盖。建立城市群统一的"互联网+医疗健康"便民服务平台，推动医院之间诊疗数据共享，实现电子健康档案、电子病历、医学影像等信息共享和互认互通，加快发展互联网医院，促进智慧医疗健康发展。发展智慧居家和社区养老服务，形成线下线上相结合的社区居家养老服务体系。丰富智慧文体服务，强化公共图书馆、文化馆、博物馆数字服务供给能力。布局城镇智慧交通网络，推动交通出行监测预警自动化、应急处置智能化，应用绿波带、交通诱导屏等智能管控方式，提升通行效率。打通智慧民生服务"最后一公里"，全面推进智慧社区（村居）建设。推进西安开展数字人民币试点，探索建设基于真实底层资产和交易场景的数字资产交易平台。

第十二章　关中平原城市群的内部协同发展

城市群内部协同发展是基于自然环境、要素禀赋、分工互补等基础条件，根据统一的指导性城市群规划，以市场主导、政府引导和核心城市带动，在产业、市场、交通、创新和服务等功能结构下交流、分工和合作，促使城市间紧密互动、协同共建，最终使城市群整体发展有序化、高效化，实现城市群内效益最优的发展（王士君，2009）。本章首先回顾关中平原城市群内部协同发展的历史和状况，通过对比关中平原城市群与长三角城市群、川渝城市群内部协同发展状态，分析当前推进关中平原城市群内部协同发展的困难与挑战；其次，立足政策规划、学术研究与发展状况，提出关中平原城市群内部协同发展的目标；最后以实现目标为导向，针对性提出推动关中平原城市群内部协同发展的动力机制、运行机制与保障机制。

第一节　关中平原城市群内部协同发展的历史与状况

一、关中平原城市群内部协同发展的历史回顾

关中地区是古人最早的生存地之一，整个区域初步形成以政治统治体系为框架的城镇网络，是关中平原城市群的雏形。古代关中城市呈波浪形曲线向前发展，古代关中城市的协同发展与关中在全国的政治统治地位密切相连，王朝兴盛促进各城市间密切联系，王朝衰落也使各城市发展缓慢、相互联系逐渐减弱。秦汉时期，关中作为全国的政治中心，经济较发达，市镇数量多，并有秦咸阳、汉长安等规模较大的全国性城市。大城市布局整齐、建筑密集、交通便捷，四周不断向外扩展出较为发达的郊区，郊区直接由中央政府管辖，政治力量的辐射极大影响着关中地区城市间交流合作的方式与强度。东汉以后，随政治中心东迁洛阳，关中城镇发展明显放缓，到隋唐时代又出现了历史上关中城镇发展的鼎盛时期，尤其唐代把长安在政治上控制全国的中心地位推向最高处，以长安为核心紧密联通关中各城市的政治、经济、文化等交流。而唐末以后受战乱和政治经济中心南移的影响，以长安为中心的关中地区失去了全国中心地位，城市群发展也随之缓慢。古代关中内部的各城市发展呈现出发展—衰落—发展—衰落—发展的曲线发展形态，同时也映射出各城市协同发展的历史态势。

鸦片战争后，关中地区处于以西安为中心、各城市间联系较为松散的状态，直至陇海铁路修筑并横通陕西全境，以及咸铜铁路、川陕公路、西宝高速公路的修筑，关中城镇对外联系加强，同时促进了关中地区城市之间交流，尤其交通沿线的西安市、武功县等发展较快，一些城镇发展成为关中地区重要的工业基地和物资集散中心。

新中国成立以后，国家通过规划建设、工业项目等方式不断投资开发关中地区，城市群内部的经济得到发展，各城市之间的联系也日益增强。"一五"时期，20余项重点项目，包括飞机制造（西安）、兵器工业（西安）、电子工业（西安、咸阳、宝鸡）、电力机械（西安）、电站设备（西安）和煤炭工业（铜川、韩城）以及大批配套项目，如仪表（西安）、纺织（西安、咸阳、渭南）等一并建设。同时，地方也安排了一批较大项目，如电力（宝鸡）、纺织（西安）、机械（西安）等。"一五"时期，大型项目推动了西安、咸阳和宝鸡的发展，也形成了兴平、蔡家坡、铜川、余下和虎镇等一批新城镇（市）。随着工业项目的建设，城市科教文卫和基础设施建设也同步发展，城市的量和质都得到了提高。"二五"和经济建设调整时期，国家在陕项目和地方项目主要分布在西安、咸阳、宝鸡、兴平、铜川、韩城、澄合和蒲白矿区，使关中地区各城市规模扩大，城市化水平有较大提高。"三五"和"四五"时期，陕西地处内地，成为三线建设的重点，国家在陕西安排项目400多个，累计投资126.5亿元，这些项目以西安为中心，形成包括咸阳、宝鸡、渭南、韩城和铜川等城市为主的机械、纺织和动力工业基地。在陕西投资的400多个项目中，除部分属于新建外，大部分是从东北和沿海地区大城市老企业中分建或成建制迁建的，这一时期迁陕职工中仅技术人员和技术骨干在10万人以上，建筑安装队伍多达20余万人。改革开放以来，市场经济促进了人流、物流、信息流的传输，加强了城市间的联系，关中地区城市发展迎来又一次高潮，表现为城市数量增加，城市区域扩大。国家部分投资的大中型项目，三线企业的并迁及交通和第三产业的发展，促进了城市群体的演进（薛东前等，2000）。

城市群内的各城市具有不同的发展历史、资源禀赋、区位条件和自然环境，因此在城市群发展中具有不同的职能。西安是城市群的核心城市，是关中地区的经济、文化、政治中心，以及人流、物流、资金流、信息流中心和交通枢纽；宝鸡是城市群副中心，是西部制造业强市沿陇海线与咸阳、西安等构成的高新技术产业与装备制造业产业带；咸阳是西安的卫星城市，逐渐与西安融合共同成为关中城市群的新核心；铜川也是城市群副中心，是连接关中和陕北的纽带；渭南也是城市群副中心，是农副产品生产基地；杨凌示范区是全国农产品深加工为主的"农科城"，是关中地区农副产品加工业技术源泉地。2018年国家层面出台《关中平原城市群建设规划》，标志着关中平原城市群的建设日益加速（李伟和刘光岭，2009）。

二、关中平原城市群内部协同发展的状况

城市群建设方兴未艾，关中平原城市群尚处于规划发展初期，城市群内部协同发展的核心便是构建城市群利益共同体。城市群利益共同体既不是单纯追求城市群整体利益最大化，也不是区域内部各城市间均等化发展，而是在各城市错位发展基础上形成较为良好且稳定的发展利益，避免出现区域内部各城市发展利益的割裂或形成城市间利益分布差距过大的现象。

城市群利益共同体的形成依赖于城市群内部的市场协同与治理协同。市场协同强调突破行政区划的界限，消除贸易壁垒，建立统一的大市场，实现要素与资源流动的自由化与合理化（魏丽华，2016），具体表现为各城市之间经济联系强度、产业关联度、人才流动等方面；治理协同侧重于城市群的整体治理，将城市群视为规划发展的新主体，具体表现为各城市之间的规划协同、公共服务协同优化、环境协同治理等方面。

市场协同与治理协同相互促进、彼此强化，两者共同作用以打造城市群利益共同体，打造城市群利益共同体正是该区域内部各城市主体积极组织与响应市场协同和治理协同发展的有力激励（图12-1）。因此，接下来分别从市场协同、治理协同两大维度展现当前关中平原城市群内部区域协同发展的状况。

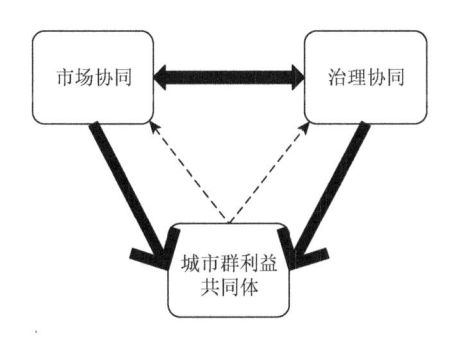

图 12-1　城市群内部协同发展的两大维度

（一）市场协同

1. 经济联系

关中平原城市群地区生产总值逐年增加，2020年底，关中平原城市群地区生产总值达 2.27 万亿元、人均地区生产总值达 54494 元，关中平原城市群跨越三个省级行政区划，其中，陕西地区生产总值占比呈上升趋势，并成为关中平原城市

群生产总值的绝大组成部分，关中平原城市群内部甘肃地区与山西地区生产总值占比保持总体稳定并呈现下降趋势，关中平原城市群中陕西省部分区域经济增速更有优势。城市群内部陕西地区生产总值占陕西省生产总值比例呈上升趋势，2020年达到66.80%，关中平原城市群建设成为陕西省经济发展的强大动力（表12-1）。

表12-1　2010~2020年关中平原城市群地区生产总值及相关占比

年份	地区生产总值/亿元	城市群内部陕西地区生产总值占比	城市群内部甘肃地区生产总值占比	城市群内部山西地区生产总值占比	城市群内部陕西地区生产总值占陕西省的比例
2010	8 545	72.85%	9.88%	17.27%	61.49%
2011	10 383	72.48%	10.03%	17.49%	60.14%
2012	11 849	73.34%	10.27%	16.39%	60.12%
2013	13 261	74.81%	10.06%	15.13%	61.83%
2014	14 427	75.75%	10.15%	14.10%	61.78%
2015	14 951	77.22%	9.53%	13.24%	64.07%
2016	15 859	77.78%	9.27%	12.95%	63.59%
2017	17 370	78.88%	8.36%	12.76%	62.57%
2018	19 454	79.11%	8.44%	12.45%	63.14%
2019	21 864	79.93%	8.18%	11.89%	64.27%
2020	22 688	79.96%	8.42%	11.62%	66.80%

资料来源：各省市统计年鉴

采用空间引力模型测算2020年关中平原城市群内部主要城市之间的经济联系度及强度，城市间经济联系量的具体公式为 $R_{ij} = \dfrac{\sqrt{P_i V_i}\sqrt{P_j V_j}}{D_{ij}^2}$，城市间的经济联系强度的具体公式为 $F_{ij} = \dfrac{R_{ij}}{\sum_{i=1}^{n} R_{ij}}$，其中，$D_{ij}$ 表示根据百度地图的数据整理得到的城市之间的驾车最短距离，$P_i(P_j)$、$V_i(V_j)$ 分别表示城市的常住人口和地区生产总值总量（魏丽华，2017）。根据关中平原城市群中各城市的综合实力，选取西安为中心一级中心城市，咸阳市、宝鸡市为二级中心城市，其他城市为三级中心城市，计算结果见表12-2。关中平原城市群的经济联系呈现出以西安为核心的明显特征，除去甘肃省的天水市与平凉市，各城市与西安市的经济联系强度均在60%以上，其中西安市与咸阳市的经济联系强度达到99.23%，由此可见西咸经济交流密切，西咸经济一体化进程有明显效果。而各城市与咸阳市、宝鸡市的经济联系强度相较于西安市骤降，大多数在20%以下，但甘肃省的天水市、平凉市同宝鸡市经济联系强度显著高于其他城市。总体来看，关中平原城市群经济以西安为发展中心，逐步扩散至周边城市，城市群内部尚无明显的二级中心城市（表12-2）。

表12-2 2020年关中平原城市群主要城市之间的经济联系量及强度

城市	西安市 经济联系量/[(亿元·万人)/km²]	联系强度	宝鸡市 经济联系量/[(亿元·万人)/km²]	联系强度	咸阳市 经济联系量/[(亿元·万人)/km²]	联系强度
铜川市	56.38	67.63%	3.09	3.70%	23.90	28.67%
宝鸡市	111.41	73.74%	—	—	39.68	26.26%
咸阳市	5176.87	99.23%	40.24	0.77%	—	—
渭南市	876.71	86.02%	16.17	1.59%	126.27	12.39%
商洛市	93.27	80.90%	4.24	3.68%	17.78	15.42%
运城市	56.09	76.66%	4.80	6.56%	12.28	16.78%
临汾市	23.03	74.07%	2.65	8.53%	5.41	17.40%
天水市	14.17	44.51%	13.38	42.05%	4.28	13.44%
平凉市	10.87	50.10%	7.16	33.01%	3.66	16.89%
庆阳市	24.62	62.51%	7.55	19.18%	7.21	18.31%

资料来源：各省市统计年鉴及百度地图

2. 产业关联

关中平原城市群主要城市的三次产业增加值贡献率逐步呈现出以服务业为主导的特征，其中，西安市产业结构偏向于科技创新型第三产业（图12-2），咸阳市三产产值贡献率逐年增加（图12-3），宝鸡市第二产业驱动的特征较为明显（图12-4），渭南市、铜川市与杨凌示范区的一产与三产产值贡献率逐年增加（图12-5～图12-7），天水市产业结构偏向于第三产业（图12-8），运城市一产与三产产值稳步提升（图12-9）[①]。由此可见，关中城市群各主要城市的产业结构不断调整和优化，不断转变发展方式，深化改革创新，已初步形成以第二产业和第三产业为主导的产业发展格局。

---

① 资料来源：各市（区）2018～2020年《国民经济和社会发展统计公报》。

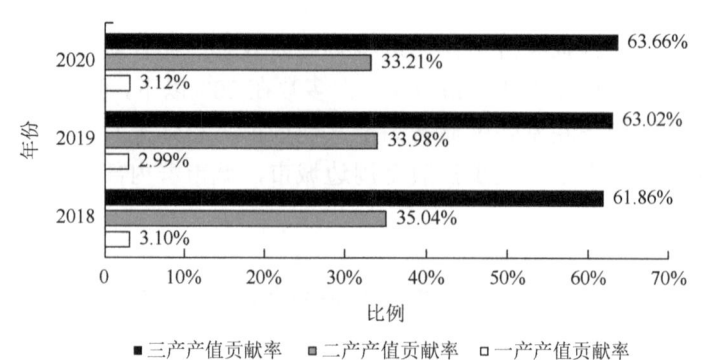

图 12-2　西安市 2018~2020 年三产产值贡献率

由于舍入修约，数据存在误差

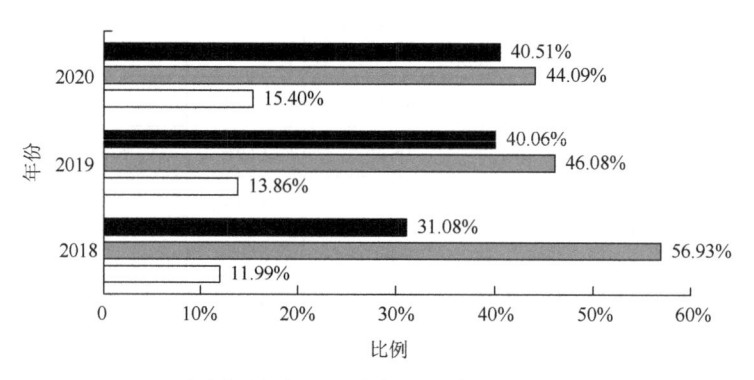

图 12-3　咸阳市 2018~2020 年三产产值贡献率

由于舍入修约，数据存在误差

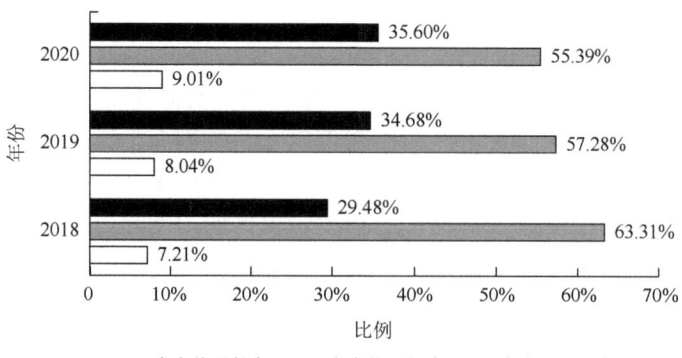

图 12-4　宝鸡市 2018~2020 年三产产值贡献率

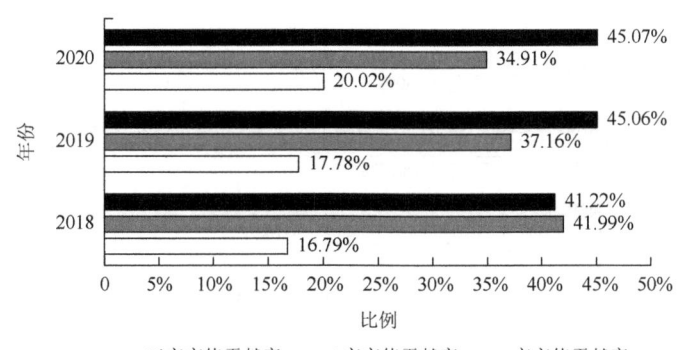

图 12-5 渭南市 2018~2020 年三产产值贡献率

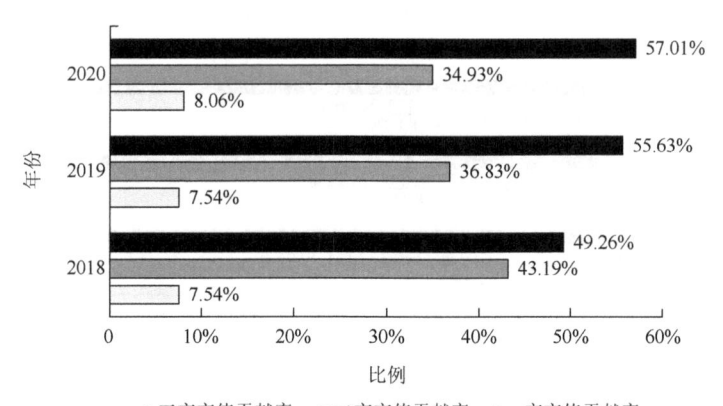

图 12-6 铜川市 2018~2020 年三产产值贡献率

由于舍入修约，数据存在误差

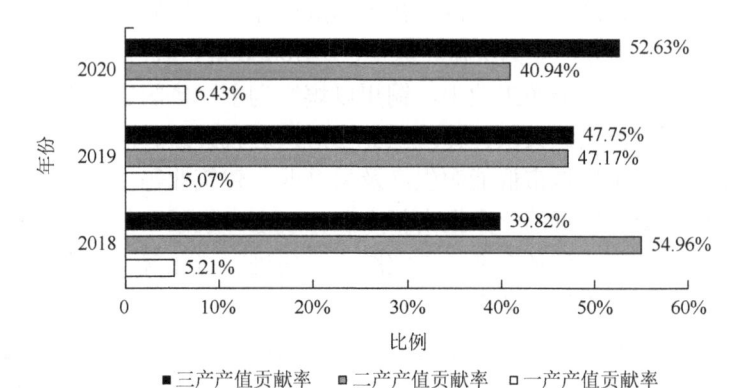

图 12-7 杨凌示范区 2018~2020 年三产产值贡献率

由于舍入修约，数据存在误差

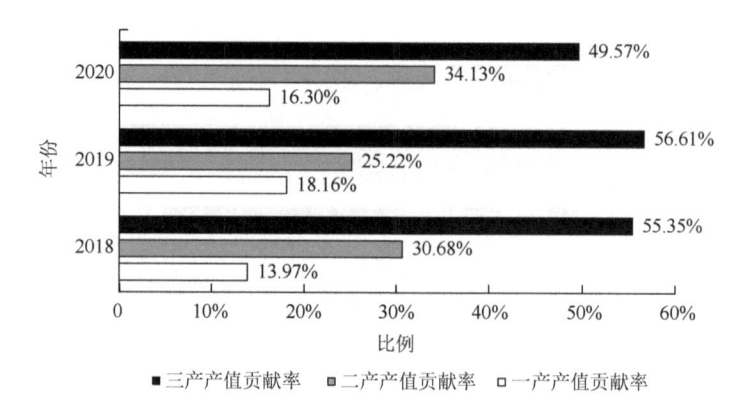

图 12-8　天水市 2018~2020 年三产产值贡献率

由于舍入修约，数据存在误差

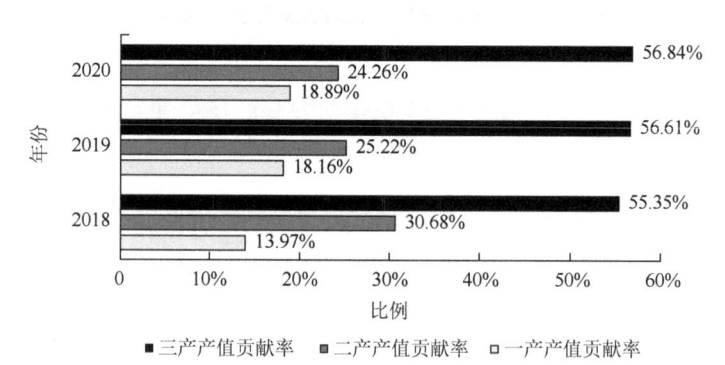

图 12-9　运城市 2018~2020 年三产产值贡献率

由于舍入修约，数据存在误差

区域内各城市在产业集聚基础上初步形成产业分工协同、创新发展的格局。首先，关中地区的主导产业为机械、电子、纺织和煤炭，城市二级产业差异明显，实现产业互补发展。在能源工业中，铜川以煤炭为主，华阴以电力为主，韩城煤炭和电力地位同等重要。其次，传统工业已进入迭代升级、向中高端产业发展的进程，近年来关中平原城市群能源生产及采掘业、建筑业等传统产业职能地位不断减弱，关中平原城市群的一大批高新产业如航空、航天、信息服务、软件服务等产业正在快速崛起。装备制造、航空航天等先进制造业就业比重不断上升，已经成为西安、宝鸡的支柱产业之一。最后，近年来关中平原城市群产业协同和资源共享水平不断提升。关中平原城市群的装备制造、电子信息、航空航天等重点产业集聚度不断提升，单晶硅产品产量位居全球第一。中国科学院西安科学园加快建设，国家增材制造创新中心揭牌，秦创原创新驱动平台加快建设。西安高新区与宝鸡、杨凌、渭南、咸阳国家级高新区签署了协同发展协议，"飞地园区"建设不断深化。城市间资源共享不断深化，西安市教育资源共享平台向咸阳市开放，天水市与西安交通大学等高等院校开展科技合作，西北农林科技大学在庆阳市建立了苹果实验基地和庆城苹果试验示范站。陇东南地区25家医疗机构加入陕西省儿童医疗联合体，全面启动双向转诊绿色通道。签订实施区域旅游城市合作行动计划、共同开发周边旅游市场合作协议，整合旅游资源、对接旅游线路、开展整体宣传。

3. 人才分布

人才资源作为经济社会发展第一资源的特征和作用日益明显，创新能力强、综合素质高的人才是发展经济的关键。关中平原城市群内部劳动者的综合素质迅速提升，技能水平持续提高，传统的劳动力资源优势正逐渐减弱，"人口红利"正向着"人才红利"加速转变[①]。将受教育程度为大专及以上学历的人口数作为人才数量，测算出2010年和2020年关中平原城市群主要城市的平均人才密度，整体上各城市的人才密度均有明显上升，尤其西安市2020年人才密度较2010年翻一番，其他城市2020年人才密度较2010年的增幅普遍在32%至55%之间（表12-3）。2010~2020年关中平原城市群内部城市的人才密度显著增加，人才空间分布呈现出西安为核心并逐步外溢的格局。根据各城市人才密度相对变化率[②]（表12-4），可发现西安人才密度迅速提高，远远超过其他城市的人才密度提高程度。

表12-3 2010年、2020年关中平原城市群主要城市人才密度

城市	2020年人才密度/(人/km²)	2010年人才密度/(人/km²)
西安	373.24	184.34
咸阳	54.20	41.07
渭南	37.57	24.17
铜川	25.55	17.39
宝鸡	25.30	16.47
商洛	9.43	6.71
运城	4.50	—
临汾	2.71	—
天水	2.19	—

---

① 详见本书第四章关中平原城市群的人口发展，第一节"二、关中平原城市群人口状况"中的"（二）人口质量不断提升，人口基础设施逐步完善"。

② 根据 $V_j = \dfrac{t_j(2020) - t_j(2010)}{T(2020) - T(2010)}$ 计算各城市人才相对变化率，其中 V_j 表示 j 市的科技人才密度相对变化率，$t_j(2020)$ 表示 j 市2020年的人才密度，$t_j(2010)$ 表示 j 市2010年的人才密度，$T(2020)$ 表示京津冀地区2020年人才密度，$T(2010)$ 表示京津冀地区2010年人才密度。其中人才密度用单位面积的人才数来表示，以反映人才分布空间格局情况，这里为保持统计口径的一致性和数据的可得性，人才数用大专及以上学历的人才数来度量。

续表

城市	2020 年人才密度/(人/km²)	2010 年人才密度/(人/km²)
平凉	1.99	—
庆阳	0.83	—

资料来源：《中国城市统计年鉴》《陕西统计年鉴》

表 12-4　关中平原城市群主要城市人才密度相对变化率

城市	科技人才密度相对变化率	城市类型
西安	5.28%	迅速提高型
咸阳	0.37%	缓慢提高型
渭南	0.37%	缓慢提高型
铜川	0.23%	缓慢提高型
宝鸡	0.25%	缓慢提高型
商洛	0.08%	缓慢提高型

资料来源：《中国城市统计年鉴》《陕西统计年鉴》

通过人才在区域内部的自由流动来实现人才的合作与共享是市场协同的重要表现，也是提升城市群内部协同发展水平与整体竞争实力的核心力量。本书借鉴洛伦兹曲线研究人才分布均衡问题，分别绘制 2010 年和 2020 年的关中平原城市群各城市的人才分布洛伦兹曲线（图 12-10）[①]。它反映了人才分布的不均衡程度，弯

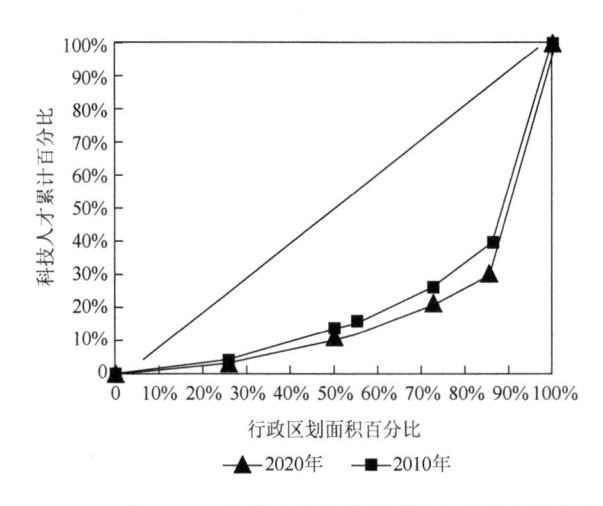

图 12-10　2010 年、2020 年关中平原城市群的人才分布洛伦兹曲线

① 对各城市按照科技人才密度（科技人才数/km²）升序排列，以行政区域面积为横轴，以科技人才累计百分比为纵轴绘制洛伦兹曲线，对角线代表科技人才分布均衡线，洛伦兹曲线弯曲程度越大，越不接近对角线，表明人才分布越不均衡。

曲程度越大，人才分布越不均衡。可观察到洛伦兹曲线弯曲程度随年份递增逐渐增大，且越不接近对角线，表明关中平原城市群各城市之间人才发展差距越大，人才分布不均衡程度越强。

（二）治理协同

1. 规划协同

常态化沟通协调机制不断健全，市县层面的次区域合作全面铺开。西安市牵头成立关中平原城市群区域合作办公室，城市群各市（区）均选派干部常驻西安联合办公，签署了政务服务"跨省通办"合作协议。陕西咸阳市和铜川市与甘肃庆阳市共同推出 9 条"陕甘边红色研学旅游"精品线路。黄河金三角投资合作机制不断完善，韩城与河津积极对接一体化发展，推动《韩城河津战略合作框架协议》落地。西安、渭南两市签订《关于加快推进西渭融合发展规划建设西渭东区的合作协议》，成立西渭东区管委会，全面推进西渭融合发展。富平、阎良一体化发展稳步推进。2018 年，关中平原城市群 3 省发布了《关中宣言》，2020 年 3 省协商制定《推动〈关中平原城市群发展规划〉实施联席会议制度》《2020 年关中平原城市群跨省合作重点推进事项》，建立关中平原城市群跨省协作机制，提出共同推动交通基础设施互联互通等方面的具体工作。西安市牵头成立的城市群区域合作办公室正式进入实体化运营阶段，不断完善常态化沟通协调机制。

2. 公共服务

关中平原城市群内部不断加快生产力一体化布局，城市群基础设施互联互通水平不断提升，同时因地制宜推动市政、能源等基础设施对接联网，加快基础设施数字化转型，另外，大力推动西安优质教育医疗等公共服务资源向周边地区布局。

交通、水利、电网等领域重大基础设施建设加快推进，宝鸡至坪坎、合阳至铜川高速公路已建成通车；西安至延安高铁、西安至安康高铁开工建设，西安至十堰高铁加快推进；西安咸阳国际机场三期扩建工程全面加快，引汉济渭二期工程、东庄水利枢纽工程、斗门水库等项目稳步实施。以高速铁路为重点的城市群对外运输通道加快拓展延伸，以西安市为中心、以宝鸡市为次中心，以渭南市、商洛市、运城市、临汾市、天水市、平凉市等为节点的城市群综合交通枢纽体系日趋完善。"米"字形高铁网不断完善，西安至郑州、兰州、太原、成都高铁相继开通运营。西安北至机场城际铁路通车运营，西安外环高速（南段）、沿黄公路全线等重点公路建成通车。智慧城市和通信基础设施建设进展明显，陕西省工业互联网标识解析国家二级节点（综合型服务平台）建成运营，西安市、宝鸡市工业互联网平台落地实施，西安市成功开通国际互联网数据专用通道。西安交通大学、陕西中医药大学与天水市开展合作，西北农林科技大学在庆阳市建立苹果实验基地和庆城苹果试验示范站。

政府职能从经济管理向社会管理转型，相应地，财政职能也由建设型财政向公共财政转型。公共财政是建立在"市场失灵"理论和"公共产品"理论基础之上的一种与市场经济相适应的财政模式，其核心特征就体现在其财政的"公共性"上，公共性也将成为现代市场经济条件下财政运行的基本取向和公共财政活动遵循的总体原则。而财政均等化则是对公共财政"公共性"程度的具体要求。

通过整理关中平原城市群内部各城市的 2019 年和 2020 年的人均一般公共预算收入与常住人口数据，本书进一步构造出 2019 年和 2020 年人均财政收入洛伦兹曲线图（图 12-11），2020 年的人均财政收入分布较 2019 年稍显均衡。当前仍应进一步推进关中平原城市群公共服务一体化，合理分配财政转移支付，兼顾目前各市的均等化程度，防止"马太效应"现象的蔓延。

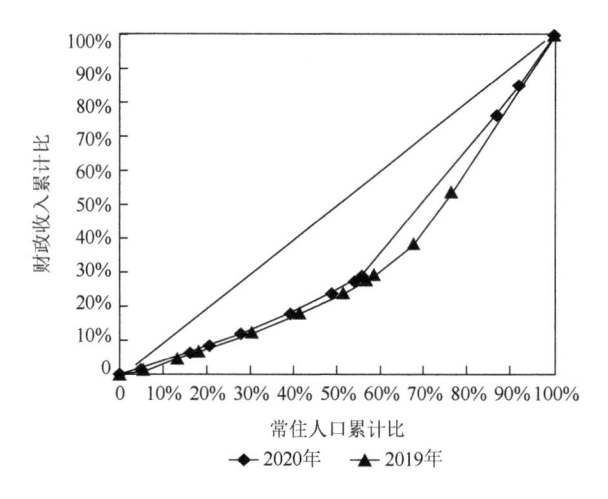

图 12-11 2020 年、2019 年人均财政收入洛伦兹曲线

资料来源：各城市国民经济和社会发展统计公报

3. 环境保护

关中平原城市群位于黄河流域生态保护与高质量发展区，环境保护重要性不言而喻，通过扎实推进生态环境综合治理，城市群绿色生态本底不断夯实。2022 年，陕西省严格实施《陕西省秦岭生态环境保护条例》和《陕西省秦岭生态环境保护总体规划》，持续开展"五乱"问题整治，整治完成 438 座小水电，核心

保护区、重点生态区 169 个矿业权全部退出。2021 年，陕西省扎实推进黄河流域生态保护和高质量发展，制定实施黄河流域生态空间治理十大行动，开展黄河流域入河排污口排查专项行动，整治关中地区问题排污口 20 个，治理黑臭水体 23 条。同时以陕西区域为重点推行"一市一策"精准治霾，2021 年陕西区域空气质量综合指数平均 4.43，同比改善 5.3%（图 12-12）；优良天数平均 195 天；$PM_{2.5}$ 平均浓度 38μg/m³，同比下降 15.6%。近年来关中地区环境空气质量以一年为周期，呈现出前两个季度环境空气质量指数不断降低的特征，环境空气质量不断改善，而秋冬季节关中地区环境空气质量指数不断升高，故日后空气环境治理应继续在后两个季度加大力度。

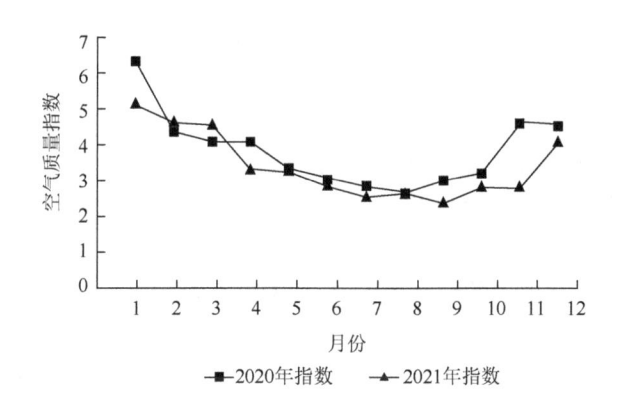

图 12-12　2020～2021 年关中平原城市群陕西区域环境空气质量指数均值
资料来源：陕西省生态环境厅官网

第二节　关中平原城市群内部协同发展的比较与问题

一、关中平原城市群内部协同发展的比较

关中平原城市群建设呈现较快发展态势，但内部协同发展水平尚有较大提升空间。相比之下，东部发达地区的城市群发育程度相对较为成熟，一体化程度较高，关中平原城市群现处于培育起步阶段，行政导向作用明显，地方保护、产业同质竞争、基础设施和公共服务衔接不畅等问题突出，一体化发展水平较低。本节分别选取东部发达地区的长三角城市群与西部地区发展速度较快的成渝城市群，具体从经济联系、产业发展、人才流动与政府治理等方面同关中平原城市群展开对比分析，综合长三角城市群与成渝城市群协同发展的经验与关中平原地区自身特色，从而提出关中平原城市群内部协同发展现存的问题与挑

战,为进一步明确关中平原城市群的定位、建设目标与协同发展机制奠定分析基础。

(一)经济联系

长三角是中国经济最具活力、城市层级结构最合理的城市群。在城市层级结构方面,长三角城市群呈现出"一超二特三大"的格局,是中国城市层级结构最为合理的城市群,龙头城市与中心城市经济联系密切,区域中心城市同地理位置相近的中小城市经济联系较为密切,中心城市(上海)—次中心城市(南京、苏州、杭州、宁波)—外围城市(无锡、常州、南通、扬州、绍兴、嘉兴、湖州)的良好梯度、雄厚的经济发展实力与密切合理的经济联系有力地助推着长三角城市群的发展(表12-5)。

成渝城市群中成都、重庆两大核心城市与周边城市间经济联系较为紧密且强度较强,形成重庆和成都构成的双核心空间结构,其中成都市作为四川省的省会城市,与周边大中型城市保持着较高的经济联系,包括眉山、雅安、资阳、绵阳等,重庆市则主要辐射与其相邻的广安、泸州和宜宾等(表12-6)。

关中平原城市群内部的经济联系体现出以西安为中心、西咸经济交流密切,但其他城市之间经济交流不足的特征(表12-2)。城市群内部经济联系结构过于简单,各城市之间合理的经济联系尚未形成。一方面,不利于增强核心城市西安向外的经济辐射影响力,极易造成城市间的割裂式发展;另一方面,不利于非核心城市的合理定位、错位发展,容易造成非核心城市的同质化竞争、造成资源错配与浪费。

(二)产业发展

长三角城市群以电子、汽车、现代金融等产业为核心,整体来看,长三角地区重点产业以"专、精、特、新"为主,致力于成为具有全球影响力的科创高地及全球重要的现代服务业和先进制造业中心。战略性新兴产业包括新一代信息技术、生物产业、高端装备制造、新材料、北斗以及光伏产业。在产业链协同方面,中芯、华虹、格科微等龙头企业在南京、无锡、绍兴、宁波、嘉兴等地实现跨域布局。长三角企业家联盟成立以来,围绕强链、补链、延链,先后组建14个产业链联盟,联合开展长三角重点产业链协同研究,积极推进跨区域产业链供需对接、标准统一和政策协同。目前,长三角已经形成了以沪宁产业轴、沪杭产业轴等以铁路沿线建设的产业集群。

第十二章 关中平原城市群的内部协同发展

表 12-5 2020年长三角城市群主要城市之间的经济联系量及联系强度

城市	上海 经济联系量/[(亿元·万人)/km²]	上海 联系强度	南京 经济联系量/[(亿元·万人)/km²]	南京 联系强度	苏州 经济联系量/[(亿元·万人)/km²]	苏州 联系强度	杭州 经济联系量/[(亿元·万人)/km²]	杭州 联系强度	宁波 经济联系量/[(亿元·万人)/km²]	宁波 联系强度
南京	419.68	37.73%	—	—	406.41	36.54%	212.91	19.14%	73.26	6.59%
无锡	1892.52	15.02%	350.33	2.78%	9775.11	77.58%	420.92	3.34%	161.52	1.28%
常州	675.46	24.76%	468.26	17.17%	1282.02	47.00%	226.09	8.29%	76.09	2.79%
苏州	5890.50	75.41%	411.75	5.27%	—	—	1135.97	14.54%	372.97	4.77%
南通	2087.53	52.09%	194.05	4.84%	1389.76	34.68%	218.48	5.45%	117.46	2.93%
盐城	227.62	37.46%	131.86	21.70%	158.83	26.14%	57.38	9.44%	31.96	5.26%
扬州	236.09	15.97%	872.32	59.00%	242.11	16.37%	91.95	6.22%	36.15	2.44%
镇江	193.55	12.96%	969.09	64.87%	222.69	14.91%	80.05	5.36%	28.56	1.91%
泰州	245.14	28.40%	263.11	30.49%	253.02	29.32%	69.83	8.09%	31.94	3.70%
杭州	1452.33	41.73%	213.06	6.12%	1155.71	33.21%	—	—	659.20	18.94%
宁波	740.03	39.98%	73.19	3.95%	377.86	20.41%	660.07	35.66%	—	—
嘉兴	1800.43	36.63%	86.52	1.76%	1689.00	34.36%	1075.51	21.88%	263.43	5.36%
湖州	469.52	23.48%	98.10	4.91%	730.50	36.53%	630.15	31.51%	71.52	3.58%
绍兴	519.89	11.13%	63.14	1.35%	372.49	7.98%	3234.59	69.25%	480.45	10.29%
金华	168.46	23.06%	42.13	5.77%	107.22	14.68%	303.00	41.48%	109.73	15.02%
舟山	60.66	17.37%	7.21	2.07%	31.04	8.89%	37.96	10.87%	212.34	60.80%
台州	135.52	22.69%	25.39	4.25%	77.13	12.92%	133.46	22.35%	225.69	37.79%
合肥	146.00	18.49%	404.89	51.28%	114.78	14.54%	87.92	11.13%	35.98	4.56%

续表

城市	上海 经济联系量/[(亿元·万人)/km²]	上海 联系强度	南京 经济联系量/[(亿元·万人)/km²]	南京 联系强度	苏州 经济联系量/[(亿元·万人)/km²]	苏州 联系强度	杭州 经济联系量/[(亿元·万人)/km²]	杭州 联系强度	宁波 经济联系量/[(亿元·万人)/km²]	宁波 联系强度
芜湖	105.64	13.77%	457.15	59.59%	99.87	13.02%	79.75	10.40%	24.69	3.22%
马鞍山	67.92	7.03%	777.82	80.51%	66.35	6.87%	40.83	4.23%	13.23	1.37%
铜陵	24.41	22.34%	41.06	37.58%	18.05	16.52%	19.22	17.59%	6.51	5.96%
安庆	43.27	26.41%	48.85	29.82%	29.58	18.06%	29.95	18.28%	12.15	7.42%
滁州	87.87	5.88%	1266.36	84.77%	77.70	5.20%	44.79	3.00%	17.17	1.15%
池州	18.49	24.53%	25.07	33.26%	13.13	17.42%	13.62	18.07%	5.06	6.71%
宣城	76.05	22.24%	107.11	31.32%	64.48	18.86%	75.65	22.12%	18.69	5.46%

资料来源：各省市统计年鉴及 2345 公路里程查询网

表 12-6 2020 年成渝城市群主要城市之间的经济联系量及强度

城市	成都 经济联系量/[(亿元·万人)/km²]	成都 联系强度	重庆 经济联系量/[(亿元·万人)/km²]	重庆 联系强度	绵阳 经济联系量/[(亿元·万人)/km²]	绵阳 联系强度	南充 经济联系量/[(亿元·万人)/km²]	南充 联系强度	宜宾 经济联系量/[(亿元·万人)/km²]	宜宾 联系强度
重庆	592.41	53.09%	—	—	112.61	10.09%	337.99	30.29%	72.91	6.53%
绵阳	462.39	73.85%	112.47	17.96%	—	—	46.52	7.43%	4.72	0.75%
南充	132.90	25.70%	331.91	64.19%	46.68	9.03%	—	—	5.58	1.08%
宜宾	53.27	38.90%	73.40	53.59%	4.71	3.44%	5.59	4.08%	—	—
自贡	120.71	36.67%	136.70	41.52%	8.63	2.62%	11.71	3.56%	51.47	15.64%
泸州	85.10	16.18%	363.22	69.06%	9.27	1.76%	15.48	2.94%	52.91	10.06%
德阳	993.49	65.43%	88.35	5.82%	406.51	26.77%	25.18	1.66%	4.86	0.32%
遂宁	132.25	25.44%	222.65	42.84%	31.83	6.12%	127.83	24.59%	5.21	1.00%
内江	135.94	30.74%	250.38	56.63%	12.34	2.79%	18.70	4.23%	24.80	5.61%
乐山	260.57	68.37%	79.30	20.81%	14.86	3.90%	9.19	2.41%	17.20	4.51%
眉山	910.68	90.12%	60.19	5.96%	22.31	2.21%	9.74	0.96%	7.60	0.75%
广安	48.50	8.37%	402.86	69.51%	12.54	2.16%	112.80	19.46%	2.90	0.50%
达州	41.97	14.32%	192.53	65.70%	12.18	4.16%	43.98	15.01%	2.38	0.81%
雅安	118.74	79.45%	18.58	12.43%	6.48	4.33%	3.04	2.03%	2.61	1.75%
资阳	349.23	75.86%	74.66	16.22%	17.61	3.82%	13.34	2.90%	5.51	1.20%

资料来源：各省市统计年鉴及百度地图

成渝城市群的支柱产业主要为电子信息产业（笔记本电脑）以及汽车产业。2020年，重庆笔电产量连续七年全球第一，电子信息（笔记本电脑）产业对当地经济的拉动作用明显。另外，汽车产业作为支柱产业之一，成渝城市群的汽车产能超过600万辆/年，对地区生产总值的贡献率超15%。主导产业园区建设较为成熟，产业园的协同效应明显。重庆和四川在人才资源、科研能力、制造体系、原材料供应等各个环节，都有极大的共性和互补性。重庆市电子学会和四川省电子学会发起成立"川渝电子信息产业联盟"，以期在电子信息领域重塑川渝两地竞合关系，联合更多的科技力量，加快科研进程和成果转化。

关中平原城市群内部重视战略性新兴产业的发展，一大批高新产业如航空、航天、信息服务、软件服务等产业正在快速崛起，但各城市之间的产业发展存在一定程度的趋同性，重点城市之间的产业结构相似特征明显，同时关中平原城市群在科技创新投入产出方面仍有一定差距（图12-13、图12-14）。但关中平原城市群也有自身独特的优势，关中平原地区历史悠久、文化源远流长，充分依托周秦汉唐历史遗存以及区域内文化资源多元富集等优势，打造以文旅、生态为核心的关中文旅特色，同时城市群内部存有较好的工业发展基础，当前应通过加速产学研一体化进程、助推战略性新兴产业发展，进而推动产业转型升级，通过政策引导、市场推动的方式着力打造现代化城市群。

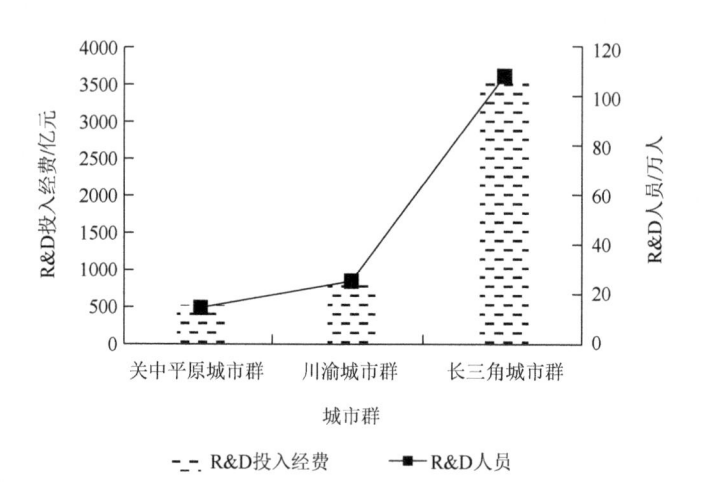

图12-13 三大城市群2019年R&D人员及投入经费

资料来源：根据《中国城市统计年鉴2020》整理

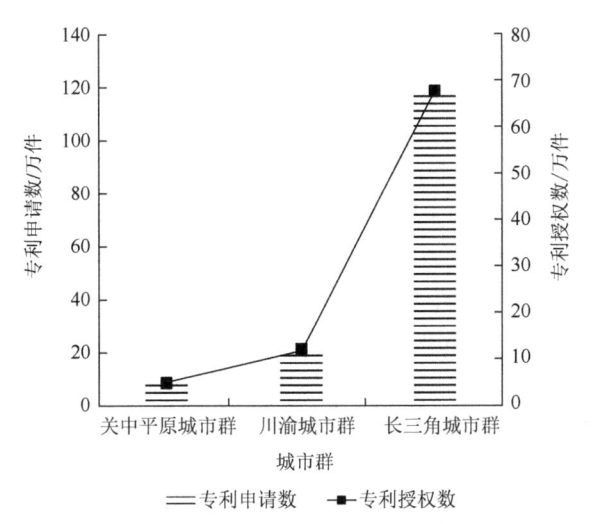

图 12-14 三大城市群 2019 年专利申请数及授权数

资料来源：根据《中国城市统计年鉴 2020》整理

（三）人才流动

城市群内部区域内人才的自由流动、共享促进了区域人才一体化发展，有利于建设区域创新共同体。通过整理 2020 年成渝城市群、长三角城市群与关中平原城市群的行政区划面积与人才数量，利用洛伦兹曲线展现三大城市群内部人才分布均等程度（图 12-15）。成渝城市群与长三角城市群的人才分布均等程度均优于关中平原城市群，前者区域内的人才流动范围更广，人才分布更为发散，而关中平原城市群的人才更多集中于西安市（表 12-3）。

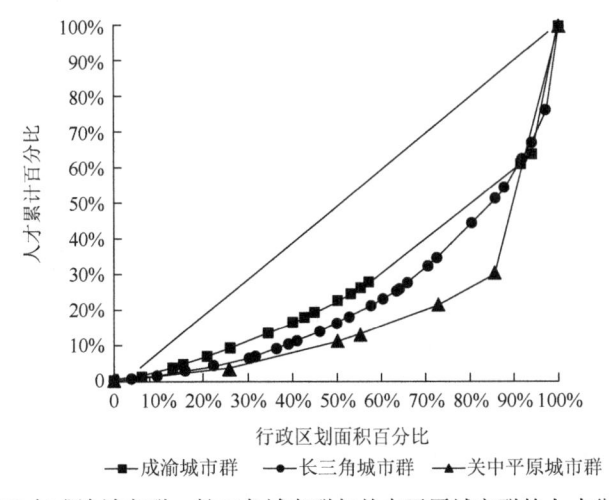

图 12-15　2020 年成渝城市群、长三角城市群与关中平原城市群的人才分布洛伦兹曲线

人才的流动与分布直接受到城市的经济发展水平，尤其是创新型产业发展水平的影响，区域内部各城市的产业分工不同，吸引的人才数量不等，这使得城市群内部的人才分布均衡程度不同。长三角城市群是我国经济发展高地，也是创新型产业集聚地，区域内人才分布较关中平原城市群更均衡，说明其内部产业分布更为合理。而成渝城市群是三大城市群中人才分布最为均衡的区域，展现出区域内成都与重庆"双核心"较强的辐射带动能力，各城市凭借其产业发展能吸引到一定的人才。关中平原城市群则应当进一步提高西安中心城市的辐射带动能力，进一步优化各城市的产业结构，提升西安周边城市的创新型产业发展水平，从而优化区域内部人才分布，提升城市群整体的人才一体化水平，有助于实现区域内优势互补、资源共享，推动区域经济协调快速发展，进一步提高城市群内部协同发展水平。

关中平原城市群在全国范围内的人才吸引度有所提升，求职活跃度与招聘活跃度均有大幅提高。58同城2021年一季度招聘数据显示：关中平原城市群招聘需求最活跃，招聘需求环比增幅达24.77%。通过强化都市圈城市同城化发展，关中平原城市群轨道交通等基础设施向周边城镇延伸，建立了一小时通勤圈，为人才流动提供了良好的先决条件，其中咸阳、宝鸡的招聘需求环比上升明显，分别达到43.18%和30.42%。同时2021年三季度招聘数据显示：关中平原城市群求职投递环比上升最为明显，增速为53%，尤其中心城市西安，以破竹之势加速人才聚集，其招聘需求环比增速最快，为23.53%；其次是成都，环比增速将近10%。这体现出以重庆、成都和西安三大国家中心城市为支点的"西三角"，正在逐步释放就业机会。长三角城市群作为中国经济社会发展的重要引擎，云集众多名企优岗，对人才具有"虹吸效应"，求职关注度较高（图12-16）。

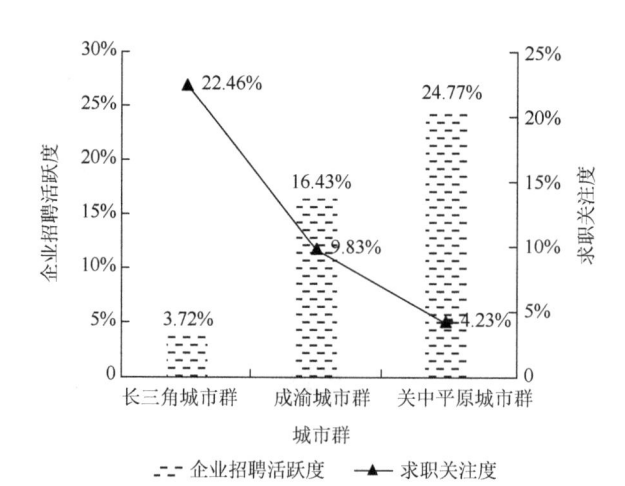

图12-16　2021年三季度三大城市群的企业招聘活跃度与求职关注度

资料来源：58同城

（四）政府治理

长三角城市群有序落实多层次政府合作与多领域治理协同，为各领域工作的开展提供体制支撑，该城市群也在推进制度一体化的进程中一直走在全国前列，目前已形成了领导层定期会晤、跨区域平台搭建、协同落实等较为成熟的合作机制，为城市群治理提供了有效支撑。

长三角城市经济协调会在成立之初便形成了联席会议制度，并在 2004 年将会议频率提高至一年一次，如沪苏浙经济合作与发展座谈会、长三角地区合作与发展联席会议等，均安排了定期的领导层会晤，通过各方领导的及时沟通，协商一体化发展重大事项，明确合作重点和任务方向，同时，减少执行层面推诿扯皮，提高操作和执行效率。《长江三角洲区域一体化发展规划纲要》发布以来，长三角各地区围绕产业创新、环境治理、乡村振兴等领域，先后搭建了长三角 G60 科创走廊、长三角生态绿色一体化发展示范区、长三角"田园五镇"乡村振兴先行区等一大批协同平台。这些协同平台发挥了先行先试、开拓探索的作用，有助于在合作模式、合作路径等方面积累成功经验，同时也为推进关中平原城市群内部协同发展提供了现实样本。在长三角区域协同过程中，往往会在联席会议基础上设立办公室和专项工作组，负责区域协同的落实。办公室由各成员单位派驻的工作人员构成，以确保程序和信息公开透明。办公室负责落实联席会议决策，并开展日常对接、联络和协调工作，部分协同平台的联席会议办公室已实现实体化运作。专项工作组则是根据协同任务划分的执行单元，例如，长三角 G60 科创走廊联席会议办公室下设综合组、产业组、科创组、商务组、宣传组 5 个职能小组，分别履行综合管理事务、产业发展、科创协调、招商引资及商务活动、对外宣传等专业化职能，从而保证一体化工作的有效落实。

相较于长三角城市群，关中平原城市群的政府职能转变不足，区域合作机制设计不完善、区域合作实践甚少。关中内部的行政区划壁垒导致科创资源各成体系、重复设置，也限制了科创资源和创新要素的自由流动，降低了要素配置效益。由于客观条件类似、政府投资方向相似，地区间同质化竞争严重，创新合作难以实现。行政主导也是各地的科技政策和技术产权交易市场规则不统一的主要原因。

二、关中平原城市群内部协同发展的问题

（一）西安经济引领作用不强，各城市发展阶段不同

2020 年，西安市的地区生产总值为 10 020 亿元，占整个城市群总量的

44.17%，在经济发展水平上，西安市处于城市群内绝对的中心地位（表12-7），在城镇体系结构方面，西安市常住人口已过千万，约占城市群总人口的30%，是城市群内唯一的特大城市，而城市群内其他的区域中心城市均为中小城市，"一核独大"的现象十分突出（图12-17）。但是与东中部的一线城市相比，西安市的发展能级仍略显不足，西安作为九大国家中心城市之一，2020年地区生产总值刚过万亿，在九个国家中心城市中排在最后一名，地区生产总值分别是同处在西部地区的成都和重庆的56.56%和40.08%，经济影响力居省会城市和副省级城市中下游水平。同时，西安市还存在产业集聚度不高、战略性新兴产业占比较小、三产融合不足、外向度相对较低、民营经济发展不充分、科技产出水平和成果就地转化能力较弱等问题。西安是关中平原城市群内部科技创新资源的主要聚集地，然而科教资源优势未能充分转化为经济优势，企业的创新主体地位还不牢固，研发经费主要依靠财政或国企研发投入，导致科技与市场的对接不灵敏、不精准，创新成果交易额本地占比偏低。"一核独大"的西安市本应起到引领周边城镇共同发展的作用，但城市群总体上还处在极化阶段，西安市对周边地区的虹吸效应大于辐射效应，比如，在常住人口方面，2015年到2020年来西安市的人口快速攀升，而紧邻西安市的咸阳、渭南、铜川等市人口逐年下降。尤其人口体量本就较小的铜川市，2015年到2020年人口从85万减少至70万。

表12-7　2010～2020年西安市地区生产总值占关中平原城市群的比例

项目	2010年	2011年	2012年	2013年	2014年	2015年	2016年	2017年	2018年	2019年	2020年
比例	37.39%	36.52%	36.88%	37.41%	38.66%	39.68%	40.33%	42.71%	43.58%	44.94%	44.17%

资料来源：各省市统计年鉴

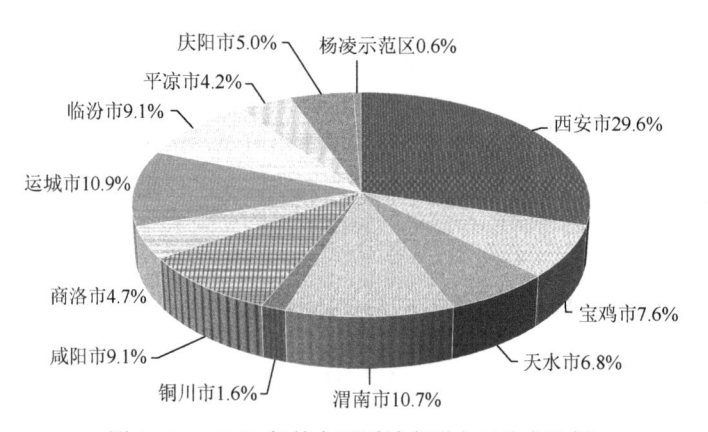

图12-17　2020年关中平原城市群人口分布比例

资料来源：各省市统计年鉴

关中平原城市群城镇体系为典型的"单核"模式,城市等级结构存在断层现象。关中城市群中超大城市为西安,缺失特大城市和大城市,这种结构特征不利于中心城市的辐射,难以带动城市群的发展。关中平原城市群除西安为超大城市外,其余均为中、小城市,西安与宝鸡、渭南等中等城市之间存在大城市断层,造成城市等级的无序状态,等级体系不完整,进而影响中心城市的轴向扩散带动中、小城市发展及点轴系统形成。关中平原城市群超大城市只有一个,相对其他城市群中心城市承载量过大,而作为次中心城市的大城市又出现断层,中等城市不仅数量少,且发展水平普遍低下,无法接受中心城市的产业转移和信息、人才的辐射,同时吸收国外和东部资本的能力不足,不能形成网状的众多经济增长点。关中平原城市群突出表现为缺少 100 万~200 万非农人口的二级中心城市,并且多为 50 万非农人口以下的中小城市,也缺乏具有全国或区域影响力的专业化小城镇(全雨霏和吴潇,2018)。关中平原城市群城市间严重的两极分化在很大程度上削弱了核心城市对周边区域的辐射带动作用,这也导致关中平原城市群总体发展水平特别是城镇化水平偏低,在人口规模、城镇密度和人口密度方面均与周边毗邻省份城镇群存在较大差距。

(二)产业分工协同度不足,文化产业亟待发展

城市群协同发展需要内部城市发展具有不同特色的产业,即单个城市发展的产业需要具有一定程度的趋同性,而各城市之间的产业又要具有较大的异质性,这样才能保证各城市之间形成产业层面的"模块化"分工协同(邓晰隆,2021)。但关中平原城市群内部各城市产业结构相似度[①]偏高,绝大多数在 0.9 以上,城市间产业同构现象明显,使各城市在经济发展时不能充分发挥比较优势,不利于形成协作联动的专业化产业分工(表 12-8)。关中平原城市群各城市产业发展的"重型化""国有化"特征明显,产业发展与布局尚未充分体现各城市比较优势和资源禀赋。特别是关中平原城市群各城市产业垂直分工和水平分工都不明确,产业互补性更多体现在功能和规模上的差异,并没有形成主导与配套的垂直产业关联,

---

① 产业结构相似系数计算公式为 $S_{ij} = \dfrac{\sum_n X_{in} X_{jn}}{\left(\sum_n X_{in}^2 \sum_n X_{jn}^2\right)^{\frac{1}{2}}}$,其中,$X_{in}$、$X_{jn}$ 分别表示 n 产业在 i 地区和 j 地区的产值占其所属产业总产值的比重;S_{ij} 表示两地的产业结构相似系数,介于 0~1,其值越大则表明两地产业结构越相似,区域分工程度越低。

这导致城市群内部职能结构协调度较差并削弱城市间经济联系。受地方政府政绩的排他性影响，区域创新要素流动不畅通，城市间虽在不少行业结成松散的"创新联盟"，但技术融合流于形式化、表面化，跨区域的创新生态和产业集群还没有形成气候，这就导致城市群内城市间的产业发展更多是同质竞争而非分工协作。各地在资源、项目、投资等方面恶性竞争，特色不明显，导致产业布局分散、重复，产业集聚效应不够，主导产业趋同化明显，未能形成优势互补的良好发展态势。如西安市与咸阳市在电子信息产业、装备制造业、纺织业、文化旅游业等方面有较好的产业基础，但两地产业布局规划相互衔接不紧密，未能充分实现产业的深度对接；杨凌示范区与宝鸡市扶风县、眉县以及咸阳市武功县等地在现代农业、生物医药产业间的关联性不强，产业联系松散，没能形成合理的分工合作关系和完整的产业链条，导致杨凌示范区这一国家级金字招牌没有发挥应有的区域发展带动力。

表 12-8　主要城市产业结构相似系数

城市	系数	城市	系数
西安—咸阳	0.92	铜川—宝鸡	0.90
西安—铜川	0.99	铜川—渭南	0.97
西安—宝鸡	0.87	铜川—天水	0.99
西安—渭南	0.94	铜川—运城	0.97
西安—天水	0.97	渭南—天水	0.99
西安—运城	0.97	渭南—运城	0.97
咸阳—铜川	0.95	渭南—宝鸡	0.93
咸阳—宝鸡	0.98	天水—宝鸡	0.92
咸阳—渭南	0.98	天水—运城	0.98
咸阳—天水	0.98	宝鸡—运城	0.82
咸阳—运城	0.92		

资料来源：各省市统计年鉴

关中地区是华夏文明的重要发祥地和古丝绸之路的起点，是中国传统文化的首善之地，更是世界文化格局中的重要节点地区。关中平原城市群的历史内涵丰厚，从文化分布看，包括异域文化、中原汉文化、边疆地区的少数民族文化在内的多种文化交汇碰撞，从时间看，无论是上古时期的伏羲文化、轩辕文化、大地湾文化，还是其后的先秦文化、三国文化、隋唐宋元文化、明清文化在内的各个历史时期的文化构成了城市群文化的发展线索（朱逸宁，2018）。然而，文化传承与城市发展还没有有机结合，历史文化资源的保护、传承及活化利用缺乏顶层设计和整体性统筹规划，各地政府有时各行其是，甚至为凸显地域文化特色，主观割裂、破坏西安都市圈地域文化的历史属性和文化关联，造成了地域文化的曲解和异化。在历史文化遗产保护方面，往往存在两个错误倾向，一是保护不足，文物保护被商业利益裹挟，拆旧建新，造成不可挽回的破坏和损失；二是孤立的保护，未能与城市发展有机结合起来，如历史文化街区西安回民街，过于侧重旧有风貌保护，导致与周围的路网连接不畅，反而不利于历史文化街区的保护与发展。在文旅融合方面，缺乏反映历史文化脉络的精品旅游路线和旅游产品体系，由于各旅游景区的投资、开发、运营缺乏统一规划协调，往往单个是精品，却很难打造整体品牌，导致旅游产品内涵发掘不足，游客难以形成整体性体验认知。总体来说，西安都市圈在中国历史文化空间格局中的文化高地远未彰显（范晓鹏，2021）。

（三）轨道交通建设推进迟缓，人才流动受限

轨道交通是促进城市群发展的基础，高密度的轨交线路也是城市群发展成熟的重要标志。虽然关中平原城市群对外运输大通道建设进展良好，但城市群内部单中心放射状公路网格局尚未转变为多节点网络化格局，天水市、平凉市等民用支线机场项目前期工作进展较慢。其中核心城市西安交通网络呈"米"字形放射状延伸，虽然有关中环线等路网做补充，但离核心区越远路网密度越低，中小城市间的连接通道不足，特别是秦岭北麓和渭北台塬地区路网密度明显较低，整体呈现出核心区路网密度高，东西走向密，南北走向稀的路网格局。这就导致西安虽是全国 12 个最高等级的国际性综合交通枢纽城市之一，连通省外区域的主动脉发达，但连通省内尤其是与陕南、陕北交通连接的支线路网不足，这种枢纽能力内高外低的特点，也导致城市群中心城市对周边城市的带动力不强，尤其是关中、陕南、陕北三大区域的联动性不足。同时，西安市作为城市群核心城市，2020 年常住人口已接近 1300 万人，每日中心城区内部以及与紧邻周边区县的人口通勤规模巨大，但城际交通还不发达，向西与咸阳市主城区只有一条投入运营的地铁连接，远未达到同城化应有的轨道交通水平；向东与渭南虽有高铁连接，基本实现了公交化班次运营，但因西安北站与西安市中心尚有不短的距离，虽有地铁 2 号线和 4 号线连接，但中转西安北站后再往来渭南，致使在时间上反而不具效率优势；向北和向南的城际高铁仍有较大的建设空间，比如，西延高铁处于施工阶段，距离投入使用还有较长时间。在

西安市区，由于职住分布的空间匹配度较低，致使上下班高峰堵车问题非常严重，根据百度地图联合清华大学数据科学研究院交通大数据研究中心等单位发布的《2020年度中国城市交通报告》，西安通勤高峰拥堵指数排在全国百城交通拥堵榜第4，仅低于重庆、贵阳、北京，相较于2019年排名上升4名，高峰拥堵情况更为明显（表12-9）。并且城市群政务信息共享和业务协同机制尚未建立，统一的地理信息公开服务平台尚未起步，高速共享的信息网络建设亟须加速推动。

表12-9 2020年度全国百城交通拥堵排名TOP10

2020年度排名	环比2019年度排名升降	城市	2020年度通勤高峰拥堵指数	2020年度通勤高峰实际速度/(km/h)
1	—	重庆	2.260	24.06
2	+1	贵阳	2.079	26.08
3	−1	北京	2.063	26.91
4	+4	西安	1.987	26.41
5	+2	上海	1.932	24.94
6	—	广州	1.887	29.84
7	+12	昆明	1.861	28.22
8	+31	青岛	1.838	27.63
9	+3	南京	1.822	27.11
10	−5	长春	1.789	27.22

资料来源：《2020年度中国城市交通报告》

（四）政府间利益分享机制尚未形成

协同发展需要突破在原有体制机制下长期形成并已经固化的利益藩篱，尤其是要突破行政界线形成政府间利益分享机制。关中平原城市群跨越三省行政区划，其跨区域合作机制仍不完善。三省虽建立了联席会议制度并实现常态化运行，但从运行效果看，联席会议对于切实解决区域一体化发展关键问题的作用有限，特别是在跨省交通设施、产业协作等重点领域合作项目推进过程中，隐性行政壁垒仍然存在，城市群协同发展机制仍存在较大障碍。城市间合作仍不够紧密，协作有待进一步加强。西渭一体化和西铜一体化的口号已提出多年，但实际进展却相对缓慢，协调发展合作大部分仍停留在签署协议层面。西咸一体化经过20多年的持续推进，在设施互联、规划衔接、公共服务共享等方面取得一定成绩，但仍存在产业分工尚未实现错位发展、公共服务尚未完全顺畅对接、生态环境保护尚未实现联防联控等问题。总体来说，城市群内各城市间的行政壁垒尚未完全破除，各领域彼此间的政府协同机制还有待加强。在规划衔接方面，城市间的政策联动和规划统筹不足，政府间尚未形成强有力的合力，各自为政的现象比较突出。在要素流动方面，城市群内统一开放的市场体系尚未形成，阻碍各类资源要素合理流动和高效配置的行政壁垒尚未消除。在设施互联方面，区域内各城市内部基础设施管网自成体系、自行服务，设施共建共享不充分，跨界地区的路网衔接、道路等级匹配水平还有待提升。在合作动力方面，城市群内各城市间在交通建设、产业发展、生态保护等具体协作领域缺乏完善的合作成本共担和利益分享激励机制，跨界地区生态网络不完整，跨区域共建共享共保共治的体制机制尚不健全。

三、关中平原城市群内部协同发展的挑战

（一）统一大市场建设阻力较大

全国统一大市场指的是在政策统一、规则一致、执行协同的基础上，通过充分竞争以及社会分工所形成的全国一体化运行的大市场体系（刘志彪，2022）。建设全国统一大市场就是通过行政体制改革来打破地方市场分割，消除新时代的市场扭曲现象，比如，部分行政区划旧壁垒反弹、超大特大城市功能过于集中、营商环境有待提升、线上市场与线下市场割裂等（夏杰长和刘诚，2022）。

区域市场一体化是全国统一大市场建设的重要手段和工具，而建设全国统一大市场也是区域市场一体化的重要推动力，当前全国统一大市场建设阻力较多，这些阻力都深刻影响着关中平原城市群内部的协同发展，尤其是区域市场一体化建设。统一大市场建设阻力体现在：市场进入退出壁垒明显、各地市场的规则与标准有差异、市场秩序紊乱、监督体系错位、区域合作机制虚化等。当前的区域市场一体化建设普遍缺少"成本共担、利益共享"的实质性区域激励机制，地方局部利益与区域市场的整体目标难以深度融合，各地无法形成主动突破行政区藩篱的内在动力，加大了区域性统一市场的建设难度，进而造成全国统一大市场建设的迟滞；同时，区域市场间缺少独立于行政区划利益、统一有效的多元协调机制，难以形成全方位、多层次、有效益的全面合作。

以激励协调机制为关键的建设阻力致使改革成本大于收益，造成统一大市场改革拖延，势必会影响到关中平原城市群内部协调发展。一方面，现有激励结构下形成既得利益集团，利益格局已趋于稳定甚至有固化趋势，改革必然涉及利益

的重新分配,极有可能造成既得利益集团福利受损,导致其不愿意改革甚至凭借强势地位阻碍改革,形成改革隐性成本。另一方面,改革存在正外部性。当前制度缺乏成本分担、利益共享的协调机制,导致先动者付出的改革成本得不到充分补偿,从而丧失改革积极性和主动性。

(二)"一带一路"建设面临障碍

关中平原城市群在开放型经济的发展方面有一定差距(表 12-10)。由远离海岸线、市场化改革滞后等方面原因造成的交易成本过高,西部地区区域性中心城市对外开放水平普遍不高。

表 12-10 2019 年三大城市群开放型经济(进出口总额、实际利用外商直接投资总额)

城市群	进出口总额/亿元	实际利用外商直接投资总额/亿美元
关中平原城市群	3 596.64	70.74(不包含甘肃地区)
川渝城市群	12 508.03	103.10(仅重庆)
长三角城市群	64 373.91	635.26

资料来源:各省市统计年鉴

国家"十四五"规划指出,要发展壮大关中平原等城市群。而"一带一路"建设作为关中平原城市群发展开放型经济的重要机遇,也确实使关中平原城市群进入向西开放的前沿位置,为其发挥历史、人文、产业等综合比较优势,深度参与国际经贸、人文交流和国际合作提供了历史性机遇。但随着 2020 年 1 月新冠疫情在全球肆虐以来,疫情政治化、贸易保护主义、民粹主义在西方发达国家渐成主流,对全球产业经济带来了极大的负向冲击(吕一清和吉媛,2021),也对"一带一路"建设造成了一定的阻碍。由于新冠疫情的影响,"一带一路"建设中的项目出现了一些问题与风险:疫情影响海外项目开发和工程施工,影响我国对外投资尤其是承包工程业务;一些项目收入减少,东道国政府财政赤字增加,项目贷款支付、投资回收和承包工程应收账款回收面临困难;部分项目财务回报率低,经济效益差,甚至亏损等。当前"一带一路"建设面临的障碍影响着关中平原城市群发展开放型经济产业,而发展开放型经济是我国当前及今后一段时期推动区域经济一体化发展战略及"双循环"新发展格局有效落地的重要抓手,其不仅关系到我国在后疫情时代经济发展规模与发展质量,而且对于促进产业转型、实现经济发展新旧动能转换具有十分重要的战略意义(胡越秋和矫立军,2022)。

第三节 关中平原城市群内部协同发展的目标

一、关中平原城市群内部协同发展目标确定的依据

(一) 理论依据

现代城市发展的一个重要特征是城市发展不再局限于个体而是逐步依托于城市群，城市群是城市发展到成熟阶段的最高空间组织形式，伴随着城市群内交通通信网络等基础设施建设的布局和空间结构的优化以及城市协同分工体系的产生和完善，资源要素流动的数量和频次会大幅上升，分配格局也将产生相应变化，由此便产生中心和周边城市的布局，逐步形成相互依托、协同发展之势。城市群内部协同是一个发展过程，各城市从孤立无序到关联有序，逐步明确自身在区域发展中的定位，不断从多角度增强城市间的发展联系，从而实现区域内部的市场协同、产业协同、规划协同、交通协同、治理协同、利益协同等（方创琳，2017）目标，达到城市群发展的高级阶段，最终实现内部协同发展（柴攀峰和黄中伟，2014；方创琳，2017）。

(二) 政策依据

党的二十大报告指出"促进区域协调发展。深入实施区域协调发展战略、区域重大战略、主体功能区战略、新型城镇化战略，优化重大生产力布局，构建优势互补、高质量发展的区域经济布局和国土空间体系"[①]。城市群内部协同发展是区域协调发展战略、主体功能区战略的重要组成部分，也是优化重大生产力布局，构建优势互补、高质量发展的区域经济布局的必经之路。

《关中平原城市群发展规划》中提出"西安国家中心城市和功能完备的城镇体系全面建成""创新型产业体系和基础设施支撑体系日趋健全""对内对外开放新格局有效构建""一体化发展体制机制不断完善"的城市群建设目标。具体到城市群内部协同发展，突出强调系统各要素在区域间快速转移流动，由此带来频繁的能量交换、信息交换与物质交换，促使经济提质、产业升级、空间重构、社会进步、生态优化等多方面质量提升，从而实现城市群在内力与外力的共同作用

---

① 《高举中国特色社会主义伟大旗帜 为全面建设社会主义现代化国家而团结奋斗——在中国共产党第二十次全国代表大会上的报告》，《人民日报》2022年10月26日，第2版。

下向更高级状态演化发展。由此可知，城市群内部协同发展绝不是简单的多个行政单元的空间拼接，而是城市与城市、城市与城镇、城市与乡村等多主体的互动融合，总体特征是综合发展能力的增强与协同发展水平的提升，逐渐实现区域经济活动紧密且均衡化发展，最终随着开放程度的提高走向共赢。

（三）现实依据

前文具体分析了关中平原城市群内部协同发展的状况，并通过与长三角城市群和川渝城市群的对比分析得出关中平原城市群内部协同发展的不足之处，综合这些所述内容可知，虽然关中平原城市群内部协同发展水平不断提升，但城市群内部的经济发展、产业关联、基础设施、政府治理等方面均有较大上升空间。针对上述分析的目前城市群内部协同发展的难点与痛点，本部分提出应在关中平原城市群内部形成"发展定位明确、产业合理分工、管理规范有序、资源利益共享"的协调发展格局。

二、关中平原城市群内部协同发展的目标

（一）发展定位明确

发展定位明确是关中平原城市群内部协同发展的首要条件。关中平原城市群应打造层次分明、功能多元、协调统一的多中心层次体系，在"西安-西咸铜渭-大关中-中西部接合部"四维空间梯次推进关中融合发展。西安市主城区、咸阳市主城区与西咸新区是城市群内人口和经济最为集聚的区域，可以作为关中平原城市群的主中心；渭南市主城区、铜川市主城区与杨凌示范区等与主中心联系十分紧密，且拥有较好的发展基础，可以作为次中心；在关中平原城市群范围内分布着很多具有发展特色的小城镇、田园综合体、产业园区等空间单元，例如，具有航空航天特色产业的富阎产业合作园区、临潼文旅融合片区以及装备制造业较强的铜川市新区，都可以作为城市群的微中心。

"主中心"包括西安市主城区、咸阳市主城区和西咸新区，应持续推进西咸一体化，加快西咸新区新中心新轴线建设，逐步扩大该区域的增量空间并优化存量空间。统筹推进老城、新区协调发展，在强化老城区更新改造的同时，保护好古都风貌。将知识经济作为主要发展动力，创造一切条件吸引和培育人才，推动城市功能多元化，加快建设高效便捷的城市基础设施，积极促进城乡融合发展。

"次中心"包括城市群西部杨凌次中心、东部渭南次中心以及北部铜川次中心。其中杨凌次中心应充分发挥农科教资源的雄厚优势，加快建设世界一流农业

特色自贸片区和上海合作组织农业技术交流培训示范基地，强化对武功、周至、扶风、眉县、乾县等周边农业县的辐射引领作用，打造海内外知名的"农科城"。渭南次中心依托"陕西东大门"优势，应当适度扩大城市人口规模，提升综合服务功能与承载能力，促进与晋陕豫黄河金三角联动发展，形成大西安向东承接的战略支撑。铜川次中心应依托"一城两区"的双城空间结构，加快人口聚集、产业聚集，以促进产业技术改造和资源型产业提升转型为主，强化能源、现代建材、冶金等产业优势，积极发展中医药、旅游和农副产品加工业。

"微中心"既可以是具有完整行政区划的特色小城镇，也可以是以产业为核心的特色小镇，或者是田园综合体、文旅融合区、产业园区等特色功能区。城市群内的微中心要加快推进县城城镇化补短板强弱项各项工作，不断提升县城综合承载能力，积极打造县域副中心，不断积聚高端特色要素，努力打造行业细分门类单项冠军，同时围绕各自文化、生态、乡村旅游等功能定位，助力区域整体发展水平的提升。

（二）产业合理分工

产业合理分工是关中平原城市群内部协同发展的根本支撑。在加速推进关中平原城市群建设和西咸一体化的过程中，利用已经形成的大西安经济圈，充分发挥大西安对关中平原城市群产业协同发展的核心引领作用，依托西安的高新产业园区，壮大技术、知识密集型产业，立足发展总部经济，以信息技术带动产业结构调整升级，通过"强强联合""优势互补"等方式实现全面发展。同时进一步扩大大西安建设范围，切实打破行政区划壁垒，为关中各城市产业协同创新发展提供制度支持。

一是继续推进西咸一体化建设，将西安和宝鸡较为完善的装备制造和能源化工产业链条向西咸新区方向延伸。二是宝鸡应将石油装备、汽车及零部件、机器人制造、智能制造、航空、有色金属加工等工业领域的产业链延伸至关中地区，打造属于关中地区的高端装备产业园区，共建西北地区智能技术工程研究院和有色金属加工基地。三是西安应考虑将渭南纳入西咸渭北工业区总体规划，重点围绕新能源汽车及汽车零部件、通用航空制造、现代化工、新能源新材料、节能环保、食品加工等六大产业，推进重点项目对接和研发合作，围绕陕汽整车制造企业，打造新能源汽车制造基地；推进富阎板块深度融合，打造国家级的航空航天产业集群。四是铜川应在现代建材和健康养生等领域加强与杨凌、渭南等周边各市（区）的经济联合，在铜川建立煤炭、水泥、陶瓷等原材料的配套产业园区以及现代建材的供应基地，与其他市进行上下游产品的配套生产；依托铜川的农业资源优势，开发休闲健康养生项目，打造中医药产业集群和休闲养生园区。五是利用杨凌在现代农业科技产业方面的示范引领作用，强化与各地区在生物、食品以及农机设备等领域进行技术研发和交流合作，推行"互联网＋"的现代农业发展模式，打造全国现代农业高技术产业集聚基地。六是商洛、天水、运城、平凉、临汾等外围城市应主动融入关中平原城市群，自觉承接大西安的辐射和带动，在现代物流、文化旅游、能源资源、农产品等主导领域加强与关中各城市的交流与合作，实现跨地区产业联动发展。

（三）管理规范有序

管理规范有序是关中平原城市群内部协同发展的有力保障。关中平原城市群跨越三省，涉及地市较多，为实现有序规范管理，首先必须建立多元主体的协同治理平台，其次要优化区域精细化治理，最后还需加快构建统一大市场，释放区域要素推动跨越式发展的潜在动能。

搭建多元主体与开放协商的管理平台。通过建立城市群协调管理机构，由各城市主要领导参加，中心城市领导任小组组长，主要领导变更，组长也随之变更；定期召开联席会议，议定实施的项目和有关事项；建立领导小组或协调机构的办公室，作为常设机构，开展定期和不定期的城市群联席会议，负责落实领导小组或协调机构决定的事项。健全并创新协商合作机制。支持西安市发挥城市群建设"领头羊"作用，建立与城市群其他市区一体化发展协商机制及交通、产业等重点领域协同推进机制，根据需求成立长期或临时执行机构，推动重点工作落实。支持咸阳、渭南、铜川、宝鸡、商洛所涉县（区）及杨凌示范区、西咸新区积极主动融入城市群建设，计划提出对城市群建设整体有利的工作事项，与西安共同推进工作落实；同时还要完善社会参与机制。鼓励在城市群内成立区域性行业协会、企业家协会、专业合作组织等，促进区域人才、资金、信息、技术、项目的交流合作。构建专业的"第三方"研究咨询机制，依托城市群高等院校、科研院所等优质科研资源，建立城市群发展研究院等智库机构，为政府决策提供智力支撑。充分利用线上线下宣传平台，持续加强《关中平原城市群发展规划》的宣传和展示，增强公众对《关中平原城市群发展规划》主要目标、重大举措的认同感。

精细化治理也是城市群区域管理规范有序的重要体现。城市群一体化建设不断深入，形成跨区域、跨部门扁平化的政府服务体系，以及公私"一站式"的专业化公共服务体系，营建刚柔并济的治理环境，奠定良好的区域合作协同治理合作基础。专业的精细化治理则是城市群发展品质的保证，针对城市群内部的异质性需求予以有效回应，通过有效的政策设计与技术创新，尽可能消除微小的异质性，在求同存异的过程中实现社会融合与文化交融，从而保障城市群发展的社会公平与正义，提升居民的获得感与幸福感。

加快推进人才、技术、金融服务等要素市场一体化，让生产要素在城市群内畅通流动，有助于形成统一开放的大市场、促进要素高效配置、进一步释放城市群发展红利。搭建城市群技术交易平台并建立市场联盟，构建基于知识产权的多层次、多等级交易平台体系，进一步发展服务于技术交易市场和知识产权交易平台的跨地区中介。推进城市银行在城市群内跨行政区开展业务，实现金融服务同城化。强化金融监管合作，建立金融风险联合处置机制。探索实行城市群内"一照多址、一证多址"的企业开办经营模式，推动各类审批流程标准化和审批信息共享互认。健全市场监管体系和跨区域市场监管协调机制，鼓励商事主体依据产业布局在城市群内迁址。加强社会信用体系建设，培育发展城市群信用服务市场，建立和完善失信联合惩戒制度，强化依法公开与共享行政执法信息。

（四）资源利益共享

资源利益共享是关中平原城市群内部协同发展的持续动力，同时资源利益共享是建立在发展定位明确、产业合理分工、管理规范有序的基础之上。只有将区域内各城市联通、共建共享服务并提供资源整合共享平台才能够实现各城市之间、城乡之间的资源利益共享。

加快城市群交通设施网络化建设与交通管理协同化服务，有效衔接区域内部交通枢纽和站点跨区域，实现多样化交通出行方式的便捷换乘，构建层次分明且联通顺畅的交通线路，有效提升区域交通承载水平。交通设施建设应秉持适度超前、因地制宜的原则，结合城市群发展阶段与地域特征，选择适宜的公路交通或轨道交通作为发展重点，在一体化规划的基础上，明确区域交通发展的共同目标，并优化交通设施的空间布局，打破区域行政边界与地域边界。通过协商平台在城市群内部建构起有效统一的交通管理制度，并配套区域交通运营服务的同城化，以提高交通设施网络的运行效率（范晓鹏，2021）。

推动服务合作化供给与服务均等化共享，提升基础设施与公共服务的规模和质量，实现区域服务资源的全面整合。通过不同主体间多层次合作协商机制的完善，以医疗、教育、社会保障为重点领域推进服务共建项目，强化不同部门、不同领域、不同地区的服务管理体系衔接。打造多层次的合作服务管理模式、以人为核心的资源配置机制，实现服务供给主体多元化与微小化，从而提升城市群服务供给能力，最大限度地提升城市群的辐射带动能力。不仅要实现城市间服务设施的共享化，面向社会与公众的全面开放，同时也需要推动城市与乡村的服务均等化，确保城市群的服务资源协调发展，使得民众都能享受到发展带来的成果。城市群中心城市与周围城镇以及乡村地区的服务设施共享，在信息技术的支撑下不断缩小服务水平差距，提高基础设施与公共服务的利用率，形成均衡一体、普惠共享的公共服务布局模式，充分满足不同居民群体对美好生活的需求。

搭建产业转移平台、金融平台、枢纽经济平台，推动资源利益共享。整合城市群内各城市承接产业转移的园区力量，统一对外宣传、举办承接产业转移系列对接活动，并按各城市的产业基础、产业环境等条件，推荐国内外产业转移相关项目到最适宜该项目发展的城市，及时把已不适合在本城市发展的产业转移到城市群内其他城市。政府相关机构出资形成金融平台的引导资金，同时吸引社会资金参与到关中平原城市群一体化发展基金。参照政府与社会资本共同参与的方式，组建区域开发银行、城市群银行、城市群投资开发公司等银行和非银行金融机构，为城市群内部产业发展提供资金支持。充分利用综合交通枢纽的综合性优势，促进城市群内各城市交通枢纽建设。理顺通道的交通功能属性，依据功能差别重构交通通道网络，形成交通枢纽的集散通道、枢纽与枢纽经济区的联系通道、枢纽经济区与物流园区的对外沟通通道、城市过境与对外交通的交流通道整体布局的交通网络系统。借助综合交通枢纽和多式联运体系发展带来的人流、物流、便捷度的提升，推动城市群内不同枢纽经济区之间的衔接和联动，促进经济繁荣发展。

第四节 关中平原城市群内部协同发展的机制

在上文对发展状况、目标与挑战分析的基础上，本部分从协同发展的动力、运行和保障机制来探讨协同发展的作用机制，以期得到更为深入的理论研讨结果。要实现关中平原城市群的内部协同发展必须依赖于在城市群内部形成推动协同发展的作用机制。这种协同发展的机制主要包括动力、运行和保障机制。这三个子系统相互联系、相互作用。首先，动力机制是城市群之间内部协同发展的基础，这主要是来源于区域自身内部利益最大化的追逐、政府和市场机制的作用，通过这些内外部的刺激和引导，来实现系统的整体形成。其次，运行机制是城市群之间内部协同发展的关键。城市群内部的区域，在协作、交流过程中会产生不同领域的发展问题，市场和政府的配合为城市群内部协同提供服务和秩序，从而确保城市群协同系统的有效运行。最后，保障机制是城市群之间内部协同发展的保障。在城市群内部协同过程中，各方的利益均衡需要制度性依据来保障协同价值的实现，这就需要构建保障机制。

一、建立内部协同发展的动力机制

城市群内部协同发展的动力机制是区域在不断合作、共生和演化共进中的重要推动力。主要包括：规划引导、健全市场、创新驱动三个机制。

（一）规划引导机制

政府要制定符合城市群发展状况、定位的指导性城市群发展规划，这是发达国家城市群的共同成功经验。政府出台区域内部协同发展的相关规划，是对区域协同发展极大的外力支持，使得区域间不得不抛弃只考虑各自利益的狭隘思想，积极制定相符合的意见和规划或者实地调研来支持协同发展。此外，政府还可以一方面利用对欠发达地区的财政补贴，通过外力干扰来提高欠发达地区的基础设施建设和基本服务水平，达到缩小地区差异的作用；另一方面通过给予主动跨区域投资、转移的企业和主动减少污染提高效率的企业的税收优惠政策，以此来鼓励其参与协同发展。

（二）健全市场机制

城市群的形成过程应是一个市场化的过程，市场化程度高，市场体系相对完整，市场中的微观主体能够自觉按照市场经济的规律完成各种资源的组合，从而实现城市群内部的可持续发展。因此，应当进一步健全城市群的市场机制。一方面，扫清市场障碍，在城市群内部建立一体化的市场体系，共同促成统一的大市场，实现区域联合，去除行政区所形成的市场壁垒，使得内部市场要素得以自由流动。对于城市群内部的合作行为给予鼓励和奖励，对于制造准入障碍、流通壁垒的行为给予严厉的惩罚。另一方面，根据市场需求状况进行区域内调节，在城市群内部通过价值规律自发调节市场供求状况，让城市群的生产、经营投资者能够根据市场供求关系自发进行市场行为，尽量减少各地政府的地方性采购、人为制定生产指标等行为。所有的生产、建设、项目落地、企业选址等需求能够自发进行，根据需求确定生产规模和速度，避免出现行政干预而带来的重复建设、盲目扩大生产造成产能过剩等问题。

（三）创新驱动机制

创新驱动协同发展的主要表现在：推动区域提高发展水平。一方面，科技创新是通过提供新技术、提高生产效率和增强工作环境等提高区域的发展，创新的提升能力对落后地区的作用效果更为明显和迅速，这样可以迅速缩小地区间差异；另一方面，创新驱动机制促进区域间创新资源的相互整合，使得区域整体形成一个公共体，可以进行创新分工协作的有序进行，使得创新资源在这一区域整体内实现有序流动,完善了区域整体创新的格局,推动了区域协同演化共进。

二、强化内部协同发展的运行机制

城市群内部协同发展是一个动态发展,运行机制就是保证这一动态过程能够顺利进行的协调机制。主要包括:政府协调、非政府协调、产业协调三个机制。

(一)政府协调机制

政府协调的板块是运行机制中最重要的一个部分。建立跨区域的政府协调机构,其不受区域限制而直接对城市群运行进行管理,是具备实际指导、监督、执行的权力机构,从而完善强化政府协调机制,建立高级别的政府协调机构直接推进区域协调工作。

(二)非政府协调机制

城市是城市群内部的运行单元。城市间的协调通过形成区域联盟、城市列席会议等方式推动城市群内部协调发展运行,通过发展社会自治的非政府协调机制作为有力补充。鼓励社会力量、企业、行业协会等组织协调机构,建立非政府的协调机制,作为政府协调机制的有力补充。城市群政府可以尝试向社会购买公共服务向社会组织转移部分服务职能。

(三)产业协调机制

产业协调机制是推动一个城市群内部协调发展的关键板块。区域官方或非官方的产业协调机构能够持续完善内部产业制度,从而推动产业转移、促进产业空间调整,实现产业协调发展。合力构建城市群内部合理的产业布局,形成完善的产业协调机制,这是一个城市群发展进入成熟化的重要标志。产业分工协作可以促进城市之间相互合作、合理分工及取长补短,促使区域整体结构更加合理,从而有利于发挥特定区域整体的优势,推进相关关联企业在研发、生产等方面建立的合作,实现费用节约、资源共享和提升双方及多方的利益,最终促进区域的协同演化。关中平原城市群在产业协调上应该在清晰地分析各个城市的资源基础、城市要素的基础上,首先做好产业布局的阶段性定位;其次依据已有的重点产业,通过兼并及混合所有制的改组等方式进行产业布局的调整；最后根据市场需求、空间发展情况进行灵活调整，最终实现在大关中产业融合发展，进而辐射到晋西南、豫西北，从而推进西安、郑州、太原黄河中下游三角区产业融合发展，为中西部融合发展打好基础。

三、完善内部协同发展的保障机制

保障机制是保证城市群内部各城市参与到协同发展过程中的关键。理论上，如果区域间在协同共生中的成本大于协同所带来的收益，或者协同收益并不如预期的收益高，那么协同活动进展并不会顺利。实践中，要实现区域内部协同必定涉及人口、企业等生产要素的流动，可能出现污染转移等外部问题，这在一定程度上损害了部分地区的自身利益。因此，城市群内部协同发展的保障机制是协同发展过程中必须注意的。具体来看，其主要包括：城市利益分享机制、生态环境治理机制、公共服务保障机制、文化包容促进机制等。

（一）城市利益分享机制

利益分享机制是保障机制的核心。建立成本-利益分离的机制就是主要解决各区域在财政、税收和就业上保证自身或争取更大利益之间的冲突，就其核心来看，可分为利益分享与成本分摊两个方面。利益分享是在某跨区域项目的建立和实施给区域整体带来可观的利益时，要求寻找到区域间在该利益分配上的平衡点，实现区域的利益共享；成本分摊是针对协同进程起关键和直接影响的跨区域基础设施和生态环境屏障等的建设，这些项目的建设需要较大的时间和成本，因此需要各区域分摊成本。要在城市群内部之间建立利益分配机制，通过激励与补偿等政策平衡地方利益。对于关中平原城市群而言，根据自身财政实力，由城市群内各政府吸收社会资金设立发展基金，有效弥补城市群发展落差，补偿一些城市为城市群整体利益而做出的牺牲。根据中心、副中心、周边城市的功能定位，中心城市主要发展附加值较高、污染少的服务业和装备制造业，而周边城市主要发展污染严重、附加值低、价格低廉的产业。这种功能定位必然导致城市群内政府财政能力的失衡，严重影响城市群公共服务的均等化。因此，对城市群周边城市所做出的牺牲进行经济和生态补偿是必需的。

（二）生态环境治理机制

环境治理机制成为保障城市群可持续协调发展的关键因素。一方面，要强化政府对城市群内部各城市相关企业环境的统一管理与监督，制定统一的环境保护与治理政策，做到标准严格统一，保证发展的可持续性；另一方面，要建立补偿机制，主要是生态补偿和产业转移补偿，前者是对环境污染的补偿和丧失发展机会的保障，后者是对产业转移后损失的税收和收益的补偿。面对目前关中平原城市群已经存在的环境治理问题，未来城市群内部的开发生产应该更加注重对环境的保护，严格控制粗放式开发，抵制任何以追求短期效益而牺牲环境的开发行为。针对城市群内部的高污染、高能耗产业，如钢铁、水泥、玻璃加工等积极进行转型，通过合理规划布局，避免集中布局，降低政府对其的过度保护，鼓励其参与市场竞争，让市场充分发挥自动调节功能；另外对区域内污染较重的产业区块开展生态补偿战略，污染与治理同步进行；合理调整产业布局，使产业和城市发展、人口分布相协调。

（三）公共服务保障机制

公共服务设施是人口在流动中所思考的基础性物质条件，医疗、文教等设施的齐全和高档是人才关注的重点。同时，交通基础设施的完善是区域协同发展的重要前提，合理、智能、层次和完善的综合交通运输体系可以显著地提高运输服务水平，提升区域间的联系程度，可以良好地实现人口流动和产业转移等，对区域协同产生重要影响。因此，对于关中平原城市群内部协同必须加强城市群内部基础设施建设，构建跨行政区的公共服务供给机制。首先，通过建立统一的布局规划，对整个城市群内部的医疗、教育等公共资源进行合理的配置，同时让区域内城市寻找各自的发展优势。其次，在以市场资源配置为引导的基础上，让每个城市都培育出独特的公共服务特色，特别是将城中村、城乡接合带地区纳入公共服务一体化的范畴内，以弥补城市群内不同公共服务资源的差距，实现基本服务均等化。最后，通过构建跨区域的公共服务供给机制，缩小城市间差距，实现资源共享，以促进城市群的协调发展。

（四）文化包容促进机制

文化上的认同是良好交流合作的基础。城市群整体内部的语言、传统文化和饮食等方面的相近和共享是实现内部协同发展的重要推动因素。地域文化通过言传、身教、耳濡的方式对人们的价值观、实践认知和习惯等产生潜移默化的影响。在历史发展进程中，特定区域逐渐形成了包容性的地域文化，拥有相同地域文化的地区更具包容性，民间机构和组织间的交流更通畅，商品贸易也更为活跃，这些文化上的认同为区域交流合作奠定了良好的基础。社会民众基于语言、饮食和风俗的相近，通过参加一系列的民间活动组织，实现了基层民众心理上的区域心理协同。因此，关中平原城市群要实现内部协同需要以周秦汉唐的华夏文化为核心，突出关中、陕北、甘陕、晋东南、豫西文化的特色，通过文化宣传实现交流共同，促进文化交流，建立多元文化相互促进的文化包容机制。

第十三章 关中平原城市群的对外开放发展

党的二十大报告强调,"推进高水平对外开放""稳步扩大规则、规制、管理、标准等制度型开放"[①]。这标志着中国对外开放进入了一个新阶段,逐步从政策层面向制度层面转变,从完善产业政策向营造高质量的经济发展环境迈进。推动关中平原城市群对外开放,是关中平原城市群高质量发展的内在需要,也是深入推进西部大开发、融入区域发展的重要环节,更是国家深化改革、探索内陆地区改革开放新路径的重要尝试。本章首先回顾关中平原城市群对外开放发展的历史和状况,并在此基础上总结凝练关中平原城市群对外开放存在的问题与面临的挑战,最后提出关中平原城市群推进高水平对外开放的目标与实现路径。

第一节 关中平原城市群对外开放发展的历史与状况

一、关中平原城市群对外开放发展的历史

(一)新中国成立前关中地区的对外开放

1. 西周至魏晋南北朝时期关中地区的对外开放

关中地区商业起源较早,原始社会末期和奴隶社会初期有了农业、畜牧业和手工业的分工,产生了商品交换。商周时期,商业主要掌握在奴隶主贵族手中,是奴隶制经济的一种补充,奴隶同牲畜一样被当作商品进行买卖。《史记·秦本纪》说周穆王(前1026~前922年)"西巡狩,乐而忘归。徐偃王作乱",秦人"造父为缪王御,长驱归周,一日千里以救乱"。据《礼记·月令》记载:"是月也,易关市,来商旅,纳货贿,以便民事。"这是按农业的季节安排地区间贸易的情况,也反映了西周时期地区贸易往来逐渐增多。

春秋战国时期,商人同士、农、工一起被列为四民之一,各诸侯国先后建立

[①] 《习近平:高举中国特色社会主义伟大旗帜 为全面建设社会主义现代化国家而团结奋斗——在中国共产党第二十次全国代表大会上的报告》,https://www.gov.cn/xinwen/2022-10/25/content_5721685.htm。

了市场管理制度，自由商人突破奴隶主贵族的垄断得到发展，成为商业的主要力量。秦始皇（前259～前210年）统一中国后，拆除了六国的关津城垒和堤防障碍，大力兴修道路，统一车轨，开通水道，便利交通。同时，还改革了货币和统一了度量衡。这些措施在客观上促进了对外贸易的发展。《史记·货殖列传》记载，关中地区和巴蜀地区通过"栈道千里，无所不通"，能够"以所多易所鲜"，这活跃了物资交流，促进了商品运输。西汉时期由于国力强盛，经济比较繁荣，陆海交通较发达，因此，边区与内地、汉族地区与少数民族地区之间的贸易往来也随之增多。举世闻名的"丝绸之路"就以长安为起点，西可直至大秦（东罗马帝国），南可达身毒（印度）。

2. 隋唐至明清时期关中地区的对外开放

南北朝后，隋朝统一中国。隋文帝即位后不断恢复生产，特别是关中地区的农业生产得到了迅速发展，经济呈现繁荣景象。隋炀帝时陕西约有371万人，是全国人口的1/12，而关中三郡竟占253万人之多[①]。据《隋书·地理志》，长安人"去农从商，争朝夕之利，游手为事，竞刀锥之末"，市场繁荣，超过以往。

唐代，中国封建经济进入鼎盛时期，商业得到空前发展，首都长安是当时世界著名的商业中心之一。唐时的对外贸易比较发达，汉族与少数民族互市非常频繁[①]。当时的对外贸易可分海路和陆路，海上以广州为中心，通入东南各国；陆路则以长安为中心，通往西部和西北部，从长安出发，经河西走廊，过塔里木盆地，到达中亚及西亚各地。据《资治通鉴·唐纪》卷二百二十五，到达长安的外国商人"殖资产，开第舍，市肆美利皆归之"。晚唐之后，国都易址，经济重心南移，关中地区商业虽不如南方，但仍继续有所发展。

宋代，商品交换场所已突破旧的坊市界限，扩展到城市的各个街巷，虽然城市贸易远不如前代繁华，但在一些手工业产品的生产交换、地区贸易、民族贸易方面却有了新的发展[①]。元代，农村商品化的进程加快，地区、民族之间的贸易往来增多。明代，商品市场不断扩大，商人的社会地位提高，相继出现了一些工商市镇和商帮会馆，其中，关中会馆在明代颇有名气。

清代，商品生产和商品交换进一步扩大，商品流通的规模和范围进一步扩大，商业资本积累加快，出现资本主义商业的萌芽。据统计雍正年间，关中地区各县定期的集市和庙会，大县有数十处，小县也有数处，如渭南县有33处，宝鸡县有17处[①]。

---

① 《陕西省志·商业志》，https://dfz.shaanxi.gov.cn/zslm/fzzlk/xbsxsz/szdylpdf/201404/P020240923612415835766.pdf.

3. 中华民国时期关中地区的对外开放

从清道光二十年（1840年）第一次鸦片战争爆发到辛亥革命（1911年）前后，由于关中地区地处内陆，交通不便，绝大部分农村仍处于耕织结合的封建自然经济状态。加之晚清、民国初年，当局横征暴敛，军阀混战，灾害连年，商业发展受到严重影响。在此期间，陕西省内商品流通依赖于历史上形成的路线，其中，关中自古连接甘肃、河南，沟通西北与中原，商业重镇首推三原，次为泾阳。

民国24年（1935年）以后，随着交通条件的改善，关中地区商业有了新的发展，市场一度繁荣。据《陕行汇刊》历史资料，关中商业，以西安为中心区，1935年来因交通便利，人口激增之故，西安商号之发展，也呈非常活跃景象，民国24年（1935年）一年中，西安市共增500余户，若按其性质分类，则以食品类为最多，占全数18%；其次为衣着类，占全数14%；交通类占全数12%（即旅馆公寓等）；其余如燃料、饮料、建筑、五金等，约占全数1/2。中日甲午战争以后，由于天灾、兵灾和苛捐杂税、通货膨胀、物价暴涨的影响，对外开放水平停滞不前。

（二）新中国成立以来关中地区的对外开放

1. 1949年至1977年，为关中地区对外开放奠定基础

中华人民共和国成立以来到改革开放前的近30年间，关中地区商业结构的演变，大体上经历了以下的历史阶段：从1949年到1957年，在以陕甘宁边区的公营商业为基础，逐步建立健全国营商业机构，对私营商业通过利用、限制、改造政策，引导其走向合作化道路，基本形成以国营商业为主导的社会主义统一市场；1958年到1977年，由于受"左"的错误影响，商业经济成分单一化，给人民生活带来许多不便。

此阶段，关中地区的对外开放是在国家领导下的统一开放，并不是由市场主导的自发形成的开放发展，但是在此期间建成的国营商业机构、道路基础设施建设以及形成的社会主义统一市场为关中地区的对外开放奠定了坚实的基础。

2. 1978年至2007年，关中地区对外开放的起步

自1978年12月中共十一届三中全会以后，随着经济体制改革的不断深入，"对外开放、对内搞活经济"政策的贯彻落实，提倡国营、集体、个体经济一起

上，从此，又进入以公有制为主体、多种经济商业成分共同发展的新阶段。关中地区对外开放也进入起步阶段。1999年9月，党的十五届四中全会做出实施西部大开发战略的决定，2000年10月，党的十五届五中全会对此作了进一步部署，西部大开发战略的实施全面启动。其中，陕西关中地区及其已建成的关中高新技术产业开发带作为西部开发的重点区域，于2002年3月和7月被科学技术部先后批准建设国家级关中高新技术产业开发带和国家级关中星火产业带，激发了关中地区经济的巨大潜能，成为整个陕西乃至西北快速发展的亮点（杨忠泰，2003）。

3. 2008年至2013年，关中城市群对外开放的初步发展

2008年陕西省公布的《关中城市群建设规划》中，首次明确以西安为核心城市的关中城市群作为陕西地区率先发展的重点经济区域。该规划确定，关中城市群为"一轴一环三走廊"的城镇空间格局，重点支持西安做大做强，加快推进西咸一体化进程，把西安都市圈建设成为关中率先发展的核心板块。关中城市群处于初期建设阶段，重点任务是城市群内部的建设与规划，对外开放的任务在政策文件中甚少提及。

2012年11月，党的十八大在北京顺利召开，会议强调"科学规划城市群规模和布局，增强中小城市和小城镇产业发展、公共服务、吸纳就业、人口集聚功能"[①]。2013年9月习近平出访中亚国家倡议创新合作模式，提出"丝绸之路经济带"的重大倡议。丝绸之路经济带的倡议是新时期中国向西开放和区域协调发展重要举措，为关中城市群对外发展提供了众多的机遇（郭俊华和许佳瑜，2016）。2013年9月，来自丝绸之路经济带的中外城市代表在西安市参加"丝绸之路经济带城市圆桌会"。与会代表签署《丝绸之路经济带城市加强合作协议书》，共同倡议发布《共建丝绸之路经济带西安宣言》，有力地推动了关中城市群对外开放的步伐。

4. 2014年后，关中平原城市群对外开放的快速发展

2014年后，有关关中城市群的重要政策文件陆续发布，如2014年6月，国家发展改革委正式批复《关中城市群城际铁路规划（2014—2020年）》，同意建设以西安为中心、宝鸡—西安—渭南为主轴的城际铁路网；2016年3月，由中国城市规划设计研究院和陕西省城乡规划设计研究院联合编制的《关中城市群核心区总体规划（总体空间规划设计）》进行首次专家审查；特别是2018年2月，国家

---

① 《胡锦涛在中国共产党第十八次全国代表大会上的报告》，https://www.gov.cn/ldhd/2012-11/17/content_2268826.htm。

发展改革委及住房城乡建设部印发了《关中平原城市群发展规划》，将关中城市群进一步扩大为关中平原城市群，也正式提出全面提升开放合作水平的发展规划，主动融入全球经济体系，强化国际产能合作和国内产业对接，持续拓展开放合作广度和深度，构建全方位开放合作新格局。至此，关中平原城市群对外开放的进程迈向新台阶。

为响应国家对关中平原城市群的发展规划，陕西省政府办公厅、发展改革委等部门印发了一系列相关文件推进关中平原城市群的对外开放。在国家政策文件的引领和陕西、山西、甘肃三省的合作下，通过建设西安国家中心城市、建设高标准开放合作平台、建设对外开放立体大通道等的方式，关中平原城市群对外开放的步伐稳步推进，进一步实现了关中平原城市群对西北地区发展的核心引领作用和中国向西开放的战略支撑作用。

二、关中平原城市群对外开放发展的状况

本章所用数据主要来源于 EPSDATA 数据平台提供的 2004 年至 2020 年间的地级市和县级行政单位数据，以及相关县市发布的经济社会发展统计公报。其中，少量缺失数据采用函数模拟方法拟合而得。本部分选取西安、咸阳、宝鸡、铜川、渭南、杨凌、商洛、运城、临汾、天水、平凉、庆阳等 12 市（区）的全部辖区（县）为研究对象。

（一）关中平原城市群对国内区域开放发展状况

1. 国内贸易稳步增长

关中平原城市群国内贸易在近年来实现快速稳定的增长。如图 13-1 所示，在消费方面，关中平原城市群社会消费品零售总额在 2004 年至 2019 年间呈现出快速且稳定的增长态势；2020 年由于新冠疫情的影响，关中平原城市群的社会消费品零售总额有所回落。在生产方面，关中平原城市群的地区生产总值从 2004 年的 3213.9 亿元增长到 2020 年的 2.27 万亿元，实现了年均 13%的增长。整体而言，关中平原城市群在国内贸易生产以及消费方面实现了长足的增长。

2. 同国内城市群产业协同度稳步提升

关中平原城市群国内贸易的快速增长得益于同国内城市群在技术研发、公共服务、投资、农产品等领域的经济合作，同国内其他城市群的产业协同度稳步提升。在承接东部城市群产业转移方面，有陕西—粤港澳大湾区经济合作活动，自 2011 年起该活动已连续举办十余届，截至 2021 年累计集中签订合同项目 604 个，

(a) 社会消费品零售总额

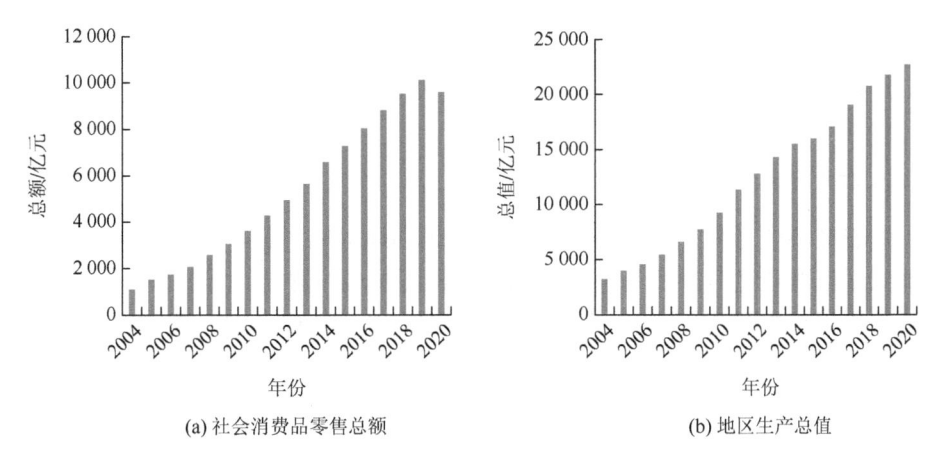

(b) 地区生产总值

图 13-1 关中平原城市群社会消费品零售总额和地区生产总值

实际到位资金 1249.7 亿元，项目履约率 74.6%[①]。又如咸阳正泰智能电气西北产业园，2019 年总投资 100 亿元，是陕西承接东部产业转移的重点项目之一。在对接中西部城市群方面，有黄河金三角区域果蔬产业合作，成立区域产业供销联盟，设立"晋陕豫黄河金三角智慧果蔬产业示范区"，开启省际交界地区合作发展新模式；也有甘肃省天水、平凉、庆阳等市同天津市帮扶对接，引进天津市龙头企业到结对县区开展产业合作，建成了利桥镇秦岭木耳种植产业园、武山县现代农业产业园、秦安县安伏现代农业产业园、临潭县智慧农业产业园等，切实找到了公司与农民"双赢"的好路子。

3. 对接国内城市群交通运输通道建设稳步推进

交通运输通道是连接关中平原城市群同国内其他城市群交流的"血管"。2014 年 6 月，国家发展改革委正式批复《关中城市群城际铁路规划（2014—2020 年）》，统一建设以西安为中心、宝鸡—西安—渭南为主轴的城际铁路网。2017 年《西安铁路枢纽规划（2016—2030 年）》获批，其中以西安为中心的"米"字形高速铁路网就是关中平原城市群对外开放的"大动脉"。以实现 3 小时到达周边省会、4~6 小时到达长三角、珠三角、京津冀的目标的以西安为中心的"米"字形高速铁路网建设稳步推进，其中西安—银川高速铁路建设已正式运营，西安—延安—榆林、西安—武汉、西安—安康—重庆高速铁路建设已正式开工建设，对接国内城市群的交通运输通道建设稳步推进。

---

① 《2021 陕西—粤港澳大湾区经济合作活动 26 日至 30 日举行》，http://www.shaanxi.gov.cn/xw/sxyw/202111/t20211127_2202030.html。

（二）关中平原城市群对国际区域开放发展状况

1. 对外开放水平不断提升

随着经济全球化的不断深入，世界各国和地区间的经济联系日益加强，关中平原城市群通过对外贸易逐步进入全球经济发展的舞台。由图 13-2（a）可知，关中平原城市群进出口总额在 2018 年达到顶峰，其中 2018 年进出口总额达 523.73 亿美元，而 2000 年仅为 43.91 亿美元，实现了 10.93 倍的增长。

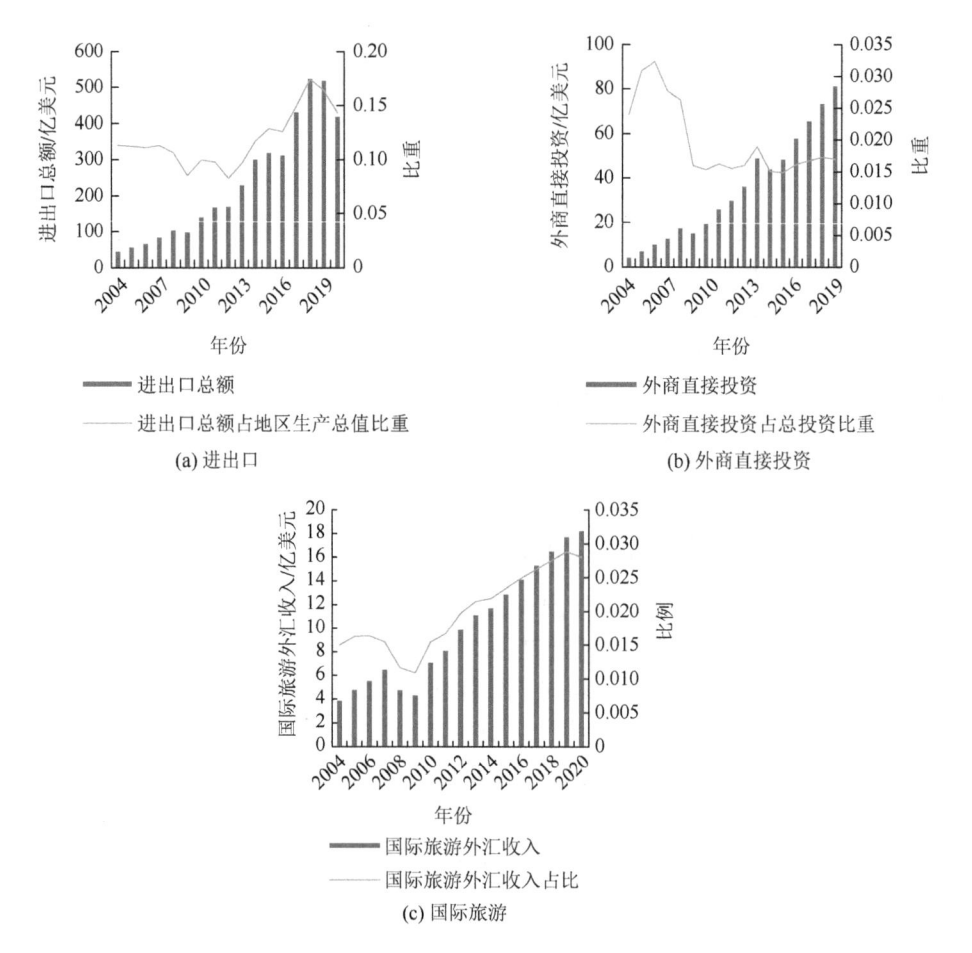

图 13-2　关中平原城市群进出口、外商直接投资以及国际旅游

外商直接投资总额呈现快速上升趋势。由图 13-2（b）可知，关中平原城市群外商直接投资从 2004 年至 2020 年实现了 19.4 倍的增长。丝绸之路经济带倡议的

提出为西部地区和关中平原城市群对外发展提供了众多的机遇，如中俄、中韩、中欧等国际合作园区建设，截至2021年10月，三星、美光、施耐德等世界500强企业共投资设立了144家外资企业。

国际旅游外汇收入实现较高速的增长。如图13-2（c）所示，关中平原城市群2020年国际旅游外汇收入是2004年的4倍有余。这得益于丝绸之路经济带建设带来的重大机遇，如"丝绸之路：长安-天山廊道的路网"首例跨国合作、成功申遗的世界文化遗产项目，丝绸之路国际电影节、艺术节及西安丝绸之路国际旅游博览会的成功开展，通过主办丝绸之路旅游部长会议等大型国际会议和旅游专场推介活动，关中平原城市群文化旅游国际知名度得到全面提升。

2. 对外开放交通运输通道建设不断提升

对外开放的交通运输通道是关中平原城市群向国际开放的"大动脉"，包括中欧班列"长安号"、西安咸阳国际机场、国际物流枢纽中心、甘肃（天水）国际陆港等在内的基础设施建设稳步推进，为城市群的对外开放做出了重要贡献。截至2023年，西安咸阳国际机场累计开通83条国际航线，其中全货运航线43条，通达全球37个国家，76个枢纽城市，"十三五"期间，货运吞吐量平均增幅12.54%。中欧班列"长安号"一站式在线服务能力居全国前列。2021年开行突破3800列，质量评价指标居全国第一，覆盖周边45个国家和地区[①]。甘肃（天水）国际陆港是根据国家战略规划，是关中平原城市群由东向西拓展的重要枢纽，项目自2018年后半年开工建设以来，各项工作取得积极进展，截至2023年1月累计完成固定资产投资35亿元。

3. 对外开放合作平台建设不断推进

对外开放合作平台是关中平原城市群对外开放的窗口，近年来包括中国（陕西）自由贸易试验区、中国（天水）跨境电子商务综合试验区、国际合作产业园在内的对外开放合作平台实现稳步发展，极大地推动了关中平原城市群对外开放的脚步。自2017年中国（陕西）自由贸易试验区成立以来，仅用了两年时间，便以西安市0.7%的面积，创造了80%的进出口、58%的实际利用外资额，为关中平原城市群发展提供了强劲动力。中国（天水）跨境电子商务综合试验区、国家级天水经济技术开发区三阳高新技术产业园的规划建设成功助力跨境电商进入民生领域，对接天水农产品经营主体，为"天水农特""天水制造"走出去提供新渠道。包括教育国际合作平台、对话平台和项目平台在内的国际交流平台持续扩展，丝绸之路大学联盟辐射影响力持续提升，陕西已成为中亚国家学生首选出国留学目的地之一。

---

① "西安市利用外资推进高质量发展的有效路径研究"，项目负责人：岳利萍。

第二节　关中平原城市群对外开放发展的问题与挑战

近年来关中平原城市群已有一定的发展基础，但要达成对外开放发展的建设目标与战略规划仍面临诸多问题与挑战。如何抓住新发展格局的历史性机遇，按照城市群经济发展规律和市场化一体化要求，来进行城市群对外开放的合作与治理，实现同中西部城市群的协同发展、融入国内国际双循环发展目标，这对陕西、山西、甘肃三省都是一个新挑战，需要在管理模式上有所创新，需要在政策上有新突破。

一、关中平原城市群对外开放发展的比较

在关中平原城市群对外开放发展的比较中，选择同级别城市群（哈长城市群、中原城市群）和对标城市群（长三角城市群、成渝城市群）同关中平原城市群进行对比。

（一）关中平原城市群同其他城市群向国内开放发展的比较

在国内贸易发展方面，通过加总关中平原城市群各城市的社会消费品零售总额，再除以城市群所包含的城市个数，得到关中平原城市群社会消费品零售总额的平均值，同其他城市群社会消费品零售总额的平均值进行比较。图 13-3 为关中平原城市群与其他城市群社会消费品零售总额的平均值。由图 13-3 可知，关中平原城市群的社会消费品零售总额的均值处于较低的水平。

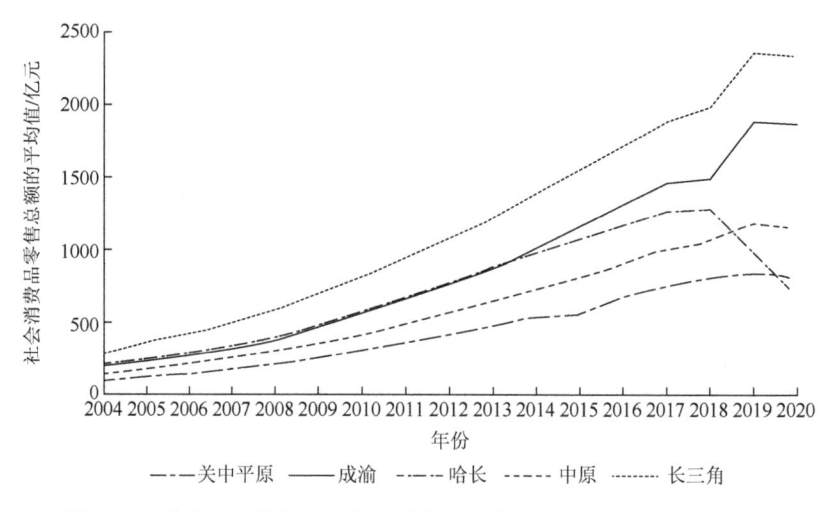

图 13-3　关中平原城市群与其他城市群社会消费品零售总额的平均值

在交通情况对比方面，公路运输是我国最主要的货运方式，2020 年占比为 73.79%。从各城市群公路货运量的数据来看，2020 年，关中平原城市群的公路货运量约为 12.1 亿 t，相较于成渝城市群 15.9 亿 t 以及中原城市群 19.3 亿 t 的数据，整体对货物流通的承载能力较弱[①]。

在各城市群百强城市面积以及人口方面，相较于关中平原城市群，成渝、平原和长三角城市群的面积较大，长三角、中原、成渝城市群人口数量同样较多，其中，长三角在面积和人口方面均较为突出。这表明关中平原城市群在核心城市发展潜力上以及吸引人口的能力较弱。

（二）关中平原城市群同其他城市群向国际开放发展的比较

对外开放度是指一个国家或地区的经济参与国际经济的强度和对国际经济环境的依赖程度，用来衡量一个国家或地区经济开放程度，又称经济开放度（杨少文和熊启泉，2014），是涉及多方面的综合指标。

为了全面、准确地衡量对外开放度，本书采用熵值法的测度方法，选择以下 4 个测度指标：①贸易依存度，反映该区域通过国际贸易与世界经济关联程度；②外资依存度，反映了实际利用外资的水平；③国际旅游开放度；④国际旅游活跃度。如表 13-1 所示，A_3 和 A_4 指标分别从外汇收入和接待入境游客数量的角度，反映旅游领域的对外开放程度。具体的计算方法见表 13-1，表 13-2 为 2004~2020 年各城市群对外开放综合指数及排序，根据对外开放度各年度的综合得分值进行排名。

表 13-1 对外开放度指标计算方法

指标编号	指标名称	计算方法
A_1	贸易依存度	商品进出口总额/地区生产总值
A_2	外资依存度	实际利用外资/地区生产总值
A_3	国际旅游开放度	国际旅游外汇收入/地区生产总值
A_4	国际旅游活跃度	接待入境游客人数/国内外游客总数

表 13-2 2004~2020 年各城市群对外开放综合指数及排序

地区	2004 年		2008 年		2012 年		2016 年		2020 年	
	综合指数	排序	综合指数	排序	综合指数	排序	综合指数	排序	综合指数	排序
关中平原	0.1515	3	0.1464	4	0.1162	5	0.1581	4	0.2067	4
成渝	0.1189	4	0.1791	3	0.3386	2	0.1217	5	0.2547	3

---

① 《2022 年中国城市群发展报告——引领中国发展新格局》，前瞻产业研究院。

续表

地区	2004年		2008年		2012年		2016年		2020年	
	综合指数	排序	综合指数	排序	综合指数	排序	综合指数	排序	综合指数	排序
哈长	0.1738	2	0.2240	2	0.2029	3	0.1851	2	0.2749	2
中原	0.0808	5	0.1060	5	0.1620	4	0.1751	3	0.1672	5
长三角	0.9517	1	1.1095	1	0.9116	1	0.7001	1	0.5626	1
地区	贸易依存度	排序	贸易依存度	排序	贸易依存度	排序	贸易依存度	排序	贸易依存度	排序
关中平原	0.1140	3	0.1057	4	0.0826	5	0.1256	4	0.1694	4
成渝	0.0976	4	0.1409	3	0.2772	2	0.0831	5	0.2386	2
哈长	0.1456	2	0.1913	2	0.1699	3	0.1346	3	0.2021	3
中原	0.0670	5	0.0838	5	0.1279	4	0.1389	2	0.1363	5
长三角	0.8594	1	1.0186	1	0.8345	1	0.6479	1	0.5263	1
地区	外资依存度	排序	外资依存度	排序	外资依存度	排序	外资依存度	排序	外资依存度	排序
关中平原	0.0090	3	0.0206	3	0.0186	4	0.0221	4	0.0287	2
成渝	0.0107	2	0.0287	2	0.0498	1	0.0306	2	0.0157	5
哈长	0.0089	4	0.0095	5	0.0167	5	0.0220	5	0.0307	1
中原	0.0080	5	0.0160	4	0.0281	3	0.0305	3	0.0259	3
长三角	0.0532	1	0.0526	1	0.0450	2	0.0330	1	0.0219	4
地区	国际旅游开放度	排序	国际旅游开放度	排序	国际旅游开放度	排序	国际旅游开放度	排序	国际旅游开放度	排序
关中平原	0.0096	2	0.0058	2	0.0062	2	0.0066	2	0.0067	2
成渝	0.0036	4	0.0033	4	0.0047	3	0.0055	4	0.0002	5
哈长	0.0037	3	0.0046	3	0.0034	4	0.0061	3	0.0077	1
中原	0.0010	5	0.0013	5	0.0015	5	0.0014	5	0.0018	4
长三角	0.0129	1	0.0133	1	0.0116	1	0.0073	1	0.0047	3
地区	国际旅游活跃度	排序	国际旅游活跃度	排序	国际旅游活跃度	排序	国际旅游活跃度	排序	国际旅游活跃度	排序
关中平原	0.0190	2	0.0144	3	0.0089	3	0.0037	4	0.0020	4
成渝	0.0069	4	0.0063	4	0.0068	4	0.0025	5	0.0002	5
哈长	0.0156	3	0.0186	2	0.0129	2	0.0224	1	0.0343	1
中原	0.0049	5	0.0049	5	0.0046	5	0.0043	3	0.0032	3
长三角	0.0263	1	0.0249	1	0.0205	1	0.0119	2	0.0097	2

总体来看，5个城市群对外开放综合指数呈现波动上升的发展态势。在样本期间，关中平原城市群对外开放综合指数排序经历了先下降后上升的趋势，与关

中地区对外开放状况相符合。其中，2020年同2004年排序相比，长三角城市群对外开放综合指数一直处于排名第一的位置，关中平原城市群同成渝城市群的排序互换。

在贸易依存度方面，长三角城市群的排名始终保持在第一位。2004至2020年间进步最大的是成渝城市群，其排名上升了两位；尽管中原城市群的贸易依存度指数有所上升，但截至2020年其仍然排在第五位，仍有较大上升空间。外资依存度方面，关中平原城市群、哈长城市群、中原城市群在2020年的总体指数、排名较2004年都有所进步；成渝城市群指数大小虽个别年份有所上升，但增长幅度较低；而长三角城市群总体指数在此期间下降。此外，在国际旅游开放度以及国际旅游活跃度方面，相比2004年，关中平原城市群2020年的得分情况都有所下降，这表明国际旅游在对外开放中的占有比例有所下降，而对外贸易以及利用外资情况占比有所上升。

二、关中平原城市群对外开放发展存在的问题

（一）同周边城市群合作不足，国内区域交流合作水平较低

关中平原城市群同国内区域合作交流是其对外开放发展的应有之义，加强同周边城市群在战略规划、文化旅游、基础设施、产业发展方面的互惠协作是建设内陆开放新高地的必然要求。从图13-3可以看出，关中平原城市群的社会消费品零售总额的平均值与其他城市群相比，从2004年开始就一直处于较低的水平，说明关中平原城市群同周边城市群合作不足，国内区域交流合作水平较低。在同东部沿海城市群对接方面，虽然也有如陕西—粤港澳大湾区经济合作活动等交流合作产生，但是在资金、技术、项目、产能和市场方面的对接尚未完全发挥出关中平原城市群的市场和产业潜能，还有极大的发展空间。在同中西部城市群合作方面，如同中原城市群、山西中部城市群、呼包鄂榆城市群实现的合作发展总体呈现出散、小、弱的特征。在带动周边欠发达地区发展方面，如加强与秦巴山、六盘山、梁山等欠发达地区以及陕甘宁、川陕革命老区基础设施、公共服务、特色产业等方面的合作交流，关中平原城市群尚未发挥出显著的作用。

（二）经济发展结构性矛盾固化，企业国际化经营能力不强

一方面，关中平原城市群存在结构性矛盾固化，经济发展缓慢的问题。根据《2022年中国城市群发展报告——引领中国发展新格局》，2020年关中平原城市群

GDP 百强城市每平方千米 GDP 水平低于成渝城市群 GDP 水平，经济发展相对比较缓慢。关中平原城市群内部产业结构优化提升速度缓慢，与全国其他城市群相比较处于中游水平，结构层次偏低，产业结构优化任务艰巨。近年来产业发展以制造业为主，相对集中在航天、军工领域。高端产业主要集中在投资主导、自上而下的大企业；自下而上的创新较少，这使得城市群内部创新动力不足。实际外商直接投资额与周边成渝城市群、中原城市群具有较大差距，外向型经济发展滞后。企业转型升级困难，尤其是民营经济产业规模偏小，发展缓慢，比重较低，在一定程度上也制约了地区经济发展的活力。

另一方面，企业的国际化经营能力不足，且缺乏具有国际竞争力的行业头部企业。如表 13-3 所示，关中平原城市群 2021 年千亿市值企业有 3 家，主要集中在能源、军工方面。由于依赖其他国家上下游产业链，关中平原城市群企业在开展国际产能合作过程中风险管控能力不足，缺乏完整应对突发危机的管理系统。另外，企业的供应链组织管理水平不高，竞争力也较弱，缺乏引领全球产业的大型龙头企业，导致国际产能合作深度广度不足。

表 13-3　2021 年各城市群千亿市值企业情况

城市群	千亿市值类型	企业数量	代表企业	2021.01-03 营收/亿元
长三角	银行、证券、保险	9	东方财富	40.51
	新能源	8	阳关电源	153.74
	半导体	3	中芯国际	—
	生物医药	4	复星医药	270.48
	软件	2	科大讯飞	108.68
	其他	14	海康威视	556.29
成渝	白酒	2	五粮液	497.21
	汽车、锂电池	2	长安汽车	38.73
	光伏	1	通威股份	467.00
	生物医药	1	智飞生物	218.29
中原	农业	1	牧原股份	562.82
	军工	1	中航光电	98.77
	食品	1	双汇发展	509.58
	金属	1	洛阳钼业	1265.59
关中平原	煤炭	1	陕西煤业	1213.10
	光伏	1	隆基绿能	562.06
	军工	1	航发动力	183.43

（三）营商环境和金融环境有待进一步提升

市场化、法治化、国际化的营商环境和高质量发展的民营经济是城市群对外开放的重要推动力，但营商环境和民营经济发展中存在的一些问题是造成关中平原城市群国际贸易发展相对缓慢的重要原因。西安作为关中平原城市群的中心城市，在2020年中国金融中心指数排名中位列全国第12名（表13-4），落后于西部城市成都（全国第6）和中部城市武汉（全国第10）。西安外汇管控严格，上海、青岛、深圳等政府陆续出台了QDLP（qualified domestic limitied partner，合格境内有限合伙人）试点政策，但西安QDLP和QDIE（qualified domestic investment enterprise，合格境内投资企业）渠道缺失，金融创新环境有待进一步提高。

表13-4　2020年15个副省级城市金融中心指数排名情况

城市	排名	城市	排名
西安	12	济南	16
深圳	3	青岛	17
广州	4	厦门	18
杭州	5	宁波	20
成都	6	沈阳	22
南京	9	哈尔滨	27
武汉	10	长春	30
大连	14		

三、关中平原城市群对外开放发展的挑战

（一）周边城市群经济实力较强，核心城市竞争力较高

既不沿海，又不沿边，囿于自然条件，关中平原城市群在较长一段时间里经济社会发展相对滞后。根据《2022年中国城市群发展报告——引领中国发展新格局》，关中平原城市群包含的GDP百强城市数量只有1个，远低于长三角城市群和成渝城市群；2020年城市群GDP百强城市面积以及城市群GDP百强人口数量均处于较低水平。这说明关中平原城市群的经济实力不强、核心城市竞争力不高。与周边城市群相比，关中平原城市群属于中小型城市群，城市群经济与人口的整体集中度与首位联系度均较高，核心城市西安一城独秀，其余

均为人口规模 100 万人左右的中等城市（截至 2022 年）且发展动力不足，空间呈现出单中心集聚的结构特点，这种跳跃型结构不利于核心城市（西安）发挥其辐射作用，推动城市群对外开放发展。

（二）外商投资产业单一，对产业链带动不足

关中平原城市群利用外资行业结构较为单一，主要集中在制造业与房地产领域。以西安市为例，在 2019 年西安市外商投资行业中，制造业占比最高，达到 48.1%，房地产业占 8.6%，除制造业外仅次于租赁和商务服务业的 9.8%，批发和零售业占 7.7%，信息传输、软件和信息技术服务业占 7.1%，住宿餐饮业占 3.7%，文化、体育和娱乐业占 3.0%，建筑业占 2.2%，科学研究和技术服务业占 1.8%，交通运输、仓储和邮政业占 1.5%，农、林、牧、渔业占 1.6%，金融业占 1.4%，居民服务、修理和其他服务业占 1.4%，其他行业占 2.1%。因此，关中平原城市群外商投资产业有待于进一步丰富。

（三）产业结构的调整与双循环发展新格局对城市群发展提出了新挑战

在全球经济一体化大趋势下，中国同国际社会的互联互动空前紧密，国内国际经济的联动效应渗透到经济发展的各个环节。与此同时，中国经济的比较优势正在发生深刻变化，需要调整经济结构，提高制造业水平，创新服务业，提升自身在全球价值链中的位置，关中平原城市群面临着进一步融入和引领全球化的多重挑战期。在双循环发展新格局的背景下，构建全方位开放合作的新格局成为关中平原城市群的主要目标之一。关中平原城市群通过包括中国（陕西）自由贸易试验区在内的对外开放渠道，不断强化关中平原城市群符号，有力地推动了关中平原城市群对外开放的脚步，但是其作用较为有限。例如，在"十三五"期间国外投资者在西安设立外商投资企业 199 家，占外资企业数 22.54%，但沿线国家多属于欠发达地区，设立的企业均为小型企业，大部分企业投资总额在 100 万美元以下，合同外资合计仅有 5.44 亿美元，仅占 2.87%，无法对西安市实际利用外资起到有力推动作用。

第三节 关中平原城市群对外开放发展的目标

一、关中平原城市群对外开放发展目标确定的依据

本部分依据《中共中央 国务院关于新时代推进西部大开发形成新格局的指导

意见》,《中华人民共和国国民经济和社会发展第十四个五年规划和 2035 年远景目标纲要》,陕西省、山西省、甘肃省三省《国民经济和社会发展第十四个五年规划和二〇三五年远景目标纲要》,《关中平原城市群发展规划》以及《关中平原城市群建设"十四五"实施方案》确立关中平原城市群对外开放发展的目标。

(一)《中共中央 国务院关于新时代推进西部大开发形成新格局的指导意见》

《中共中央 国务院关于新时代推进西部大开发形成新格局的指导意见》中有关西部地区对外开放发展提出西部地区应积极融入区域经济,加大西部开放力度。具体来说,一是拓展区际互动合作;二要强化开放大通道建设;三是构建内陆多层次开放平台;四是加快沿边地区开放发展;五是发展高水平开放型经济。

(二)《中华人民共和国国民经济和社会发展第十四个五年规划和 2035 年远景目标纲要》

《中华人民共和国国民经济和社会发展第十四个五年规划和 2035 年远景目标纲要》第十二篇主题为实行高水平对外开放、开拓合作共赢新局面,指出我国要坚持实施更大范围、更宽领域、更深层次对外开放,依托我国超大规模市场优势,促进国际合作,实现互利共赢,推动共建"一带一路"行稳致远,推动构建人类命运共同体。具体来说,第一,建设更高水平开放型经济新体制。第二,推动共建"一带一路"高质量发展。第三,积极参与全球治理体系改革和建设。

(三)陕西省、山西省、甘肃省三省国民经济和社会发展第十四个五年规划和二〇三五年远景目标纲要

《陕西省国民经济和社会发展第十四个五年规划和二〇三五年远景目标纲要》(简称陕西"十四五"规划)中提出陕西省二〇三五年远景目标之一就是建成内陆改革开放高地,形成对外开放新格局,市场主体更加充满活力,市场化法治化国际化营商环境基本形成、处在全国第一方阵,对外贸易依存度在全国位次与生产总值排名基本相当,开放不足短板得到破解。在锚定 2035 年远景目标,综合考虑陕西省发展趋势和发展条件的基础上,陕西省"十四五"规划提出改革开放实现

重大突破。具体来说，"放管服"改革深入推进，高标准市场体系基本形成，营商环境便利度居全国第一方阵，市场主体更加充满活力，产权制度改革和要素市场化配置改革取得重大进展，内陆改革开放高地建设取得新突破，建成内陆地区效率高成本低服务优的国际贸易通道。

陕西"十四五"规划中第八篇专门围绕陕西如何深度融入共建"一带一路"大格局、打造内陆改革开放高地进行讨论，提出陕西省应坚定不移深化市场化改革，扩大高水平开放，以高水平开放倒逼深层次改革，以深层次改革促进全方位创新，加快形成面向中亚南亚西亚国家的通道、商贸物流枢纽、重要产业和人文交流基地，着力破解开放不足突出短板。

陕西"十四五"规划提出"十四五"时期经济社会发展的目标之一即为建成内陆改革开放高地；必须坚持的原则之一即为坚持深化改革开放。一方面，要加快构建开放型经济新体制，包括高起点申建自由贸易试验区、增创外贸竞争新优势、提升利用外资水平。另一方面，要构建全方位开放合作新格局，主动融入"一带一路"大商圈建设，深度融入国家重大区域战略，不断拓展与港澳台交流合作，积极开展民间对外交往，提升对外开放平台功能，构建现代综合交通运输体系。

《甘肃省国民经济和社会发展第十四个五年规划和二〇三五年远景目标纲要》提出甘肃省要深度融入双循环，加快构建新格局。构建内外兼顾、陆海联动、向西为主、多向并进的开放新格局。一方面，加快塑造开放优势。更深层次参与共建"一带一路"。发挥区位优势，从文化、枢纽、技术、信息、生态五个方面深度参与共建"一带一路"。另一方面，建设高水平开放型经济。构建多层次开放平台，鼓励省内企业走出去，支持各类企业开展海外经营，提升国际产能合作水平。引导行业龙头企业多元化开拓中西亚、东南亚、中东欧等市场。同时要提升合作交流水平，鼓励各类企业与丝绸之路沿线国家的企业开展广泛深入合作。

(四)《关中平原城市群发展规划》

《关中平原城市群发展规划》第七章——全面提升开放合作水平，特别提出关中平原城市群需要深度参与"一带一路"建设，主动融入全球经济体系，强化国际产能合作和国内产业对接，持续拓展开放合作广度和深度，构建全方位开放合作新格局。

其中，就国内开放发展目标而言，第一，要强化与东部沿海城市群对接；第二，要加强与周边城市群合作；第三，带动周边欠发达地区加快发展。就国际开放发展目标而言，一方面，关中平原城市群要深度参与"一带一路"建设；另一方面，关中平原城市群需要建设高标准开放合作平台。

（五）《关中平原城市群建设"十四五"实施方案》

《关中平原城市群建设"十四五"实施方案》认为在打造关中平原城市群成为内陆改革开放高地的过程中，应聚焦提升对共建"一带一路"的支撑服务能力，建设高标准对外开放平台，拓展开放合作新空间，加快构建统一大市场。

二、关中平原城市群对外开放发展的目标

依据《中共中央 国务院关于新时代推进西部大开发形成新格局的指导意见》《中华人民共和国国民经济和社会发展第十四个五年规划和2035年远景目标纲要》，陕西省、山西省、甘肃省三省《国民经济和社会发展第十四个五年规划和二〇三五年远景目标纲要》，《关中平原城市群发展规划》以及《关中平原城市群建设"十四五"实施方案》，本书认为关中平原城市群开放发展应树立内陆和沿海同处开放一线的理念，坚持对内开放和对外开放相结合，用好国际国内两个市场，加快推进开放大通道大平台建设，培育开放型经济主体，营造开放型经济环境，积极与国内外地区开展宽领域、深层次、多形式的合作交流，实现更高水平对外开放。坚持扩大内需战略基点，立足区位优势、资源禀赋和产业特色，深度参与国家产业链供应链布局，以需求牵引供给、供给创造需求，促进经济循环流转和产业关联畅通，把关中平原城市群打造成为国内大循环的重要支撑点、国内国际双循环的重要链接点。

在国内开放发展方面，关中平原城市群要深化与国内区域的交流合作，加快构建统一国内大市场。一是要加强与周边城市群的合作。持续深化与长三角地区全方位合作，办好陕粤港澳经济合作活动周等活动，加强与成渝地区双城经济圈等合作、共同推动西部陆海新通道建设。深化与山西中部、兰州－西宁、中原等周边城市群互动，推动能源资源、文化旅游等领域互惠协作。辐射带动周边已脱贫地区和革命老区发展，巩固拓展脱贫攻坚成果。二是关中平原城市群作为我国经济对外开放的重要节点，要加强其与重庆、四川、河南、新疆、内蒙古等省区市合作，共同推动中欧班列高质量运营和差异化发展，共同推动西部陆海新通道、亚欧陆海贸易大通道、空中丝绸之路等建设，实现资源共享、通道共建。深化与福建人文交流合作，实现丝绸之路经济带与21世纪海上丝绸之路双起点的联动发展。此外，拓宽关中平原城市群与上海、浙江、山东等省市合作，探索陆运体系与全球海运体系无缝对接机制，打造东西双向互济、陆海内外联动的全方位开放新格局。

在国际开放发展方面，深度融入共建区域经济。加快建设西安区域经济综合试验区，开展商事制度改革、金融体制创新、跨境专业服务等试验示范。发挥中

国（陕西）自由贸易试验区改革开放试验田作用和综合保税区政策功能优势，推进西安国际港务区国家进口贸易促进创新示范区建设，发展汽车平行进口、国际航线航班（含港澳台航班）保税航油加注、"两头在外"的保税维修、委内加工等。推进西安跨境电子商务综合试验区建设。加强中欧班列境外物流设施布局组网，推动班列运输与国际贸易结算一体化发展，提升班列运营质效和市场竞争力。加快中俄丝路创新园等开放合作园区建设，吸引高水平外资企业聚集。推动高等教育和职业教育对外合作，吸引周边国家青年学者培训研修，办好丝博会、欧亚经济论坛、农高会及丝绸之路国际旅游博览会、国际电影节等展会和活动，打造人文交流重要支点。

三、关中平原城市群对外开放发展目标的比较

本书将关中平原城市群与我国东中西部城市群的开放发展目标进行比较，分别选取长三角城市群、中原城市群、成渝城市群、兰州—西宁城市群进行比较，由于每个城市群的开放发展目标紧扣该城市群的战略定位，因此依据《关中平原城市群发展规划》《长江三角洲城市群发展规划》《中原城市群发展规划》《成渝地区双城经济圈建设规划纲要》《兰州—西宁城市群发展规划》，表13-5展示了5个城市群的定位以及开放发展目标。

表 13-5 不同城市群定位与开放发展目标的比较

城市群	定位	开放发展目标
关中平原城市群	向西开放的战略支点、引领西北地区发展的重要增长极、以军民融合为特色的国家创新高地、传承中华文化的世界级旅游目的地、内陆生态文明建设先行区	到2035年，面向中亚的立体化国际大通道更加完善，市场化、法治化、国际化的制度环境和开放合作新机制比较健全，国际竞争新优势更加突出，向西开放战略支点作用进一步显现，东西互动、南北协同、引领西北、服务全国的开发开放格局进一步形成，开放型经济向更广领域和更高层次迈进
长三角城市群	打造改革新高地、争当开放新尖兵、带头发展新经济、构筑生态环境新支撑、创造联动发展新模式，建设面向全球、辐射亚太、引领全国的世界级城市群	到2030年，长三角城市群配置全球资源的枢纽作用更加凸显，服务全国、辐射亚太的门户地位更加巩固，在全球价值链与产业分工体系中的位置大幅跃升，国际竞争力和影响力显著增强，全面建成全球一流品质的世界级城市群
中原城市群	着眼国家现代化建设全局，发挥区域比较优势，强化创新驱动、开放带动和人才支撑，提升综合交通枢纽、产业创新中心地位，打造资源配置效率高、经济活力强、具有较强竞争力和影响力的国家级城市群	完善连接国内主要城市群的综合运输通道，构建横贯东西、联结南北方的开放经济走廊，全面加强与周边地区和国内其他地区的合作互动；强化郑州航空港和其他重要交通枢纽的对外开放门户功能，打造对内对外开放平台，营造与国内外市场接轨的制度环境，加快形成全方位、多层次、宽领域的双向开放格局，形成具有全球影响力的内陆开放合作示范区

第十三章 关中平原城市群的对外开放发展

续表

城市群	定位	开放发展目标
成渝城市群	成渝城市群是西部大开发的重要平台，是长江经济带的战略支撑，也是国家推进新型城镇化的重要示范区，其战略定位为引领西部开发开放的国家级城市群	到2025年，成渝地区双城经济圈改革开放的发展目标为：制度性交易成本明显降低，跨行政区利益共享和成本共担机制不断创新完善，阻碍生产要素自由流动的行政壁垒和体制机制障碍基本消除，营商环境达到国内一流水平，统一开放的市场体系基本建立。重庆、四川自由贸易试验区等重大开放平台建设取得突破，协同开放水平显著提高，内陆开放战略高地基本建成
兰州—西宁城市群	着眼国家安全，立足西北内陆，面向中亚西亚，培育发展具有重大战略价值和鲜明地域特色的新型城市群	到2035年，城市群开放平台作用进一步发挥，与周边区域的协同合作能力持续增强，深度融入区域经济建设，开放型经济向更广领域、更深层次、更高水平迈进，文化影响力显著提升，基本建成面向中西亚、东南亚商贸物流枢纽、重要产业和人文交流基地

通过比较可以发现，同为城市群，各个城市群的对外开放目标具有相似性。

第一，成为带动周边区域经济发展的引擎。国内大循环的核心要义是扩大内需，而城市群作为核心空间尺度，可以不断促进人口和经济要素集聚，依托自身产业基础和强大的消费市场，率先形成需求牵引供给、供给创造需求的动态平衡，进而辐射和带动全国产业结构和消费结构升级，促进国民经济良性循环。因此，关中平原城市群、成渝城市群、兰州—西宁城市群作为我国西部城市群，都立足于成为西部开放的重要战略支点；长三角城市群作为东部城市群，其对外开放目标就着眼于成为东部沿海地区甚至全国经济发展的引擎；中原城市群作为中部城市群，对外开放目标就定位为贯东中西、联结南北方的开放经济走廊。

第二，发挥国际枢纽功能。无论是中西部内陆城市群，还是东部沿海城市群，其对外开放目标均聚焦于发挥国际枢纽功能。对于关中平原城市群、中原城市群和成渝城市群而言，融入国际大循环的一个重要方面就是深度参与周边区域经济建设，建立面向中亚、西亚的立体化国际通道。对于长三角城市群而言，则是要成为面向全球、辐射亚太的世界级城市群。

第三，建立立体化的开放通道。对于城市群而言，强化基础设施的规划建设是非常关键的一环。因此，无论是东部沿海城市群，还是内陆城市群，都强调提高基础设施通达度、通畅性和均等化水平，尤其强调城市群作为交通枢纽的功能。因此，城市群的对外开放发展目标也均强调发挥国际性综合交通枢纽作用，成为高效串联国际国内物流的通道和节点。

由此可以看出，城市群的对外开放目标主要体现为城市群在公共外交领域日渐增长的影响力，包括区域治理的示范性、社会制度的影响力、经济增长潜力和国际交往能力。与此同时，由于各城市群定位不同，其核心功能也存在差异性（表13-5）。

与东部城市群——长三角城市群进行比较可以发现，关中平原城市群与长三角城市群无论是就城市群的战略定位而言，还是就城市群的开放发展目标而言，都存在一定差距。关中平原城市群作为内陆城市群，其国内开放发展目标多立足于向西开放，引领西北，东西互动，国际开放发展目标主要集中于面向亚欧国家，如中亚地区。而长三角城市群的定位为引领全国的世界级城市群，其开放发展的目标也着眼于全球，注重国际竞争力和影响力的提升。这种定位与目标上的差距一方面来自地理区位本身的影响，另一方面也受不同城市间经济发展水平差异的影响。长三角城市群包括上海，江苏省的南京、苏州等，浙江省的杭州、宁波等以及安徽省的合肥、芜湖等共 27 市，总面积 21 万 km^2，全国占比 2.20%，是我国经济最发达、城镇集聚程度最高的城市群，是中国经济发展的重要引擎。通过上述比较可以发现，正是因为城市群之间的差异化定位，造就了城市群之间对外开放发展目标的差异性，而目标的差异性也为每个城市群的差异化发展提供了依据和参考。

第四节　关中平原城市群融入国内国际双循环发展的实现路径

推动形成以国内大循环为主体、国内国际双循环相互促进的新发展格局，不仅从开放领域、开放对象、进出平衡、辐射带动等方面对关中平原城市群提出新任务，同时还要求优化对外开放的区域布局，形成陆海内外联动、东西双向互济的开放格局。关中平原城市群作为西部的核心城市群，融入国内国际双循环发展、激活国内外优质资源活力势在必行。关中平原城市群融入"双循环"新格局，关键在国内大循环中，通过畅通要素循环流动，与东部沿海地区形成更好的互动，从而深度参与国内国际产业分工。

关中平原城市群位于我国西部内陆地区，而我国西部内陆地区资源禀赋独特，具有不可替代性，在扩大内需方面有巨大潜力。在"双循环"新格局下，西部内陆地区将与东部沿海地区在生产、分配、流动、消费的各环节进行更为密切的经济循环协作，形成新的国内分工体系。关中平原城市群要打破行政区划的限制以及中西部市场分割的局面，强化与东部沿海城市群对接，大力引导中东部生产要素流向西部地区。把向东与京津冀、长三角、粤港澳大湾区对接合作放在突出位置，依托陆桥通道和出海大通道，大力加强与东部地区在技术研发、生态环保、公共服务、投资、金融等领域的合作。强化与天津港、青岛港、连云港等东部重要港口合作，推动海、陆、空港口连接，实现陆海联动，加快通关一体化进程。扩大对港澳台开放合作。在合作方式、合作机制等方面不断实现新突破，最终形成东中西部区域经济互动协调发展的新局面。

1）国内循环方面

第一，关中平原城市群需要与东部沿海地区形成高水平互补发展的产业体系。与东部沿海地区既可在供给侧互为支撑，实现产业链、供应链和价值链的互补，共同搭建先进、高效、安全及富有竞争力的现代产业体系，又可在需求侧互为市场，释放内需潜力，依托国内市场做强自主品牌，实现供需动态均衡。同时，由于国际循环的主要方向仍然是"向东开放"，东部沿海地区将继续发挥连接国际循环与国内循环的主导作用，而关中平原城市群也将通过"向西开放"在国内国际"双循环"相互促进中发挥重要作用。通过将原来东、西部相互分割的经济循环体系转变为高度一体化的国内经济循环体系，有助于提升国民经济体系的整体效能。

第二，专注内需市场、承接东部产业转移，推进产业结构优化升级。要实现关中平原城市群的高质量发展，关键在于转变传统的"梯度转移"思想，不再以承接东部沿海地区淘汰转移的产业为发展路径，而是依托独特的资源禀赋，发挥比较优势，专注内需市场，以高质量发展为引领，注入高新科技，着力提高产业技术水平，与东部沿海地区形成优势互补，实现高质量的水平分工，从而提升价值链。作为我国能源矿产富集的地区，关中平原城市群可以考虑将资源开发与高科技产业发展相结合，对本地及周边国家的资源和能源进行深加工，建立现代能源工业体系、新材料工业体系；依托广袤的土地资源和风、水、光组合资源，布局清洁能源产业，应对"碳达峰""碳中和"；依托优质的农牧产品，建立现代绿色食品工业体系。

第三，加强与其他地区的互动，形成畅通国民经济循环的统一大市场。加强与重庆、四川、河南、新疆、内蒙古等省区市合作，共同推动中欧班列高质量运营和差异化发展，共同推动西部陆海新通道、亚欧陆海贸易大通道、空中丝绸之路等建设，实现资源共享、通道共建。深化与福建人文交流合作，实现丝绸之路经济带与21世纪海上丝绸之路双起点的联动发展。拓宽与上海、浙江、山东等省市合作，探索陆运体系与全球海运体系无缝对接机制，助推形成东西双向互济、陆海内外联动的全方位开放新格局。此外，还要积极融入国家区域发展战略。全面融入中部地区崛起、黄河流域生态保护和高质量发展，精准对接京津冀协同发展、长三角一体化发展、粤港澳大湾区建设等区域重大战略，全面加强科技、产业、人才、教育、生态环保、文化旅游等各领域合作。

2）国际循环方面

首先，与周边国家加强在能源、交通、人文等各方面的联系。2021年11月，陕西省政府确定的"十四五"重点专项规划之一，也是陕西省推进区域经济建设工作以来制定的第一个五年规划，要求积极融入高质量区域经济建设，加强与周边国家在能源、交通、人文等各方面的联系。而西安也在《"十四五"西安建设"一带一路"综合试验区实施方案》中提出"努力把西安打造成为国内大循环的重要支点、参与国际循环的关键节点，形成以国内大循环为主、国内国际双循环的汇聚地，为加快打造内陆改革开放高地提供支撑"。西安市的相关规划提出了推进区域经济发展综合试验区建设的指导思想，确定了"十四五"期间西安推进区域经济综合试验区建设的"总体目标"。围绕深度融入共建区域经济发展大格局，聚焦总体试验目标，《"十四五"西安建设"一带一路"综合试验区实施方案》提出了"十四五"推进高质量区域经济综合试验区建设的五个方面的重点任务以及"完善支持保障体系""加强工作推进机制"等内容。努力把西安打造成为国内大循环的重要支点、参与国际循环的关键节点，形成以国内大循环为主、国内国际双循环的汇聚地，为加快打造内陆改革开放高地提供有力支撑。

其次，关中平原城市群需要与西方发达城市及亚非拉等国家开展更高层次的经贸合作、持续打造国际交流平台。做实中美省州合作，深化与中东欧国家和地区经贸合作，提升与日、韩、澳等亚太国家经贸合作，密切与非洲和拉美地区的产能与经贸合作。推行"一园两地"合作模式，重点建设中俄丝路创新园、中哈人民苹果友谊园。加快中以创新示范园等境内国际合作产业园区建设，积极推动印尼陕西钢铁产业园、非洲安哥拉农业高技术园区等境外园区建设。还要充分利用既有平台，继续办好中国杨凌农业高新科技成果博览会、丝绸之路国际博览会暨中国东西部合作与投资贸易洽谈会、欧亚经济论坛等具有重大国际影响力的论坛展会，建好丝绸之路国际艺术节、国际电影节等人文平台，深入实施丝绸之路影视桥、丝路书香等工程，不断推进务实合作。进一步丰富论坛、展会、会晤机制、技术联盟等形式，提高交流合作层次，构建服务高质量区域经济建设的国际合作新平台。

最后，将关中平原城市群融入中国特色大国外交的总体布局，在城市外交与国家外交之间提供区域支撑。开展城市群外交需要持续的政策供给，包括合理规划国家主体功能区、优化各类涉外活动环境、打造具备国际影响的会议品牌、创新外事工作管理制度、强化国际人才储备等。对于关中平原城市群而言，最主要的就是要发挥西安等城市作为区域经济核心节点城市的功能。在政策沟通、设施联通、贸易畅通、资金融通、民心相通这五方面，不断加强合作，积极拓展欧盟、东盟、上海合作组织、RCEP[①]等区域市场，传承弘扬丝路精神，加快打造内陆开放高地。

---

① RCEP 是 Regional Comprehensive Economic Partnership 的缩写，即区域全面经济伙伴关系，主要包括东盟十国以及中国、日本、韩国、澳大利亚、新西兰 15 个国家。

改革开放以来,我国在参与国际大循环的过程中获得快速发展,东部沿海地区通过发展"两头在外"的外向型经济获得发展先机,而西部内陆地区则因参与经济循环不足而在价值链分工中被边缘化、低端化。随着"双循环"新格局的提出,关中平原城市群作为西部内陆地区的核心城市群将获得更深度参与经济循环的机遇。在以国内大循环为主体的新格局下,关中平原城市群应借此契机,与东部沿海地区互为市场,通过产业互动、枢纽培育、通道建设和科技合作,在西部内陆地区与东部沿海地区之间形成良性的经济循环,以此推动关中平原城市群经济高质量发展。

参 考 文 献

白永秀. 2011. 西部城市化的资源配置机制研究. 北京: 中国经济出版社: 255-263.
白永秀, 鲁能. 2021-05-11. 西安构建高质量现代产业体系的四个关键. 西安日报, (010).
白永秀, 鲁能. 2022-03-28. 《西安都市圈发展规划》获批的意义及实施建议. 西安日报, (011).
白永秀, 邵金萍, 吴振磊. 2009. 关于建设"关中—天水经济区"的几点思考. 西北大学学报(哲学社会科学版), 39(6): 29-33.
白永秀, 王颂吉. 2015. 丝绸之路经济带实施: 目标、重点任务与支持体系. 兰州大学学报(社会科学版), 43(4): 1-6.
白玉娟, 洪增林, 薛旭平, 等. 2021. 关中平原城市群土地集约利用与生态文明建设耦合性研究. 水土保持研究, 28(3): 272-280.
北京师范大学科学发展观与经济可持续发展研究基地, 西南财经大学绿色经济与经济可持续发展研究基地, 国家统计局中国经济景气监测中心. 2012. 2012年中国绿色发展指数报告: 区域比较. 北京: 北京师范大学出版社.
蔡晓慧, 茹玉骢. 2016. 地方政府基础设施投资会抑制企业技术创新吗?——基于中国制造业企业数据的经验研究. 管理世界, (11): 32-52.
曹广忠, 陈思创, 刘涛. 2021. 中国五大城市群人口流入的空间模式及变动趋势. 地理学报, 76(6): 1334-1349.
柴攀峰, 黄中伟. 2014. 基于协同发展的长三角城市群空间格局研究. 经济地理, 34(6): 75-79.
车磊, 白永平, 周亮, 等. 2017. 关中城市群服务业空间相互作用研究. 资源开发与市场, 33(11): 1359-1363, 1280.
陈迪宇, 王政, 徐颖, 等. 2021. 我国城市群建设进展及任务举措. 宏观经济管理, (11): 18-20.
陈佳敏, 霍增辉. 2020. 长江经济带沿线区域绿色发展水平的评价与比较. 科技管理研究, 40(1): 244-249.
陈立泰, 蔡吉多. 2019. 城市群创新能力的区域差距及空间相关性分析. 统计与决策, 35(22): 101-104.
陈丽君, 郁建兴, 徐铱娜. 2021. 共同富裕指数模型的构建. 治理研究, 37(4): 5-16, 2.
陈明华, 刘玉鑫, 王山, 等. 2020. 中国十大城市群民生发展差异来源及驱动因素. 数量经济技术经济研究, 37(1): 23-40.
陈群元, 喻定权. 2009. 我国城市群发展的阶段划分、特征与开发模式. 现代城市研究, 24(2): 77-82.
陈宗胜. 2021. 综合运用经济发展、体制改革及分配举措推进共同富裕. 经济学动态, (10): 19-33.
程丽辉, 崔琰, 周忆南. 2020. 关中城市群产业协同发展策略. 开发研究, (6): 56-62.
达成, 张富涛, 钱勇生, 等. 2022. 关中平原城市群"交通-产业-环境"耦合协调发展的动态演化特征分析. 干旱区地理, 45(3): 955-965.

参考文献

邓聚龙. 1987. 灰色系统基本方法. 武汉: 华中理工大学出版社: 74-106.
邓晰隆. 2021. 城市群形成的本源性逻辑探究及其协同发展的政府行为建议. 青海社会科学, (6): 110-118.
丁艳平. 2010. 关中天水经济区旅游共生系统的构建研究. 特区经济, (1): 171-173.
杜宇玮. 2019. 高质量发展视域下的产业体系重构: 一个逻辑框架. 现代经济探讨, (12): 76-84.
段禄峰. 2017. 城镇化发展的理论与实践研究: 以陕西为例. 北京: 中国社会科学出版社: 95-94.
范剑勇, 叶菁文. 2021. 国内贸易大循环: 基于区域和城市群视角的考察. 学术月刊, 53(5): 65-76.
范九利, 白暴利, 潘泉. 2004. 基础设施资本与经济增长关系的研究文献综述. 上海经济研究, 16(1): 36-43.
范晓鹏. 2021. 西安都市圈一体化与高质量耦合发展规划策略研究. 西安: 西安建筑科技大学.
范兴月. 2018. 绿色城市指标体系的构建及评价. 广西科技师范学院学报, 33(1): 134-138.
方创琳. 2017. 京津冀城市群协同发展的理论基础与规律性分析. 地理科学进展, 36(1): 15-24.
方创琳. 2020. 黄河流域城市群形成发育的空间组织格局与高质量发展. 经济地理, 40(6): 1-8.
方创琳. 2021. 新发展格局下的中国城市群与都市圈建设. 经济地理, 41(4): 1-7.
方创琳, 王振波, 马海涛. 2018. 中国城市群形成发育规律的理论认知与地理学贡献. 地理学报, 73(4): 651-665.
方创琳, 张国友, 薛德升. 2021. 中国城市群高质量发展与科技协同创新共同体建设. 地理学报, 76(12): 2898-2908.
方玉梅, 刘凤朝. 2014. 我国国家高新区创新能力评价研究. 大连理工大学学报(社会科学版), 35(4): 26-32.
付保宗, 盛朝迅, 徐建伟等. 2019. 加快建设实体经济、科技创新、现代金融、人力资源协同发展的产业体系研究. 宏观经济研究, (4): 41-52, 97.
高少国. 2009. 基于SWOT分析法论关中: 天水城市圈现代区域物流中心的发展及对策研究. 物流科技, 32(4): 93-96.
高文娜. 2021. 基于区位熵灰色关联度的关中平原城市群产业协同分析. 当代经济, (8): 54-58.
葛剑雄. 1997. 中国移民史: 先秦至魏晋南北朝时期(第二卷). 福州: 福建人民出版社.
顾朝林. 1999. 中国城市地理. 北京: 商务印书馆.
顾朝林. 2013. 中国城市地理. 北京: 商务印书馆.
郭飞, 李卓, 王飞等. 2006. 贸易自由化与投资自由化互动关系研究. 北京: 人民出版社: 3.
郭俊华, 许佳瑜. 2016. 丝绸之路经济带背景下关中城市群发展路径研究. 西北大学学报(哲学社会科学版), 46(4): 86-93.
国家发改委国地所课题组, 肖金成. 2009. 我国城市群的发展阶段与十大城市群的功能定位. 改革, (9): 5-23.
国家发展和改革委员会, 何立峰. 2022. 国家新型城镇化报告. 北京: 人民出版社: 90.
韩丽颖, 魏峰群, 李星周. 2021. 同步与错位: 规模视角下关中平原城市群城市与旅游协同发展研究. 浙江大学学报(理学版), 48(5): 617-628.
何爱平, 安梦天. 2018. 习近平新时代中国特色社会主义绿色发展思想的科学内涵与理论创新. 西北大学学报(哲学社会科学版), 48(5): 84-93.
何栋材, 徐中民, 王广玉. 2009. 关中-天水经济区空间流量经济分析: 以铁路客运部门为例. 冰川冻土, 31(1): 175-181.

河南省社会科学院课题组, 王建国. 2021. 中西部地区都市圈发展阶段的研判与推进. 区域经济评论, (4): 116-126.

胡鞍钢, 周绍杰. 2014. 绿色发展: 功能界定、机制分析与发展战略. 中国人口·资源与环境, 24(1): 14-20.

胡鞍钢, 周绍杰. 2021. 2035 中国: 迈向共同富裕. 北京工业大学学报(社会科学版), 22(1): 1-22.

胡健. 2019. 构筑国内先进的关中高端装备制造业新高地 探索省域供给侧结构改革新路径. 西安财经学院学报, 32(1): 5-11.

胡越秋, 矫立军. 2022. 区域经济一体化视域下我国五大经济带城市开放型经济评价研究. 科学决策, (1): 106-116.

黄永福. 2021. 绿色物流与绿色发展的科学内涵及逻辑关联. 对外经贸, (6): 70-72.

黄跃, 李琳. 2017. 中国城市群绿色发展水平综合测度与时空演化. 地理研究, 36(7): 1309-1322.

黄志斌, 姚灿, 王新. 2015. 绿色发展理论基本概念及其相互关系辨析. 自然辩证法研究, 31(8): 6.

贾俊侠. 2012. 秦汉时期齐鲁贵族迁徙关中考述. 陕西师范大学学报 (哲学社会科学版), 41(1): 39-44.

蒋永穆, 豆小磊. 2022. 扎实推动共同富裕指标体系构建: 理论逻辑与初步设计. 东南学术, (1): 36-44, 246.

蒋永穆, 谢强. 2021. 扎实推动共同富裕: 逻辑理路与实现路径. 经济纵横, (4): 15-24, 2.

金碚. 2018. 关于"高质量发展"的经济学研究. 中国工业经济, (4): 5-18.

金凤君, 王成金, 李秀伟. 2008. 中国区域交通优势的甄别方法及应用分析. 地理学报, 63(8): 787-798.

酒二科. 2019. 中国绿色发展的时空差异及障碍因子分析. 统计与决策, 35(8): 121-125.

居尔艾提·吾布力, 宋永永, 薛东前, 等. 2022. 关中平原城市群城镇化质量时空演变及提升策略研究. 资源开发与市场, (1): 39-45.

巨虹, 李同昇, 翟洲燕. 2020. 基于 ETFP 的黄河流域工业高质量发展水平时空分异研究. 资源科学, 42(6): 1099-1109.

邝志鹏, 魏振香. 2017. 基于熵值法的城市绿色经济发展水平评价及空间差异分析: 以山东省 17 地市为例. 安徽行政学院报, 8(5): 62-68.

勒施 A. 2013. 经济空间的秩序. 王守礼译. 北京: 商务印书馆.

李波, 张吉献. 2019. 河南省绿色化发展评价及时空演变特征. 地域研究与开发, 38(4): 27-32.

李海舰, 杜爽. 2021. 推进共同富裕若干问题探析. 改革, (12): 1-15.

李建伟, 周灵灵. 2018. 中国人口政策与人口结构及其未来发展趋势. 经济学动态, (12): 17-36.

李金昌, 余卫. 2022. 共同富裕统计监测评价探讨. 统计研究: 39(2): 3-17.

李金华. 2020. 中国十大城市群的现实格局与未来发展路径. 中南财经政法大学学报, (6): 47-56.

李林山, 赵宏波, 郭付友, 等. 2021. 黄河流域城市群产业高质量发展时空格局演变研究. 地理科学, 41(10): 1751-1762.

李玲燕, 陶进. 2021. 多维联系视角下关中平原城市群城市网络结构分析. 资源开发与市场, (11): 1339-1344.

李庆珍. 2017. 区域经济视角下云南县域经济发展研究. 经济问题探索, (5): 95-100.

李实. 2021. 共同富裕的目标和实现路径选择. 经济研究, 56(11): 4-13.

李实, 杨一心. 2022. 面向共同富裕的基本公共服务均等化: 行动逻辑与路径选择. 中国工业经济, (2): 27-41.

李实, 朱梦冰. 2022. 推进收入分配制度改革 促进共同富裕实现. 管理世界, 38(1): 52-61, 76, 62.

李顺毅. 2017. 绿色发展与居民幸福感: 基于中国综合社会调查数据的实证分析. 财贸研究, 28(1): 1-12.

李伟, 刘光岭. 2009. 以西安为中心的关中城市群发展研究. 经济经纬, 26(1): 66-70.

李晓西, 刘一萌, 宋涛. 2014. 人类绿色发展指数的测算. 中国社会科学, (6): 69-95.

李晓西, 王佳宁. 2018. 绿色产业: 怎样发展, 如何界定政府角色. 改革, (2): 5-19.

李垣. 2019. 绿色发展理念的科学内涵: 从生产力发展与生态危机之间的关系谈起. 三峡大学学报(人文社会科学版), 41(3): 43-47.

刘传辉, 杨志鹏. 2021. 城市群数字经济指数测度及时空差异特征分析: 以六大城市群为例. 现代管理科学, (4): 92-111.

刘海蓉. 2011. 关天经济区装备制造产业集群发展研究: 基于"钻石模型"的分析. 西安: 陕西师范大学.

刘敏. 2009. 陕西军工民用产业发展战略研究. 企业经济, 28(2): 125-127.

刘培林, 钱滔, 黄先海, 等. 2021. 共同富裕的内涵、实现路径与测度方法. 管理世界, 37(8): 117-129.

刘晔, 徐楦钫, 马海涛. 2021. 中国城市人力资本水平与人口集聚对创新产出的影响. 地理科学, 41(6): 923-932.

刘引鸽. 2005. 关中平原土地利用及农业气候生产潜力分析. 水土保持研究, 12(6): 25-26.

刘志彪. 2022. 全国统一大市场. 经济研究, 57(5): 13-22.

刘志平, 赵若彤. 2020. 秦汉时期关中人口迁移与族群的互动、交融及认同. 唐都学刊, 36(3): 5-10.

刘追, 苟虹璐, 李豫新. 2014. 新疆南北疆人口的区域差异及对策研究. 人口与发展, 20(3): 33-42.

罗能生, 郝腾. 2018. 生产性服务业集聚对中国绿色全要素生产率的影响. 系统工程, 36(11): 67-76.

罗润东, 郭怡笛. 2022. 人工智能技术进步会促进企业员工共同富裕吗? 广东社会科学, (1): 54-63.

罗志恒, 杨新, 万赫. 2022. 共同富裕的现实内涵与实现路径: 基于财税改革的视角. 广东财经大学学报, 37(1): 4-13.

吕新博, 赵伟. 2021. 基于多维测度的共同富裕评价指标体系研究. 科学决策, (12): 119-132.

吕一清, 吉媛. 2021. 经济政策不确定性、区域经济复杂度与企业创新行为. 科技进步与对策, 38(1): 71-78.

马常青. 2010. 关中—天水经济区金融协调发展研究. 甘肃社会科学, (2): 100-103, 16.

马红鸽, 贺晓迎. 2021. 建党百年来中国共产党人口生育政策变迁及其启示. 西安财经大学学报, 34(5): 29-38.

马双, 曾刚. 2019. 网络视角下中国十大城市群区域创新模式研究. 地理科学, 39(6): 905-911.

马正林. 1990. 论西安城址选择的历史地理基础. 陕西师范大学(哲学社会科学版), 19(1): 19-24.

潘明娟. 2009. 周秦时期关中城市体系研究. 北京: 人民出版社.

潘雅茹, 罗良文. 2020. 基础设施投资对经济高质量发展的影响: 作用机制与异质性研究. 改革, (6): 100-113.

潘媛. 2005. 产业集群与"一线两带"建设. 现代企业, (3): 39-40.

逄锦聚. 2021. 中国共产党带领人民为共同富裕百年奋斗的理论与实践. 经济学动态, (5): 8-16.

裴广一, 葛晨. 2021. 中国共产党对实现共同富裕的百年探索与实践启示. 学术研究, (12): 11-18.

秦华, 任保平. 2021. 黄河流域城市群高质量发展的目标及其实现路径. 经济与管理评论, 37(6): 26-37.

邱海平. 2016. 马克思主义关于共同富裕的理论及其现实意义. 思想理论教育导刊, (7): 19-23.

邱海平. 2021. 新时代推进共同富裕须处理好若干重大关系. 人民论坛, (28): 28-30.

全雨霏, 吴潇. 2018. 关中平原城市群城镇体系演化特征及优化策略. 宏观经济管理, (1): 72-76.

任英华, 邱碧槐. 2010. 现代服务业空间集聚特征分析: 以湖南省为例. 经济地理, 30(3): 454-459.

陕西省工业和信息化厅. 2011-12-27. 陕西: 推进军民互动融合, 军地经济共同发展. 中国电子报, (13).

陕西省新型城镇化和人居环境研究院. 2020. 陕西省新型城镇化发展报告（2019）: 推动新型城镇化高质量发展. 西安: 陕西人民出版社.

陕西省新型城镇化和人居环境研究院. 2021. 陕西省新型城镇化发展报告（2020）: 推动区域协调和城乡融合发展. 西安: 陕西人民出版社.

陕西省新型城镇化和人居环境研究院. 2022. 陕西省新型城镇化发展报告（2021）. 西安: 陕西人民出版社.

单霁翔. 2007. 关于"城市"、"文化"与"城市文化"的思考. 文艺研究, (5): 35-46.

沈丽娜, 刘傲然, 赵新正. 2021. 城市化进程中城市空间响应模式与发展策略: 以关中平原城市群为例. 同济大学学报(社会科学版), 32(3): 101-108.

沈文伟. 2015. 长三角城市群人口规模分布的现状和趋势研究. 上海: 上海师范大学.

史念海. 1998. 汉唐长安城与生态环境. 中国历史地理论丛, 13(1): 5-22, 251.

宋德勇, 李超, 李项佑. 2021. 新型基础设施建设是否促进了绿色技术创新的"量质齐升": 来自国家智慧城市试点的证据. 中国人口·资源与环境, 31(11): 155-164.

宋杰鲲. 2011. 基于STIRPAT和偏最小二乘回归的碳排放预测模型. 统计与决策, (24): 19-22.

孙早, 徐远华. 2018. 信息基础设施建设能提高中国高技术产业的创新效率吗？——基于2002—2013年高技术17个细分行业面板数据的经验分析. 南开经济研究, (2): 72-92.

孙早, 杨光, 李康. 2015. 基础设施投资促进了经济增长吗: 来自东来自东、中、西部的经验证据. 经济学家, (8): 71-79.

唐晓华, 李绍东. 2010. 中国装备制造业与经济增长实证研究. 中国工业经济, (12): 27-36.

唐晓灵, 冯艳蓉, 杜莉. 2021. 产业结构调整与能源生态效率的演变特征及耦合关系: 以关中平原城市群为例. 技术经济, 40(4): 58-64.

唐晓灵, 康铭敏. 2021. 区域资源环境与经济增长协调发展研究: 以关中平原城市群为例. 价格理论与实践, (6): 161-164, 167.

童玉芬, 明杰, 杨欢, 等. 2022. 中国主要城市群的人口模式分类研究. 北京行政学院学报, (1): 114-121.

万海远, 陈基平. 2021a. 共同富裕的理论内涵与量化方法. 财贸经济, 42(12): 18-33.

万海远, 陈基平. 2021b. 共享发展的全球比较与共同富裕的中国路径. 财政研究, (9): 14-29.

王彬, 胡滨. 2010. "关中—天水经济区"旅游资源的整合及对策建议. 对外经贸实务, (6):

82-84.

王彩娜. 2022-08-12. 负势竞上 关中平原城市群重塑区域发展格局. 中国经济时报, (003).

王成港, 宁晓刚, 王浩, 等. 2019. 利用夜间灯光数据的城市群格局变化分析. 测绘科学, 44(6): 176-186.

王建雄, 吕沅姝, 李晨曦. 2021. LMDI 法与 STIRPAT 模型下京津冀碳排放影响因素研究. 中国经贸导刊, (1): 114-116.

王开. 1989. 古代陕西交通史. 北京: 人民交通出版社.

王玲玲, 张艳国. 2012. "绿色发展"内涵探微. 社会主义研究, (5): 143-146.

王青, 金春. 2018. 中国城市群经济发展水平不平衡的定量测度. 数量经济技术经济研究, 35(11): 77-94.

王少平, 欧阳志刚. 2007. 我国城乡收入差距的度量及其对经济增长的效应. 经济研究, 42(10): 44-55.

王士君. 2009. 城市相互作用与整合发展. 北京: 商务印书馆.

王亚玲, 邓玲. 2009. 陕西新型工业化现状、问题及路径选择. 理论导刊, (3): 64-66.

王勇, 李海英, 俞海. 2018. 中国省域绿色发展的空间格局及其演变特征. 中国人口·资源与环境, 28(10): 99-104.

王元亮. 2021. 中国东中西部城市群高质量发展评价及比较研究. 区域经济评论, (6): 148-156.

卫兴华, 张宇. 2013. 关于坚定走共同富裕的道路的对话: 兼析效率与公平关系上的不同观点. 毛泽东邓小平理论研究, (6): 1-6.

魏丽华. 2016. 国内两大城市群市场协同的比较与分析: 京津冀与沪苏浙. 软科学, 30(9): 46-50.

魏丽华. 2017. 城市群协同发展的内在因素比较: 京津冀与长三角. 改革, (7): 86-96.

温艳. 2007. 民国时期三年大旱与关中地区人口质量探析. 渭南师范学院报, 22(3): 64-67.

邬晓霞, 张双悦. 2017. "绿色发展"理念的形成及未来走势. 经济问题, (2): 30-34.

吴传清, 黄磊. 2017. 演进轨迹、效率评估与长江中游城市群的绿色发展. 改革, (3): 65-77.

习近平. 2020. 国家中长期经济社会发展战略若干重大问题. 求是, (21): 4-10.

习近平. 2022. 高举中国特色社会主义伟大旗帜 为全面建设社会主义现代化国家而团结奋斗: 在中国共产党第二十次全国代表大会上的报告. 北京: 人民出版社.

夏杰长, 刘诚. 2022. 行政体制改革、要素市场化与建设全国统一大市场. 经济与管理研究, 43(11): 3-13.

肖爱玲, 朱士光. 2004. 关中早期城市群及其与环境关系探讨. 西北大学学报(自然科学版), 34(5): 615-618.

肖涵, 葛伟. 2022. 公共服务质量对二孩生育行为的影响及机制研究. 经济科学, (1): 112-125.

肖宏伟, 李佐军, 王海芹. 2013. 中国绿色转型发展评价指标体系研究. 当代经济管理, 35(8): 24-30.

肖金成, 洪晗. 2021. 城市群人口空间分布与城镇化演变态势及发展趋势预测. 经济纵横, (1): 19-30, 2.

解安, 侯启缘. 2022. 新发展阶段下的共同富裕探析: 理论内涵、指标测度及三大逻辑关系. 河北学刊, 42(1): 131-139.

熊曦, 张陶, 段宜嘉, 等. 2019. 长江中游城市群绿色化发展水平测度及其差异. 经济地理, 39(12): 96-102.

徐伟, 武春杨, 赵媛, 等. 2019. 我国 6 大城市群高新区创新经济效率评价: 基于 DEA 模型和 Malmquist 指数分析. 科技促进发展, 15(9): 1004-1011.
徐卫民. 1998. 秦立国关中的历史地理考察. 文博, (5): 35-42, 32.
徐晓光, 樊华, 苏应生, 等. 2021. 中国绿色经济发展水平测度及其影响因素研究. 数量经济技术经济研究, 38(7): 65-82.
薛丁辉. 2017. 习近平绿色发展思想及其当代价值研究. 理论学刊, (1): 34-39.
薛东前, 姚士谋, 张红. 2000. 城市群形成演化的背景条件分析: 以关中城市群为例. 地域研究与开发, 19(4): 50-53.
薛平拴. 2001. 明清时期陕西境内的人口迁移. 中国历史地理论丛, 16(1): 99-119, 127-128.
薛平拴. 2014. 隋唐五代时期关中地区人口的兴衰演变. 唐史论丛, (1): 101-128.
薛平拴. 2000. 陕西历史人口地理研究. 西安: 陕西师范大学.
闫珅, 马昭. 2022-03-30. 促进西安文化旅游产业在"深度融合"上提质效. 西安日报, (004).
杨少文, 熊启泉. 2014. 1994—2011 年的中国经济开放度: 基于 GDP 份额法的测算. 国际贸易问题, (3): 13-24.
杨甦, 李扬. 2005. 陕西"一线两带"区域创新体系的构建与发展. 西安邮电学院学报, 10(1): 117-120.
杨宜勇, 王明姬. 2021a. 更高水平的共同富裕的标准及实现路径. 人民论坛, (23): 72-74.
杨宜勇, 王明姬. 2021b. 共同富裕: 演进历程、阶段目标与评价体系. 江海学刊, (5): 84-89.
杨永春, 张旭东, 穆焱杰, 等. 2020. 黄河上游生态保护与高质量发展的基本逻辑及关键对策. 经济地理, 40(6): 9-20.
杨云仙. 2021. 西北地区城市群流动人口时空格局及驱动因素. 兰州: 西北师范大学.
杨忠泰. 2003. 确立依托关中高新带驱动西部大开发的发展战略. 中国科技论坛, (2): 7-11.
姚世谋. 2016. 中国城市群新论. 北京: 科学出版社: 385-387.
叶珊珊, 曹明明, 胡胜. 2022. 关中平原城市群经济联系网络结构演变及对经济增长影响研究. 干旱区地理, 45(1): 277-286.
余卫平, 王丽华, 于大力, 等. 2008. 基础设施投资与固定资产投资对 GDP 贡献率的比较. 铁道运输与经济, 30(9): 1-3, 22.
郁建兴, 任杰. 2021. 共同富裕的理论内涵与政策议程. 政治学研究, (3): 13-25, 159.
战炤磊. 2021. 居民、企业与政府收入协同增长: 共同富裕的重要实现路径. 学术研究, (11): 107-114.
张芬. 2019. 绿色发展理念的科学内涵与时代价值. 山东干部函授大学学报(理论学习), (10): 41-43.
张桂茹. 1997. 加速关中农业产业化进程. 中国农业资源与区划, 18(5): 40-47.
张虎, 尹子擘, 薛焱. 2022. 新型城镇化与绿色发展耦合协调水平及其影响因素. 统计与决策, 38(11): 93-98.
张焕波. 2013. 中国省级绿色经济指标体系. 经济研究参考, (1): 77-80.
张卉, 杨文选. 2003. 陕西"一线两带"建设的核心在于培育具有关中优势和特色的产业群. 西安财经学院学报, 16(6): 29-33.
张冀新. 2009. 城市群现代产业体系形成机理及评价研究. 武汉: 武汉理工大学.
张军扩, 侯永志, 刘培林, 等. 2019. 高质量发展的目标要求和战略路径. 管理世界, (7): 1-7.

张来明, 李建伟. 2021. 促进共同富裕的内涵、战略目标与政策措施. 改革, (9): 16-33.
张琦. 2017. 县域农业生态环境质量动态评价及预测. 农民致富之友, (6): 279.
张思锋, 徐清梅. 2002. 以西安为中心的关中城市群等级结构与分工研究. 人文杂志, (3): 78-81.
张炜. 2003. 陕西高校要在"一线两带"建设中建功立业. 科技·人才·市场, 24(4): 8-11.
张占斌. 2021. 中国式现代化的共同富裕: 内涵、理论与路径. 当代世界与社会主义, (6): 52-60.
张哲强. 2012. 绿色经济与绿色发展. 北京: 中国金融出版社.
郑回静. 2018. 我国人口生育政策演变对住房需求的影响研究. 上海: 上海社会科学院.
郑烨, 杨张博. 2019. 城市群建设规划中的部门联动网络结构特征与指标测度: 基于关中平原城市群的个案考察. 甘肃行政学院学报, (6): 114-123, 128.
中国科学院可持续发展战略研究组. 2006. 2006中国可持续发展战略报告: 建设资源节约型和环境友好型社会. 北京: 科学出版社.
周伟, 杨栋楠, 章浩. 2017. 京津冀协同发展中河北现代产业体系评价研究. 经济研究参考, (64): 65-73.
朱森第. 2001. 我国装备制造业的现状与发展战略. 机电工程技术, 30(2): 10-12.
朱逸宁. 2018. 西部国家中心城市的定位与文化软实力提升: 以西安和成都为例. 中国名城, (11): 8-13.
朱茜, 黄艳阳, 王佳燕, 等. 2022. 2022年中国城市群发展报告: 引领中国发展新格局. 北京: 前瞻产业研究院: 9.
诸竹君, 黄先海, 王煌. 2019. 交通基础设施改善促进了企业创新吗?——基于高铁开通的准自然实验. 金融研究, (11): 153-169.
祝云龙. 2015. 襄阳市绿色城市发展综合评价研究. 湖北文理学院学报, 36(11): 27-31.
庄友刚. 2016. 准确把握绿色发展理念的科学规定性. 中国特色社会主义研究, 7(1): 89-94.
自然资源部国土空间规划局. 2021a. 国土空间规划理论探索. 北京: 中国地图出版社.
自然资源部国土空间规划局. 2021b. 新时代国土空间规划: 写给领导干部. 北京: 中国地图出版社.
邹克, 倪青山. 2021. 普惠金融促进共同富裕: 理论、测度与实证. 金融经济学研究, 36(5): 48-62.
Anderson J. 2005. Trade and the environment. Journal of International Economics, 65(2): 523-526.
Caragliu A, Del Bo C F. 2019. Smart innovative cities: the impact of Smart City policies on urban innovation. Technological Forecasting and Social Change, 142: 373-383.
Dong B M, Gong J, Zhao X. 2012. FDI and environmental regulation: pollution haven or a race to the top? Journal of Regulatory Economics, 41(2): 216-237.
Henderson J V. 2000. The Effects of Urban Concentration on Economic Growth. Cambridge: Nber Working Paper, 7503.
UNEP. 2012. Green Economy Indicators-Brief Paper. Nairobi, Kenya: Unep Governing Council Meeting and Global Ministerial Environment Forum.
UNESCAP. 2010. Green Growth Resources and Resilience: Environmental Sustainability in Asia and the Pacific. Astana, Kazakhstan: the 2010 Ministerial Conference on Environment and Development.
World Bank. 2012. Inclusive Green Growth: The Path Way to Sustainable Development. Seoul, Korea: Global Green Growth Summi.